제3판

Business Statistics

엑셀활용 현대 경영통계

이홍배
김현우
정석봉
최종열
홍태호

pnc
publishing and culture
피앤씨미디어

4차 산업혁명의 진입단계에서 인공지능과 빅데이터가 중요한 화두로 제기되고 있다. 아직 4차 산업의 명확한 실체가 모호하지만 데이터 분석에 기반한 인공지능의 약진은 모든 전문가들이 동의하는 핵심 내용이다. 즉, 데이터 처리에 대한 필요성의 증가로 데이터 분석은 앞으로 더욱 중요한 업무 중 하나가 될 것이며, 데이터 처리를 통한 새로운 부가가치의 창출은 우리의 상상을 벗어나 새로운 도전으로 기대된다. 이러한 변화 중에 대학과정에서 다루는 통계학은 자료의 이해에서 자료처리 기법까지 다양한 능력의 개발을 할 수 있는 기회를 제공한다. 본 개정판을 집필하면서 가장 역점을 둔 내용이 이와 같은 새로운 데이터 처리의 환경에 적합한 통계학의 이해와 활용이다. 특히, 경영·경제의 예제를 최대한 보강하여 통계학을 이해함과 동시에 경영 및 경제분야에 적용하는 과정을 예를 통해 학습할 수 있도록 보강하였다. 본 개정판은 기존에 비해 대학생들이 꼭 알아야 할 통계에 대해서 집중하여 가능한 쉽게 설명하였다. 그리고 각 개념의 설명과 더불어 예제를 제공함으로써 수업 중에 개념과 활용을 동시에 학습할 수 있도록 제공하였다. 그리고 연습문제를 기존보다 2배 이상 확장하여 수업 및 자기학습에도 충분히 활용할 수 있도록 하였다.

본 개정판은 모든 풀이과정을 마이크로소프트 엑셀을 이용하여 설명하였다. 통계학의 기본 개념을 이해하는 데 집중하고 지루한 풀이를 지양하여 학생들이 중간에 포기하지 않도록 통계풀이 과정을 엑셀 2016을 이용하여 제공하였다. 최근의 업무 환경은 컴퓨터를 이용한 업무뿐만 아니라, 대부분의 학생들이 컴퓨터의 활용을 친숙하게 생각하고 있다. 이러한 환경 변화와 데이터 처리 도구의 학습이 또한 중요한 이슈로 제기되는 현 시점에서, 엑셀을 이용한 통계의 활용은 4차 산업에서 아주 유용한 학습효과를 기대할 수 있을 것이다. 특히 자신이 사용하는 엑셀의 최신 버전과 일치할 수 있도록 모든 엑셀활용 예제의 화면을 엑셀 2016으로 수정하였다.

본 개정판은 통계학을 처음 접하는 대학생들에게 권장한다. 특히, 복잡한 풀이 과정을 지양하고 엑셀을 이용한 통계의 풀이는 최근의 데이터처리 도구의 학습에 추가로 시간을 투자하지 않아도 되는 장점을 제공한다. 상경계열 및 사회과학, 인문학, 예술 분야 등 통계학에 대한 입문자들이 쉽게 이해할 수 있도록 저자들이 최대한 노력하였다. 그리고 다양한 예제들을 추가하여, 실생활 및 기업에서 필요한 활용예제를 경험할 수 있게 구성하였다. 또한, 전체 교과서를 파트별로 구성하여 학습목표를 명확히 하여 수업할 수 있도록 구성하였다.

이 책이 나오기까지 저자들 말고도 많은 분들의 헌신적인 도움이 있었다. 책의 개정판이 나올 수 있도록 지원과 격려를 적극 해주신 피앤씨미디어 박노일 대표와 책의 편집과 출간을 도와주신 심성보 이사님에게 감사드린다. 그리고 집필과정에서 연습문제의 개발과 엑셀 예제풀이, 자료수집 등에서 저자들 못지않게 활약한 김은미 박사와 박지영 박사의 도움이 없었다면 본 개정판이 세상에 나오기 어려웠을 것이다. 두 박사님들의 헌신적인 도움에 깊이 감사 드리며, 집필과정에만 집중할 수 있도록 배려해 준 사랑하는 가족들에게 이 자리를 빌어서 감사의 마음을 전한다.

2017년 7월

저자들 씀

Part 01

통계와 자료의 기초

Chapter 01 통계학과 자료

Chapter 02 기술통계

Chapter 03 기술통계

Part 02

전체를 파악하는 눈

– 모집단의 이해 –

Chapter 04 사건의 발생 빈도 계산

Part 03

부분과 전체의 연결

Chapter 07 표본추출과 표본분포

Chapter 10 단일 모분산에 대한 추정과 가설검정

Part 05

두 집단의 비교분석

Part 06

회귀분석

Part 07

범주 자료의 검정

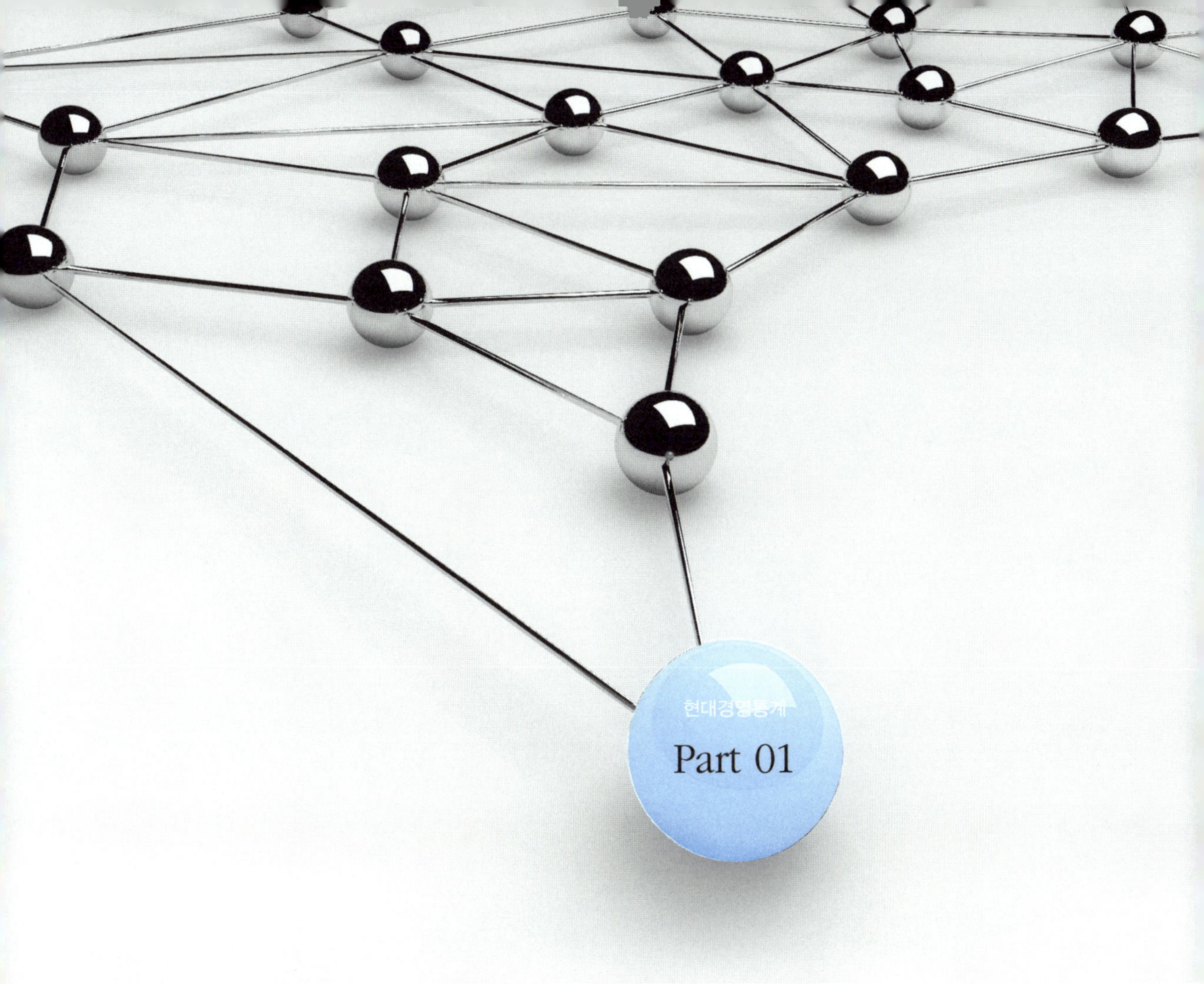

통계와 자료의 기초

Chapter 01

통계학과 자료

1.1 데이터 기술 시대의 통계

이제 20년간 지속되어온 IT(Information Technology: 정보기술)의 시대가 저물고 앞으로 30년간 데이터 기술(data technology) 혁명에 기반한 새로운 인터넷 시대가 열릴 것이라는 의견들이 구체화되고 있다(알리바바 CEO 마윈, 2015). 데이터 기술은 축적된 데이터를 분석해 가치를 창출하고 미래를 예측하는 기술을 말한다. 말하자면 숫자 기술 시대가 도래한 것이다. 이미 우리가 잘 알고 있듯이 수많은 고객 정보나 빅 데이터 등 숫자가 충분히 흘러 다니고, 그러다 보니 우리 사회 전반에 걸쳐서 보다 더 투명해지는 모습이 나타나고 있다. 그리고 숫자를 이용하는 사람들의 책임이 더욱 강조되는 때이기도 하다.

이미 숫자는 우리의 생활 속에서 시간과 날짜에서부터 주민번호, 소속 조직의 인사번호, 전화번호에 이르기까지 항상 우리를 따라다닌다. 우리가 살고 있는 집도 번지수가 있으며 나이, 키, 몸무게, 맥박, 혈압, 기온, 습도, 강수량 등 인간의 일상생활이 온통 숫자로 매겨져 있다. 이처럼 우리를 둘러싼 만물과 현상들은 대개 수로 표현할 수 있으며, 이제 수는 아무리 외면하고 무시한다 하더라도 비켜갈 수 없는 우리의 생활언어가 되어 버렸다. 그래서 어쩌면 우리의 말에서 수를 뺀다면 무슨 내용인지 명확하게 알 수 없을 정도가 될 것이다. 이러한 가운데 우리 생활 속에 숨어 있는 수를 해석하고자 하는 노력이 꾸준히 이어져 오면서 이제 IT와 인터넷이 접목되고 IoT(Internet of Things: 사물인터넷)로 발전하면서 데이터 분석 및 활용 기술은 새로운 차원으로 진화하고 있다.

통계(Statistic)는 수리 언어로써 이러한 숫자 기술 시대에서 가장 중요한 지식 습득 및 분석의 기본 언어이며, 숫자의 바다 안에서 어느 누구도 파악하지 못한 새로운 보물을 캐어낼 수 있는 도구로 그 중요성은 날로 커지고 있는 실정이다.

그러므로 우리는 통계가 주는 올바른 의미와 진실을 제대로 이해할 필요가 있다. 이를 위해 우리가 이해해야 할 통계의 기본 개념과 그 해석에 필요한 지식을 몇 가지로 정리하여 살펴보자.

첫째, 통계는 단순화시켜 준다. 통계는 세상의 정보를 단순화함으로써 훨씬 더 쉽게 읽어낼 수 있도록 해 주는 기술이다. 통계는 복잡한 현상을 설명하기 위한 방법으로 이용되는 경우가 많다. 설명하고자 하는 대상의 정보가 복잡할 경우 전반적인 내용을 쉽게 파악하기 위하여 자료를 정리하고 요약해야 할 필요성이 생긴다. 예를 들어 자료를 표나 그림으로 나타내거나 자료의 특징을 반영하는 데 필요한 평균값 등을 이용하면 설명하고자 하는 대상을 쉽게 파악할 수 있다. 통계 영역 가운데 기술통계는 이러한 방법을 다루는 분야이다. 우리는 2장에서 이 내용을 다룰 것이다.

둘째, 통계는 일부분을 가지고도 전체를 알 수 있게 해준다. 통계는 일부로부터 그 일부가 포함되어 있는 전체 집단을 추측할 수 있게 해준다. 세계 인구의 평균 몸무게를 알려면 어떻게 해야 할까? 현실적으로 이 세상에 살고 있는 모든 사람들의 몸무게를 측정할 수는 없다. 하지만 각 나라의 사람들 중 일부만 몸무게를 측정하고 그 데이터를 가지고 전 세계 사람들의 평균 몸무게를 추측해 볼 수 있다. 또 다른 통계 영역인 추측통계학은 이렇게 전체를 조사할 수 없으니 그중 일부만 조사한 뒤 전체를 추측하는 방법으로 대상이 되는 모든 자료를 조사하지 않고 일정한 양의 자료만 조사하여 전체에 대한 추측을 해 보는 것이다.

셋째, 통계의 규칙성을 통하여 새로운 법칙을 만들 수 있다. 우리가 가장 많이 만나는 통계는 경제 현상과 인구에 관한 통계이다. 우리는 이를 통해 사회의 특징과 현황을 쉽게 이해할 수 있게 된다. 그런데 통계는 간혹 그 이상의 의미를 가지는데, 예를 들어 사망은 개개인에게는 예측할 수 없는 사건이지만 한 나라의 1년간 사망을 분석하면 어떤 통계적인 규칙성을 발견할 수 있다. 그리고 그 규칙성을 통하여 어떤 법칙이 만들어지기도 한다. 학문적 이론을 증명하는 방법도 사회과학과 자연과학이 모두 인정하는 수학적인 방법과 더불어 통계로 증명하는 방법이 널리 사용되고 있다.

넷째, 통계는 대수의 법칙을 따른다. 통계 수치로서 가장 많이 접하는 것은 평균이다. 평균에는 여러 가지 종류가 있지만 보통은 몇 가지 항목의 수치를 합계한 값을 그 항목수로 나눈 산술평균을 의미한다. 이 평균은 세상과 인간을 이해하는 데 중요한 개념이 된다. 그런데 평균이 의미를 가지려면 조사대상이 큰 수여야 한다. 우리는 이를 '대수의 법칙(law of large number)'이라고 한다. 대수의 법칙은 적은 수를 조사하면 불확정적일지도 모르나 많은 수를 관찰하게 되면 거기에 일정한 법칙이 있다는 것이다.

다섯째, 통계는 관계를 설명해 준다. 의사결정자라면 이해해야 할 통계상식 가운데 하나는 변수 간의 관계에 관한 것이다. 변수는 사람의 키, 몸무게처럼 대상에 따라 변하는 값을 의미한다. 우리는 대부분 세상의 변수들이 어떠한 관계가 있는지 알고 싶어 하며 심지어 세상의 모든 변수는 서로 관계가 있다고도 생각한다. 물론 몇몇 현상만으로 세상의 모든 변수들이 관계가 있다는 말을 증명할 수는 없다. 그러나 전혀 관계가 없는 것이라도, 만약 우리가 어떤 규칙성을 발견하기만 하면 의사결정에 큰 힘이 될 수 있다.

여섯째, 통계는 확률과 짝을 이루어 존재한다. 통계가 현실에 존재하는 특정 사실이나 조사하고자 하는 변수의 빈도에 대한 분석이라 한다면, 확률은 현재보다 미래에 발생할 사실이나 변수의 빈도에 관련한 것이라 할 수 있다. 미래의 사실들은 현재의 사실과 연계되어 있기 때문에, 우리에게 주어지는 수많은 숫자 정보 중에서 확률은 적지 않은 비중을 차지하고 있다. 우리는 매일 비나 눈이 올 확률, 각종 사고를 당할 확률 등에 노출되어 있으며 매일 확률을 가진 선택의 문제에 직면하고 있다. 확률은 어떤 일이 발생할 가능성 정도를 표현한 것으로 대수의 법칙을 전제로 하며, 의사결정을 위한 사고의 틀로 널리 사용되고 있다.

이러한 중요한 특성을 지니고 있는 통계에도 문제가 있다. 통계 분석의 핵심이 되는 정규분포(normal distribution)가 가지고 있는 특성으로 인하여 나타나는 문제가 있기도 하다. 그러나 이러한 문제는 좀 더 세심하게 검토함으로써 어느 정도는 극복할 수 있다. 더 중요하고 큰 문제는 통계이론 그 자체의 문제보다 통계를 사용하는 사람에 의해 나타나는 문제가 더 크다. 통계는 표현하는 사람에 따라서 다르게 보이게 되며 다른 판단을 하게 만든다. 통계는 표본의 수나 분포에 의해서도 그 의미가 상당히 왜곡될 수 있으며 다양한 형식의 오류가 발생할 수 있다. 이러한 오류는 통계를 만드는 사람이 의도적으로 조작했거나 사용자의 오해에서 나올 수 있는데, 이렇게 해석하기에 따라 전혀 다른 의미를 가질 수 있는 통계는 경제 현상의 복잡성에 단순함과 객관성을 제공하는 한편 인식에 오류를 일으키는 주범이 되기도 한다.

이러한 문제와 혼란이 있음에도 불구하고 일상생활에서 통계와 관련된 여러 가지 수리 정보들의 양적 변화를 체계적으로 탐색, 분석하여 현실 속에 숨어 있는 사실을 밝혀보고자 하는 노력은 서구 사회에서 모든 학문 영역의 기반으로 오랜 시간 동안 체계화되고 우리 생활에 적용하여 왔다. 그러한 체계화된 노력의 일환이 바로 통계학으로 나타난 것이다. 보험 산업을 예로 들면, 호주의 한 자동차 보험회사에서는 보험대상자에 따른 차등 보험료 산정이라는 과제를 해결하기 위해 광범위한 조사를 실시하였다. 광범위한 조사를 시행하는 가운데 연령과 차량 종류, 차량 색깔에 따라서 자동차 사고 건수가 다르게 나타나고 있음을 알게 되었다. 특히, 빨간 스포츠카를 운전하는 20대가 차량 사고를 가장 많이 내었음을 찾아내게 되었고, 특정 사안에 따라 효과적인 차등 보험료 산정을 하게 되었다. 호주 보험회사의 이 발견은 전 세계 보험업계에서 앞다투어 적용할 정도로 가치 있는 정보가 되었다.

최근에 구글에서는 감기에 대한 검색 횟수를 통하여 질병 발생 조짐을 예측하기도 하고, 개개인의 상품구매 자료를 통하여 향후 마케팅 및 홍보의 전략을 수립하기도 한다.

이렇게 현실에 숨어있는 수의 비밀을 찾아내어 사물의 실상을 알아내려는 연구 영역이자 데이터 기술 시대의 핵심 지식이 바로 통계학의 주요 영역이라고 말할 수 있다. 이제 우리는 수에 숨겨져 있는 놀라운 신비의 숨결을 풀어내는 통계학 세계로의 여행을 시작하기로 하자.

1.2 수치 자료와 통계학

우리가 접하는 현실은 대부분 숫자로 표현할 수 있다. 현실에서 전개되는 여러 현상들을 수로 표현할 때 이러한 수들은 통계와 인연을 맺게 된다. 우리가 사용하고 있는 통계학은 바로 이러한 현실을 수치 형태로 표현한 자료와 밀접한 관계를 맺고 있다.

그러나 통계학 분야나 주제는 현실의 수 표현인 자료뿐만 아니라 더 많은 내용들을 담고 있다. 보다 넓은 의미로 본다면, 통계학은 현실을 대변하는 수치 자료를 수집, 분석하여 그 결과를 제시하며, 해석하는 기술(art)이자 과학(science)이다.

통계학

현실을 대변하는 수치 자료를 수집, 분석하여 그 결과를 제시하며, 해석하는 기술이자 과학이다.

모든 학문의 영역, 특히 경영학과 경제학 등 사회과학 영역에서 자료를 수집, 분석하고 그 결과를 제시하며 해석하는 주요 이유는 경영자나 의사결정자가 기업을 비롯한 조직이나 경제 환경에 대해 보다 깊은 이해를 하도록 해 주고, 더 많은 정보를 통하여 보다 나은 의사결정을 내릴 수 있도록 해 주는 데 있다.

경영과 경제 환경에서 이루어지는 의사결정을 위해 통계학의 활용이 얼마나 중요한 것인가를 새삼 강조하지 않더라도 주지의 사실이다.

1.3 자료란 무엇인가?

자료(data)는 특정한 사실에 대한 결과 제시와 해석을 위해 수집, 분류하고, 요약한 여러 사실들(facts)과 수(number)를 의미한다. 그리고 특정 연구를 위해 수집한 전체 자료들을 자료 집합(dataset)이라고 한다.

자료

특정한 사실에 대해 수집, 분류하고, 요약한 여러 사실과 수치들이다.

의사결정과 통계 처리의 모든 시작은 바로 '자료를 어떻게 확보하는가?'로부터 시작한다. 자료의 체계적인 획득과 의미 파악, 그리고 그 자료의 신뢰성은 통계 처리에 있어서 가장 중요한 출발점이라고 할 수 있다.

(1) 원소, 변수와 관찰치

자료 획득에 있어서 중요한 몇 가지 개념을 먼저 이해할 필요가 있다. 그중에서 가장 먼저 원소에 대한 개념 파악이다. 원소(element)는 자료가 수집되는 대상이다.

예를 들어 전국 대학교 경영학 전공자의 언어능력과 수리능력을 파악하기로 하고 200명을 대상으로 조사한다고 하자. 그러면 이 때 200명의 조사대상자가 바로 각각 원소이다.

원소

자료가 수집되는 대상이다.

한편 대상 원소에서 조사할 주 관심의 특성을 변수라고 한다. 변수(variable)는 통상 서로 다른 2개 이상의 값을 갖는 자료이다. 예를 들어 효원중학교 2학년 1반 학생 30명의 성별, 키, 몸무게, IQ 등이 변수가 된다. 그리고 실험이나 설문, 조사를 통하여 관심을 두고 있는 변수에 대한 객관적인 측정 결과치들을 얻게 되는데 이를 관찰치(observation)라고 한다. 따라서 자료는 조사 대상의 모든 원소에 대해 관심을 가지고 있는 특정 변수의 구체적이고 객관적인 측정치를 수집함으로써 얻을 수 있다.

변수

대상 개체에서 조사할 주 관심의 특성이다.

관찰치

변수에 대한 객관적인 측정 결과치들이다.

(2) 관찰치를 얻기 위한 척도

우리들은 측정 결과치인 관찰치를 얻기 위해서 척도를 활용한다. 관찰치를 얻기 위한 척도(scale)는 측정하고자 하는 대상의 속성을 실수값으로 대응시키는 관계를 말한다.

예를 들어 성별의 속성으로 여성은 0, 남성은 1로 값을 부여하는 관계를 척도라고 한다. 이러한 척도에는 명목척도, 서열척도, 구간척도(또는 등간척도), 그리고 비율척도 등이 있다. 우리는 이들 척도를 사용하여 수치화된 객관적인 관찰치를 수집한다.

척도

측정하고자 하는 대상의 속성을 실수값으로 대응시키는 관계이며, 이를 통하여 수치화된 객관적 관찰치를 얻게 된다.

명목척도(nominal scale)는 개체 속성을 구분할 수 있는 이름값이나 분류이름(label) 값을 얻게 된다. 성별에 따라 0, 1 값을 부여하는 예와 같이 자료 구분을 위한 관찰치를 얻을 수 있는 척도가 명목척도이다.

그림 1.1 척도

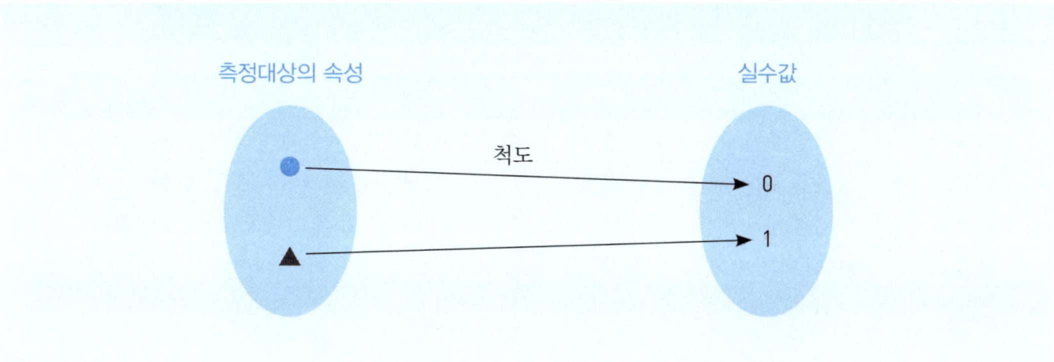

자료가 명목상의 속성도 있지만 그 속성이 순서나 순위의 의미를 가지고 있다면 변수의 척도를 서열척도(ordinal scale)라고 한다. 제품 수리 서비스에 대한 고객들의 반응을 아주 우수, 우수, 불만의 세 기준으로 평가할 때, 그 관찰치는 바로 서열자료의 의미를 가지게 된다.

예제 1-1

여러분이 대학을 선택할 때 중요하다는 특성을 보기에서 골라 선택해 주십시오.

보기

(1) 통학거리 (2) 교육비 (3) 취업기회 (4) 졸업생 평판

첫째 ( ) 둘째 ( ) 셋째 ( ) 넷째 ( )

그리고 자료가 서열의 속성도 가지고 있고 동시에 관찰치 간의 간격이 고정된 측정단위로 상대적인 크기가 측정되면 그 때의 척도를 구간척도(interval scale) 또는 등간척도라고 한다. 일반적인 상표인지 또는 태도에 대한 측정이나 수능시험 표준변환 성적 등이 바로 그 예이다.

그리고 비율척도(ratio scale)는 거리나 높이, 무게 등과 같이 구간 자료의 속성은 말할 것도 없고, 두 자료값의 절대적인 비율이 중시되고 절대 0점을 가지고 있을 때의 척도를 말한다.

우리들은 이들 네 가지의 척도로 측정한 관찰치를 통계 자료로 활용하여 원하는 내용에 대해 최적의 의사결정을 하게 된다.

표 1.1 척도의 분류

척도	부여 숫자 의미	특성	적용 사례
명목	확인 분류	질적	성별 분류(남, 여), 국가 분류(한국, 미국, 중국, …)
서열	순위 분류	질적	음료선호도(커피〉홍차〉우유)
구간	간격 비교	양적	온도, 리커트 척도(만족, 보통, 불만족)
비율	절대적 크기 비교	양적	거리, 나이

예제 1-2

귀하께서는 학교식당의 서비스에 대해서 어느 정도 만족하십니까?

① 매우 불만 ② 불만 ③ 보통 ④ 만족 ⑤ 매우 만족

(3) 질적 자료와 양적 자료

자료는 척도의 특성에 따라서 크게 질적 자료(qualitative data)와 양적 자료(quantitative data)로 구분한다.

질적 자료는 개체 속성을 구분할 수 있는 이름이나 분류 이름(label)이며, 질적 자료는 명목척도나 서열척도를 이용하여 측정하고, 그 결과치가 수치 자료로 정리될 것이다. 그 결과치가 수치이지만 빈도나 서열상의 특성만 지니며 계산을 한다거나 하는 연산의 의미는 없다.

양적 자료는 양이나 개수를 말해 주는 수치들로, 구간척도나 비율척도를 사용하여 측정한다. 양적 자료로부터 연산이 의미를 가지게 되며, 평균이나 분산 등의 구체적인 분석을 행할 수 있다.

질적 변수(qualitative variable)는 질적 자료로 표현된 변수이며, 양적 변수(quantitative variable)는 양적 자료로 표현된 변수이다. 특정 변수가 질적 변수인지 양적 변수인지에 따라서 적절한 통계 분석을 적용하여야 한다.

(4) 횡단 자료와 시계열 자료

통계 분석 목적에 따라서 횡단 자료와 시계열 자료의 구분은 매우 중요하다. 횡단(cross-sectional) 자료는 거의 같은 시간대나 동일한 시간대에 수집한 자료들로 구성되며, 시계열 자료는 시간의 흐름에 따라 수집한 자료들이다.

1.4 기술통계

신문, 정기간행물, 기업보고서, 그 외의 간행물에서 언급되는 대부분의 통계 정보는 대개 요약된 자료로 구성되거나 일반인이 이해하기 쉬운 형태로 제시된다. 이렇게 표나 그래프 또는 수치로 조사 대상의 자료들을 분류, 정리, 요약하는 통계의 영역을 기술통계(descriptive statistics)라고 한다.

기술통계는 복잡한 시장을 설명하기 위한 방법으로 이용된다. 시장의 정보가 복잡할 경우 전반적인 내용을 쉽게 파악하기 위하여 자료를 정리하고 요약할 필요성이 생긴다. 예를 들어 자료를 표나 그림으로 나타내거나 자료의 특징을 반영하는 데 필요한 평균값 등을 이용해 시장의 특성을 쉽게 파악할 수 있다. 기술통계는 이러한 방법을 다루는 분야이다.

기술통계

표나 그래프 또는 수치로 조사 대상의 자료들을 분류, 정리, 요약하는 데 활용되는 통계이다.

1.5 추론통계

경영 현실에서 대개 수많은 개체로 이루어진 대단위의 집단으로부터 자료를 찾게 된다. 그러나 시간과 비용, 다른 고려 사항 때문에 전체 집단의 일부분을 자료로 추출하여 수집한다. 특정 조사 대상의 전체 집단을 모집단(population)이라 하고, 전체 집단의 일부분을 표본(sample)이라고 한다.

모집단

특정 조사에서 관심 대상의 개체 전체 집합이다.

그림 1.2 모집단과 표본

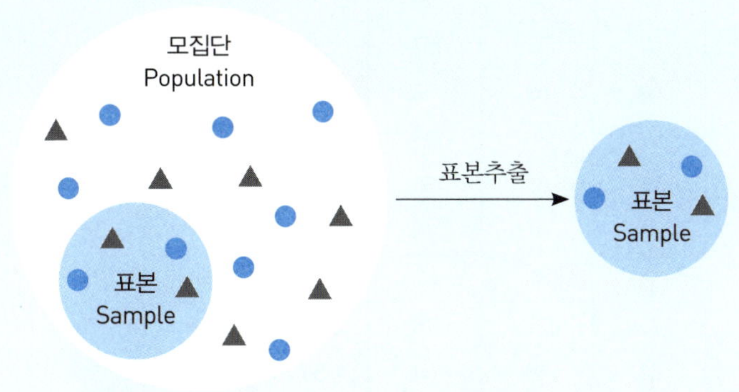

표본

모집단의 부분 집합이다.

현실에서는 전체 집합인 모집단을 조사, 분석할 수 없는 경우가 많기 때문에 모집단으로부터 추출한 표본의 자료를 이용하여 모집단의 특성에 대한 가설을 추정하고 검정한다. 이러한 통계 영역을 추론통계(inferential statistics)라고 한다.

추론통계

모집단으로부터 추출한 표본의 자료를 이용하여 모집단의 특성에 대한 가설을 추정하고 검정하는 데 사용된다.

다양한 부품을 이용하여 고성능의 무선 이어폰을 생산하고 있는 경일전자의 예를 살펴보기로 하자.

표 1.2 경일전자 200개 표본: 초소형 수신기의 수신거리 자료 (단위: 미터)

64	67	62	60	90	55	55	68	104	90
67	59	67	72	97	35	57	76	51	71
75	56	60	69	72	69	78	60	63	57
61	110	92	80	85	63	75	56	59	69
69	79	73	66	56	76	68	60	71	50
84	72	83	61	76	85	64	95	89	80
79	63	54	87	67	75	58	61	90	71
81	68	71	75	78	81	108	70	60	48
73	67	82	58	68	34	70	76	62	40
70	77	56	70	62	64	69	73	79	78
82	60	67	40	75	91	89	81	77	66
55	60	78	52	54	65	66	53	68	58
76	50	58	54	55	54	64	52	67	70
74	61	77	47	78	62	85	71	67	53
56	59	54	52	82	47	47	60	96	82
59	51	59	64	89	27	49	68	43	63
67	48	52	61	64	61	70	52	55	49
63	68	86	60	62	73	74	63	76	69
84	58	66	62	63	62	72	63	75	78
82	69	85	55	86	70	102	79	70	61

예제 1-3

40년 전통의 지역 선도기업인 경일전자는 수신감도를 획기적으로 개선한 초소형 수신기를 개발하였다. 경일전자는 이번에 새롭게 개발한 초소형 수신기를 무선 이어폰에 장착하여 국내 최대 수신거리를 자랑하는 무선 이어폰을 생산할 계획이며, 새로 개발한 무선 이어폰의 수신거리를 조사한 후 시판에 들어간다고 한다.

〈표 1.2〉는 새로 개발한 초소형 수신기의 수신거리 자료이다. 200개의 표본자료로부터 이번에 개발한 초소형 수신기의 평균 수신거리가 67.7미터로 산정되었다고 한다. 모집단의 평균을 추론하는 과정을 살펴보자.

이 200개의 표본자료의 평균 수신거리를 통하여 향후 만들어질 초소형 수신기 신제품의 평균 수신거리가 67.7미터라고 말할 수 있겠는가 하는 것을 살펴보고자 하는 것이 통계적 추론이다. [그림 1.3]은 경일전자의 자료로부터 모집단의 특성을 추론해 나가는 통계 추론 과정을 정리한 것이다.

그림 1.3 경일전자의 예로 본 통계추론의 과정

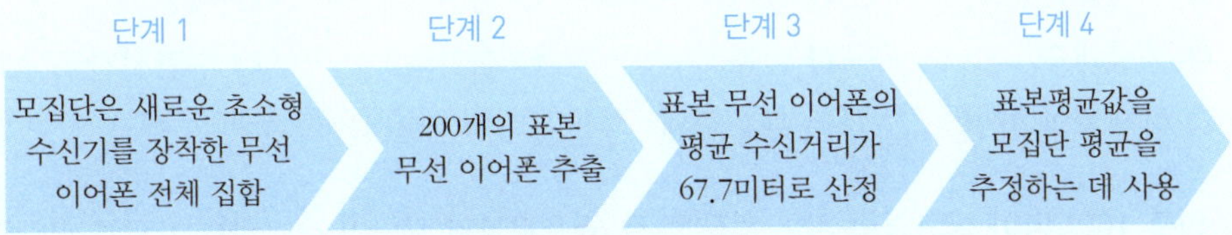

CHAPTER 01

연습문제

1 다음 자료를 보고 척도를 구분하라.

❶ 주민등록번호 ❷ 나이 ❸ 성별 ❹ 체중
❺ 불량개수 ❻ 연봉 ❼ 석차 ❽ 수면시간
❾ 학생들의 학년 ❿ 온도

2 인구 10만 명이 살고 있는 어느 도시에서 65,000명의 시민이 선거권을 가지고 있다고 한다. 다음 달에 있을 시장 선거의 결과를 알아보고자 할 때 다음 물음에 답하라.

❶ 모집단은 무엇인가?
❷ 이 모집단에서 뽑은 표본의 예를 들어 보시오.

3 수강생이 50명인 어느 통계 강의에서 이번 학기 학생들의 중간고사 평균 점수에 대하여 알아보고자 한다. 다음 물음에 답하라.

❶ 모집단은 무엇인가?
❷ 변수는 무엇인가?
❸ 알아보고자 하는 값은 무엇인가?

4. 모집단인지 표본인지 구분하시오.

❶ 새로 개발된 고혈압 신약연구를 위해 참여한 관련 질병 보유자들
❷ 지난 달 부산시에서 과속 티켓을 받은 운전자들
❸ 부산시 금정구의 복지급여 수혜자들
❹ 한국종합주가지수(KOSPI) 중 10개 종목

5. 다음 질문에 대한 자료를 수집하기 위해 표본을 사용할까? 모집단을 사용할까? 이유는?

❶ 어떤 대학에서는 매년 2학기마다 경영통계학 과목이 개설된다. A 교수는 이 과목을 지난 5년 동안 약 1,500명의 학생들에게 강의하였다. 이 과목의 평균 평점을 알고자 한다.

② 연구조사의 한 부분으로 포춘 500 기업 중 가장 우수한 기업에 대해 지난 10년간의 평균 수익률을 알아보고자 한다.

③ 어떤 대학 졸업예정자는 최고의 제약회사 5개 중에서 영업사원으로 입사하고자 하는 목표를 세웠다. 면접을 준비하면서 각 회사의 사명, 수익성, 제품 및 시장에 대해 사전에 알아둘 필요가 있다.

6 '정보통신 고객품질' 연구소에서는 대학생들을 대상으로 스마트폰 가입회사명(SKT, KT, LGT, 기타), 통신 서비스에 대한 만족도(좋지 않음, 보통, 좋음), 지난 달 스마트폰 사용시간(직접 기입) 등 세 항목에 대한 설문을 실시하였다. 각 항목에 대한 변수의 척도는 무엇인가? 만약, 서비스에 대한 만족도를 등간척도로 하려면 어떤 가정이 있어야 하는가?

7 다음을 읽고 어떤 척도인지 이유와 함께 쓰시오.

① A 회사는 B 회사보다 휴일이 많다.

② C 지역의 회사는 설날 평균 휴무일이 4.5일, D 지역의 회사는 5.3일이었다.

8 A 마트는 최근 한 달 간 고객 서비스 차원에서 조건 없는 반품정책을 실시하였다. 이 정책에 대한 고객들의 의견을 듣기 위해 최근 반품 경험이 있는 고객들 중 1,000명을 선별하여 조사한 결과 800명은 조건 없는 반품정책이 매우 좋다고 응답하였으며, 50명은 반품처리 프로세스가 너무 불편했다고 응답했으며, 나머지는 응답하지 않았다. 이 정보를 기초로 A 마트의 조건 없는 반품정책에 대한 고객 반응을 추론해 보시오.

Chapter 02

기술통계

– 표와 그래프에 의한 자료의 이해 –

1장에서는 통계에 대한 기본 이해, 자료의 의미와 분류, 기술통계, 추론통계에 대해서 살펴보았다. 2장에서는 이러한 질적 및 양적 자료를 어떻게 요약, 정리할 것인가에 대해 알아보도록 한다. 먼저 표와 그래프에 의한 자료의 요약과 정리에 대해서 체계적으로 알아보자.

이 장에서는 단일 변수 자료를 표와 그래프로 요약해서 파악하는 방법을 설명하고, 관심을 두고 분석하고자 하는 두 변수 간의 관련성을 표와 그래프로 요약해서 이해하는 방법을 검토하고자 한다. 2장 엑셀활용 02부터는 이 책의 의도에 맞추어 엑셀에 의한 자료 분석을 제시하였다.

2.1 질적 자료 요약

(1) 도수분포표

도수분포표는 질적 자료를 요약하기 위해 가장 널리 사용하는 표와 그래프 방법이다. 따라서 가장 먼저 도수분포표의 이해로부터 시작하도록 하자. 이를 위해 도수분포표의 정의부터 바르게 음미하여야 한다.

우리가 관심을 두고 있는 범주나 구간들이 어떠한 발생 빈도로 나타나고 있는가를 아는 것이 자료의 특성을 이해하는 가장 중요한 통계학의 첫 발걸음이다. 자료를 구분 짓는 구간들을 계급(class)이라고 한다.

표 2.1 음악장르 50개 표본자료

락	발라드	댄스
댄스	댄스	댄스
락	발라드	댄스
댄스	락	R&B
R&B	발라드	힙합
댄스	발라드	댄스
발라드	댄스	R&B
댄스	발라드	락
발라드	힙합	발라드
R&B	댄스	힙합
R&B	발라드	힙합
발라드	락	락
댄스	힙합	R&B
발라드	발라드	댄스
R&B	발라드	댄스
댄스	댄스	R&B
힙합	락	

도수분포표

수집된 자료를 구분된 수의 범주나 계급으로 나누고, 각 계급에 속한 항목들의 빈도수를 요약 정리한 표를 말한다.

질적 자료에 대한 도수분포표 작성과 해석을 위해 다음의 〈표 2.1〉 자료를 활용하였다. 〈표 2.1〉은 50명의 중학생를 대상으로 선호하는 음악장르를 조사하여 추출한 표본자료를 재구성한 것이다.

이들 자료에 대한 도수분포표를 개발하기 위해서 먼저 〈표 2.1〉에 나타난 각 음악장르의 범주에 대한 개수를 헤아려야 한다. 음악장르에 대한 개수를 헤아려서 표를 구성한 것이 다음의 〈표 2.2〉인 도수분포표이다. 이 도수분포표를 보면 중학생의 음악장르는 모두 5가지로 나타나 있으며 가장 선호하는 음악장르는 댄스, 다음이 발라드 순이다. 도수분포표를 구성하면 보다 쉽게 상대적인 중학생의 음악 선호도에 대한 특성을 알 수 있다.

표 2.2 음악장르 도수분포표

음악장르	도수
댄스	16
락	7
발라드	13
R&B	8
힙합	6
합계	50

(2) 상대도수와 상대도수분포표

때때로 각 계급에 속한 항목들의 상대적인 비율에 관심을 가질 수 있다. 상대적인 비율인 상대도수는 각 계급(class)의 상대 빈도이며 이를 표로 정리한 것이 상대도수분포표이다.

상대도수

각 계급의 상대도수=각 계급의 빈도수/전체 빈도수

그리고 상대빈도에 100을 곱하여 작성한 도수분포표를 백분율 도수분포표라고 한다.

표 2.3 음악장르의 상대도수 및 백분율 도수분포표

음악장르	상대도수	백분율도수
댄스	0.32	32
락	0.14	14
발라드	0.26	26
R&B	0.16	16
힙합	0.12	12
합계	1.00	100

(3) 막대그래프와 원그래프

막대그래프는 각 계급에 대한 도수, 상대 도수를 막대 형태의 그래프로 표시한 것으로 특히 도수에 대한 내림차순의 막대그래프를 파레토 그래프라고 한다. 막대그래프는 도수, 상대도수, 백분율 도수분포를 그래프로 쉽게 설정할 수 있는 특성이 있다.

그림 2.1 음악장르 막대그래프

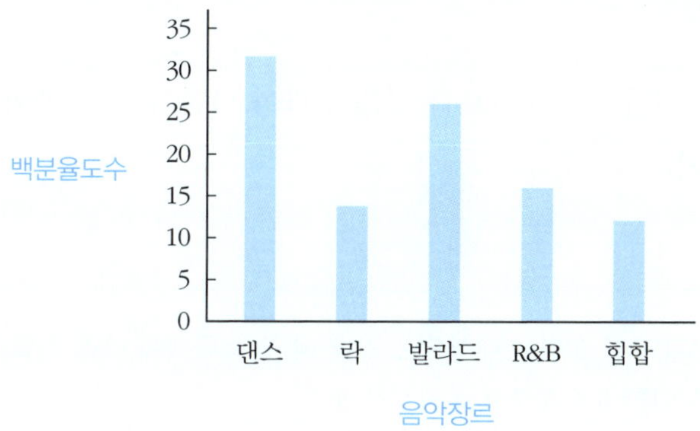

한편, 막대그래프와는 달리 원그래프는 상대도수와 백분율을 그래프로 구성하여 요약하는 특성이 있다.

그림 2.2 음악장르의 원 그래프

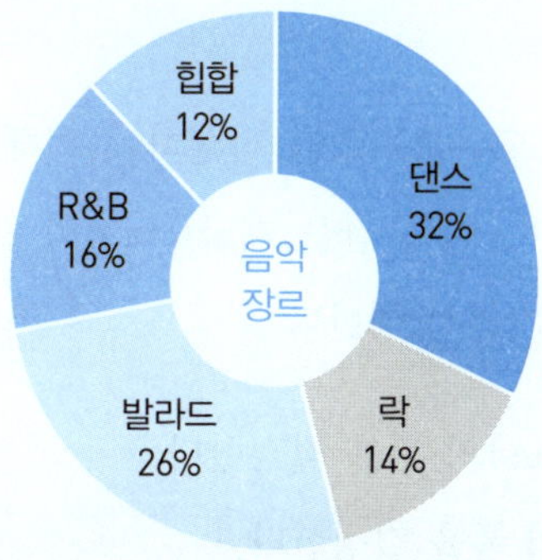

2.2 양적 자료 요약

양적 자료(quantitative data)의 요약은 질적 자료의 요약보다 좀 더 복잡하고 체계적인 절차가 필요하다. 요약 방법은 비슷하겠지만 양적 자료가 갖는 특성으로 인하여 자료의 특성을 쉽게 인지할 수 없다. 따라서 보다 체계적인 분석 과정을 거쳐서 자료의 특성을 파악하여야 한다.

(1) 도수분포표

양적 자료에 대한 도수분포표 작성을 위하여 다음의 특정 백화점 전략 자료를 사례로 살펴보자.

예제 2-1

〈표 2.4〉는 어느 백화점이 VIP고객 20명을 대상으로 지난 해 구매 금액에 따라 특별 포인트를 적립한 자료이다. 특별 포인트에 대한 도수분포표를 작성해 보자.

표 2.4 특별 포인트 적립 자료 (단위: 1,000포인트)

19	33	22	18
18	21	27	19
16	22	16	18
13	23	14	17
28	12	16	23

양적 자료에 대한 도수분포표를 작성하기 위해서 먼저 서로 중첩이 안 되게 구간을 설정하여야 하며, 이 구간을 계급(class)라고 한다. 중첩되지 않는 계급의 설정은 다음의 단계를 거쳐서 행한다.

① 독립된 계급(class)의 수를 결정한다.

② 각 계급(class)의 폭을 결정한다.

③ 각 계급(class)의 상·하한을 결정한다. 각 단계를 구체적으로 살펴보자.

① 계급의 수

계급의 수는 일반적으로 자료의 수에 따라서 결정되겠지만, 대개 5~20개 정도로 설정하는 것이 좋다. 예시된 자료처럼 자료의 수가 적은 경우에는 계급의 수를 5개 정도로 설정하는 것이 좋다. 계급 수를 명확하게 결정해야 하는 것은 아니지만 계급 수에 따라 자료의 모양이 달라질 수 있기 때문에, 스터지스(Sturges) 공식이라는 경험률에 의한 계급 수 결정 공식을 사용하면 불필요한 고민을 해소할 수 있다. 계산 결과가 소수의 값을 가지면 전후의 정수를 계급의 수로 채택하면 될 것이다.

스터지스 공식: 계급의 수$=1+3.3\times\log N$, N은 자료의 수

$1+3.3\times\log 20=5.293\cdots\cong5$

② 계급의 폭

두 번째는 계급의 폭을 계산하는 것이다. 일단 계급의 수가 결정되면 계급의 폭을 계산하여야 한다. 계급의 폭은 전체 계급에 걸쳐서 일정하여야 하므로, 대개 다음과 같이 계산한다.

계급 폭$=$(최대 자료값$-$최소 자료값)/계급의 수

$(33-12)/5=4.2\cong5$

그러나 계급의 폭이 소수의 값을 가지게 될 때, 근사한 정수값을 설정한다. 예시 자료에서는 위의 계산식에 따라 소수값이 나온다. 이 때 자료들을 빠트리지 않고 포함할 수 있도록 올림 처리한 근사 정수값인 5를 계급의 폭으로 설정하는 것이 좋다.

③ 계급의 상·하한

각각의 자료는 반드시 한 계급에만 속하도록 계급의 상·하한이 설정되어야 한다. 계급의 하한은 해당 계급의 최솟값이며, 상한은 해당 계급의 최댓값을 나타낸다. 해당 예시 자료에서 최솟값은 12이고, 최댓값은 33이다. 계급의 수를 5개로 하고, 계급 폭을 5로 설정하였으므로 모든 값이 각 계급에 할당될 수 있도록 고려한 후 하한을 설정한다. 이런 단계를 통하여 설정한 도수분포표는 〈표 2.5〉와 같다.

표 2.5 특별 포인트 도수분포표

계급	도수
10 이상~15 미만	3
15 이상~20 미만	9
20 이상~25 미만	5
25 이상~30 미만	2
30 이상~35 미만	1
합계	20

(2) 상대도수와 상대도수분포표

상대도수는 질적 자료와 같이 각 계급의 상대 빈도이며 표로 정리한 것이 상대도수분포표이다. 또한 동시에 상대 도수에 100을 곱한 백분율 도수를 구성할 수 있으며, 이로써 백분율 도수분포표를 작성할 수 있다.

상대도수

각 계급의 상대도수=각 계급의 도수/전체 도수

표 2.6 상대도수 및 백분율 도수분포표

계급	상대도수	백분율도수
10 이상~15 미만	0.15	15
15 이상~20 미만	0.45	44
20 이상~25 미만	0.25	25
25 이상~30 미만	0.10	10
30 이상~35 미만	0.05	5
합계	1.00	100

(3) 히스토그램

양적 자료에 대한 가장 보편적인 그래프 표시 방법이 히스토그램이다. 히스토그램은 본질적으로 막대 사이에 분리가 없는 막대그래프와 같다.

그림 2.3 특별 포인트 자료의 히스토그램

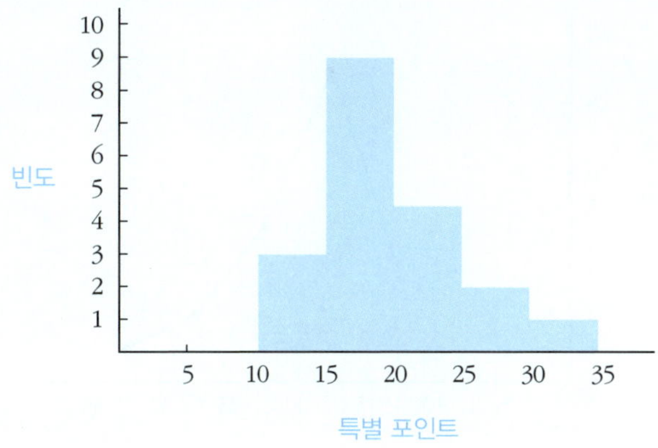

(4) 누적분포표

누적분포표는 도수분포표의 계급 수, 계급 폭, 계급 상·하한을 그대로 차용하여 표를 작성하지만 누적분에 대한 자료 분포 정보를 나타내 준다.

표 2.7 특별 포인트의 누적 및 상대누적 도수분포표

	누적도수	상대누적도수
15 미만	3	0.15
20 미만	12	0.60
25 미만	17	0.85
30 미만	19	0.95
35 미만	20	1.00

(5) 도수다각형

도수다각형은 히스토그램을 연속적인 그래프의 형태로 나타낸 것이다. 작성하는 방법은 다음과 같다.

① 각 계급의 중앙값을 구한다.

② 히스토그램에서 각 계급의 막대 상단 중앙값에 점을 찍는다.

③ 표시된 점을 직선으로 연결하면 도수다각형이 완성된다.

그림 2.4 특별 포인트 자료의 도수다각형

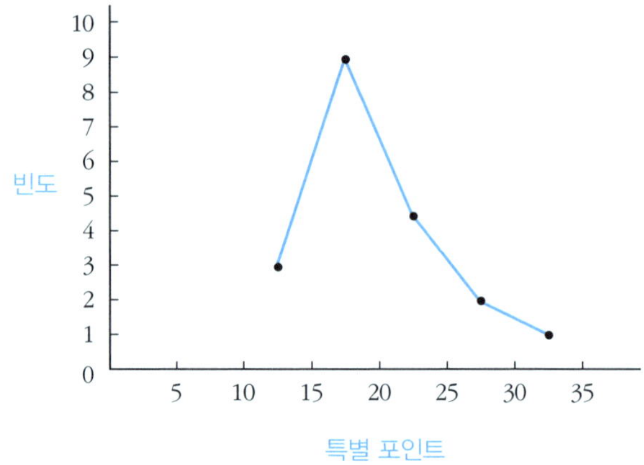

이 도수다각형은 시계열 자료나 추세 자료에 많이 활용한다.

엑셀에서는 차트마법사의 차트종류에서 꺾은선 형을 선택하면 다양한 도수다각형 그래프를 구할 수 있다.

(6) 누적도수분포곡선

누적도수분포의 결과를 꺾은 선 그래프로 도식화한 것을 누적도수분포곡선 또는 오자이브(Ogive)라고 한다.

그림 2.5 특별 포인트 자료의 오자이브

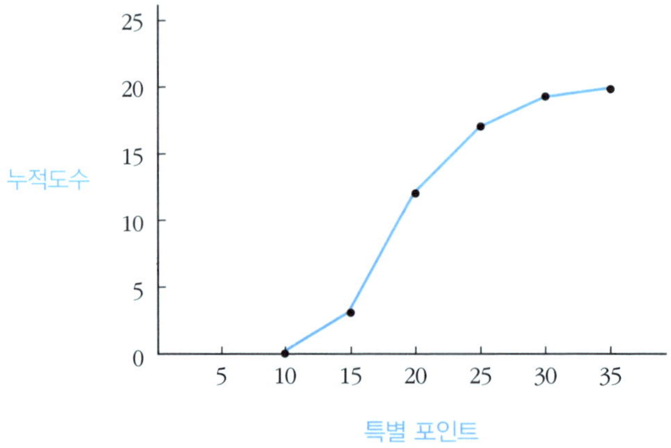

2.3 분할표와 산포도

앞에서 제시한 그래프들은 한 변수에 대한 자료를 요약하기 위한 그래프들이다. 그러나 경영자나 의사결정자는 때때로 두 변수 사이의 관계를 이해할 수 있는 그래프와 표 작성에 관심을 두게 된다. 이러한 일들은 실제 현실에서 자주 만나는 사례들이다. 분할표(cross-tabulations)와 산포도(scatter diagrams)가 바로 그러한 관심을 해결해 주는 방법들이다.

(1) 분할표

분할표는 두 변수에 대한 자료를 동시에 요약, 정리할 때 사용한다. 분할표를 통하여 두 변수 간의 관련성에 대한 깊은 통찰력을 얻을 수 있다. 따라서 분할표는 두 변수간의 관련성을 검토하는 데 광범위하게 사용된다. 실제로 경영 현실의 많은 최종 통계 보고서에서 분할표를 많이 활용하고 있다.

다음의 유스호스텔 사례를 통하여 분할표 설정에 대해서 보다 구체적으로 살펴보도록 하자.

예제 2-2

한국관광공사에서는 국내 300개 유스호스텔에 대해서 실태조사를 실시하였다. 각 유스호스텔에 대해 서비스 수준과 함께 숙박 요금을 조사하였는데, 서비스 수준은 보통, 우수, 아주 우수로 평가하였으며, 조사한 숙박 요금은 10(천원)에서 49(천원)의 범위를 보이고 있었다. 다음의 〈표 2.8〉은 300개 유스호스텔 중에서 10개의 자료만을 제시하였다. (유스호스텔.xlsx는 www.pncmedia.co.kr의 자료실에서 다운받을 수 있음)

표 2.8 유스호스텔 실태조사 자료

유스호스텔	평가	숙박 요금(천원)
1	보통	11
2	우수	20
3	우수	18
4	보통	26

5	아주 우수	27
6	보통	40
7	보통	23
8	아주 우수	34
9	우수	22
10	우수	20
⋮	⋮	⋮

표 2.9 유스호스텔에 대한 분할표

평가	숙박 요금				총합계
	10~19	20~29	30~39	40~49	
보통	42	40	2		84
우수	34	64	46	6	150
아주 우수	2	14	28	22	66
총합계	78	118	76	28	300

이 자료를 이용하여 평가항목과 숙박 요금 간의 관계를 설정한 분할표는 〈표 2.9〉에 제시하였다.

이 분할표에서 보다시피 상단과 좌측 각각에, 두 변수에 대한 분류 이름이 나타나도록 하였다. 상단에는 숙박 요금을 네 범주로 분류하여 구분하였고, 좌측의 서비스 수준 평가는 세 범주로 구분하여 설정하였다.

〈표 2.9〉의 분할표 작성에 대한 엑셀 수행 절차는 [엑셀활용 02]에 자세하게 제시하였다. [엑셀활용 02]의 내용을 참고하면 분할표를 보다 원숙하게 작성할 수 있다.

유스호스텔 사례의 분할표는 이미 주지하다시피 질적 변수인 서비스 수준 품평과 양적 변수인 숙박 요금에 대한 분할표이다. 분할표는 두 변수가 모두 질적 변수이거나 양적 변수일 때도 설정할 수 있다.

(2) 산포도

산포도는 두 양적 변수 사이의 관련성, 즉 상관의 정도를 보다 구체적으로 검토할 때 사용한다. 이 산포도를 통하여 두 변수의 관련성이 정(+)의 선형적 관계이냐, 부(−)의 선형적 관계이냐, 뚜렷한 선형적 관련성이 없느냐 하는 것을 명확하게 인지할 수 있다.

산포도에 대한 이해를 높이기 위해 어느 지역의 패밀리 레스토랑 광고의 예를 살펴보기로 하자.

예제 2-3

어느 지역 패밀리 레스토랑에서는 지역 케이블 TV를 통하여 광고하고 있다. 패밀리 레스토랑 경영자는 지난 3개월간의 주별 광고 횟수와 해당하는 주의 방문객 수에 대한 10개의 주별 표본자료를 검토하여 향후 광고 방향에 대한 결정을 내리고자 한다.

10개의 주별 표본자료는 〈표 2.10〉에 제시되어 있다.

표 2.10 패밀리 레스토랑의 10주 자료

주	광고 횟수(x)	방문객 수(y)
1	3	45
2	6	52
3	2	36
4	4	49
5	5	48
6	2	33
7	6	58
8	4	43
9	5	55
10	3	41

[그림 2.6]은 엑셀을 이용하여 이 자료의 산포도를 작성하였다. 작성 과정은 [엑셀활용 02]에 자세하게 설명하였다. 완성된 산포도 [그림 2.6]을 보면 패밀리 레스토랑의 광고 횟수와 방문객 수는 매우 강한 양의 선형적 상관성을 지니고 있음을 알 수 있다. 이러한 선형의 상관관계를 통하여 우리가 얻을 수 있는 정보는 광고 횟수가 높을수록 방문객 수가 많아짐을 확연하게 알 수 있다는 것이다.

물론 선형의 관련성이 없거나, 또는 음의 선형적 관련성을 갖는 등 여러 가지 유

그림 2.6 패밀리 레스토랑의 산포도

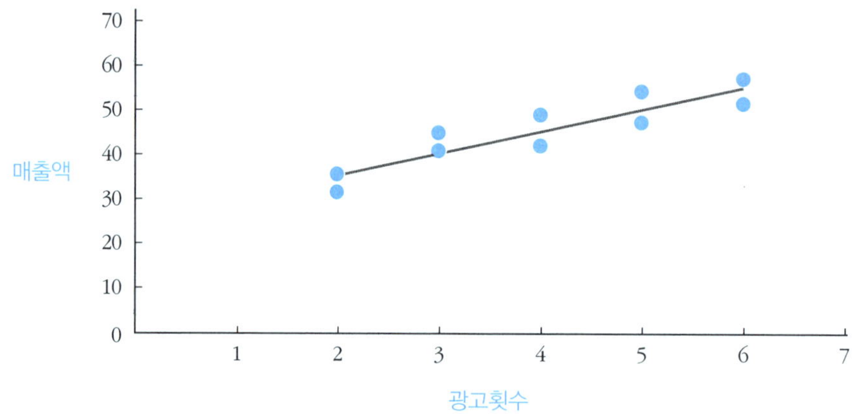

형이 나타날 수 있으나, 이 사례에서는 높은 양의 선형적 관련성을 갖는 산포도의 유형을 갖추고 있다.

2장 전체에서 살펴보았듯이 자료의 크기가 어떠하든 간에 수집한 자료 그 자체를 가지고 직접 해석한다고 하는 것이 여러 측면에서 쉽지 않다. 이러한 어려움을 해결하기 위해 자료에 대한 체계적이고 적절한 표 구성과 그래프 작성을 통해서 자료의 형태를 쉽게 인지할 수 있고, 자료를 아주 쉽게 해석할 수 있다. 자료의 요

그림 2.7 표와 그래프 방법에 의한 자료 요약 및 해석

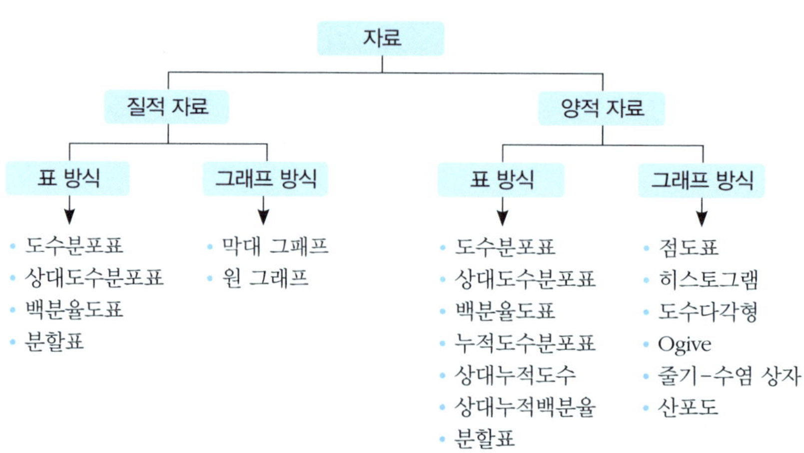

약 및 조직화에 대한 여러 가지 표 구성 및 그래프 작성을 요약하여 표시하면 [그림 2.7]로 정리할 수 있다.

만약 자료의 크기가 커지면 간단한 수작업으로 자료의 형태나 해석이 용이하지 않을 것이다. 이 경우 기존의 전문적인 통계 패키지를 활용할 수밖에 없다. 그러나 그러한 전문 통계 패키지 활용도 쉽지 않기 때문에 본 교재에서는 실무에서 널리 활용하고 있으며, 쉽게 접근이 가능한 엑셀을 통하여 자료 수집의 체계화는 물론이고 자료에 대한 실용적인 접근과 해석이 용이하도록 [엑셀활용 02]에서 제시하였다.

엑셀활용 02 엑셀 기법 익히기

엑셀은 자료에 대한 표 요약, 그래프 작성 능력 등 매우 탁월한 기능을 가지고 있다.

그중에서도 가장 강력한 세 가지 기능은 함수마법사와 차트마법사, 그리고 피벗 테이블/피벗차트 보고서이다.

1. 질적 자료 도수분포표 작성

다음의 5종류(범주의 수) 음악장르 선호도 자료를 통하여 질적 자료에 대한 도수 분포표를 작성하는 과정을 엑셀로 살펴보기로 하자.

락	발라드	댄스
댄스	댄스	댄스
락	발라드	댄스
댄스	락	R&B
R&B	발라드	힙합
댄스	발라드	댄스
발라드	댄스	R&B
댄스	발라드	락
발라드	힙합	발라드
R&B	댄스	힙합
R&B	발라드	힙합
발라드	락	락
댄스	힙합	R&B
발라드	발라드	댄스
R&B	발라드	댄스
댄스	댄스	R&B
힙합	락	

(1) 함수마법사 활용

먼저 함수마법사에서 COUNTIF 함수를 사용하여 도수분포표를 작성하는 과정을 알아보기로 하자.

음악장르와 50개의 자료를 셀 A1:A51에 입력한다.

	A	B	C	D	E	F
1	**음악장르**		**음악장르**			
2	락		댄스			
3	발라드		락			
4	락		발라드			
5	댄스		R&B			
6	R&B		힙합			
7	댄스					
8	발라드					
9	댄스					
10	발라드					
11	R&B					
12	R&B					
13	발라드					
14	댄스					
15	발라드					
16	R&B					
17	댄스					

음악장르라는 변수이름과 음악장르를 셀 C1:C6에 입력한다.

COUNTIF 함수를 이용하여 셀 A2:A51 내의 각 음악장르 수를 계산한다. 단계별로 자료 처리 절차를 정리하면 쉽게 도수분포표를 작성할 수 있다.

단계 1 셀 D2를 선택하고, 함수마법사의 범주에서 통계 항목을 선택하여 그 항목 안에 있는 COUNTIF 함수를 선택한다.

단계 2 확인 키 클릭.

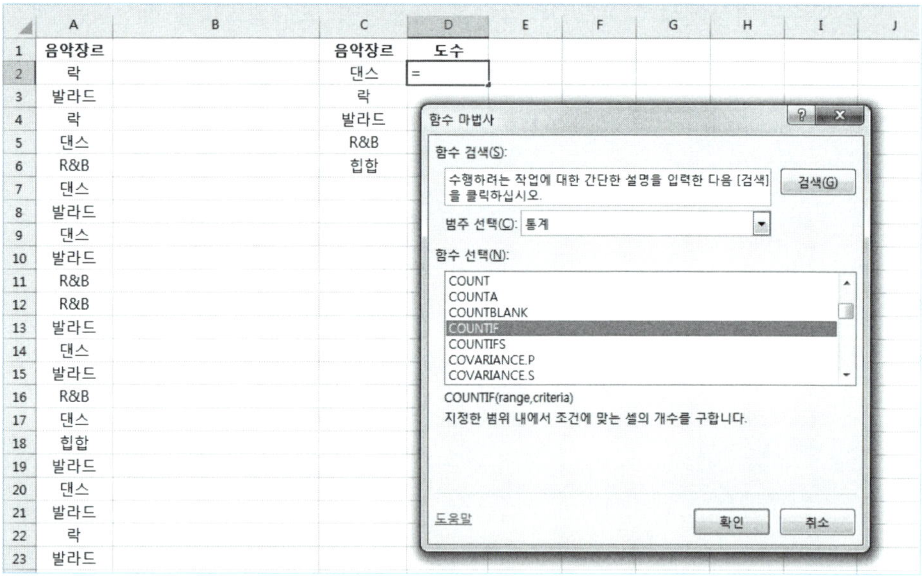

단계 3 "COUNTIF" 대화상자가 나타나면, 지정 범위인 Range 박스에 $A$2:$A$51을 입력한다.(A2:A51 지정이 되면 기능키 F4를 눌러서 주소지정을 상대주소지정에서 절대주소지정으로 바꾼다.) 조건을 나타내는 Criteria 박스에 C2를 입력한다. 이 때 셀 D2에 입력되는 함수형태는 "=COUNTIF($A$2:$A$51, C2)"로 지정된다.

단계 4 셀 D2를 D3:D6으로 복사한다.(채우기 핸들로 복사하면 편리하다.)

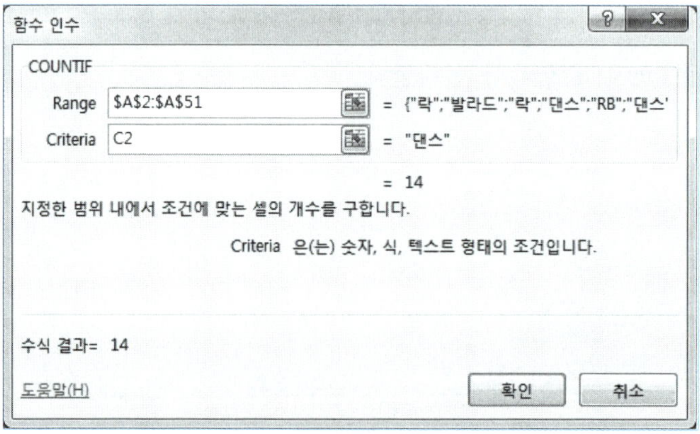

(2) 차트마법사 활용으로 그래프 작성하기

엑셀에는 강력한 그래프 작성이 가능한 차트마법사가 있다.

① 막대그래프와 히스토그램 작성

앞에서 작성한 도수분포표의 자료를 토대로 하여 막대그래프 작성 과정을 살펴보기로 하자.

단계 1 이미 작성하였던 도수분포표의 셀 C1:D6을 선택한다.

	A	B	C	D	E	F	G
1	음악장르		음악장르	도수			
2	락		댄스	14			
3	발라드		락	7			
4	락		발라드	15			
5	댄스		R&B	8			
6	R&B		힙합	6			
7	댄스						
8	발라드						
9	댄스						
10	발라드						
11	R&B						
12	R&B						
13	발라드						
14	댄스						
15	발라드						
16	R&B						
17	댄스						
18	힙합						
19	발라드						

단계 2 리본메뉴의 삽입 탭에서 "세로 또는 가로 막대형 차트" 삽입을 클릭하면, 2차원 또는 3차원 세로, 가로 막대형 차트 내용이 나타난다. 여기에서 원하는 차트 형태를 지정하는 순간 해당 차트가 제시되며, 이를 클릭하면 최종 차트가 설정된다. 이 예제에서는 '2차원 세로 막대형'의 첫 번째 '묶은 세로 막대형' 차트를 선택한다. 그러면 다음과 같은 초기 차트가 만들어진다.

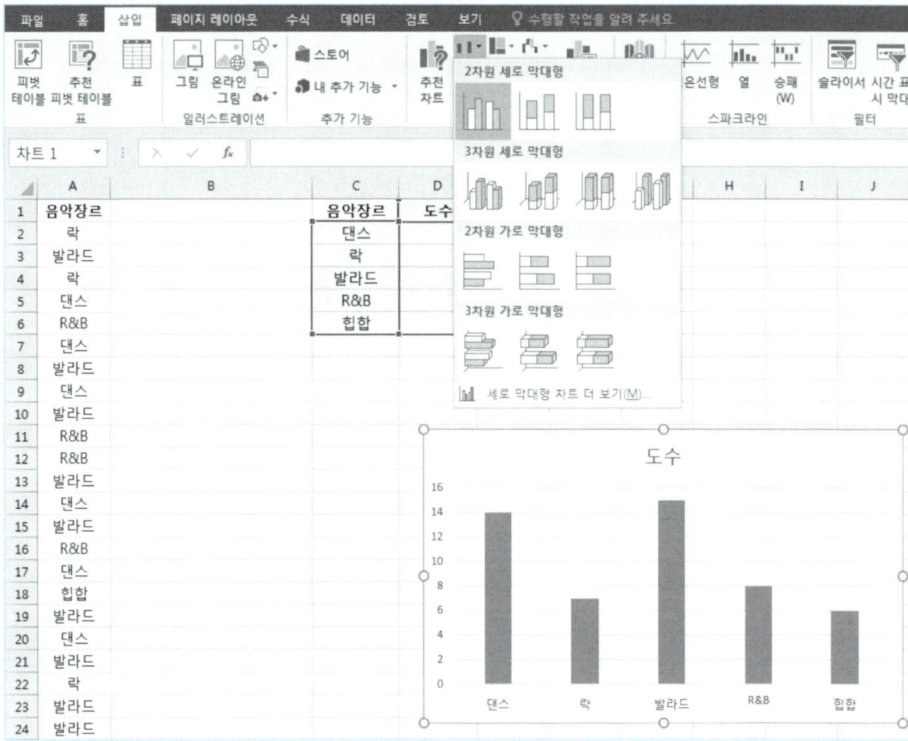

단계 3 차트를 마우스로 클릭하면 리본 메뉴에 디자인 탭이 나타난다. 디자인 탭 밑의 '빠른 레이아웃' 메뉴를 클릭하고 원하는 형태의 레이아웃을 마우스로 클릭한다. 이 예제에서는 '레이아웃 9'를 선택하도록 한다.

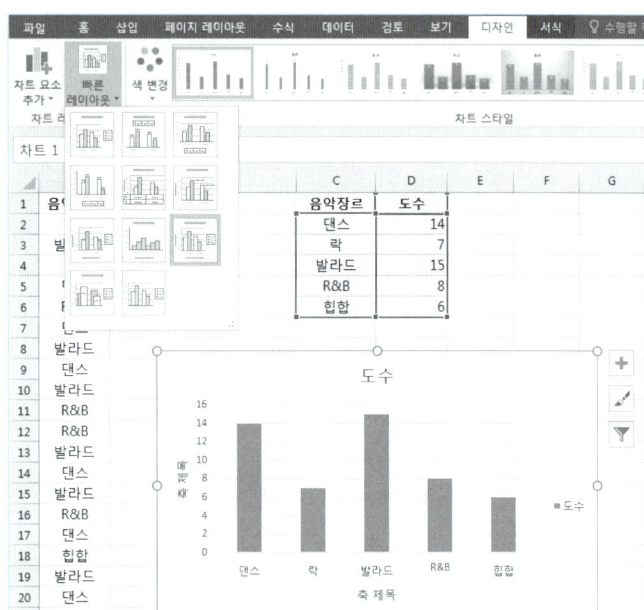

단계 4 차트 제목 및 각 축의 제목을 수정한다.

"차트제목"으로 적혀 있는 차트 제목을 클릭하여 "음악장르 막대그래프"로 수정한다.

"축제목"으로 적혀 있는 X(항목)축을 "음악장르"로 수정한다.

"축제목"으로 적혀 있는 Y(항목)축을 "빈도"로 수정한다.

단계 5 결 과

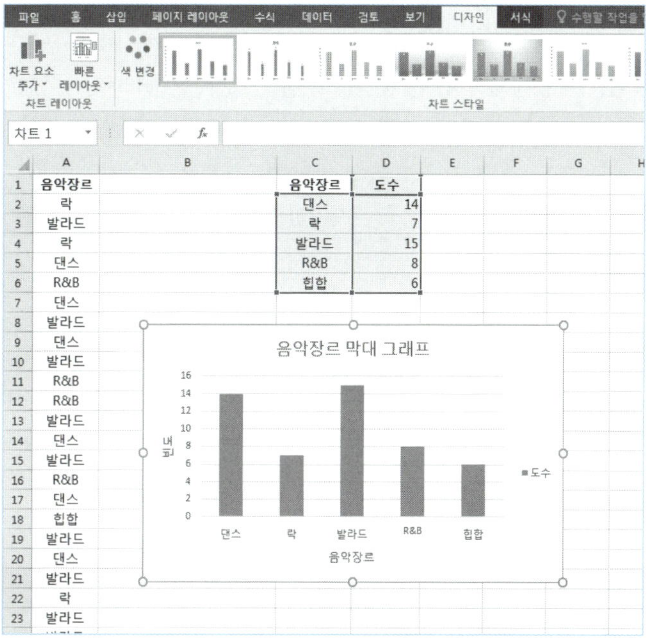

② 원형그래프 작성

엑셀의 차트마법사를 통하여 「원형 차트」를 선택하여 차트를 만들 수 있다.

절차는 똑같이 하면 되지만 차이점은 단계 2에서 「원형 차트」를 선택하는 것이다.

본인이 직접 원형그래프를 작성하여 보도록 하자.

2. 양적 자료 도수분포표 작성(예제 2-1)

앞에서 언급하였듯이 히스토그램은 본질적으로 막대 사이에 분리가 없는 막대그래프와 같다. 데이터 분석으로 히스토그램을 작성하여 보자.

단계 1 리본메뉴에서 데이터 탭 밑의 '데이터분석' 메뉴를 선택

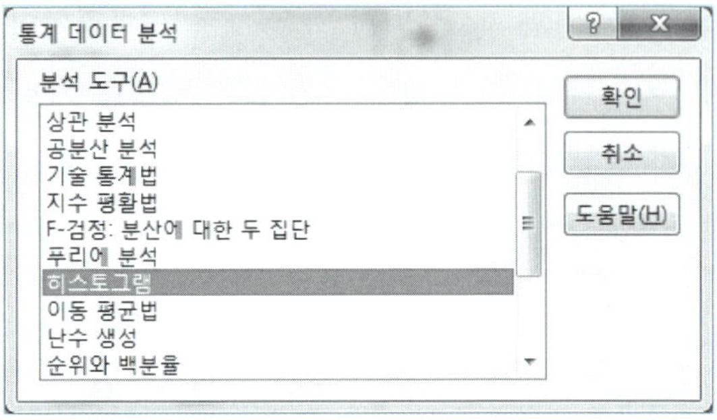

단계 2 데이터 분석 도구에서 '히스토그램'을 선택

단계 3 히스토그램 대화상자가 나타나면, 입력범위 상자에 A1:A21 입력, 계급구간 상자에 B1:B6 입력, 이름표 사용을 선택하고 출력범위를 선택하고 범위 박스에 C7 입력, 차트 출력을 선택한 후 확인 클릭

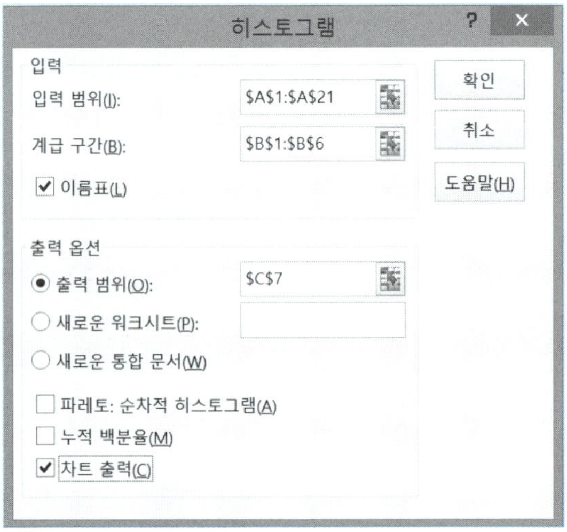

단계 4 히스토그램 제목 및 각 축의 제목을 수정한다.

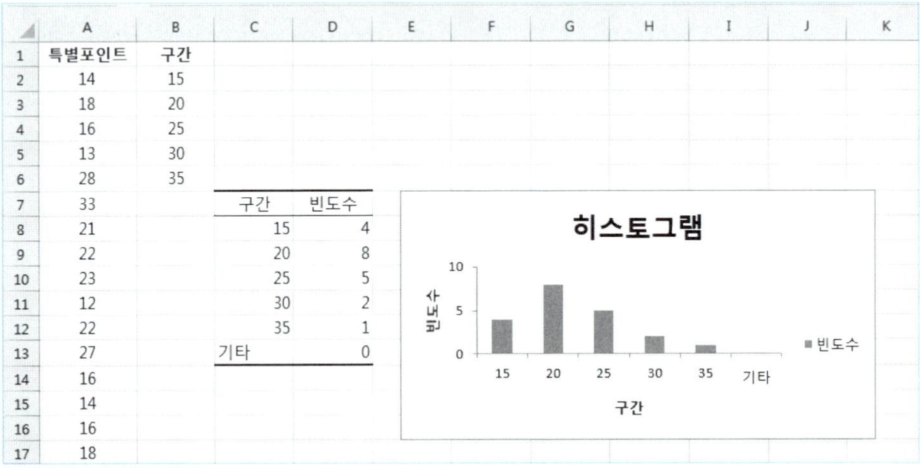

	A	B	C	D
1	특별포인트	구간		
2	14	15		
3	18	20		
4	16	25		
5	13	30		
6	28	35		
7	33		구간	빈도수
8	21		15	4
9	22		20	8
10	23		25	5
11	12		30	2
12	22		35	1
13	27		기타	0
14	16			
15	14			
16	16			
17	18			

히스토그램을 작성하기 위해서는 막대그래프의 막대 간격은 없어야 하기 때문에, 우리는 각 막대 사이의 틈을 제거하기 위해 다음의 단계를 통하여 막대그래프를 편집한다.

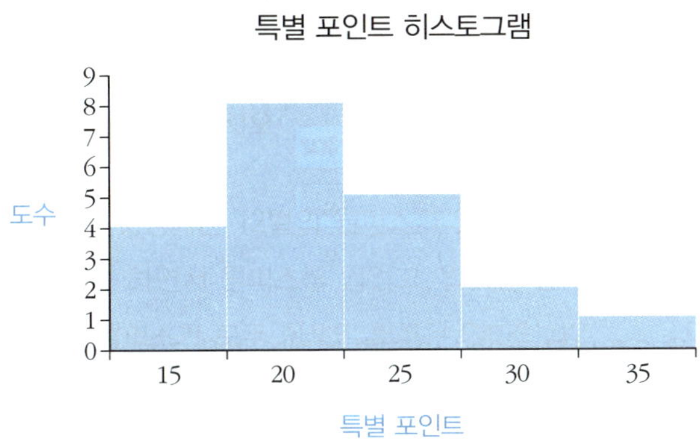

단계 5 막대 그래프 위에서 오른쪽 버튼을 누른다.

단계 6 데이터 계열 서식을 선택한다.

단계 7 데이터 계열 서식 대화상자가 열리면 계열옵션에서 간격너비를 0으로 조정한다.

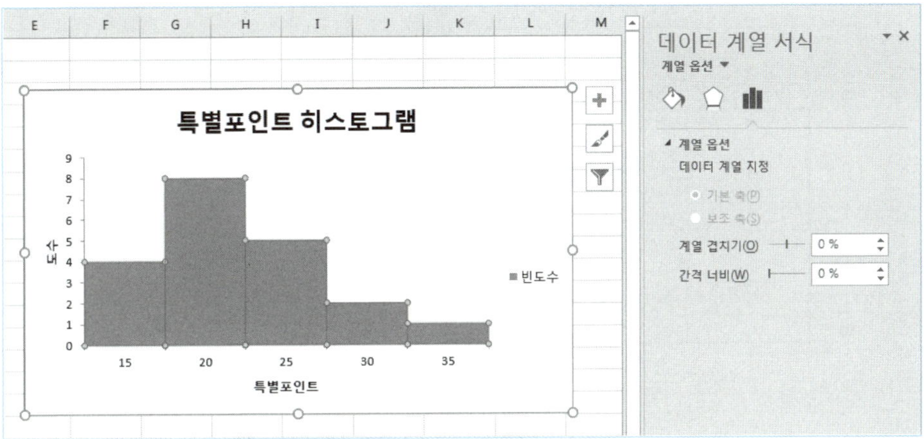

3. 산포도(예제 2-3)

우리는 〈표 2.10〉의 패밀리 레스토랑의 광고 횟수와 방문객 수에 대한 자료로 산포도를 작성하기 위해 차트마법사를 활용한다.

다음의 그림들은 앞으로 제시할 각 단계에 따른 결과를 예시하였다.

엑셀을 가동하여 자료를 입력하고 다음에 제시한 단계별 결과를 따라가면 산포도를 쉽게 작성할 수 있다.

단계 1 B1:C11을 마우스로 드래그하여 선택

단계 2 리본메뉴의 삽입 탭 밑에 있는 '분산형' 메뉴를 클릭하고 '표식만 있는 분산형' 차트를 클릭한다. 그러면 초기 차트가 만들어진다.

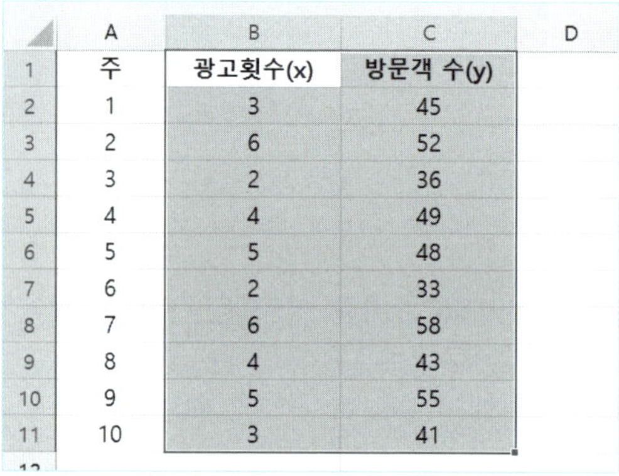

	A	B	C
1	주	광고횟수(x)	방문객 수(y)
2	1	3	45
3	2	6	52
4	3	2	36
5	4	4	49
6	5	5	48
7	6	2	33
8	7	6	58
9	8	4	43
10	9	5	55
11	10	3	41

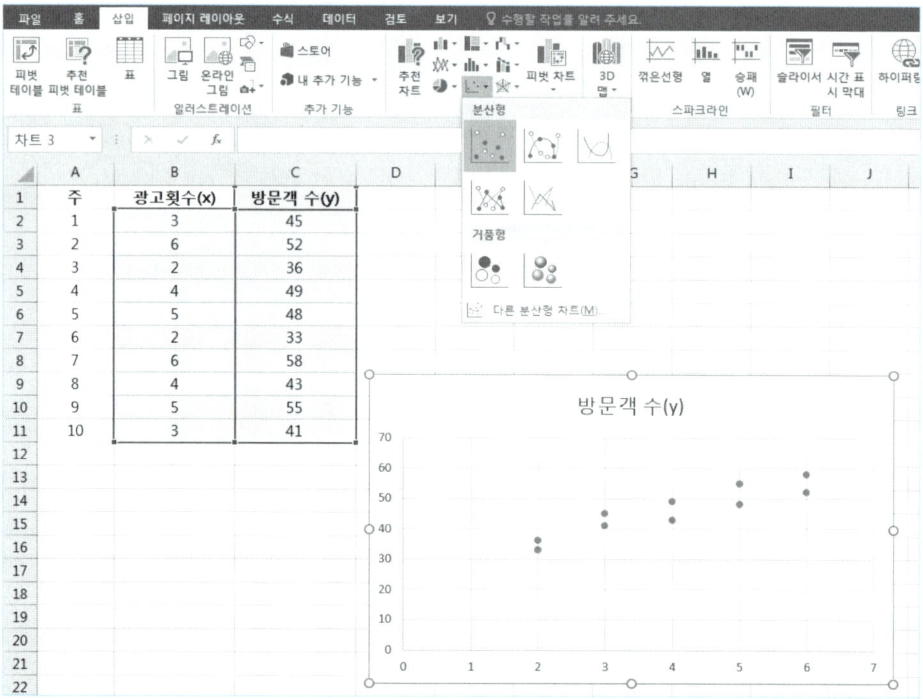

	A	B	C
1	주	광고횟수(x)	방문객 수(y)
2	1	3	45
3	2	6	52
4	3	2	36
5	4	4	49
6	5	5	48
7	6	2	33
8	7	6	58
9	8	4	43
10	9	5	55
11	10	3	41

단계 3 차트를 마우스로 클릭하면 리본 메뉴에 디자인 탭이 나타난다. 디자인 탭 밑의 '빠른 레이아웃' 메뉴에서 원하는 형태의 레이아웃을 마우스로 클릭한다. 이 예제에서는 '레이아웃 1'을 선택하도록 한다.

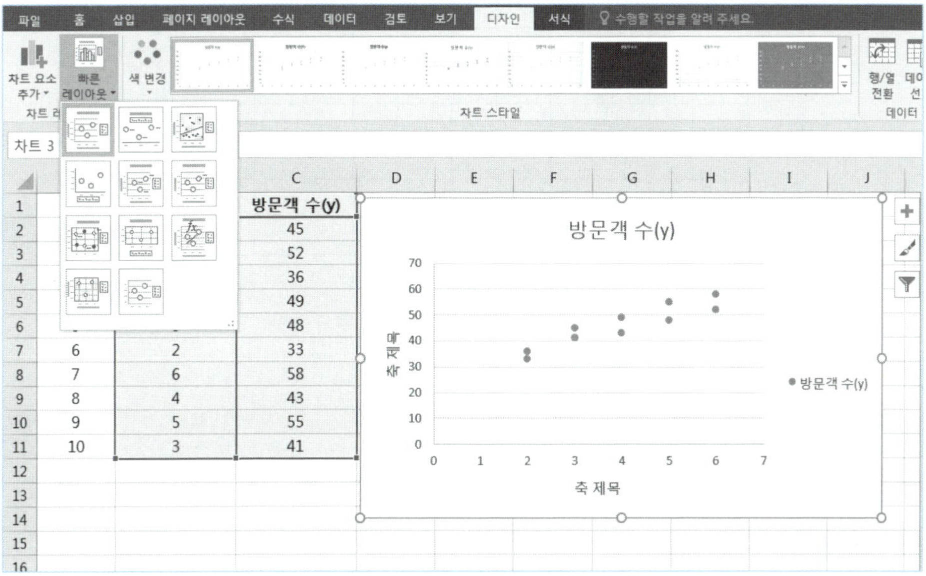

단계 4 차트 제목 및 각 축의 제목을 수정한다.

"방문객 수(y)"로 적혀 있는 차트 제목을 클릭하여 "패밀리 레스토랑의 산포도"로 수정한다.

"축제목"으로 적혀 있는 X(항목)축을 "광고횟수"로 수정한다.

"축제목"으로 적혀 있는 Y(항목)축을 "방문객 수"으로 수정한다.

오른쪽의 계열 1을 제거한다.

단계 5 결 과

패밀리 레스토랑의 산포도

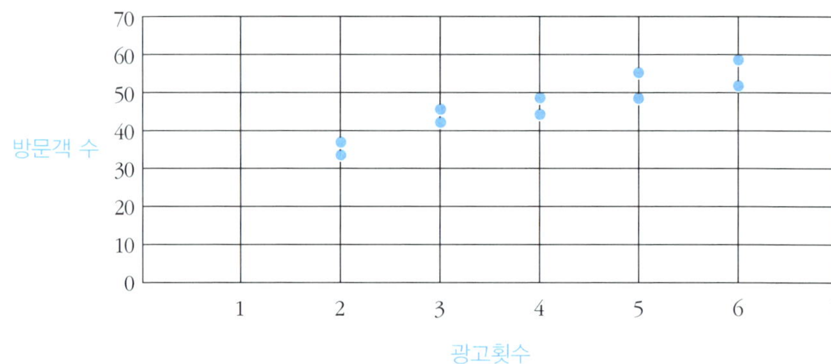

4. 피벗테이블/피벗차트 보고서 작성

엑셀 피벗테이블 보고서는 변수가 둘 이상일 때의 자료를 효과적으로 파악할 수 있는 분할표 작성의 유용한 도구를 제공해 준다. 다음의 예시를 통해서 피벗테이블 보고서 작성을 쉽게 이해할 수 있도록 정리하였다.

▶ 분할표 작성(예제 2-2)

우리는 별도의 파일로 제공한 본문 예제 2-2의 유스호스텔 실태조사 자료를 이용하여 피벗테이블 보고서 작성 방법을 설명하고자 한다. 각 변수에 대한 이름은 1열에 입력하고 300개 각 유스호스텔의 평가 내용과 가격 자료는 셀 A2:C301에 입력하였다.

단계 1 A1:C301 사이의 임의의 셀을 하나 선택한 후 데이터 리본메뉴의 삽입 탭에서 피벗테이블 그룹의 피벗테이블 메뉴를 클릭한다.

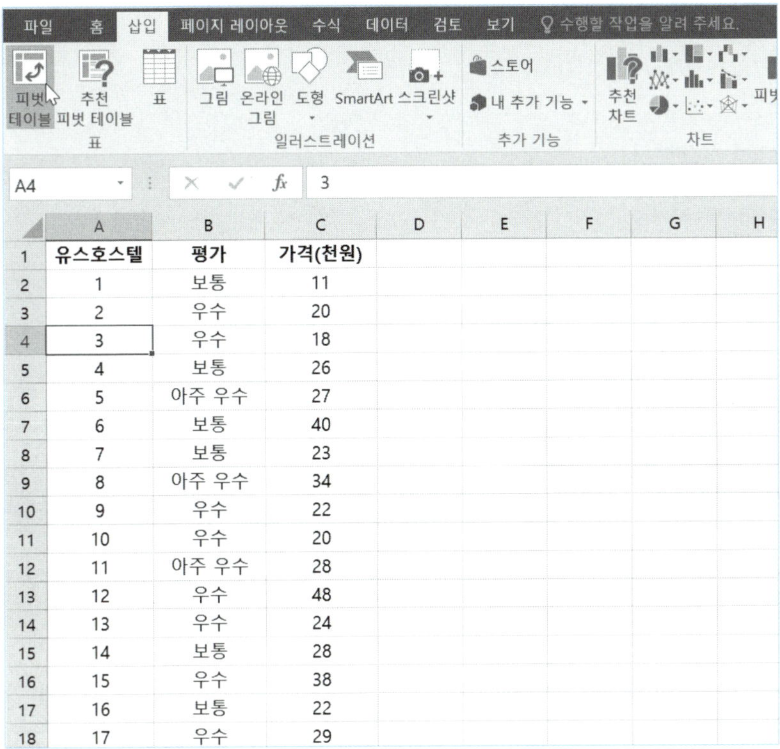

단계 2 피벗테이블 만들기 대화상자가 나타나면, '표/범위' 란에 자동으로 데이터 목록의 범위가 지정된다. 피벗테이블을 넣을 위치로 '새 워크시트'를 선택하고 확인 버튼을 누른다.

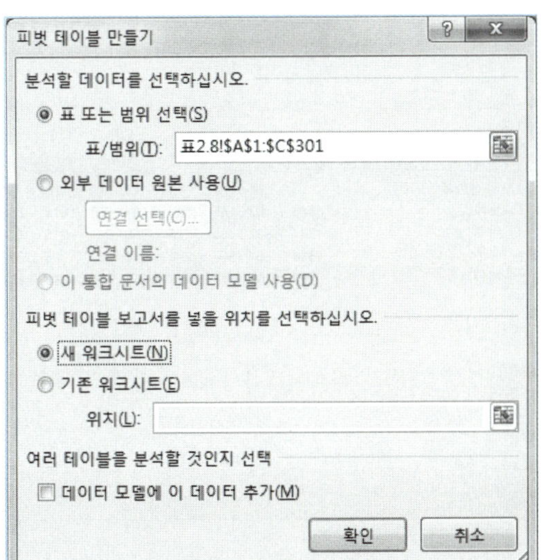

단계 3 단계 2를 마치면 다음 그림과 같은 새로운 Sheet(Sheet1)가 생성되며, '피벗테이블 필드' 대화상자가 화면 오른쪽에 나타난다.

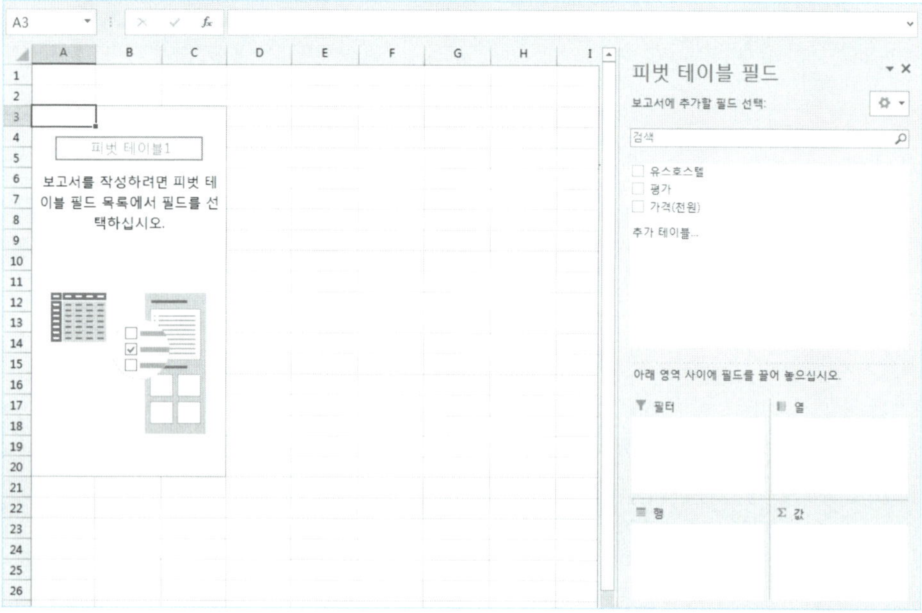

단계 4 '피벗테이블 필드 목록' 대화 상자 상단의 '보고서에 추가할 필드 선택'에 있는 각 필드들을 마우스로 선택하여 아래 영역의 '열 레이블', '행 레이블' 및 '∑값'에 그림과 같이 드래그하여 채워 넣는다.

초기 분할표

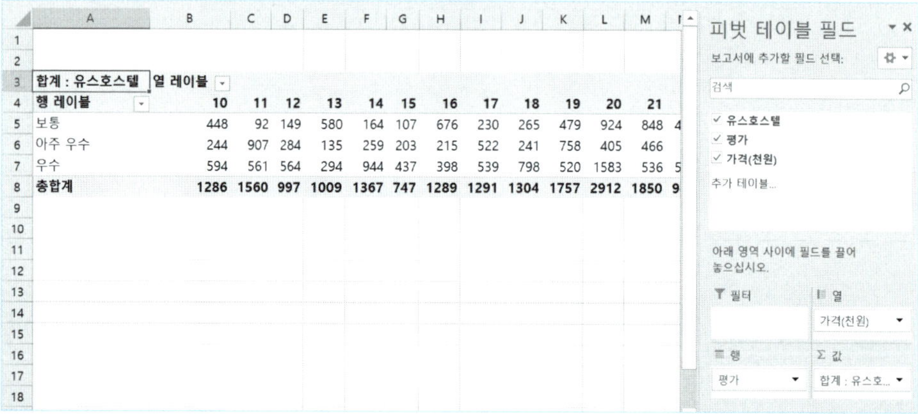

합계 : 유스호스텔	열 레이블											
행 레이블	10	11	12	13	14	15	16	17	18	19	20	21
보통	448	92	149	580	164	107	676	230	265	479	924	848
아주 우수	244	907	284	135	259	203	215	522	241	758	405	466
우수	594	561	564	294	944	437	398	539	798	520	1583	536
총합계	1286	1560	997	1009	1367	747	1289	1291	1304	1757	2912	1850

단계 4를 완료하면 위와 같은 초기 피벗테이블이 작성된다. 이 역시 분할표라고 할 수 있지만, 아직은 세 가지 이유에서 우리가 원하는 형태의 보고서는 아니라고 할 수 있다. 첫 번째는 보고서의 각 $\sum$값이 현재는 유스호스텔 숫자의 합계로 표시되어 있다. 반면, 우리가 원하는 값은 각 가격 및 평가에 해당하는 유스호스텔 개수이다. 둘째, 보고서의 열 머리글에 해당하는 가격이 10부터 48까지로 그룹화되어 표기되어 있지 않다. 즉, 계급의 나비가 1로 계급의 수가 너무 많다. 세 번째는 보고서의 행 레이블에 해당하는 평가의 순서가 '보통>아주 우수>우수' 순으로 일반적인 '보통>우수>아주 우수' 순서나 혹은 '아주 우수>우수>보통'의 형태로 바꿀 필요가 있다. 각 문제를 해결하기 위하여 단계 5~7을 수행한다.

단계 5 우선 첫 번째 문제를 해결하기 위하여, 다음 그림과 같이 데이터가 들어있는 B5:AN7 사이의 임의의 셀에서 마우스의 오른쪽 버튼을 클릭한 후 '값 요약 기준'에서 개수를 선택한다.

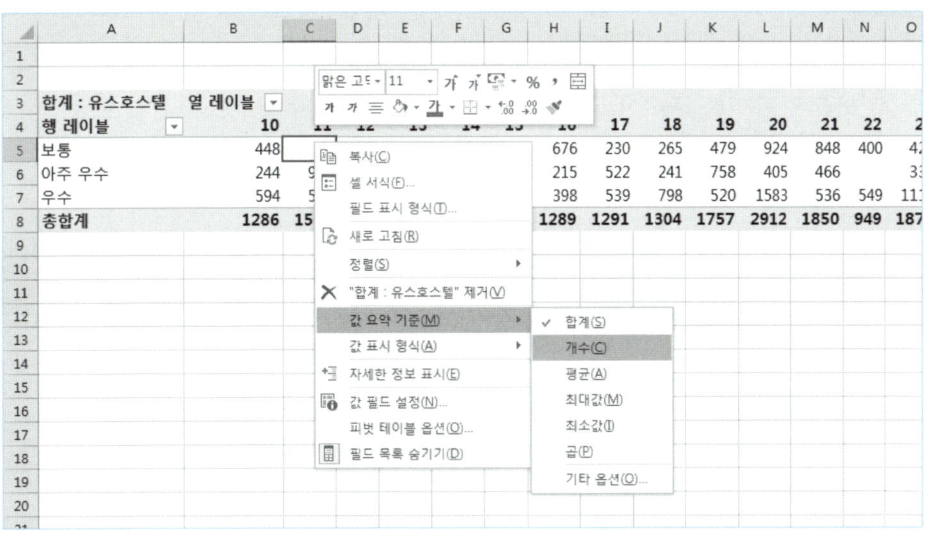

단계 6 다음으로 열 레이블 '가격'의 계급의 크기 및 상한 및 하한을 결정한다. 위의 피벗 테이블에서 열 레이블의 머리글인 B4:AM4에서 임의의 셀을 선택하고 마우스의 오른쪽 버튼을 누른 후 '그룹'을 선택한다. '그룹화' 대화상자가 나타나면, 시작 박스에 '10', 끝 박스에 '49', 단위 박스에 '10'을 입력하고 확인 버튼을 누른다.

단계 7 마지막으로 행 레이블 평가의 순서를 '보통>우수>아주 우수' 순으로 변경하도록 한다. 행 레이블의 머리글에서 '아주 우수'를 선택하고 마우스의 오른쪽 버튼을 클릭한 후, '이동' 메뉴의 '아래로 "아주 우수" 이동'이나 '끝으로 "아주 우수" 이동'을 선택한다.

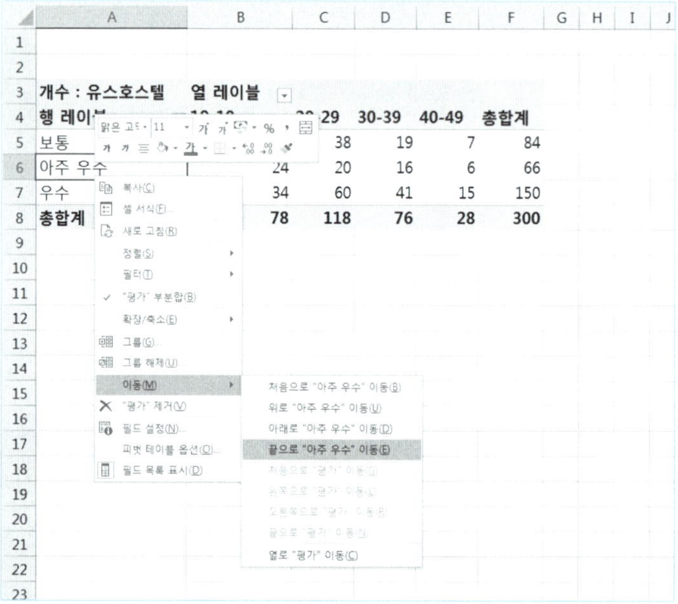

최종적으로 수정된 피벗테이블의 값은 아래와 같다. 이 결과는 최초의 피벗테이블보다 매우 의미 있는 정보를 제공해 준다는 것을 알 수 있다.

수정된 최종 분할표

개수 : 유스호스텔	열 레이블				
행 레이블	**10-19**	**20-29**	**30-39**	**40-49**	**총합계**
보통	20	38	19	7	84
우수	34	60	41	15	150
아주 우수	24	20	16	6	66
총합계	**78**	**118**	**76**	**28**	**300**

CHAPTER 2

연습문제

1 어느 은행의 한 지점에서 지난 1년간의 대출금액을 조사해 보니 가장 큰 대출은 8억 원, 가장 작은 대출은 1천만원이었다. 10개의 계급을 가지는 도수분포표를 작성한다고 할 때 적절하다고 생각되는 계급의 폭을 구하시오.

2 120개의 관찰값으로 구성된 자료가 있다. 도수분포표를 만들기 위해 몇 개의 계급을 사용하는 것이 좋은가?

3 145개로 구성된 자료의 최솟값이 50, 최댓값이 500일 때 도수분포표를 작성하기 위해 적절한 계급 수와 계급의 폭을 구하시오.

4 다음은 효원병원의 환자에 대한 진료분야별 도수분포표이다.

진료분야	도수(환자수)
내과	14
외과	8
소 아 과	7
산부인과	6
합계	35

❶ 상대도수 및 백분율 도수분포표를 작성하라.
❷ 누적도수분포표를 작성하라.

5 1장 예제 1-1의 경일전자 자료를 토대로 하여 다음의 물음에 답하라.

❶ 엑셀을 활용하여 도수분포표를 작성하라.
❷ 엑셀을 활용하여 히스토그램, 누적도수분포표, Ogive를 작성하라.

6 다음은 모 대학 1학년 학생들의 통계학개론 학기말성적 자료이다.

64	89	97	48	60	93	77	94	87	58
43	95	64	97	60	53	68	86	59	73
98	77	78	92	86	79	92	79	48	87
85	59	80	93	69	56	96	88	45	66
66	40	98	55	93	63	78	88	87	74

❶ 엑셀을 활용하여 도수분포표를 작성하라.

❷ 엑셀을 활용하여 히스토그램, 누적도수분포표, Ogive를 작성하라.

7 다음 중소기업의 사원 월급 자료를 보고 다음 물음에 답하라.

1050	880	1060	1090	1200	950	1000	1270	800	1230
820	1070	880	1315	1120	1525	1075	1140	1250	1515
1120	940	1100	945	1175	1325	1225	1120	1150	920
1080	925	1085	900	1150	1360	1500	1050	1205	1320
1190	825	1240	1125	955	1050	1280	1315	1080	1430
1150	1495	1125	1160	900	1200	975	1100	1375	1350
840	1260	1050	1400	800	1100	1120	1140	1030	1050
890	920	1150	940	1050	1400	910	1150	1100	1380

❶ 엑셀을 활용하여 도수분포표를 작성하라.

❷ 엑셀을 활용하여 히스토그램, 누적도수분포표, Ogive를 작성하라.

8 병원경영 효율화를 위한 제반 조사과정에서 조사 대상 병원 중 한 곳에 입원 중인 환자들의 나이를 조사하였다. 조사 자료는 다음과 같다고 한다. 엑셀을 활용하여 도수분포표, 히스토그램 등을 작성하라.

22	44	60	54	24	56	61	47	73	83
59	8	61	52	75	71	62	82	19	50
41	4	55	23	45	53	79	55	22	71
12	25	18	74	65	65	52	6	24	25
82	17	76	16	4	42	23	83	84	58
64	72	51	95	14	7	27	14	36	60
17	16	55	57	95	50	15	95	65	12
12	18	15	19	28	19	32	61	69	36
64	48	14	7	24	60	3	61	7	17
39	94	15	31	80	55	18	32	58	81

❶ 엑셀을 활용하여 도수분포표를 작성하라.

❷ 엑셀을 활용하여 히스토그램, 누적도수분포표, Ogive를 작성하라.

9 해녀들의 건강을 점검하고 해녀들의 복리기반을 조성하기 위해 해녀들에 대한 제반 조사를 실시하고 있다. 다음은 해녀들의 잠수시간에 대한 자료들이다. 다음 물음에 답하라.

2.82	3.24	3.63	3.34	3.11	2.49
2.94	2.53	3.13	2.52	3.14	3.12
2.46	2.94	3.32	2.9	2.71	3.52
3.27	3.12	3.1	3.21	3.54	3.09
3.23	3.15	2.51	2.74	3.24	3.01
3.23	3.04	3.34	3.09	2.99	2.36
3.41	3.27	2.64	3.303	2.86	3.18
3.17	3.01	3.02	2.37	2.55	3.5
3.25	3.39	2.87	3.14	2.82	3.45
3.26	2.97	2.8	3.21	2.85	3.25

❶ 엑셀을 활용하여 도수분포표를 작성하라.

❷ 엑셀을 활용하여 히스토그램, 누적도수분포표, Ogive를 작성하라.

10 다음의 자료는 녹차 티백에 포함되어 있는 녹차 내용물의 무게를 조사한 자료이다. 티백의 제품 설명서에는 1.5그램으로 표시되어 있으나, 티백 처리 공정의 열기 처리 문제로 제품 내용물이 항상 균일하게 처리되지 않고 있다.

1.65	1.57	1.47	1.77	1.61
1.44	1.40	1.40	1.57	1.45
1.42	1.53	1.47	1.42	1.44
1.40	1.54	1.61	1.58	1.25
1.53	1.55	1.53	1.58	1.56
1.34	1.62	1.32	1.50	1.63
1.54	1.56	1.67	1.32	1.50
1.45	1.46	1.29	1.50	1.57
1.52	1.44	1.49	1.53	1.67
1.41	1.51	1.55	1.58	1.36

❶ 엑셀을 활용하여 도수분포표를 작성하라.

❷ 엑셀을 활용하여 히스토그램, 누적도수분포표, Ogive를 작성하라.

11 다음은 PC 시장에 참여하고 있는 회사들의 매출액에 대한 자료이다. 엑셀을 활용하여 원그래프를 그려라.

회사명	매출액(억원)
A	920
B	1480
C	640
D	720
기타	240

12 다음의 자료는 1991년부터 2005년까지의 우리나라의 산업별 취업자 구성비를 나타낸 것이다. 먼저 적절한 그래프를 그려라. 그리고 자료를 보고 산업 상황에 대한 의견을 제시하라.

(단위: %)

구분	농림어업	광공업	사회간접자본 및 기타
1991	16.5	/27.2	56.3
1992	15.8	25.8	58.4
1993	14.7	24.5	60.8
1994	13.7	23.9	62.4
1995	11.8	23.7	64.5
1996	11.1	22.8	66.1
1997	10.8	21.5	67.7
1998	12.0	19.7	68.2
1999	11.3	19.9	68.7
2000	10.6	20.4	69.0
2001	10.0	19.9	70.2
2002	9.3	19.2	71.5
2003	8.8	19.1	72.1
2004	8.1	19.1	72.0
2005	7.9	18.6	73.5

13 다음은 10개 기업을 무작위로 추출하여 경력유무에 따른 대졸초임을 조사한 것이다. 각 물음에 엑셀을 활용하여 답하라.

❶ 분할표(Crosstabulation)를 작성하라. 초임은 150만원 미만, 150~180만원 미만, 180~210만원 미만, 210만원 이상으로 분류하여 작성하라.

❷ 대졸초임이 180만원 이상~210만원 미만의 경우는 전체의 몇 %인가?

❸ 신입사원이면서 대졸초임이 150만원 이상~180만원 미만인 경우는 전체의 몇 %인가?

경력유무	대졸초임(만원)
신입	150
경력	160
경력	235
경력	185
신입	170
신입	160
신입	190
경력	185
신입	170
신입	160

14 가전제품 소비자 센터의 휴대폰 수리 부서 책임자는 두 개의 서비스팀을 편성하여 소비자 요청에 응하도록 하였다. 다음의 자료는 두 팀에서 최근 소비자 상담에 응하여 소비자 고충을 처리한 시간이다.

수리 A 팀									
5.62	5.29	16.25	10.92	11.46	21.62	8.45	8.58	5.41	11.42
11.62	7.29	7.50	7.96	4.42	10.50	7.58	9.29	7.54	8.92

수리 B 팀									
9.54	11.46	16.62	12.62	25.75	15.41	14.29	13.13	13.71	10.04
5.75	12.46	9.17	13.21	6.00	2.33	14.25	5.37	6.25	9.71

❶ 엑셀을 활용하여 각 팀의 도수분포표를 작성하라.

❷ 엑셀을 활용하여 각 팀의 히스토그램을 그리고, 두 팀을 비교하라.

Chapter 03

기술통계

– 특성치에 의한 자료의 이해 –

2장에서는 여러 유형의 그래프를 이용하여 자료를 요약하고 정리하여 해석할 수 있는 방법을 설명하고 엑셀을 활용한 자료 분석 과정을 제시하였다. 3장에서는 기술통계 자료를 요약하고 정리하여 자료의 특성을 파악하는 또 다른 대안을 설명하는데, 특성치를 이용하여 자료를 이해하고 파악하는 과정이다. 분석하고자 하는 변수의 수나 분석 목적에 따라서 결정 상황과 판단이 달라질 수밖에 없지만, 이 책의 범위에 맞추어 기본이 되는 단일 변수의 자료집합에 대한 기술통계 방법을 설명하기로 한다.

3장에서는 먼저 단일 변수에 대한 특성치로 자료집합의 위치에 대한 측정치를 설명하고, 다음으로 분산 등의 자료 분산 정도, 즉 산포도에 대한 측정치를 알아본다. 이후에 상대위치에 대한 측정치와 이상치 감지를 확인하고 탐색자료 분석 도구를 제시한 후 두 변수 간의 연관성에 대한 측정치를 살펴본다.

이때 측정치가 모집단의 자료로 계산한 특성치인 경우 모집단의 특성을 알 수 있는 모수(parameter)라고 하고, 표본의 자료를 사용하여 계산한 표본의 특성치는 표본통계량(sample statistics)이라고 한다.

단일 변수에 대한 자료의 위치와 산포도의 특성치를 나타내 주는 측정치들은 n개의 자료값을 전제로 하여 계산한다. 여러 변수에 대한 자료집합의 경우 특별한 연관 분석이라 하더라도 먼저 기초적인 분류와 해석을 위해 변수 각각에 대해서 독립적으로 파악하여 비교하거나 특정 연관 특성치를 계산하여 파악할 수 있다.

3.1 중심경향

① 평균

중심 위치에 대한 가장 중요한 측정치는 변수의 평균이다. 평균(mean)은 자료집합의 중심 위치에 대한 정보를 제공해 준다. 평균은 전 자료를 망라하여 계산하기 때문에 자료 전체의 정보를 빠짐없이 제공한다는 뛰어난 장점을 가지고 있다.

모든 사물은 중심, 즉 평균으로 회귀한다는 골턴의 연구로 평균의 개념은 통계학에서 가장 중요한 특성치로 평가하고 있다. 그러나 평균은 극단적인 자료에 의해 크게 영향을 받을 수 있는 여지가 많기 때문에 특이한 이상치가 발견되면 세심한 조치를 취하여 분석에 임하여야 한다.

표본통계량으로서의 평균 계산과 모수로서의 평균 계산은 다음과 같다.

표본평균

$$\bar{X} = \frac{1}{n}(x_1 + x_2 + \cdots + x_n) = \frac{\sum_{i=1}^{n} x_i}{n}$$

x_i: i번째 관찰치
n: 표본의 관찰치 수

모집단평균

$$\mu = \frac{1}{N}(x_1 + x_2 + \cdots + x_N) = \frac{\sum_{i=1}^{N} x_i}{N}$$

x_i: i번째 관찰치
N: 모집단의 관찰치 수

다음의 〈표 3.1〉은 국내 각 대학의 한 학기 평균 등록금을 조사한 자료이다. 엑셀 자료는 대학등록금.xlsx로 제시되어 있다. 이 자료를 토대로 하여 각 특성치에

표 3.1 국내 각 대학의 한 학기 평균 등록금 자료

대학	등록금(천원)	대학	등록금(천원)
1	3,000	7	3,030
2	2,730	8	2,980
3	3,200	9	2,770
4	2,860	10	2,905
5	2,770	11	3,175
6	2,740	12	3,100

대한 구체적인 계산을 하여 보자. 엑셀에서는 AVERAGE 함수로 평균을 구한다. 평균값은 2,940이다. 엑셀을 이용한 특성치 계산은 [엑셀활용 03]에 제시하였다.

② 중앙값

중앙값(median)은 자료의 중심 위치에 대한 또 다른 측정치로써, 자료를 오름차순으로 정렬하였을 때의 중간값이다. 관찰치의 수가 홀수이면 중앙값은 가운데 값이다. 관찰치의 수가 짝수이면 중앙의 두 관찰치 평균값을 중앙값으로 계산한다.

중앙값

먼저 자료를 오름차순으로 정렬한다.(가장 작은 값에서 가장 큰 값 순으로)

가. 관찰치의 개수가 홀수이면 중앙값은 중간값이다.
나. 관찰치의 개수가 짝수이면 중앙값은 중간의 두 값 평균이다.

예제 3-1

다음은 어느 외식 프랜차이즈회사의 점포 10개를 무작위로 선정하여 지난 달 하루 평균 매출액을 조사하여 얻은 자료이다(단위: 만원).

220 345 275 255 335 445 365 265 245 135

다음을 구하시오.

(1) 평균
(2) 중앙값

풀이

(1) 288.5만원

$$\frac{220+345+275+255+335+445+365+265+245+135}{10}=288.5$$

(2) 270만원

$$\frac{265+275}{2}=270$$

대학 등록금 자료는 관찰치의 수가 짝수이다. 이 자료를 오름차순으로 정렬하면 6번째 자료는 2,905, 7번째 자료는 2,980이므로 중앙값은 두 값의 평균값을 취하여 2,942.5가 된다. 엑셀에서는 MEDIAN 함수를 쓴다.

평균(mean)이 중심 위치 측정치(measure of central location)로써 가장 널리 활용되고 있지만 특정 상황에서는 중앙값(median)이 더 적절한 정보를 제시해 주기도 한다. 평균의 경우는 극단적인 값에 크게 영향을 받기 때문에, 극단적인 값이 포함되어 있는 경우는 중앙값을 함께 사용하면 오히려 평균보다 더 나은 중심 위치를 알 수 있게 된다.

즉, 자료집합이 극단의 값을 가질 때, 중심 위치 측정치로 중앙값이 더 적절한 정보가 된다.

③ 최빈값

세 번째 위치 측정치는 최빈값(mode)이다. 최빈값에 대한 정의는 다음과 같다. 자료에서 빈도가 높은 자료값은 2,770이다.

최빈값

최빈값은 발생 빈도가 가장 높은 값이다.

3.2 산포도

자료에 대한 정보에서 앞에서 설명한 중심경향은 말할 것도 없고, 동시에 산포도 또는 분산 정도에 대한 측정치도 고려하여야 한다. 산포도 또는 분산 정도를 측정하는 분산과 표준편차는 특히 평균을 기준점으로 자료가 얼마나 흩어져 있는가, 즉 산포되어 있는가를 설명해 주는 특성치이다. 따라서 이들은 평균과 더불어 통계학에서 가장 중요한 분석도구이다. 분산과 표준편차 이외에 평균을 기준점으로 하지 않지만 자료의 산포 정도를 제시해 주는 특성치들로 범위, 사분위편차 등이 있으며, 서로 다른 상대에 대한 상대적인 산포도를 측정해 주는 변동계수도 있다.

① 범위

가장 간단한 분산 정도 측정치는 범위(range)이다.

범위

범위 = 최댓값 − 최솟값

② 사분위편차

분산 정도의 측정치 중에서 극한값의 영향을 피할 수 있는 측정치로 사분위편차(Interquartile Range; IQR)가 있다. 사분위편차는 제3사분위수에서 제1사분위수를 뺀 것이다.

사분위편차

사분위 편차 = 제3사분위수 − 제1사분위수

③ 분산

분산(variance)은 평균과 마찬가지로 모든 자료를 빠트리지 않고 계산하는, 산포도 측정치이다. 따라서 전체 자료의 정보를 망라할 수 있다는 특징을 가지고 있기 때문에 가장 널리 활용하는 측정치이다.

분산은 각 관찰치 값과 평균 간의 차이에 근거를 두고 있다. 각 관찰치와 평균과의 차이를 편차라고 한다. 분산은 바로 편차 제곱합의 평균을 의미한다.

분산은 평균을 기준으로 하여 자료가 얼마나 흩어져 있는가를 나타내주는 변동성 측정 개념이다. 분산이 크다고 하는 것은 그만큼 변동성이 크다는 것을 의미하며 이는 다른 표현으로 리스크가 크다는 의미와 함께, 불확실성 정도가 커진다는 의미가 있다. 따라서 분산은 리스크 측정과 함께 불확실성 정도를 측정하기 위한 중요 개념임을 알 수 있다. 특히 주식 투자에 있어서의 리스크 측정이나 품질 관리에 있어서의 품질 변동 측정에 매우 중요한 기초 개념이 된다.

분산 측정치는 표본통계량 계산 방법과 모수 계산 방법이 다르다. 그것은 이미 표본평균값을 알고 있다는 사실 때문이다. 즉 모수는 특성만 알고 구체적인 값을 모르기 때문에 전체 값을 다 알아야 계산이 가능하다. 그러나 표본분산의 경우, 표본평균의 구체적인 값을 알기 때문에 모집단 분산과는 달리 자료수 n에서 1을 차감한 $n-1$로 계산하여야 한다. 이것을 통계 용어로 자유도(degree of freedom)라고 한다. 즉 표본평균값을 알기 때문에 평균값만큼 자유도 1을 상실하게 되어 $n-1$로 계산하여야 한다. 관련된 내용은 7장 7절에서 구체적으로 설명한다.

모집단분산

$$\sigma^2 = \frac{(x_1-\mu)^2+(x_2-\mu)^2+\cdots+(x_N-\mu)^2}{N} = \frac{\sum_{i=1}^{N}(x_i-\mu)^2}{N}$$

x_i: i번째 관찰치
N: 모집단의 관찰치 수

표본분산

$$s^2 = \frac{(x_1-\bar{x})^2+(x_2-\bar{x})^2+\cdots+(x_n-\bar{x})^2}{n-1} = \frac{\sum_{i=1}^{n}(x_i-\bar{x})^2}{n-1}$$

x_i: i번째 관찰치
N: 표본의 관찰치 수

④ 표준편차

표준편차(standard deviation)는 분산의 양의 제곱근으로 정의한다. 분산의 경우 원 자료의 단위에 대한 제곱 단위가 사용되지만, 표준편차는 원 자료의 단위와 같은 차원의 측정치이다. 따라서 같은 단위를 사용하는 평균이나 다른 측정치와 쉽게 비교할 수 있기 때문에 표준편차는 분산보다 유용하게 해석할 수 있다.

표준편차

표본표준편차$=s=\sqrt{s^2}$
모집단표준편차$=\sigma=\sqrt{\sigma^2}$

예제 3-2

다음은 어느 중학교 농구부 선수들의 키 표본자료이다. 평균과 표준편차를 구하라.

137　　142　　146　　146　　154

풀이

(1) 평균

$$\frac{137+142+146+146+154}{5}=145$$

(2) 표준편차

$$s=\sqrt{\frac{1}{4}\{(137-145)^2+(142-145)^2+(146-145)^2+(146-145)^2+(154-145)^2\}}=6.24$$

⑤ 변동계수

평균에 대한 표준편차의 상대적인 크기가 관심의 대상이 될 때가 많다. 변동계수(coefficient of variation)는 이럴 때 매우 의미 있는 상대적인 산포도 측정치이다.

변동계수

$$변동계수=\frac{표준편차}{평균}\times 100$$

3.3 자료의 표준화 정도

지금까지 자료의 중심경향과 산포도에 대한 측정치를 설명하였다. 위치에 대한 측정치 중 평균을 가장 폭넓게 활용하고 있으며, 또한 산포도의 측정치로는 표준편차와 분산을 가장 폭넓게 활용하고 있다.

우리는 평균과 표준편차를 사용하여 자료집합 내 자료의 상대적인 위치를 알 수 있으며, 이로써 분포의 형태를 알 수 있게 된다. 개략적인 분포의 틀을 알 수 있지만 보다 구체적인 것은 제2부에 가서 살펴보기로 하고, 여기에서는 상대적인 분포 정보에 대해서만 살펴보기로 하자.

상대적인 분포 정보는 표준화 값인 z값, 그리고 체비세프 정리, 경험률 등을 통하여 보다 구체적으로 살펴볼 수 있다. 이와 동시에 자료 중 극단적인 이상치는 자료 특성에 있어서 매우 세심한 검토를 해야 한다. 평균이나 분산에 있어서 모든 자료를 망라하여 측정하기 때문에 이상치의 영향은 매우 크다고 볼 수 있다. 이상치의 경우 기존 평균 개념이나 분산 개념의 틀을 재정리할 수 있는 가능성이 있기 때문에 면밀하게 검토하여야 한다. 물론 연구자의 잘못으로 이상치가 나타날 수도 있지만, 그렇지 않다면 전혀 새로운 현상을 야기할 수 있는 잠재성의 자료 값이기 때문에 소홀히 다룰 수 없는 부분이다.

① z값

z값(z-scores)는 자료 집합내 관찰치의 상대적 위치에 대한 측정치로써 표준화 값이 있다. 표준화 값으로 서로 다른 단위의 자료에 대해서도 상대적인 위치를 제시함으로써 매우 중요한 정보를 얻을 수 있다. 서로 다른 크기의 자료나, 서로 다른 평균, 분산에 대해서도 표준화하여 평균이 0, 분산을 1로 변환하여 비교를 할 수 있는 중요 정보를 얻을 수 있기 때문에 통계 활용도가 매우 높다.

z값

$$z_i = \frac{x_i - \overline{X}}{s}$$

단, $z_i = x_i$에 대한 z값, $\overline{X}$=표본평균, s=표본표준편차

② 체비세프 정리

체비세프 정리(Chebyshev's Theorem)는 평균으로부터 특정한 표준편차 내에 포함될 자료의 비율을 제시해 준다.

체비세프 정리

평균으로부터 k표준편차 내에 존재할 자료의 비율은 최소한 $(1-1/k^2)$이다. 단, 표준편차 k값은 1보다 더 큰 값일 때 가능하다.

이 정리에 따라 표준편차가 2, 3, 4일 때 포함되는 자료 비율은 다음과 같다.

평균으로부터 표준편차 $k=2$의 범위 내에 있을 자료의 비율은 최소한 0.75 또는 75%이다.

평균으로부터 표준편차 $k=3$의 범위 내에 있을 자료의 비율은 최소한 0.89 또는 89%이다.

평균으로부터 표준편차 $k=4$의 범위 내에 있을 자료의 비율은 최소한 0.94 또는 94%이다.

③ 경험법칙

체비세프 정리(Chebyshev's Theorem) 장점 중의 하나는 자료의 분포 모양에 관계없이 어떠한 자료 집합에도 적용할 수 있다는 것이다.

그런데 대개의 현실에서는 많은 자료집합들이 그러하듯이 [그림 3.1]과 같은 종형의 정규분포형태를 취하고 있다. 자료가 이러한 정규분포를 이룬다고 한다면, 경험법칙(empirical rule)을 이용하여 평균으로부터 특정한 표준편차 범위 내에 존재할 자료의 비율을 계산할 수 있다.

그림 3.1 종형의 정규분포와 경험법칙

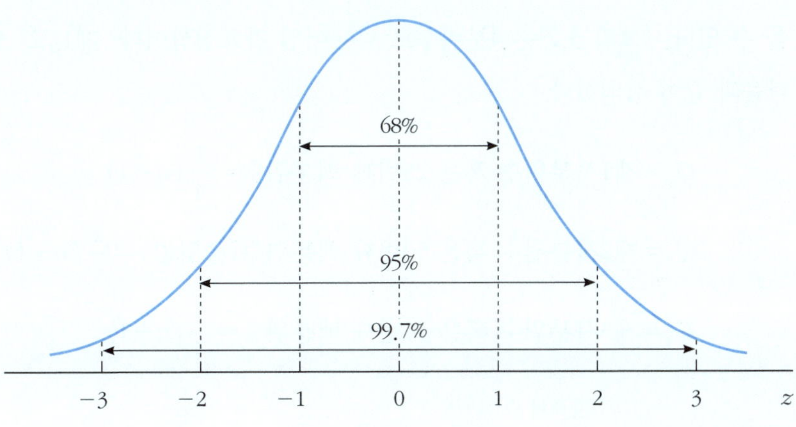

경험법칙

자료가 정규분포를 이룬다면,
평균±1표준편차 범위 내에 자료값의 68%가 포함된다.
평균±2표준편차 범위 내에 자료값의 95%가 포함된다.
평균±3표준편차 범위 내에 자료값의 99.7%가 포함된다.

3.4 탐색적 자료 분석

① 백분위수

백분위수(Percentiles)는 100등분한 구간에서 자료들이 어떤 위치에서 존재하는지에 대한 정보를 제공한다.

백분위수

p번째 백분위수는 적어도 관찰치의 p퍼센트보다 크거나 같고, $(100-p)$퍼센트보다 작거나 같은 값이다.

② 사분위수

자료를 네 등분으로 나누어 25%, 50%, 75% 위치에 대한 정보를 효과적으로 얻을 수 있다. [그림 3.2]는 4분위수로 나누어진 자료집합이다. 제1, 2, 3사분위수는 다음과 같이 정의한다.

$$Q_1 = \text{제1사분위수 혹은 25번째 백분위수} = \frac{1}{4}(n+1)$$

$$Q_2 = \text{제2사분위수 혹은 50번째 백분위수(중앙값)} = \frac{2}{4}(n+1)$$

$$Q_3 = \text{제3사분위수 혹은 75번째 백분위수} = \frac{3}{4}(n+1)$$

n: 자료의 수

그림 3.2 사분위수

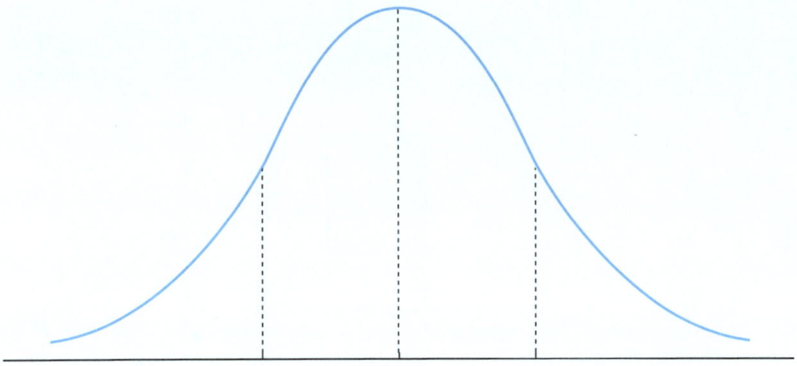

③ 상자-수염 그림

자료를 보다 쉽게 요약하기 위해 최솟값, 제1사분위수, 중앙값, 제3사분위수, 최댓값 등 다섯 가지 크기 순위의 대푯값을 사용한다. 상자-수염 그림(box-whisker plot)은 다섯 가지 대푯값을 기초로 하여 자료의 특성을 그래프로 요약하는 형태이다.

다음의 [그림 3.3]은 앞의 대학 등록금 자료를 토대로 하여 설정한 상자-수염 그림이다.

① 상자의 시작과 끝은 제1사분위수와 제3사분위수가 된다.

② 상자 내의 수직선은 중앙값(median)을 표시하고,

③ 상자의 폭은 사분위편차(Interquartile Range; IQR)가 되고, 이 편차의 ±1.5배 되는 곳에 하한과 상한을 설정한다.

④ 수염(whiskers)은 상·하한의 범위 내에 존재하는 자료값 중에서 가장 작은 값과 가장 큰 값까지 표시하여 설정한다.

⑤ 자료값들 중에서 상·하한의 범위를 벗어난 자료는 모두 이상치(outlier)로 표시한다.

그림 3.3 상자-수염 그림

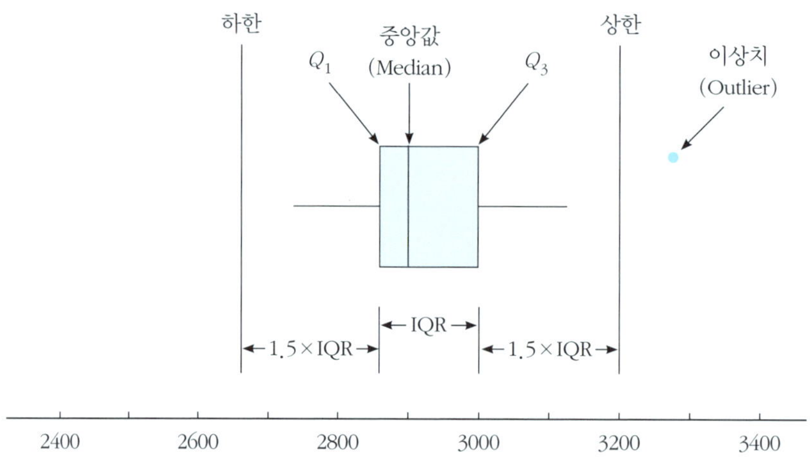

④ 이상치 감지

가끔 자료집합에 비정상적으로 크거나 작은, 하나 이상의 값들이 나타난다. 이러한 비정상적인 극한값들을 이상치(outliers)라고 한다. 이상치들은 자료값을 왜곡시킬 수 있기 때문에 자료 분석을 더 진행하기 전에 반드시 감지하여 제거하거나 자료를 재검토하여야 한다.

3.5 두 변수 간의 연관성 측정치

이제까지 우리는 한 변수에 대한 자료값을 요약하는 특성치에 의한 기술 통계 방법들을 검토하였다. 그런데 경영자나 의사결정자의 경우 서로 다른 두 변수 간의 관련성에 대해 깊은 관심을 가질 수 있을 것이다.

우리는 두 변수 간의 관련성을 설명해주는 기술 통계 방법으로 가장 기초가 되는 공분산(covariance)과 상관관계(correlation)를 설명하고자 한다.

① 공분산

공분산(covariance)은 두 변수 간의 선형적인 연관성 측정치를 제시해 주는 기술 통계 기법이다. 두 변수 간의 선형적인 관련성의 강도를 측정하기 위해 각 변수의 편차들의 곱을 모두 합한 후 이를 자료 수로 나누어 준다.

다음은 표본의 공분산 계산과 모집단의 공분산 계산식이다. 표본 공분산 계산에서 분모의 값이 $n-1$이 되는 이유는 이미 분산을 설명할 때 언급한 것과 같다.

모집단 공분산

$$\sigma_{xy}=\frac{\sum(x_i-\mu_x)(y_i-\mu_y)}{N}$$

표본 공분산

$$s_{xy}=\frac{\sum(x_i-\overline{X})(y_i-\overline{Y})}{n-1}$$

공분산의 값이 양수이면 양의 선형적 관련성이 있음을 말하고, 만약 음수이면 음의 선형적 관련성이 있음을 말하며, 값이 클수록 연관성의 강도가 커진다. 그러나 공분산 값은 두 변수의 측정 단위에 크게 좌우되기 때문 연관성의 강도 해석에 깊은 주의를 요하게 된다. 이 문제를 해결하기 위해 나온 것이 상관관계이다.

② 상관관계

상관계수(correlation)로 사용하고 있는 피어슨 상관계수의 계산식은 다른 통계 측정치의 계산식과 마찬가지로 표본일 때와 모집단일 때 다르다.

피어슨 상관계수(표본자료)

$$r_{xy}=\frac{s_{xy}}{s_x s_y}$$

단, r_{xy}=표본 상관계수, s_{xy}=표본 공분산,
s_x=x의 표본표준편차, s_y=y의 표본표준편차

상관계수는 서로 다른 측정 단위로 측정한 공분산의 애로점을 극복한 연관성 측정치이다. 이 상관계수는 −1에서 +1 범위 내의 값을 갖는다. −1 혹은 +1에 가까워질 때 강한 선형관계를 갖는다. 선형상관계수가 +1이면 양의 직선 선형성을 갖는다. 상관계수가 0으로 갈 때 선형의 상관관계가 없다는 것이고, 0에 가까우면 선형의 상관성이 아주 약하다는 것이다.

다음의 예제 3−3에서 상관계수는 0.92로 강한 양의 선형적 상관관계가 있음을 알 수 있다.

피어슨 상관계수(모집단 자료)

$$\rho_{xy} = \frac{\sigma_{xy}}{\sigma_x \sigma_y}$$

단, ρ_{xy} = 모집단 상관계수, σ_{xy} = 모집단 공분산,
$\sigma_x = x$의 모집단 표준편차, $\sigma_y = y$의 모집단 표준편차

예제 3−3

다음은 어느 중학교 학생 5명의 학습시간과 기말고사 성적이다. 공분산과 상관계수를 구하시오.

학습시간	기말고사 성적
2	69
5	80
6	78
10	91
7	77

풀이

$$s_{xy} = \frac{\sum (x_i - \overline{X})(y_i - \overline{Y})}{n-1} = \frac{85}{4} = 21.25$$

$$r_{xy} = \frac{s_{xy}}{s_x s_y} = \frac{(21.25)}{(2.92)(7.91)} = 0.92$$

학습시간(x)와 기말고사 정적(y) 간의 공분산은 21.25이며, 상관계수는 0.92이다.

3.6 분포의 모양 — 왜도와 첨도

왜도(skewness)는 분포의 형태가 좌우대칭인지 비대칭 정도를 나타내며 첨도(kurtosis)는 정규분포와 비교했을 때 뾰족한 정도를 나타낸다.

왜도

분포의 형태가 좌우대칭인지 비대칭 정도를 나타냄

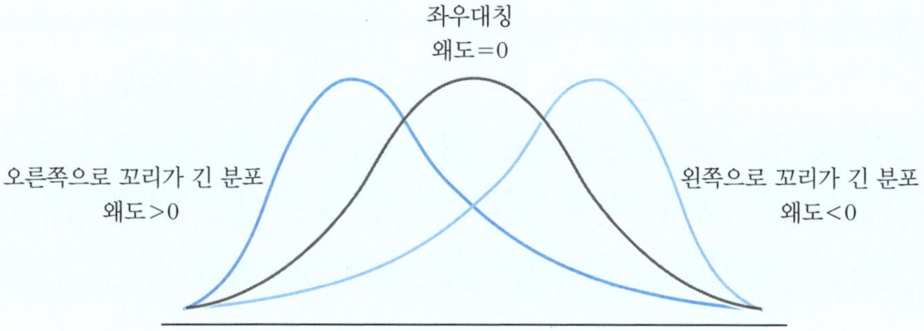

첨도

분포의 뾰족한 정도를 나타냄

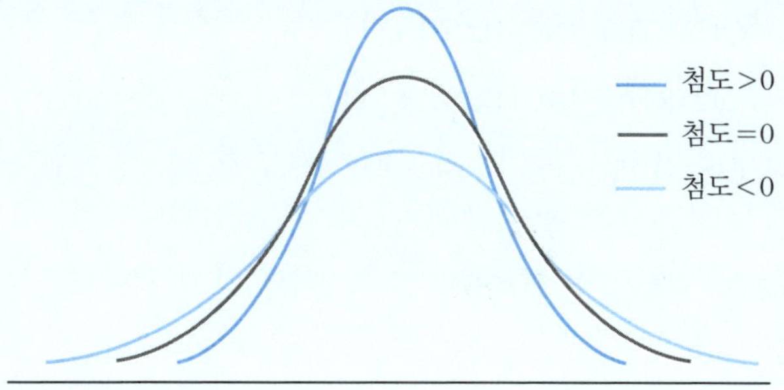

엑셀활용 03 기술 통계값 구하기

엑셀을 이용하여 수치의 기술 통계값을 구하는 방법에 대해 살펴보기로 한다.

여기에서는 위치 정보에 대한 측정치와 단일변수의 분산 정도 그리고 두 변수 간의 공분산과 상관계수를 구하는 방법을 살펴본다.

(1) 엑셀 함수 활용

엑셀은 평균, 중앙값, 최빈값, 표본분산, 그리고 표본표준편차를 계산하기 위해 함수를 활용한다.

〈표 3.1〉에 예시한 자료를 토대로 하여 평균, 중앙값, 최빈값, 표본분산, 표본표준편차를 계산하는 함수 활용은 다음과 같다.

먼저 아래 그림과 같이 B 열에 자료를 입력하고 셀 E2~E18에 아래의 식 등을 입력한다. 제시된 대학등록금 파일을 참고하기 바란다.

평균: =AVERAGE(B2:B13)
중앙값: =MEDIAN(B2:B13)
최빈값: =MODE.SNGL(B2:B13)
분산: =VAR.S(B2:B13)
표준편차: =STDEV.S(B2:B13)
제1사분위수: =QUARTILE.INC(B2:B13, 1)
제3사분위수: =QUARTILE.INC(B2:B13, 3)
사분위편차: =E13−E11

	A	B	C	D	E	F	G
1	대학	등록금(천원)		평균	2,938.33	=AVERAGE(B2:B13)	
2	1	3,000		중앙값	2,942.50	=MEDIAN(B2:B13)	
3	2	2,730		최빈값	2,770.00	=MODE.SNGL(B2:B13)	
4	3	3,200		분산	28,292.42	=VAR.S(B2:B13)	
5	4	2,860		표준편차	168.20	=STDEV.S(B2:B13)	
6	5	2,770					
7	6	2,740					
8	7	3,030					
9	8	2,980					
10	9	2,770					
11	10	2,905					
12	11	3,175					
13	12	3,100					
14							

각종 통계수치를 정리한 최종 내용은 다음과 같다.

	A	B	C	D	E	F
1	대학	등록금(천원)				
2	1	3,000		자료수	12	
3	2	2,730		평균	2938.33	
4	3	3,200		분산	28292.42	
5	4	2,860		표준편차	168.20	
6	5	2,770		최대	3200	
7	6	2,740		최소	2730	
8	7	3,030		범위	470	
9	8	2,980		최빈값	2770	
10	9	2,770		중앙값	2942.5	
11	10	2,905		1사분위수	2770	
12	11	3,175		2사분위수	2942.5	
13	12	3,100		3사분위수	3047.5	
14				사분위편차	277.5	
15				1.5배	416.25	
16				상한	3463.75	
17				하한	2353.75	
18						

(2) 엑셀의 기술 통계 도구 활용

기술 통계 도구는 한 번에 통계 계산을 할 수 있다.

엑셀은 다양한 데이터 분석 도구를 제공한다. 통계데이터 분석 도구중의 하나인 기술통계법은 한 번에 다양한 기술 통계값을 계산할 수 있게 한다.

기술 통계법을 사용하기 위해서는 먼저 리본 메뉴의 '파일' 탭 메뉴 중, '옵션'에서 '추가 기능'을 선택하고 '분석 도구'를 추가로 설치하여야 한다.

〈표 3.1〉의 자료를 가지고 기술 통계값을 계산하는 과정을 설명한다.

여기서 서술한 [그림 3.4]는 다음의 단계들을 통하여 얻을 수 있다. 이때 데이터는 열이나 행으로 정리되어 있어야 한다.

단계 1 리본 메뉴에서 데이터 탭 밑의 '데이터 분석' 메뉴를 선택

단계 2 데이터 분석 도구에서 '기술 통계법'을 선택

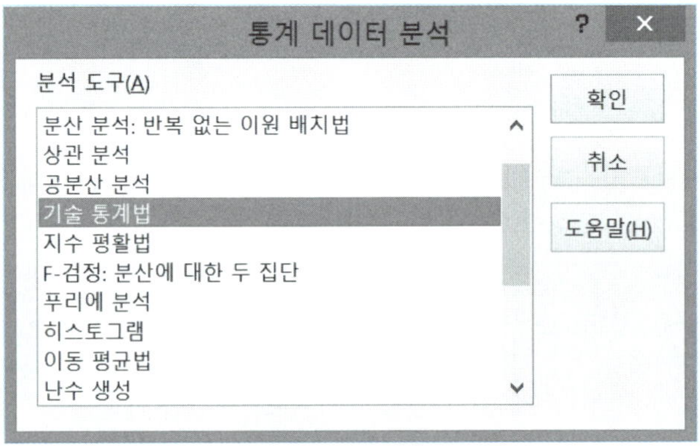

단계 3 기술 통계법 대화상자가 나타나면,

- 입력범위 상자에 B1:B13 입력
- 데이터 방향에서 열을 선택
- 첫째행 이름표 사용을 선택하고
- 출력범위를 선택하고 범위박스에 D1 입력,
- 요약 통계량을 선택한 후,
- 확인 클릭

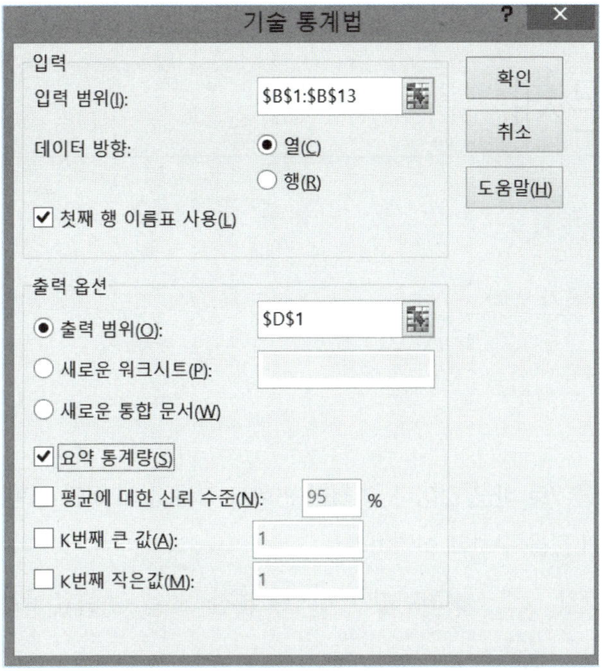

이 과정을 통해서 얻을 수 있는 결과는 다음과 같다.

대학 등록금의 기술 통계값

	A	B	C	D	E	F
1	대학	등록금(천원)		등록금(천원)		
2	1	3,000				
3	2	2,730		평균	2938.33	
4	3	3,200		표준 오차	48.56	
5	4	2,860		중앙값	2942.5	
6	5	2,770		최빈값	2770	
7	6	2,740		표준 편차	168.20	
8	7	3,030		분산	28292.42	
9	8	2,980		첨도	-1.34	
10	9	2,770		왜도	0.22	
11	10	2,905		범위	470	
12	11	3,175		최소값	2730	
13	12	3,100		최대값	3200	
14				합	35260	
15				관측수	12	
16						
17						

CHAPTER 3

연습문제

1 다음과 같은 표본 A와 B가 있다.

A	2	4	5	5	7	8
B	2	4	5	5	7	9

표본 B는 표본 A의 8을 9로 바꾼 것이다. 이러한 변화가 다음 값에 어떤 영향을 미치는지 표본 A, B에 대해 각각의 값을 구하고 설명하라.

❶ 평균 ❷ 중앙값 ❸ 최빈값 ❹ 분산 ❺ 표준편차

2. 다음 자료를 이용하여 답하시오.

3	5	6	7	7	7	8	8	9	10

❶ 제1사분위수
❷ 제2사분위수
❸ 제3사분위수

3. 다음 자료를 이용하여 답하시오.

9	10	16	22	22	23	29	30	32

❶ 제1사분위수
❷ 제2사분위수
❸ 제3사분위수

4 다음은 제품강도를 조사한 자료이다. 엑셀로 처리하여 답하라.

제품번호	1	2	3	4	5	6	7	8	9	10
강 도	7	5	6	7	9	7	8	10	3	8

❶ 중앙값, 최빈값, 평균을 구하라.

❷ 최솟값, 최댓값, 범위를 구하라.

❸ 제1사분위수(Q_1)를 구하라.

❹ 분산과 표준편차를 구하라.

❺ 상자수염그림을 그려라.

5 자료의 크기(n)가 8인 경우 제30백분위수($p=30$)를 어떻게 구하는지 쓰시오.

6 자료의 크기(n)가 50인 경우 제75백분위수($p=75$)를 어떻게 구하는지 쓰시오.

7 모 대학 경영학과 졸업생들의 전공분야의 평균성적은 87점, 표준편차는 10점이고, 토익점수는 평균 700점, 표준편차는 20점이라 한다. 이 경우 같은 학과 학생 A의 전공분야와 토익 평균점수는 각각 90점, 800점이라고 한다면, 학생 A는 전공분야와 토익성적 중 어느 쪽이 더 우수하다고 할 수 있는가?

8 다음은 원료의 수분함량에 따라 제품강도와의 관계를 알아보기 위하여 제품 5개를 추출하여 조사한 자료이다.

수분함량	제품강도
4	24
2	20
5	36
3	20
6	34

❶ 수분함량과 제품강도의 표본공분산을 구하라.

❷ 수분함량과 제품강도의 표본상관계수를 구하라.

9 1장 예제 1-1의 경일전자 자료를 토대로 하여 각 물음에 엑셀로 처리하여 답하라.

❶ 중앙값, 최빈값, 평균을 구하라.

❷ 최솟값, 최댓값, 범위를 구하라.

❸ 제1사분위수(Q_1)를 구하라.

❹ 분산과 표준편차를 구하라.

❺ 상자수염그림을 그려라.

10 2장 연습문제 9번 해녀 문제의 자료를 토대로 하여 각 물음에 엑셀로 처리하여 답하라.

❶ 중앙값, 최빈값, 평균을 구하라.

❷ 제1사분위수(Q_1)를 구하라.

❸ 분산과 표준편차를 구하라.

11 2장 연습문제 10번 녹차 티백 문제의 자료를 토대로 하여 각 물음에 엑셀로 처리하여 답하라.

❶ 중앙값, 최빈값, 평균을 구하라.

❷ 최솟값, 최댓값, 범위를 구하라.

❸ 제1사분위수(Q_1)를 구하라.

❹ 분산과 표준편차를 구하라.

❺ 상자수염그림을 그려라.

12 2장 연습문제 14번 휴대폰 수리팀 문제의 자료를 토대로 하여 각 물음에 엑셀로 처리하여 답하라.

❶ 중앙값, 평균을 구하라.

❷ 최솟값, 최댓값, 범위를 구하라.

❸ 제1사분위수(Q_1)를 구하라.

❹ 분산과 표준편차를 구하라.

❺ 상자수염그림을 그려서 두 팀의 차이점을 비교, 설명하라.

13 A 식료품 회사는 전국 10개 도시의 로컬 상점으로 식료품을 배송한다. 이 회사는 식료품이 목적지까지 최적의 환경에서 배송될 수 있도록 여러 가지 데이터를 활용한다. 주로 활용하는 데이터는 배송지까지의 거리(5km, 10.4km, 98km 등), 배송지의 기온(26℃, 23℃, 24.5℃ 등), 도로의 요철 정도(요철 심함, 보통, 평평함), 바람의 방향(남, 동, 남서, 북서, 서 등)이다. 각 변수에 대해 중심위치를 나타내는 적절한 척도를 나타내시오.

14 중학생과 고등학생의 월 평균 용돈의 크기를 조사하였더니, 중학생은 평균이 20,000원, 표준편차가 6,000원이고, 고등학생의 경우 평균은 50,000원, 표준편차는 8,000원이었다. 실제 용돈이 35,000원인 중학생과 용돈이 60,000원인 고등학생의 경우 누구의 용돈이 더 많다고 할 수 있는지 설명하시오.

15 체비세프 정리에 의하면 다음 구간에 속하는 데이터는 최소한 몇 %인가?

❶ 평균으로부터 2.5 표준편차 이내 구간

❷ 평균으로부터 3.0 표준편차 이내 구간

❸ 평균으로부터 4.0 표준편차 이내 구간

16 A 빌딩에 입점한 상점의 월 임대료의 표본자료는 대략 대칭이며, 종모양의 분포를 나타내고 있다. 이 자료의 표본평균은 500만원이며, 표준편차는 20만원이다. 경험법칙을 이용하여 다음 질문에 답하시오.

❶ 임대료 자료의 약 68%는 어떤 값들 사이에 있는가?

❷ 임대료 자료의 약 95%는 어떤 값들 사이에 있는가?

❸ 거의 모든 임대료 자료는 어떤 값들 사이에 있는가?

17 A 은행의 표본 고객 20명의 평균 저축 잔액은 315만원이고, 표준편차는 87만원이다. B은행의 표본 고객 25명의 평균 저축 잔액은 8,350만원이고, 표준편차는 1,800만원이다. 이 두 은행 중 어느 표본의 산포가 상대적으로 더 큰가?

18 다음 도수분포표의 평균과 표준편차를 구하시오.

계급	도수
0 이상 10 미만	25
10 이상 20 미만	17
20 이상 30 미만	15
30 이상 40 미만	9
40 이상 50 미만	10
50 이상 60 미만	4

19 연합 식품(Consolidated Foods, Inc.)의 사례

연합 식품은 서울, 경기 지역 내에 있는 슈퍼마켓 체인을 운영하고 있다. 별도로 제공한 연합 식품 사례 엑셀 자료는 100명의 고객 표본의 지불방법과 구매액에 대한 자료이다. 연합 식품의 경영자는 가게 고객들의 지불 방법에 대한 현황을 알고 싶어 한다. 특히, 경영자는 고객들이 신용카드 지불 방법을 하는 것이 고객의 구매액과 어떠한 관련이 있는지에 관심을 갖고 있다. 표본자료를 요약하기 위해 기술적 통계 방법을 사용하여 제시하라. 제시한 자료는 현금고객, 직불카드고객, 신용카드고객을 분리해서 구매액을 표시하였다. 다음의 내용에 대해 구체적인 내용을 제시하여 설명하라.

❶ 각 지불방법에 대한 평균과 중앙값의 비교와 해석
❷ 범위와 표준편차 등의 분산 정도의 측정치의 비교와 해석
❸ 각 지불방법에 대한 5가지 요약 대푯값 계산과 비교 검토
❹ 각 지불방법에 대한 박스-수염 도표 작성

20 의료보험공단의 사례

의료보험공단에서는 미래 인력 수급에 따른 간호사 부족에 관련하여 많은 관심을 가지고 있다. 의료공단은 현재 간호사들의 직무만족을 알기 위해 연구비를 지원하여 체계적인 조사를 실시하였다. 이 조사과정에 50명의 간호사에 대한 과업, 급여, 승진기회 만족도에 대한 설문조사를 하였다. 세 영역의 만족도는 0에서 100까지 측정하였으며, 값이 클수록 높은 만족도를 나타낸다. 이 자료에는 간호사들이 근무하는 병원의 유형은 개인병원, 전문병원, 대학병원으로 구분하였다. 자료값은 별도로 제공한 파일에 포함되어 있다. 기술적 통계 기법으로 자료를 요약, 정리하고, 일반인에게 보다 유용한 형태로 결과를 전할 수 있는 요약 측정치를 제시하라. 다음 질문에 따라 설명하면서 결과에 대해 보다 구체적인 논점을 제시하라.

❶ 전체 자료 집합과 세 가지 직무 만족 변수를 기준으로 볼 때, 어떤 직무 만족 변수가 간호사들에게 가장 만족을 주고 있는가? 최소의 만족을 보이고 있는 것은 무엇인가? 만약 개선의 여지가 있다고 한다면 어떤 영역에서 개선이 이루어져야 한다고 생각하는가? 논의하라.
❷ 분산정도 측정치를 기준으로 볼 때, 간호사 사이의 가장 큰 견해차가 있을 것으로 보이는 직무 만족 변수는 무엇인가?
❸ 병원의 어떤 유형이 다른 유형에 비해 직무 만족 수준이 더 높다고 할 수 있는가? 병원의 유형에 따른 견해는 어떠한가? 통계 요약 보고서를 통하여 직무 만족 수준에 따른 개선 여지에 대하여 설명하라.
❹ 직무 만족 수준의 개선에 대해 보다 구체적이고, 체계적인 연구를 한다면 어떤 기술통계 기법과 통찰력이 필요하다고 보는가?

Part 02

전체를 파악하는 눈

– 모집단의 이해 –

Chapter 04

사건의 발생 빈도 계산

– 확률의 도입 –

우리는 1부에서 자료 집단의 구조와 특성을 파악하기 위해 도표를 이용하는 방법과 특성치를 이용하는 방법을 알아보았다. 이제 이것을 바탕으로 우리는 더 깊은 통계학의 영역으로 한걸음 더 나아가 보자.

한걸음 내딛는 가운데 가장 먼저 할 일은 전체를 파악할 수 있는 눈을 가지는 일이다. 실제로 우리가 검토하고자 하는 전체, 즉 모집단에 대해 먼저 명확한 이해가 전제되지 않고서는 의미 있는 통계 여행을 떠날 수 없다.

명확하게 구분되는 여러 사건들로 구성된 모집단을 이해하기 위해 1부에서 하였던 것과 똑같이 모집단의 구조를 파악하여야 한다. 즉, 모집단의 구조와 특성은 1부에서 도수분포표를 작성하였던 것처럼 그에 준하는 표를 통하여 이해할 수 있다.

이를 위해 먼저 전체를 구성하고 있는 사건들은 무엇이며, 그 사건들은 얼마나 발생하는지에 대한 발생가능성, 즉 빈도수를 알아야 한다. 사건들의 발생 빈도에 대해서는 이 4장에서 확률의 개념을 도입하게 된다. 그리고 전체를 구성하는 구분된 여러 사건들, 즉 도수분포표의 구분된 계급에 해당하는 사건들 역시 우리가 쉽게 다룰 수 있는 수치로 변환하여야 한다. 이를 위해서는 확률변수 개념을 도입하여 처리하는데, 확률변수 개념은 5, 6장에서 설명한다. 2부에서는 이들 두 가지 개념과 더불어 전체, 즉 모집단을 구체적으로 파악하는 눈을 가져보자.

4.1 발생 가능성 측정치로서의 확률

구체적인 통계학 여행의 첫걸음은 우리가 연구 또는 조사하고자 하는 대상의 전체 집합인 모집단을 어떻게 파악할 것인가이다.

우리가 알고자 하는 전체 집합인 모집단에 대해 확실하게 알 수도 있지만 대개는 다음과 같은 불확실한 상황에서 모집단을 파악하여야 한다.

1. 가격을 올린다고 할 때 판매가 감소할 기회는 얼마가 될 것인가?
2. 새로운 조립 방법으로 생산성이 증가할 가능성은 얼마가 될 것인가?
3. 신규 프로젝트가 제 시간에 끝날 가능성은 얼마인가?
4. 새로운 투자가 이루어질 때 이익이 발생할 수 있는 가능성은 얼마인가?

우리는 전체를 파악하기 위해, 먼저 구성되는 사건들을 알아보고, 다음에 그 사건들이 얼마만큼 발생하는지를 알아야 한다. 위의 예에서 1번의 경우, 예상할 수 있는 사건 전체, 즉 모집단은 판매 감소하는 사건, 판매 증가하는 사건, 판매 변화가 없는 사건들로 구성될 수 있을 것이다. 이 사건들에 대해서는 5장, 6장에서 확률변수의 개념을 도입하여 처리하게 될 것이다.

한편 모집단을 구성하고 있는 개체나 사건들이 얼마만큼 발생할 수 있는가를 알아보아야 한다. 이것은 1부에서 작성하였던 도수분포표의 빈도수를 아는 것과 같다. 모집단을 구성하고 있는 개체나 사건들의 발생 가능성, 즉 발생 빈도와 관련하여 우리는 확률 개념을 도입하게 된다.

확률을 쉽게 이해하자면 전체를 구성하고 있는 사건이나 개체가 어느 정도 발생할 것인가의 가능성을 측정하는 개념(보다 엄격하게 말하면 함수가 되지만)이다. 앞서 나열한 4가지 상황에 대한 나타날 사건들의 발생 가능성을 측정할 때 확률을 사용한다.

[그림 4.1]에서 보다시피 확률은 항상 0과 1 사이의 값을 갖는다. 확률이 0이라는 것은 사건이나 해당 개체가 발생하지 않는다는 것을 의미하며, 확률이 1이 되면 해당 사건이나 개체가 반드시 발생한다는 것을 의미한다. 그리고 0과 1 사이의 확률은 해당 사건이나 개체가 발생할 가능성의 정도를 나타낸다.

그림 4.1 발생 가능성 측정치로서의 확률

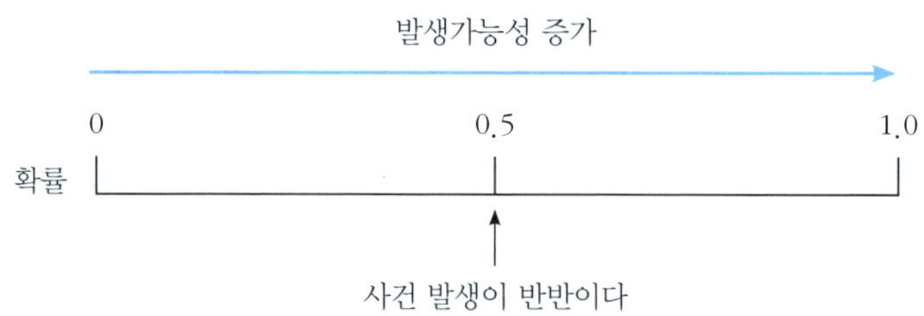

4.2 확률 개념의 이해

(1) 실험과 표본공간

우리가 어떤 실험을 행하게 되면 그 실험으로 나타날 수 있는 가능한 결과들의 하나는 반드시 일어나게 된다.

표본공간

어떤 실험으로 나타날 수 있는 모든 가능한 결과들의 집합이다.

실험의 결과로 나타나는 각각의 결과들은 표본 공간(sample space)을 구성하는 개체인 표본점(sample point)이 된다.

표 4.1 실험과 실험 결과

실험	실험 결과
동전 던지기	앞면, 뒷면
부품 품질검사	불량, 양호
주사위 던지기	1, 2, 3, 4, 5, 6
축구 경기	승리, 패배, 비김

〈표 4.1〉에서 보다시피 동전을 던지는 실험의 경우, 나타날 수 있는 결과는 앞면(H)과 뒷면(T)이다. 이 때 동전 던지기의 표본공간을 Ω라고 하면 $\Omega=\{H, T\}$이다. 주사위 던지는 실험에서는 표본공간 $=\{1, 2, 3, 4, 5, 6\}$이 된다.

(2) 사건

확률은 발생하게 될 사건(event)에 대한 발생 빈도 개념이기 때문에 사건에 대한 개념이 먼저 정립되어야 한다. 사건은 다음과 같이 정의한다.

사건

표본공간의 부분집합이며, 표본점의 집합체이다.

주사위를 던지는 실험에서 짝수의 사건(E_1)을 고려하기로 하자. 이 때 $E_1 = \{2, 4, 6\}$이 된다. 이때 2, 4, 6은 표본공간의 표본점들이다.

(3) 확률값 부여

실험의 결과에 어떻게 확률값을 부여할 것인가는 매우 중요한 문제이다. 확률값을 부여하기 위해 고전적 접근방법, 상대도수 접근방법, 주관적 접근방법 등 세 가지 접근방법을 활용한다.

① 고전적 접근방법

모든 실험 결과가 동등한 가능성을 가지고 발생한다고 할 때 가장 적절한 방법이 고전적 접근방법이다. 만약 n개의 실험 결과가 나타난다면, 각 실험의 결과에 $1/n$의 확률을 부여할 수 있다. 이 방법은 기본 공리 모두를 자동적으로 충족시킨다.

별다른 언급이 없다고 한다면 우리는 주로 고전적 접근방법을 통하여 확률값을 부여하게 될 것이다. 이는 모집단을 구성하는 사건들이 모두 동일한 가능성을 가지고 발생한다는 전제가 성립할 때 가능한 것이다.

② 상대도수 접근방법

실험을 상당수 반복할 수 있으며, 실험 결과의 발생 횟수를 추정할 수 있을 때

표 4.2 진료대기 환자 수의 발생일 수

대기 환자 수	발생 일수
0	2
1	5
2	6
3	4
4	3
합계	20

가장 적절하게 적용할 수 있는 접근방법이 상대도수 접근방법이다.

한 개인병원에서 9시에 진료를 받기 위해 대기하고 있는 환자의 수를 20일간 조사하였다고 했을 때 그 결과가 다음의 〈표 4.2〉와 같다고 하자. 9시에 대기 환자 수가 0명인 발생 일수는 2일이다. 상대도수 접근방법을 사용하여 확률값을 부여한다면 전체 발생도수에 대해서 해당 사건이 발생한 도수 비율인 2/20=0.1 값을 확률값으로 부여하게 된다. 상대도수 접근법은 고전적 방법과 마찬가지로 기본 공리를 자동적으로 충족시킨다.

③ 주관적 접근방법

주관적 접근방법은 실험 결과가 동등한 가능성으로 발생할 것으로 가정할 수도 없고, 관련 자료가 거의 없으며, 실험이 용이하지 않을 때 사용한다. 실험 결과에 주관적 방법으로 확률을 부여할 때, 우리는 우리의 경험이나 직관과 같은 활용 가능한 정보를 이용할 수 있다. 활용 가능한 모든 정보를 고려한 후, 실험 결과가 나타날 것으로 판단되는 믿음의 정도(0에서 1까지 설정)로 확률을 부여한다.

이 때 주관적 확률은 개인의 주관적인 믿음 정도이고, 주관적 방법을 사용하면 같은 실험에 대해 다른 사람들의 다른 확률도 예상할 수 있다. 그러나 믿음의 정도에 관계없이, 실험 결과로의 확률은 0과 1 사이에 있어야 하고, 모든 실험의 결과 합은 1과 동일해야 하는 확률의 기본 공리를 충족하여야 한다.

(4) 사건의 확률

확률의 기본 공리 (1)

1. 실험의 모든 결과에 대한 확률은 반드시 0과 1 사이에서 부여한다. E_i을 i번째 실험 결과, $P(E_i)$를 그 결과의 확률이라고 하면 다음과 같다.
모든 i에 대해서 $0 \leq P(E_i) \leq 1$
2. 모든 실험 결과의 확률 합은 1이다.
표본공간을 Ω라고 하면 $P(\Omega)=1$.

사건의 확률

어떤 사건의 확률은 그 사건을 구성하는 표본점들의 확률을 합한 것과 같다.

주사위를 던지는 실험에서 짝수의 사건 E_1의 확률은 각 표본점의 확률을 합한 것과 같다. 만약 주사위가 반듯하게 제작된 것이라면 각 표본점이 동등하게 발생할 것으로 확신할 수 있다. 따라서 각 표본점의 확률은 고전적 방법으로 1/6이 된다. 그러므로 E_1의 확률은 1/6+1/6+1/6이 되어 1/2가 된다.

사건의 개념을 토대로 하여 확률값을 부여하는 과정에 대해서 동전 던지는 사례로 살펴보자. 동전 두 번 던지는 실험 사례의 과정을 [그림 4.2]와 같이 도식화하여 이해하기로 하자.

동전을 두 번 던지는 실험에서 앞면을 H, 뒷면을 T라고 하면 나타날 수 있는 모든 가능한 결과의 집합인 표본공간 Ω은 {TT, TH, HT, HH}가 된다.

이 표본공간으로부터 우리는 부분집합인 사건들을 추출할 수 있다. 표본공간을 이루고 있는 사건은 4가지이지만 이로부터 추출되는 다양한 부분집합, 즉 사건은 총 16가지 추출할 수 있다. 공집합 ∅으로부터 한 개의 사건으로 구성된 부분집합 4종류, 두 개의 사건으로 구성된 부분집합 6종류, 세 개의 사건으로 구성된 부분집합 4종류, 그리고 표본공간 그 자체로 구성된 사건의 전체집합을 구할 수 있다.

우리는 바로 이 사건의 전체집합을 전제로 하여 확률값을 부여하는 접근방법을 선정하여 확률값을 부여하게 된다. 사실 [그림 4.2]를 자세히 보면 알 수 있듯이 확률은 사건 전체 집합에 적절한 방법에 의해 0과 1 사이의 실수값을 부여하는 함수이다.

그림 4.2 확률의 개념

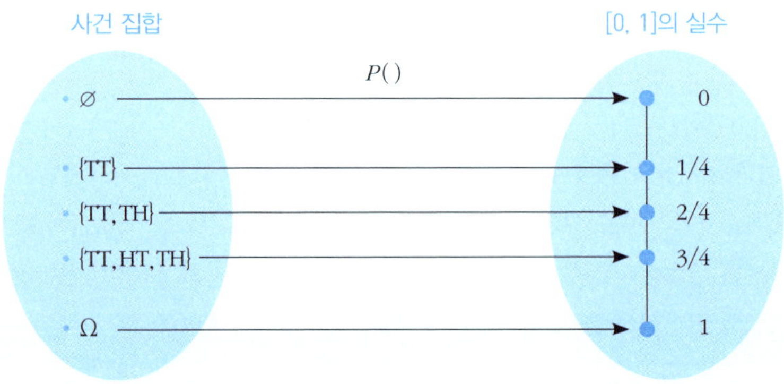

확률의 기본 공리에 따라서 공집합에는 0을 부여하고, 표본공간 자체에는 1을 부여한다. 공집합에 대한 확률값이 0인 것은 발생 가능성이 전혀 없다는 말이다. 또한 표본공간에 대한 확률값 1은 어떤 사건이 되었든 반드시 발생한다는 의미이다. 나머지 사건들은 모든 표본점들이 동일한 가능성을 가지고 발생한다는 전제하에서 고전적 접근방법으로 확률값을 부여하게 된다.

고전적 접근방법은 모든 사건이 동등한 가능성을 가지고 발생한다고 가정한다. 따라서 동전을 두 번 던지는 경우, 한 사건 즉 {TT}가 나올 확률은 1/4이 되고, 두 개의 사건 즉 {TT, TH}가 나올 확률은 2/4, 세 개의 사건 즉 {TT, HT, TH}가 나올 확률은 3/4을 부여하게 된다.

경험적인 접근방법의 경우는 경험을 통하여 발생한 정도에 의해서 확률값이 계산되며, 주관적인 접근방법은 객관적인 자료를 토대로 전문적 입장에서 확률값을 부여한다. 전문적인 입장이라는 것은 가장 완벽한 정보를 토대로 최적의 상태를 산정하여 확률값을 결정하는 것을 말한다.

4.3 확률의 기본 계산

이제 중요한 확률 기본 계산에 대해서 살펴보도록 하자.

(1) 사건의 여집합

사건의 여집합 확률 계산

$$P(A^c) = 1 - P(A)$$

그림 4.3 사건의 여집합

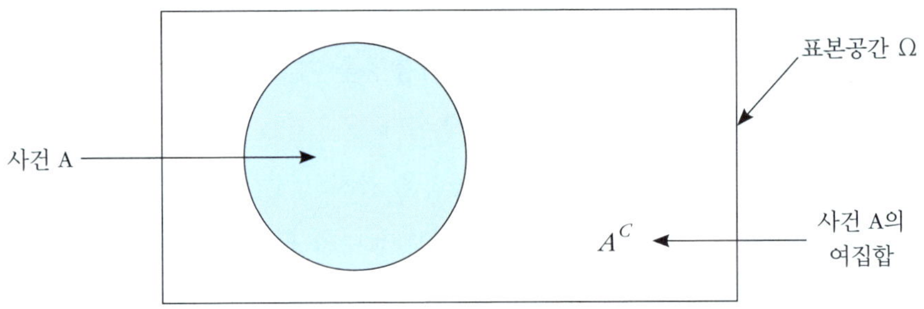

(2) 확률의 덧셈법칙

확률의 계산법칙은 우리가 잘 아는 +, −, ×, ÷ 연산 법칙과도 같은 계산법칙이 있다. 확률의 덧셈법칙은 +, −의 연산법칙과 같다. 이를 위해 합집합과 공통집합의 개념을 이해하여야 한다.

합집합

A와 B의 합집합은 A또는 B에 속하는 모든 표본점을 포함하는 집합이다. 이 집합은 $A\cup B$로 표시한다.

공통집합

A와 B의 두 사건의 공통집합은 A와 B에 동시에 속하는 표본점을 포함하는 사건이다. 이 집합은 $A\cap B$로 표시한다.

앞의 두 집합을 활용하여 확률의 덧셈법칙은 다음과 같이 정의한다.

확률의 덧셈법칙

$$P(A\cup B)=P(A)+P(B)-P(A\cap B)$$

그림 4.4 사건 A와 B의 합집합

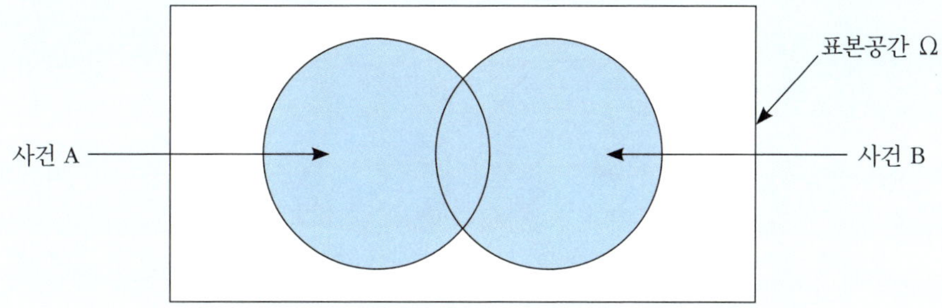

그림 4.5 사건 A와 B의 공통집합

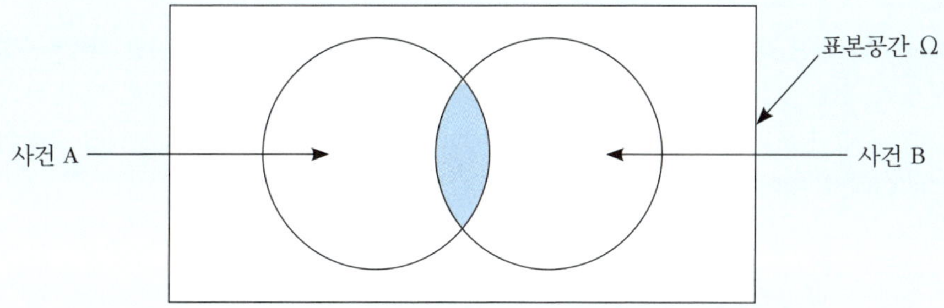

(3) 상호배반사건

만일 사건 A가 발생했을 때, 다른 사건 B가 발생하지 않는다면, 사건 A와 B는 상호배반이라고 한다. 이 상호배반사건의 덧셈법칙은 특수한 경우의 덧셈법칙이다.

상호배반사건

두 사건이 어떤 표본점도 공동으로 가지고 있지 않을 때, 두 사건을 상호배반적인 사건이라 한다.

상호배반사건의 덧셈법칙

$$P(A \cup B) = P(A) + P(B)$$

그림 4.6 상호배반사건

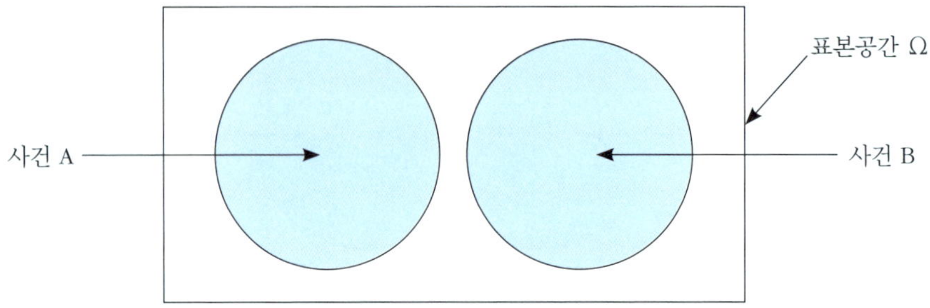

예제 4-1

A제과에서 생산되는 제품들은 적정 크기의 용기에 정해진 중량대로 분배되지만, 최근 공정 프로세스의 문제로 정해진 중량대로 담기지 않는 경우가 종종 발생되고 있다. 제품이 담긴 용기를 선택하였을 때, 중량이 초과되는 확률은 5%, 중량이 미달되는 확률은 4%, 그리고 적정 중량의 확률은 91%이다. 이때, 중량이 초과되거나 미달될 확률은 얼마인가?

풀이

모든 사건은 무게가 미달되거나, 적정이거나, 그리고 초과되는 경우만 존재한다.

A: 무게가 미달되는 사건
B: 무게가 적정인 사건
C: 무게가 초과되는 사건

덧셈 법칙을 이용하면 다음의 결과를 얻을 수 있다.

$$\therefore P(A \cup C) = P(A) + P(C) = 0.05 + 0.04 = 0.09$$

따라서, 무게가 미달 또는 초과될 확률은 0.09이다.

확률의 기본 공리 (2)

n번의 실험결과에서, 상호배반 사건 E_1, E_2, …, E_n이 있다고 하면
$P(E_1 \cup E_2 \cup \cdots \cup E_n) = P(E_1) + P(E_2) + \cdots + P(E_n)$을 만족한다.

4.4 조건부확률과 독립사건

(1) 조건부확률

대개 한 사건의 확률은 관련 사건의 발생 여부에 크게 영향을 받게 된다. 사건 A의 확률을 $P(A)$라 하자. 이 때 관련 있는 사건 B가 발생한 새로운 정보를 접하고 이 정보를 토대로 사건 A의 새로운 확률을 계산한다고 하자. 여기 새로운 사건 A의 확률을 조건부확률이라 부르고 $P(A \mid B)$라 쓴다. $P(A \mid B)$는 사건 B가 발생하였다는 조건이 주어졌을 때 사건 A의 확률이 된다.

조건부확률

$$P(A \mid B) = \frac{P(A \cap B)}{P(B)} \quad \text{또는} \quad P(B \mid A) = \frac{P(A \cap B)}{P(A)}$$

구체적인 사례를 통하여 조건부확률을 이해하기로 하자.

표 4.3 과거 2년간 공인회계사 시험의 합격 상태

	남(M)	여(W)	합계
합격(A)	342	258	600
불합격(A^c)	858	542	1400
합계	1200	800	2000

예제 4-2

〈표 4.3〉은 지난 2년간 공인회계사 시험에 응모한 수험생 2,000명의 합격자료이다. 남성이라고 할 때 합격할 조건부확률은 얼마나 될까?

풀이

남성이면서 합격한 경우의 확률, 즉 두 사건 공통집합의 확률인 결합확률이다. 이 경우의 결합확률은 $P(M \cap A) = 342/2000 = 0.17$이다.

결합확률표의 가장자리에 있는 확률은 주변확률이라고 한다. 주변확률의 한 예로 가장자리에 있는 남자일 확률은 $P(M)=1200/2000=0.60$이 된다.
결합확률과 주변확률을 이용하여 조건부확률을 다음과 같이 계산할 수 있다.
공인회계사 시험 사례에서
남성일 때 합격할 조건부확률은

$P(A \mid M)=P(A \cap M)/P(M)=0.17/0.60=0.28$이 된다.

여성일 때 합격할 조건부확률은

$P(A \mid W)=P(A \cap W)/P(W)=0.13/0.40=0.33$이 된다.

(2) 독립사건

앞의 공인회계사 합격 사례를 사용하여 검토하면 $P(A)=0.30$, $P(A \mid M)=0.28$, $P(A \mid W)=0.33$이 되어 $P(A) \neq P(A \mid M)$, $P(A) \neq P(A \mid W)$가 되어 사건 A와 사건 M, 그리고 사건 A와 사건 W는 종속적인 사건이 된다.

그러나 A의 사건이 사건 M과 전혀 관계없이 $P(A)=P(A \mid M)$이 성립한다면 이 두 사건을 서로 독립사건(independent events)이라고 한다.

독립사건

$P(A \mid B)=P(A)$또는 $P(B \mid A)=P(B)$이면, 사건 A와 B는 독립사건이라고 한다. 그렇지 않으면 두 사건은 종속이다.

(3) 확률의 곱셈법칙

확률의 덧셈법칙이 일반 연산의 +와 −연산체계에 비한다면, 곱셈법칙은 ×, ÷ 연산체계에 해당하는 계산 과정이다. 확률의 덧셈법칙이 두 사건의 합집합 확률을 계산하기 위해 사용되었다면, 두 사건의 공통집합 확률을 계산하기 위해 확률의 곱셈법칙을 사용한다.

곱셈법칙

$P(A \cap B)=P(B)P(A \mid B)$ 또는 $P(A \cap B)=P(A)P(B \mid A)$

독립사건의 곱셈법칙

$$P(A \cap B) = P(A)P(B)$$

예제 4-3

베이커리를 운영하고 있는 김사장은 과거의 경험을 통해 빵을 사고 계산을 하는 고객들 중 90%가 신용카드를 사용한다는 사실을 알게 되었다. 다음의 두 고객이 신용카드를 이용하여 결제를 할 확률은 얼마일까?

A=첫 번째 고객이 신용카드로 결제하는 사건
B=두 번째 고객이 신용카드로 결제하는 사건

풀이

일반적으로 첫 번째 고객의 카드결제 사실이 두 번째 고객의 카드결제에 영향을 주지 않으므로 사건 A와 B는 독립사건

$P(A \mid B) = P(A)$ ($\because$ A, B는 독립사건)

$P(A \cap B) = P(A \mid B) \cdot P(B) = (0.9)(0.9) = 0.81$

A, B 두 고객이 카드로 결제할 확률은 0.81이다.

예제 4-4

부품 100개가 들어 있는 생산 로트에서 두 개의 부품을 추출한다고 하자. 100개의 부품 중에 우량품이 98개라고 한다. 먼저 한 개를 꺼내어 확인하고, 다음에 또 한 개를 꺼내어 확인한다고 하자. 이때 처음 추출 부품이 우량품일 사건을 A, 두 번째 추출 부품이 우량품일 사건을 B라고 하면, 사건 A와 B가 동시에 발생할 확률을 복원추출일 경우와 비복원 추출일 경우는 어떻게 다른가?

풀이

복원 추출의 경우, 독립사건이 되어 다음과 같이 계산한다.

$P(A \cap B) = P(A)P(B) = (98/100) \times (98/100) = 0.9604$

비복원추출의 경우, 종속사건이 되어 확률은 다음과 같다.

$P(A \cap B) = P(A)P(B \mid A) = (98/100) \times (97/99) = 0.9602$

4.5 베이즈 정리

앞에서 조건부확률을 논의할 때 사건에 대한 새로운 정보가 들어오면, 그 사건의 확률을 조정하는 것이 확률 분석에서 매우 중요한 사안임을 언급하였다.

확률분석의 맨 처음 단계는 우리가 관심을 가지고 있는 특정 사건의 최초 또는 사전확률(prior probability)을 추정한다. 그 다음 단계는 표본이나, 특별 보고서, 또는 시제품 검사 등의 정보원으로부터 추가 정보를 획득한다. 이 새로운 정보를 토대로 하여 사전확률을 새롭게 조정한 확률, 즉 사후확률(posterior probability)을 계산한다.

이들 확률을 계산하기 위한 도구가 바로 베이즈 정리(Bayes' theorem)이다.

그림 4.7 베이즈 정리에 의한 확률 수정

두 공급자로부터 부품을 공급받아 최종제품을 생산하는 한 업체의 사례를 통하여 베이즈 정리를 살펴보기로 하자.

예제 4-5

제조업체 (주)세종의 부품 공급과 관련하여, 공급자 1로부터 공급받는 부품일 사건을 A_1, 공급자 2로부터 공급받는 부품일 사건을 A_2라고 하자. (주)세종은 현재 부품의 65%를 공급자 1로부터 구매하고, 나머지 35%는 공급자 2로부터 공급받는다고 한다. 이 때 공급받은 부품 중에 공급자 1로부터 공급받은 부품의 불량률이 2%이고 공급자 2로부터 공급받은 부품의 불량률이 5%라고 한다. 만약 부품이 임의로 선택되었다면 그 부품이 A_1일 사전확률 $P(A_1)=0.65$, A_2일 사전확률 $P(A_2)=0.35$가 된다.

그런데 (주)세종에서는 두 부품 공급업자로부터 부품을 공급받아 제품 생산에 들어갔는데 불량부품으로 인하여 생산 공정이 중단되었다. 불량부품의 정보가 주어졌다고 했을 때, 그 불량부품이 공급자 1로부터 공급받을 확률은 얼마이며, 그리고 공급자 2로부터 공급받을 확률은 얼마가 될까?

표 4.4 부품의 우량 및 불량률

	우량부품률	불량부품률
공급자 1	98	2
공급자 2	95	5

두 공급자로부터 공급받은 부품의 품질 내역은 〈표 4.4〉와 같다. 이 때 G를 부품이 우량일 경우의 사건, B를 부품이 불량일 경우의 사건이라고 하면, 조건부확률은 다음과 같다.

$$P(G \mid A_1) = 0.98 \quad P(B \mid A_1) = 0.02$$

$$P(G \mid A_2) = 0.95 \quad P(B \mid A_2) = 0.05$$

나무도표로 결합확률 계산을 하면 다음과 같다.

그림 4.8 2단계 나무도표

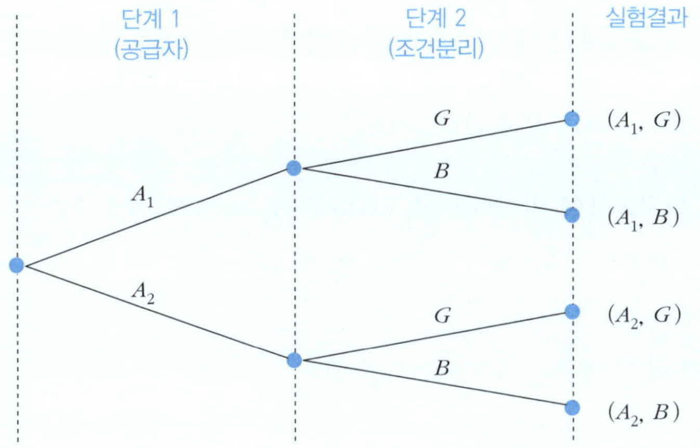

그런데 두 부품 공급업자로부터 부품을 공급받아 제품 생산에 들어갔는데 불량부품으로 인하여 생산 공정이 중단되었다. 불량부품의 정보가 주어졌다고 했을 때, 그 불량부품이 공급자 1로부터 공급받을 확률은 얼마이며, 그리고 공급자 2로부터 공급받을 확률은 얼마인지가 이 기업체의 주요 관심사가 된다.

그림 4.9 결합확률 계산과정

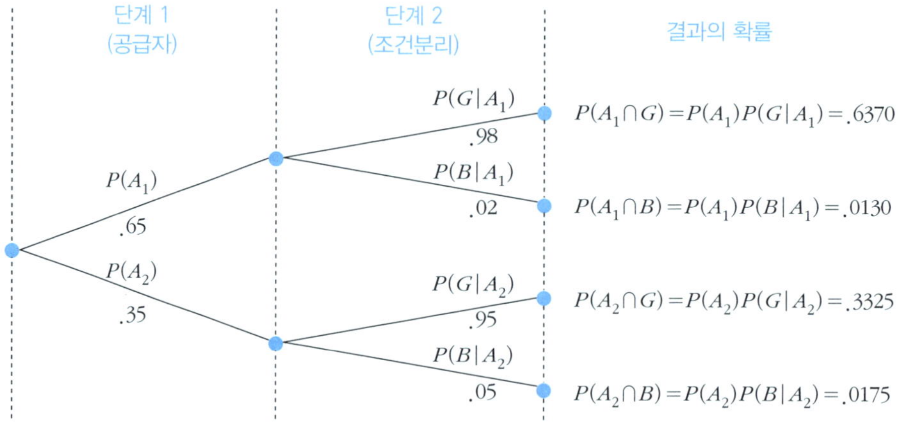

이 물음에 대한 해답을 제공하는 것이 사후확률개념이며, 베이즈 정리를 적용하여 그 해답을 구할 수 있다.

부품이 불량일 사건을 B라고 하였다. 따라서 B가 주어진 전제하의 사후확률은 $P(A_1 \mid B)$와 $P(A_2 \mid B)$가 된다.

조건부확률로부터 다음을 계산할 수 있다.

$$P(A_1 \mid B) = P(A_1 \cap B)/P(B)$$

이 때 나무도표에 의해서 $P(A_1 \mid B) = P(A_1) \times P(B \mid A_1)$

그리고 $P(B)$를 계산해야 하는바, 이 때 B는 $(A_1 \cap B)$과 $(A_2 \cap B)$ 두 경우에서 발생한다.

그런데 이 두 경우는 상호배반사건이다.

$$\begin{aligned} P(B) &= P((A_1 \cap B) \cup (A_2 \cap B)) \\ &= P(A_1 \cap B) + P(A_2 \cap B) \quad \text{(상호배반사건이므로)} \\ &= P(A_1) \times P(B \mid A_1) + P(A_2) \times P(B \mid A_2) \end{aligned}$$

이를 정리하면 다음의 베이즈 정리가 성립한다.

베이즈 정리 – 두 사건일 경우

$$P(A_1 \mid B) = \frac{P(A_1)P(B \mid A_1)}{P(A_1)P(B \mid A_1) + P(A_2)P(B \mid A_2)}$$

$$P(A_2 \mid B) = \frac{P(A_2)P(B \mid A_2)}{P(A_1)P(B \mid A_1) + P(A_2)P(B \mid A_2)}$$

이와 같이 사후확률 계산을 위한 사건들이 상호배반이고 사건들의 합집합이 전체의 표본공간이 될 때, 베이즈 정리는 매우 적절하게 활용할 수 있다. n개 사건일 경우는 다음과 같다.

베이즈 정리 – n사건일 경우

$$P(A_1 \mid B) = \frac{P(A_1)P(B \mid A_1)}{P(A_1)P(B \mid A_1) + P(A_2)P(B \mid A_2) + \cdots + P(A_n)P(B \mid A_n)}$$

위의 방정식에서 보다시피 사전확률 $P(A_1)$, $P(A_2)$, $\cdots$, $P(A_n)$과 조건부확률 $P(B|A_1)$, $P(B|A_2)$, $\cdots$, $P(B|A_n)$들에 대한 정보를 알면 베이즈 정리를 통하여 사후사건 A_1, A_2, $\cdots$, A_n의 확률을 계산할 수 있다.

사례 기업의 사후확률을 구하여 보면 다음과 같다.

$$\begin{aligned} P(B) &= P(A_1) \times P(B|A_1) + P(A_2) \times P(B|A_2) \\ &= 0.0130 + 0.0175 \\ &= 0.0305 \end{aligned}$$

$$P(A_1 | B) = 0.0130/0.0305 = 0.4262$$

$$P(A_2 | B) = 0.0175/0.0305 = 0.5738$$

사후확률에 의해서 불량부품의 정보가 주어졌다고 했을 때, 그 불량부품이 공급자 1로부터 공급받을 확률은 0.4262이며, 그리고 공급자 2로부터 공급받을 확률은 0.5738이 되어 공급자 2로부터 발생할 확률이 높게 나타나고 있음을 알게 된다. 사후 조치로 공급자 2의 부품검사를 보다 강화할 필요가 있다는 것을 알려주는 것이다.

엑셀활용 04 확률값 결정과 엑셀 활용

1) 조건부확률 계산과 독립사건

예제 4-2의 공인회계사 사례를 다음과 같이 엑셀로 처리하는 과정에서 확률 계산을 보다 쉽게 이해할 수 있으며, 사건들 간의 종속성 여부를 쉽게 판단할 수 있다.

단계 1 표와 관련한 확률표를 작성한다.

조건부확률 계산을 위해 결합확률을 계산한다.

C6 셀: =B2/D4

주변확률을 입력한다.

C7 셀: =B4/D4

조건부확률을 계산한다. 조건부확률은 결합확률/주변확률이다.

C8 셀: =C6/C7

	A	B	C	D	E	F
1		M	W	계		
2	A	342	258	600		
3	A0	858	542	1400		
4	계	1200	800	2000		
5						
6		P(M∩A)=	0.17	P(W∩A)=	0.13	
7		P(M)=	0.60	P(W)=	0.40	
8		P(A|M)	0.29	P(A|W)=	0.32	
9		P(A)=	0.30			
10		P(M)*P(A)	0.18	P(W)*P(A)	0.12	
11		합격과 성별은 독립적이지 않다.				
12						

단계 2 다음으로 사건의 독립 여부를 판단해 보자. 독립 여부 판단에서 $P(M \cap A) = P(M) \times P(A)$이면 두 사건은 독립이 된다.

합격 사건인 A의 주변확률을 계산한다.

C9 셀: =D2/D4

두 주변확률의 곱을 계산한다.

C10 셀: =C7*C9

C6 셀과 C10 셀의 값을 비교하여 같으면 독립사건이 되며, 다르면 종속사건이 된다.

C8과 E8 셀은 〈예제 4-2〉의 풀이과정에서는 0.28과 0.33이었으나 엑셀로 계산을 하면 중간과정의 소수점 반올림 처리문제로 0.29와 0.32가 된다.

3) 사후확률 구하기 위한 체계적인 계산표 작성

체계적인 계산표를 작성함으로써 베이즈 정리를 보다 쉽게 적용하여 확률 계산을 할 수 있다. 앞의 사례를 들어 체계적인 계산표 작성을 통하여 사후확률을 계산하기로 한다.

단계 1 먼저 세 개의 열을 준비하여 다음을 작성한다.

1열-사후확률 계산을 하게 될 상호배반사건

2열-사건의 사전확률

3열-각 사건을 전제로 한 새로운 정보의 조건부확률

단계 2 4열에 먼저 각 사건의 결합확률을 계산한다.

결합확률은 $P(A_i \cap B)=P(A_i)P(B \mid A_i)$공식에 따라 2열의 사전확률과 3열의 조건부확률을 곱하여 계산한다. 그리고

단계 3 4열에서 결합확률의 합인 새로운 정보의 확률 $P(B)$를 구한다.

〈표 4.5〉에서와 같이 공급자 1의 불량부품확률인 결합확률 0.0130, 공급자 2의 불량부품확률인 결합확률 0.0175를 계산할 수 있으며, 엑셀 프로그램을 통하여 더욱 체계적으로 쉽게 계산할 수 있다. 그리고 전체 불량확률은 두 확률의 합으로 구할 수 있다.

단계 4 5열에서는 다음의 방정식을 이용하여 사후확률을 계산한다.

$$P(A_i \mid B)=\frac{P(A_i \cap B)}{P(B)}$$

$P(A_i \cap B)$는 4열에서 계산한 결합확률이며, 확률 $P(B)$는 4열에서의 결합확률 합이다. 구하는 과정과 최종의 해를 다음 표에서 제시하였다.

체계적인 사후확률 계산 방법

(1) 사건	(2) 사전확률	(3) 조건부확률	(4) 결합확률	(5) 사후확률
A_i	$P(A_i)$	$P(B \mid A_i)$	$P(A_i \cap B)$	$P(A_i \mid B)$
A_1	0.65	0.02	0.0130	0.0130/0.0305 = 0.4262
A_2	0.35	0.05	0.0175	0.0175/0.0305 = 0.5738
합계	1.00		$P(B)=0.03$	1.00

위의 내용을 토대로 하여 사후확률.xlsx 파일에 있는 내용을 다음의 단계에 따라 입력한다.

단계 1 B2 셀과 B3 셀에 사전확률을 입력한다. B4 셀에 합을 구한다.

B4 셀: =SUM(B2:B3)

단계 2 C2 셀과 C3 셀에 각 공급업체의 불량률에 해당하는 조건부확률을 입력한다.

단계 3 D2 셀에 다음과 같이 수식을 입력한다. 이 셀은 결합확률을 구하는 셀이다.

D2 셀: =B2*C2

채우기 핸들로 D3 셀에 복사한다. 상대주소지정이기 때문에 채우기 핸들로 복사하면 자동적으로 셀 주소 지정이 변경되면서 원하는 수식이 정리된다. D4 셀에 합을 구한다.

D4 셀: =SUM(D2:D3)

단계 4 E2 셀에 다음과 같이 수식을 입력하여 사후확률을 구한다.

E2 셀: =D2/$D$4

채우기 핸들로 E3 셀에 복사한다. 분모는 전 확률을 절대주소지정으로 설정하고 분자는 상대주소지정으로 설정하여 채우기 핸들로 복사하면 원하는 수식 계산이 가능해진다.

결과는 다음과 같다.

	A	B	C	D	E	F
1	공급업체	사전확률	조건부확률	결합확률	사후확률	
2	A1	0.65	0.02	0.01	0.43	
3	A2	0.35	0.05	0.02	0.57	
4	계	1.00		0.03	1.00	
5						
6						

CHAPTER 04

연습문제

1 비대칭 모양의 동전이 있다. 이 동전에서 앞면이 나올 확률은 뒷면이 나올 확률의 두 배임이 알려져 있다. 앞면이 나올 확률과 뒷면이 나올 확률을 각각 구하라.

2 어떤 설문조사를 위해서 40명의 석유회사 이사진 표본을 추출하였다. 단, 이 설문조사는 환경 이슈에 대해 '예' 또는 '아니오'로 대답하는 질문이 하나만 있다. 다음 질문에 답하시오.

❶ 실험

❷ 가능한 사건

❸ 40명 중 10명이 '예'라고 답했다. 이러한 표본 결과에 기반해서 석유회사의 이사진이 환경이슈에 대해 '예'라고 답할 확률은 얼마인가?

❹ 사용된 확률 개념은?

❺ 가능한 실험 결과들이 모두 동일한 가능성을 가지는가? 또한 상호배반적인가?

3 어느 백화점 행사에서 고객들에게 복권 200장을 사은품으로 증정하였다. 이 중에서 10장은 1등상이고 20장은 2등상이다. 각 복권은 1등상을 탈 가능성이 똑같고 2등상을 탈 가능성도 똑같다. 누구도 두 개 이상의 상은 탈 수 없다. 이때 다음 물음에 답하라.

❶ 복권 한 장으로 1등상을 탈 확률은?

❷ 복권 한 장으로 2등상을 탈 확률은?

❸ 상을 탈 확률은 얼마인가?

❹ 상을 전혀 타지 못할 확률은 얼마인가?

4 (주)화승에서 이번에 새로운 디자인의 신발을 개발한 후 유럽 신시장 개척을 위한 해외마케팅 팀을 구성하기 위해 사내 신청자를 공모한 결과, 신청자 중 60%는 여성이었다. 신청자 중 3명을 추첨하여 격려를 위해 상품권을 배부할 계획이다. 이때 다음 물음에 답하라.

❶ 표본공간(S)

❷ 후보자 중 적어도 1명이 여성일 경우를 사상 A라 할 때 A의 확률

❸ 후보자 중 2명 이상이 여성일 경우를 사상 B라 할 때 B의 확률

❹ $P(A \cap B)$

❺ $P(A \cup B)$

5 한국대학교 1학년 150명을 조사한 결과 졸업 후 취업을 희망하는 학생은 120명, 대학원 진학을 희망하는 학생은 30명, 취업과 대학원 진학을 모두 희망하는 학생은 10명으로 나타났다. 이 경우 한 학생을 임의로 추출했을 때, 이 학생이 최소한 취업 또는 진학을 희망할 확률은?(두 사건이 상호배반이 아닌 경우)

6 통계학개론 수강자 100명의 학과별 분포를 보면 경영학과 학생은 40명, 회계학과 학생은 30명, 사회학과 학생은 30명이다. 한 학생을 무작위 추출할 때, 경영학과 또는 회계학과 학생일 확률은?(두 사건이 상호배반인 경우)

7 어느 대학 200명의 신입생들을 대상으로 동아리 선호도를 조사한 결과 음악동아리에 가입한 학생은 60명, 헬스동아리를 좋아하는 학생은 80명, 댄스동아리를 좋아하는 학생은 60명으로 나타났다. 한 학생을 임의로 선정할 때 그 학생이 음악동아리 또는 헬스동아리를 좋아할 확률은 얼마인가?

8 한국대학 경영학과 학생 중 55%는 학술동아리, 25%는 스포츠 동아리, 10%가 두 개의 동아리에 모두 가입한 것으로 나타났다. 동아리에 가입한 학생의 확률은 얼마인가?

9 사건 A와 B는 상호배반적이다. $P(A)=0.3$, $P(B)=0.2$라고 하자. A 또는 B 사건이 발생할 확률은 얼마인가? A도 B도 발생하지 않을 확률은 얼마인가?

10 A 마을에 있는 상가의 40%는 약국을 보유하고, 50%는 꽃가게가 있으며, 70%는 빵집이 있다고 한다. 이 세 개를 모두 갖추고 있는 곳은 10%, 약국과 빵집을 동시에 갖추고 있는 곳은 30%, 꽃가게와 빵집을 갖추고 있는 곳은 25%, 그리고 약국과 꽃가게를 갖추고 있는 곳은 20%이다. 다음의 질문에 답하시오.

❶ 임의로 선택된 상가가 꽃가게와 약국을 갖추고 있을 확률은 얼마인가?
❷ 임의로 선택된 상가가 약국과 빵집을 갖추고 있을 확률은 얼마인가?
❸ 빵집이 있는 상가를 선택하는 사건과 약국이 있는 상가를 선택하는 사건은 상호배반적인가?
❹ 약국, 꽃집, 그리고 빵집을 모두 갖추고 있는 상가를 선택하는 사건의 명칭은 무엇인가?
❺ 이 세 가지를 모두 가지고 있지 않은 상가를 선택할 확률은 얼마인가?

11 A 반은 8명의 남자와 4명의 여자로 구성되어 있다. 이들 중 4명을 임의로 선정하여 운영위원회를 구성하고 주요 의사결정문제를 해결하려고 한다. 다음의 질문에 답하시오.

❶ 운영위원 4명이 모두 여자일 확률은?

❷ 운영위원 4명이 모두 남자일 확률은?

❸ ❶과 ❷에서 설명된 각각의 사건의 확률을 더하면 1이 되는가? 설명하시오.

12 반듯한 동전을 세 번 던진다고 하자. 이 때 모두 앞면이 나올 확률은 얼마인가?

13 최근 선거법 개정에 대한 찬반의견을 조사하고자 총 500명을 대상으로 조사한 결과, 남자 250명, 여자 250명이었으며, 이들의 찬반의견 조사결과는 다음 표와 같다.

	찬성	반대	합계
남	118	132	250
여	142	108	250
합계	260	240	500

❶ 응답자가 여자일 때, 이 여자 응답자가 찬성할 확률은?

❷ 응답자가 남자일 때, 이 남자 응답자가 반대할 확률은?

14 최근 대형 TV를 구입한 200가구를 조사하여 스마트TV 구입 여부와 사운드바 구입 여부를 조사하여 다음 표와 같은 결과를 얻었다. 물음에 답하라.

스마트TV \ 사운드바	구입	미구입	합계
구입	24	36	60
미구입	42	98	140
합계	66	134	200

❶ 스마트TV와 사운드바를 동시에 구입할 확률은?

❷ 스마트TV를 구입한 가구로써 사운드바를 구입한 경우의 확률은?

15 심혈관계 질환이 의심되는 성인 300명을 대상으로 흡연 여부를 조사하여 다음 표와 같은 결과를 얻었다. 물음에 답하라.

	흡연	비흡연	합계
심혈관계 의심	79	21	100
심혈관계 양호	31	169	200
합계	110	190	300

❶ 흡연하는 성인의 경우 심혈관계 의심소견을 보일 확률은?

❷ 흡연 여부와 심혈관계 질환 간의 독립성을 검증하라.

16 신용카드회사에서 고객을 분류하여 특정한 광고를 보내려고 한다. 고객 분류는 우수고객과 일반고객으로 분류하고 있으며, 우수고객의 성향을 면밀히 검토하여 해당 물품을 광고하여 시장조사를 실시하였다. 구매 여부에 대한 조사결과는 다음과 같다.(단위: %)

구분	비구매	구매
일반 고객	9.8	20.2
우수 고객	20.4	49.6

❶ P(구매)는 얼마인가?

❷ P(구매 | 우수고객)는 얼마인가?

❸ 고객 분류와 구매 의사와의 독립성을 검증하라.

17 한 과목에서 A등급 학점을 받을 확률이 0.3이고, B등급 학점을 받을 확률이 0.4라고 하자. C등급보다 높은 등급의 학점을 받을 확률은 얼마인가?

18 A 회사의 서버가 다운될 확률은 0.02이다. 만약 5대의 독립된 서버가 있다면 적어도 한 대 이상은 가동 중일 확률을 구하시오.

19 2개의 동전을 던지는 실험에서, 사건 A는 2개 모두 앞면이 나오는 경우, 사건 B는 2개 모두 뒷면이 나오는 경우를 나타낸다고 하자. 두 사건이 상호배반의 관계인지, 여의 관계인지 판별하고 이유를 쓰시오.

20 사건 A와 사건 B는 상호배반의 관계이다. 그렇다면 이 두 사건의 결합확률은 얼마인가?

21 경영통계학과 경영정보시스템을 수강하고 있는 학생이 경영통계학 시험을 통과할 확률은 0.70이고, 경영정보시스템을 통과할 확률은 0.6, 그리고 두 과목 모두 통과할 확률은 0.50이다. 최소한 한 과목을 통과할 확률은 얼마인가?

22 A는 불균형 동전과 균형 동전을 각각 하나씩 가지고 있으며, 불균형 동전과 균형 동전의 앞면이 나올 확률은 각각 0.6, 0.50이다. A가 동전을 던져 앞면이 나왔다고 할 때, 그 동전이 균형동전일 확률을 계산하시오.

23 어떤 회사원의 옷장에는 12벌의 원피스가 있다. 이 중 9벌은 흰색, 나머지는 검정색이다. 이틀 연속 출근을 하면서 원피스를 입었고, 입었던 원피스는 옷장에 넣지 않았다. 그렇다면 출근할 때 입은 원피스가 모두 흰색일 확률은 얼마인가?

24 어느 시골 마을에서는 마을 사람들의 25% 외에는 항상 대문을 잠그고 외출을 한다. 경찰이 발표한 통계자료에 의하면 대문이 잠긴 집과 그렇지 않은 집의 도둑맞을 확률이 각각 1%, 5%라고 한다. 만약 이 마을의 어떤 집이 도둑을 맞은 경우, 그 집의 대문이 잠겨 있지 않았을 확률은 얼마인가?

25 A 기업의 신입직원 연수 참가자의 80%는 여성이고, 20%는 남성이다. 그리고 여성의 90%, 남성의 78%는 미혼이다. 다음의 질문에 답하시오.

1. 임의로 연수 참가자를 선택했을 때 그 사람이 기혼 여성일 확률은 얼마인가?
2. 결혼유무와 성별은 서로 독립인가? 이유를 설명하시오.
3. 결합확률의 합계는 무엇인가? 이유를 설명하시오.

26 대형 컴퓨터 소프트웨어 회사의 인사관리자가 최근 수행한 연구에 의하면 2년 내에 회사를 떠나는 주된 이유로 급여불만이 30%, 업무불만이 20%, 급여와 업무 둘 다 불만이 12%였다. 급여 또는 업무 불만족으로 회사를 2년 내에 떠나는 확률은 얼마일까?

27 홈쇼핑업체의 전체 고객 중 여성이 차지하는 비율은 80%에 달한다고 한다. 12월 한달간 이용고객을 분석한 결과 여성의 70%와 남성의 65%가 기혼이었다. 이 경우, 어떤 고객을 임의로 선택했을 때 기혼인 고객이 여성일 확률은?

28 한 사람이 병에 걸릴 확률이 0.05이라고 한다. A 병원의 의료 검진기기는 실제로 특정한 병에 걸렸는지를 검진하는 유용한 의료기기라고 한다. 실제로 병이 있을 때, 의료검진 기기가 양성 반응을 나타낼 확률이 0.95이라고 한다. 그리고 실제로 병에 걸리지 않았는데 검진 기기가 양성 반응을 나타낼 확률은 0.03로 알려져 있다.

❶ 의료검진 기기가 양성반응을 나타낸다고 했을 때, 실제로 병이 있을 확률은 얼마인가?

❷ 양성반응 결과가 나타날 확률은 얼마인가?

29 다음 자료는 스마트폰과 태블릿 PC 제품에 대한 구매자들의 성별 분류 자료이다. 질문에 답하시오.

종류 / 성별	스마트폰	태블릿 PC	합계
남자	3477	5436	8913
여자	1249	1287	2536
합계	4726	6723	1149

❶ 위의 표를 참고하여 아래의 상대도수 분할표를 채우시오.

종류 / 성별	스마트폰	태블릿 PC	합계
남자			
여자			
합계			

❷ 구매자가 남자인 경우 선택한 제품이 스마트폰일 경우와 선택 제품이 태블릿 PC인 경우 성별이 여자일 경우를 조건부확률로 구하시오.

❸ 나무도표를 그려보자.

30 어떤 가전제품 제조사는 공정에 필요한 X 부품을 4개의 공급업체로부터 공급받고 있다. 비율을 살펴보면 A사 20%, B사 30%, C사 25%, 그리고 D사 25%이다. 각 공급업체로부터 공급받은 부품의 불량률은 A사 3%, B사 4%, C사 7%, D사 6.5%이다. 다음 질문에 답하시오.

❶ 공급받은 X 부품의 전체 불량률은 얼마인가?

❷ 최근 공급받은 부품 중에 불량품이 발견되었다. 그 부품이 A사의 것일 확률은 얼마인가?

발생 사건의 수치화(1)

– 이산 확률변수와 확률분포 –

4장에서 우리는 모집단을 파악하기 위한 첫 번째 작업으로 확률의 개념을 도입하여 모집단을 구성하고 있는 개체나 사건들의 발생 가능성, 즉 발생 빈도를 파악하였다.

1장에서 설명하였던 도수분포표의 구성 항목 중에서 도수에 해당하는 개념이 확률(probability)이라고 한다면 계급 구간에 해당하는 개념이 확률변수(random variable)인데 이 장에서 확률변수에 대해 구체적으로 알아보자. 그리고 도수분포표에 해당하는 개념으로 확률분포표를, 그리고 그래프에 대비되는 확률분포, 그의 함수인 확률분포함수에 대해서 살펴보도록 하자.

5장과 6장에서 실험 결과를 일정한 규칙에 따라 실수값으로 변환하는 확률변수와 해당 확률변수의 확률값 계산을 가능하게 하는 확률분포함수의 개념을 소개한다. 이 때, 확률변수가 어떤 값으로 정의되느냐에 따라서 이산적인(discrete) 확률변수와 연속적인(continuos) 확률변수로 구분하게 된다. 5장에서는 이산 확률변수를 중심으로 살펴보고, 6장에 연속 확률변수에 대해서 살펴볼 것이다.

이산 확률변수에 의해 구성되는 이산 확률분포가 많지만 이 장에서는 두 개의 중요한 이산 확률분포인 이항분포와 포아송분포를 중점적으로 설명한다.

5.1 확률변수

확률변수(random variable)는 실험 결과의 전체 집합인 표본공간의 개체를 일정한 규칙에 따라 실수값으로 변환하는 방법이자 함수를 의미한다. 이를 이해하기 쉽도록 [그림 5.1]로 표현하였다.

실험 결과와 적용하는 규칙이 무엇이냐에 따라서 확률변수의 값이 달라진다. 그리고 확률변수의 값이 어떤 값을 갖느냐에 따라서 이산 확률변수와 연속 확률변수로 분류한다.

확률변수

실험결과인 표본공간에 대해 일정 규칙에 따라 실수값을 부여하는 함수이다.

반듯한 동전을 두 번 던지는 실험 사례를 통하여 확률변수에 대해 더욱 명확하게 이해하기로 하자.

동전을 두 번 던진다고 할 때 4장에서 보았듯이 나타날 수 있는 모든 가능한 결과의 집합인 표본공간 Ω은 {TT, TH, HT, HH}가 된다.

확률변수의 값에 대해서는 이 표본공간을 전제로 하여 앞면이 나오는 횟수에 따라 실수값을 부여하기로 하자. 이 경우 일정한 규칙은 앞면이 나오는 횟수가 된다.

앞면이 나오는 횟수를 확률변수 X로 설정하면 확률변수 X는 0, 1, 2의 값을 갖는다. 앞면이 나오는 횟수만큼 수를 정한다는 규칙에 의해서 확률변수의 값을 표시한 예가 [그림 5.1]이다.

[그림 5.1]은 실수공간 내에 결과로서 설정된 확률변수의 값이 이산적인 값일 때 그 확률변수를 이산 확률변수(discrete random variable)라고 하고, 연속적인 값일 때에는 그 확률변수를 연속 확률변수라고 한다.

그림 5.1 확률변수의 개념

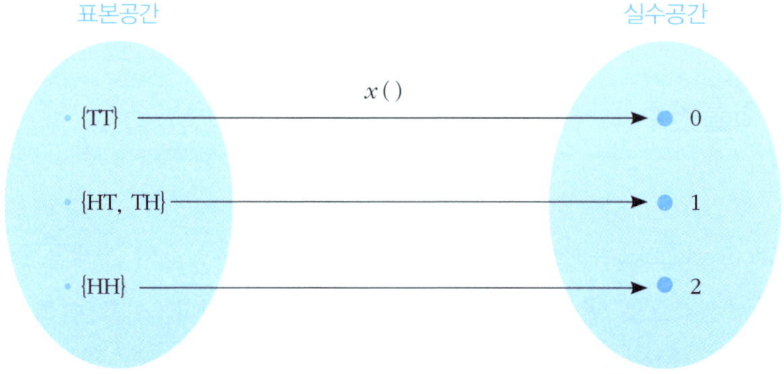

이산 확률변수

유한값이나 무한값이라 하더라도 0, 1, 2, …과 같은 셀 수 있는 수를 갖는 확률변수를 이산 확률변수(discrete random variable)라고 한다. 〈표 5.1〉에 이산 확률변수의 예를 제시하였다.

표 5.1 이산 확률변수의 예

실험	확률변수(X) 규칙	실제 확률변수
고객 5명과의 계약	계약 고객 수	0, 1, 2, 3, 4, 5
주사위 던지기	윗면에 나타나는 수	1, 2, 3, 4, 5, 6
1일 식당 운영	고객 수	0, 1, 2, 3, …
자동차 판매	구매고객의 성별	남성이면 0, 여성이면 1

연속 확률변수

한 구간이나 여러 구간 내에 측정하여 획득한 실수값으로 설정한 확률변수를 연속 확률변수(continuous random variable)라고 한다. 시간, 무게, 거리, 온도와 같은 측정치에 근거를 둔 실험결과는 연속 확률변수로 설정하게 된다. 〈표 5.2〉는 연속 확률변수의 예를 나타낸 것이다.

표 5.2 연속 확률변수의 예

실험	확률변수(X) 규칙	실제 확률변수
버스대기시간	승객이 10분 이상 기다릴 확률	$x \geq 10$
아파트 건축	15일 이내 마칠 가능성	$0 \leq x \leq 15$
화학처리	반응이 일어나는 온도(최소 10℃: 최대 40℃)	$10 \leq x \leq 40$

확률변수와 확률값 표기방법

확률변수는 대문자로 X, Y, Z

확률변수의 값은 소문자 x, y, z 로 표현

예 $P(X=x)$, $P(X \geq x)$

$f(X=x)=f(x)$

5.2 이산 확률분포

확률분포는 확률변수의 값에 따라 확률이 어떻게 분포하는지를 보여주는 분포 형태이자 함수이다. 이산 확률변수 x에 대하여, 확률분포 $f(x)$는 확률분포함수로 정의한다. 이산 확률분포함수 $f(x)$는 확률변수 개개의 값인 x에 대한 확률을 계산해 준다.

한 보험사 영업사원의 사례를 통하여 확률변수와 확률분포를 살펴보도록 하자.

예제 5-1

어느 보험 영업사원의 지난 120일간 계약 실적을 조사하였다. 계약이 한 건도 이루어지지 못한 날이 22일, 1건은 35일, 2건은 21일, 3건은 24일, 4건은 18일이었다. 이 보험 영업사원에 대해 이산 확률분포표를 구하기로 하자.

풀이

이 사례에서 우리가 관심을 두고자 하는 확률변수는 다음과 같이 정한다.

확률변수 X=하루에 계약한 보험 건수

확률변수의 정의에 따라서 과거 실적 자료로부터 확률변수 X는 0, 1, 2, 3, 4 값을 갖는 이산 확률변수가 된다는 것을 알 수 있다. 그리고 확률함수 $f(x)$는 확률변수 X의 확률이 되므로, $f(0)$는 0대 판 경우의 확률이 된다. 과거 자료에 의해 $f(0)=22/120=0.18$이 된다. 이를 표로 작성하면 〈표 5.3〉과 같다.

표 5.3 보험 영업사원의 이산 확률분포표

X	$f(x)$
0	0.18
1	0.29
2	0.18
3	0.20
4	0.15
합계	1.00

이산 확률변수를 정의하고 이에 따른 이산 확률분포표를 설정하는 가장 중요한 이점은 의사결정자가 관심을 갖는 다양한 사건들에 대한 확률 특성을 한눈에 쉽게 이해할 수 있고, 동시에 확률을 쉽게 얻을 수 있다는 데 있다.

이산 확률변수의 확률분포함수는 아래의 두 조건을 만족하여야 한다.

확률함수의 필요조건

$$P(X=x) \geq 0,\ f(x) \geq 0 \tag{5.1}$$

$$\sum P(X)=1,\ \sum f(x)=1 \tag{5.2}$$

〈표 5.3〉에서 제시한 보험 영업사원의 확률분포표에서 확률변수 X의 확률은 (5.1)식을 만족시키고 있다. 즉, x값에 대한 확률분포함수 $f(x)$는 0보다 같거나 큼을 알 수 있다. 동시에 확률의 합은 1이 되어 (5.2)식을 만족한다. 따라서 〈표 5.3〉에 나타난 보험 영업사원의 확률함수는 이산 확률함수로써 타당성을 갖는다.

이제 앞에서 언급한 동전 두 번 던지는 실험을 통하여 확률분포함수를 이해하기로 하자. [그림 5.2]의 표본공간 사건들에서, 앞면 나오는 횟수를 확률변수 X로 정하면 확률변수 X는 0, 1, 2가 된다.

그리고 [그림 5.2]에서도 확인할 수 있듯이 확률변수의 구체적인 값에 대하여 확률을 계산하는 것이 확률분포함수이다. 확률변수의 값이 0이라는 것은 앞면이 나

그림 5.2 확률변수와 확률함수와의 관계

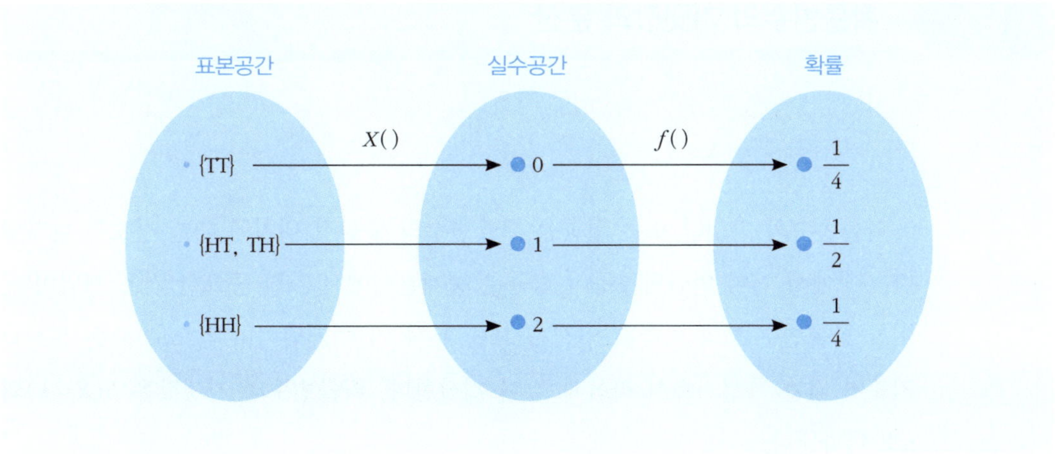

오지 않을 경우의 사건이므로 뒷면만 나오는 사건 {TT}의 확률을 구하면 된다. 따라서 이 사건의 확률은 1/4이 된다. 그리고 확률변수의 값이 1이라는 것은 앞면이 한 번 나오는 경우의 사건을 말한다. {TH}, {HT} 두 경우가 있기 때문에 확률은 1/4+1/4=1/2가 된다. 그리고 확률변수가 2라고 하는 것은 앞면이 2번 나오는 경우의 사건을 말한다. 이 사건은 {HH} 1번밖에 없으므로 1/4의 확률을 가지게 된다.

동전 두 번 던지는 실험에 대한 확률분포표는 다음의 〈표 5.4〉와 같이 작성된다. 확률분포표는 1장에서 자료의 양적 구조를 개략적으로 알기 위해 작성하였던 도수분포표와 같은 의미를 지니고 있음을 쉽게 알 수 있다.

확률분포표는 확률변수에 대한 확률의 분포 구조를 알 수 있게 해 준다. 이 확률분포표를 함수로 설정한 것이 확률분포함수이다.

표 5.4 확률분포표(동전2회)

X	$P(X=x)$
0	1/4
1	1/2
2	1/4
합계	1

5.3 확률변수의 기댓값과 분산

(1) 기댓값

확률변수의 기댓값 또는 평균은 확률변수의 중심적 위치에 대한 정보를 나타낸다. 3장에서 이미 언급하였듯이 평균은 통계분석에서 가장 중요한 기초 개념이다. 이산 확률변수 X의 기댓값 역시 중요한 분석 기초 개념이며 앞으로 모든 분석의 기준이 되는 특성치로서 다음과 같이 계산한다. 확률변수의 기댓값은 $E(X=x)$와 μ로 나타낸다.

이산 확률변수의 기댓값

$$E(X) = \mu = \sum xP(X=x) = \sum xf(x) \tag{5.3}$$

(2) 분산

확률변수의 평균인 기댓값과 동시에 우리는 분산 정도, 즉 산포도에 대한 특성치에 대해서도 명확하게 이해하여야 한다. 우리는 3장에서 자료의 분산 정도를 알아보기 위해 분산을 사용한 것과 똑같이 확률변수의 분산 정도, 즉 산포도를 측정하기 위해 분산을 사용한다.

이산 확률변수의 분산은 다음과 같이 계산한다.

이산 확률변수의 분산

$$Var(X) = \sigma^2 = \sum (x-\mu)^2 P(X=x) = \sum (x-\mu)^2 f(x) \tag{5.4}$$

식 (5.4)에서 보듯이 분산의 가장 중요한 항목은 관찰치와 평균의 편차인 $(x-\mu)$이다. 편차는 확률변수의 특정값이 기댓값, 즉 평균 μ로부터 얼마나 떨어져 있는지를 측정해 준다. 그러나 편차의 단순 합은 0이 되기 때문에 편차의 제곱합을 활용하여 분산을 구한다. 분산은 평균값으로부터 확률변수값의 편차를 제곱한 가중치 평균이고, 가중치는 확률이다. 즉, 모든 확률변수의 편차제곱 가중치의 합이 분산이다.

확률변수의 분산을 $Var(X)$ 혹은 σ^2로 표현한다. 표준편차 σ는 분산의 양의 제곱근으로 정의한다. 표준편차는 원 자료와 같은 단위로 측정되어, 확률변수의 분산 정도를 설명하는 데 우선적으로 사용된다.

이미 앞에서 언급하였듯이 분산은 변동성 측정 개념 및 위험 측정 개념으로 활용한다. 예를 들어, 주식 투자에서 가장 중요한 것은 투자 위험을 줄이는 것인데, 투자 위험을 측정하는 도구가 바로 분산이다. 또한 품질관리에 있어서 가장 중요한 것은 균일한 품질관리이다. 만약 품질이 균일하지 않고 변동이 심하다고 한다면 해당 생산 공정은 전면 개편하여야 할 것이다. 이것을 측정해 주는 개념이 바로 분산이다. 따라서 평균, 즉 기댓값을 기준점으로 해서 자료가 얼마나 산포되어 있나 하는 분산 개념은 미래 불확실성에 대한 위험 평가에 대단히 중요한 분석 도구임을 알 수 있다.

5.4 이항확률분포

(1) 이항실험

이산 확률분포로써 가장 많이 활용하는 분포가 이항확률분포(binomial probability distribution)이다. 우리는 성공이냐 실패냐 하는 두 가지만의 상호배반적인 결과가 예상되는 실험들을 현실에서 많이 접할 수 있다. 이 실험들이 서로 독립적으로 시행되고, 성공 확률도 일정하게 유지되는 경우도 많다.

이런 사례들은 아주 간단하게 동전 던지는 실험을 비롯하여, 품질관리에서 불량품과 우량품 구분에 따른 품질 검사 등 모든 영역에서 성공과 실패라는 두 가지 상호배반사건만이 발생하는 경우들이다.

이런 사례들에 대해서 일단 이항확률분포를 적용하여 활용할 수 있다. 이항확률분포는 두 가지 상호배반적인 사건만이 발생하는 이항실험(binomial experiment)과 연관되어 있으며, 이항실험은 아래의 4가지 특성을 가지고 있다.

이항실험의 특성

1. 이항실험은 각각 독립인 n번의 시행을 행한다.
2. 각 시행은 두 가지의 가능한 결과인 성공과 실패로 구분된다.
3. 각 시행의 성공 확률은 p이며, 시행에 관계없이 일정하다. 실패 확률은 $1-p$가 된다.
4. 각 시행은 독립이다.

만일 어떤 시행이 1회 시행으로써 특성 2, 3, 4를 갖는 시행이라면 이 시행을 베르누이(Bernoulli) 시행이라고 한다. 베르누이 시행의 특성 2는 상호배반 가정이고, 특성 3은 안정성 가정이며, 특성 4는 시행의 독립성이라 한다. 이에 특성 1이 부가

되고, 즉 베르누이 시행이 n회 시행된다면 이를 이항실험이라고 한다.

이항실험에서의 관심은 n번의 시행에서 성공 횟수가 얼마나 되느냐에 있다.

만일 n번의 시행에서 성공 횟수를 X라고 하면, x는 0, 1, 2, 3, ⋯, n의 값을 지니게 된다. 따라서 확률변수 X는 이산 확률변수임을 알 수 있다. 이 이산 확률변수의 확률분포를 이항확률분포라 부른다. 이항확률분포함수를 통하여 n번의 시행에서 x번의 성공확률을 계산할 수 있다.

가장 먼저 n번의 시행에서 x번의 성공 횟수는 다음 수식 (5.5)으로 계산한다.

n시행에 x번 성공할 횟수

$$\binom{n}{x}=\frac{n!}{x!(n-x)!} \tag{5.5}$$

단, $n!=n(n-1)(n-2)\cdots(2)(1)$, $0!=1$

이항확률분포함수는 어떠한 이항실험에도 적용된다. 우리는 이항실험의 특성을 가지고 있고, n, p 모수의 값을 안다면, (5.6) 식에 따라 n번의 시행에서 x번의 성공 확률을 계산할 수 있다.

이항확률함수

$$f(x)=\binom{n}{x}p^x(1-p)^{(n-x)} \tag{5.6}$$

단, $f(x)$: 시행에 x번 성공할 확률, n: 시행횟수
p: 성공확률, $(1-p)$: 실패확률
$\binom{n}{x}=\frac{n!}{x!(n-x)!}$

동전 두 번, 그리고 세 번 던지는 사례를 통하여 이항분포의 특성을 살펴보기로 하자. 먼저 반듯한 동전을 두 번 던지는 사례부터 살펴보자.

예제 5-2

동전을 두 번 던지는 경우의 확률분포표를 작성해 보자. 이때 반듯한 동전을 실험에 사용한다.

풀이

먼저 동전을 두 번 던지는 경우를 살펴보도록 하자.

앞면이 나오는 횟수를 확률변수 X로 정의하면 확률변수 X는 0, 1, 2가 된다. 수식 (5.5), (5.6)을 이용하여 〈표 5.5〉의 확률분포표를 작성할 수 있다.

표 5.5 확률분포표(동전 2회 실험)

X	성공 횟수	$f(x)$	$F(X)$
0	$\binom{2}{0}=1$	$1\times0.5^0(1-0.5)^2=1/4$	1/4
1	$\binom{2}{1}=2$	$2\times0.5^1(1-0.5)^1=1/2$	3/4
2	$\binom{2}{2}=1$	$1\times0.5^2(1-0.5)^0=1/4$	1
		1	

엑셀의 BINOM.DIST( ) 함수를 이용하여 이항확률값을 쉽게 계산할 수 있다. 이 함수의 사용법은 [엑셀활용 05]에 기술하였다. 다음의 사례를 통하여 이항확률을 이해하여 보자.

예제 5-3

어느 통신사 대리점에서 최신 휴대폰에 대한 판촉활동을 진행하고 있다. 아르바이트 텔레마케터를 고용하여 판촉활동을 한 결과 전화 100통에 20건의 계약실적을 올리고 있다고 한다. 만약 오늘밤에 12명의 고객들에게 전화한다고 했을 때 다음의 계약 확률은 어떻게 될까에 관심이 있으며 이후의 경영 전략에도 활용하고자 한다.

(1) 계약을 전혀 하지 못할 확률은?
(2) 2건을 계약할 확률은?
(3) 최대한 2건을 계약할 확률은?
(4) 최소한 2건을 계약할 확률은 어떻게 되겠는가?

풀이

엑셀을 활용하여 해결해 보자. 파일은 통신사대리점.xlsx이다. 이항확률함수인 BINOM.

DIST()를 활용한다. 이때 계약 성공할 횟수가 확률변수 X이다. 계약 횟수 X는 0에서 12까지의 값이 된다. 그리고 시행횟수는 12가 되며, 계약 성공확률은 0.2(=20/100)이다.

확률밀도함수를 사용할 경우는 함수의 형태에 false를 설정한다. 누적확률을 구하려면 true를 입력하면 된다. 책 말미에 첨부한 부표의 이항분포표를 통하여 확률을 계산할 수도 있다.

(1) 계약을 전혀 하지 못할 확률인 $P(0)=0.0687$,

(2) 2건을 계약할 확률인 $P(2)=0.2835$,

(3) 최대한 2건을 올릴 확률은 $P(X\leq 2)=P(0)+P(1)+P(2)=0.5583$,

(4) 최소한 2건을 계약할 확률은 다음과 같이 계산한다.

$$\begin{aligned} P(X\geq 2) &= P(2)+P(3)+\cdots+P(12) \\ &= 1-[P(0)+P(1)]=1-0.2749=0.7251 \end{aligned}$$

(2) 이항확률분포의 기댓값과 분산

이미 우리는 이산 확률변수의 기댓값과 분산을 계산하는 방법에 대해서 알아보았다. 그런데 이산 확률변수 X가 n번의 시행과 성공 확률 p를 갖는 이항확률분포를 이룬다면, 기대치와 분산은 쉽게 계산할 수 있다.

이항확률분포의 기댓값과 분산

$$E(X)=\mu=np$$
$$Var(X)=\sigma^2=np(1-p)$$

단, n은 시행횟수, p는 성공확률

동전 두 번 던지는 경우의 예에서 기댓값과 분산을 구하여 보자.

$$E(X)=np=2\times(1/2)=2/2=1$$
$$Var(X)=np(1-p)=2\times(1/2)\times(1/2)=2/4=1/2$$

동전 세 번 던지는 경우는

$$E(X)=np=3\times(1/2)=3/2$$
$$Var(X)=np(1-p)=3\times(1/2)\times(1/2)=3/4$$

이 된다.

5.5 포아송분포

이산확률분포 중에서 이항분포 다음으로 현실 문제에 많이 활용하고 있는 분포가 포아송분포이다. 포아송분포(Poisson probability distribution)는 단위 시간, 단위 공간, 단위 구간 내의 사건 발생 수를 분석, 추정하는 데 매우 유용하게 사용한다.

다음의 세 조건을 만족시키는 발생 횟수는 포아송 확률분포를 이루는 확률변수가 된다.

포아송 실험의 특성

1. 단위 구간에서 2개 이상의 사건이 발생할 확률은 0이다.
2. 단위 구간에서 1회 발생할 확률은 구간의 길이에 비례하며 전 구간을 통하여 동일하다.
3. 각각의 단위 구간은 상호 독립적이다.

위의 세 조건은 대단히 까다롭고 현실적으로 만족시키기 어렵다고 생각할 수 있지만 실제 현실 상황에서는 세 조건이 위배되지 않고 충족되고 있음을 알 수 있다. 문제는 이 조건들이 만족되도록 단위 구간을 제대로 정의하여야 한다. 실제 적용할 때는 파악하고자 하는 모집단에 비하여 발생 사건 수가 극히 희박할 때, 즉 확률이 거의 0에 가까운 현실 상황에 적용할 수 있다.

① 새로 구입한 TV의 불량화소 수

② 한 시간 동안 방문한 은행 고객 수

③ 1년간 아파트 엘리베이터의 고장 횟수

등의 사례에서 제시되는 포아송 변수는 위의 세 조건들을 만족시키고 있음을 알 수 있다.

포아송분포의 세 조건이 만족될 때 포아송 확률함수는 다음 식과 같다.

포아송 확률함수

$$f(x) = \frac{\lambda^x e^{-\lambda}}{x!}$$

단, $f(x)$ = 일정 구간 내에 x회 발생 확률
λ = 일정 구간 내의 기댓값

포아송 함수의 기댓값과 분산

$E(X) = \lambda$

$Var(X) = \lambda$

포아송 확률분포는 대기행렬 모형에서 단위 시간 내에 고객이 도착하는 도착 분포에 주로 사용한다. 그리고 발생확률이 0에 가까운 사건에 대해서도 포아송분포를 적용하여 확률을 구할 수 있다.

확률변수 X가 이항확률변수이라고 하더라도 성공확률 p가 0에 가까운 값이면 포아송분포로 근사하여 처리하여도 문제가 되지 않는다.

예제 5-4

고속도로에서 빨간색 람보르기니 스포츠카를 60분에 2대를 본다고 한다.

(1) 1시간 동안 2대 볼 확률은?
(2) 3시간 동안 5대 이상 볼 확률은?
(3) 평균과 분산을 구하시오.

풀이

이 경우 일정구간 내의 기댓값 $\lambda=2$가 된다

(1) $P(X=2) = \frac{2^2 e^{-2}}{2!} = 0.27$

(2) 3시간 동안이라 $\lambda=6$

$P(X \geq 5) = 1 - P(X=0) - P(X=1) - P(X=2) - P(X=3) - P(X=4) = 0.7149$

(3) $E(X=2) = \lambda = 2$

$Var(X) = \lambda = 2$

이제 예제 5-5를 통하여 포아송분포와 이항분포의 관계를 알아보도록 하자.

예제 5-5

타이어 제조업체의 품질관리 담당자는 타이어 품질에 대한 최근 자료들을 보고 획기적인 개선 방안을 고려중이라고 한다. 현재 이 업체의 타이어 불량률은 4%로 알려져 있다. 20개의 표본을 추출하여 검사하였다.

(1) 이항분포를 이용하여 불량품 2개를 발견할 확률을 구하라.
(2) 포아송분포를 이용하여 불량품 2개를 발견할 확률을 구하라.
(3) 위의 문제의 해답을 이용하여 이항분포와 포아송분포의 관계를 설명하라.
(4) 불량품이 발생할 전체 확률을 구하라.

풀이

$n=20$, $p=0.04$일 때,

(1) $P(X=2)=\dfrac{20!}{2!(20-2)!}(0.04)^2(1-0.04))^{20-2}=0.1458$

(2) $P(X=2)=\dfrac{(20\times 0.04)^2 e^{-(20\times 0.04)}}{2!}=0.1438$

(3) 이항분포에 의해 계산한 확률은 0.1458고 포아송분포로 계산한 확률은 0.1438로 큰 차이를 보이지 않는다. 표본이 대표본($n\geq 20$)이고, 발생 확률이 아주 작으면($p\leq 0.05$) 두 분포에 의한 확률은 거의 같아진다.

(4) 두 분포의 전체 확률은 [엑셀활용 05]를 참고하라.

그림 5.3 이항분포와 포아송분포 관계

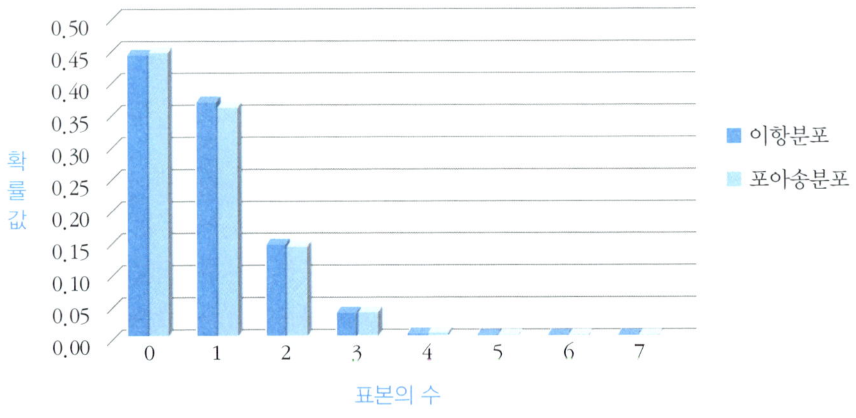

엑셀활용 05 이산 확률분포

(1) 이항확률분포표 만들기

한 백화점의 유명 여성 전문 의류 매장 사례를 통하여 이항확률분포에 대하여 정리하도록 하자. 매장 관리자는 그동안의 판매 기록을 근거로 임의의 고객이 매장을 방문하여 옷을 구매하게 될 확률이 0.3이 됨을 알고 있다. 이후에 매장을 찾게 될 세 명의 고객 중 두 명이 옷을 구매할 확률은 얼마가 될까를 궁금해 하고 있다.

고객의 옷 구매 확률을 알아보기 위해서 먼저 이항실험에 대한 적용이 가능한지를 알아보아야 한다.

먼저 매장에 들어오는 각각의 고객은 1회 시행하는 실험과 같이 간주할 수 있으며, 세 명의 고객은 일련의 동일한 연속 시행임을 이해할 수 있다. 매장에 들어온 고객 한 사람은 구매하느냐, 하지 않느냐는 두 가지 가능한 행위 결정을 하게 된다. 그동안의 경험을 통하여 고객이 옷을 구매할 확률이 0.3이고 구매하지 않을 확률이 0.7로서 모든 고객에 대해 동일할 것으로 가정할 수 있으며, 각 고객의 구매 결정은 다른 고객의 결정과는 독립적으로 이루어진다고 가정한다.

이러한 내용을 통하여 우리는 의류 매장의 고객 구매 문제는 이항실험의 특성을 모두 갖추고 있음을 확인할 수 있다.

이제 이를 엑셀의 BINOM.DIST( ) 함수를 통하여 확률분포표를 구성하고 확률분포를 작성하기로 하자.

단계 1 셀 A2부터 A5에 0, 1, 2, 3을 각각 입력한다.

단계 2 셀 B2에 다음 수식을 입력한다.

=BINOM.DIST(A2, 3, 0.3, FALSE)

단계 3 셀B2를 채우기 핸들로 B3:B5에 복사한다.

단계 3으로 확률분포표를 설정할 수 있다.

x	$f(x)$
0	0.343
1	0.441
2	0.189
3	0.027

확률분포표를 이용하여 확률분포를 작성한다.

참고로 10명에 대한 확률분포표는 BINOM.DIST(A2, 10, 0.3, FALSE)로 설정할 수 있다.

x	$f(x)$
0	0.0282
1	0.1211
2	0.2335
3	0.2668
4	0.2001
5	0.1029
6	0.0368
7	0.0090
8	0.0014
9	0.0001
10	0.0000

위의 결과를 만들어 내기 위해 직접 함수를 입력하여 처리하는 방법과 함수마법사를 활용하여 처리하는 방법이 있다.

① 직접 처리하는 방법

아래 그림과 같이 해당 셀에 직접 확률분포 함수를 사용하여 입력한다.

	A	B	C	D
1	x	f(x)	엑셀함수	
2	0	0.343	=BINOM.DIST(A2,3,0.3,FALSE)	
3	1	0.441	=BINOM.DIST(A3,3,0.3,FALSE)	
4	2	0.189	=BINOM.DIST(A4,3,0.3,FALSE)	
5	3	0.027	=BINOM.DIST(A5,3,0.3,FALSE)	
6				

셀 B2에 다음과 같이 입력한다.

B2 =BINOM.DIST(A2, 3, 0.3, FALSE)

함수식 입력 후 그림과 같이 셀B5까지 채우기 핸들로 복사한다.

② 함수마법사를 활용하여 처리하는 방법

함수마법사의 대화상자를 열어 범주 선택에서 통계를 선택한다.

그리고 함수선택에서 BINOM.DIST( ) 함수를 선택한다.

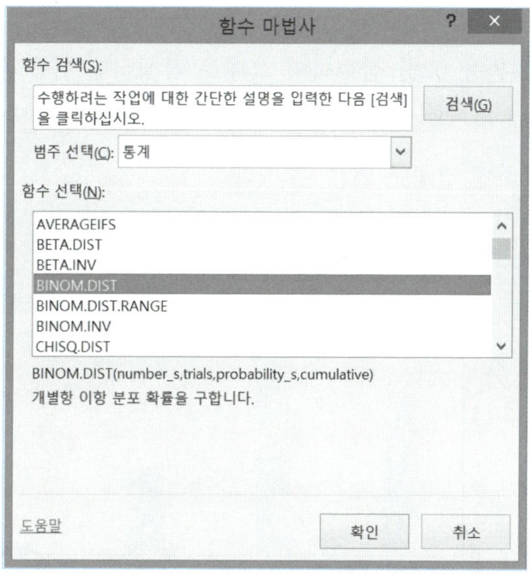

BINOM.DIST( ) 함수를 선택하면 다음의 대화상자가 나타난다.

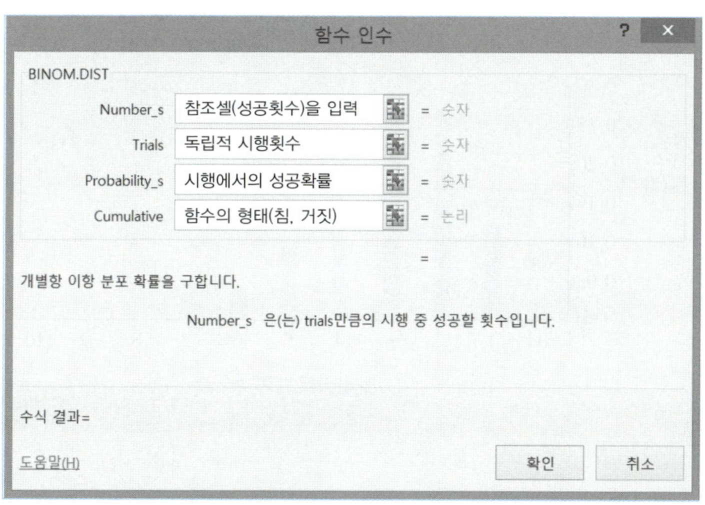

위의 대화상자에서

첫 번째 항에는 성공횟수를 입력하거나 참조 셀을 입력한다.

두 번째 항에는 시행횟수를 입력한다.

세 번째 항에는 성공확률을 입력한다.

네 번째 항에는 false값을 입력한다.

네 번째 항의 경우 Cumulative는 함수의 형태를 결정하는 것으로 누적분포함수일 경우는 true, 확률함수일 경우에는 false값을 입력한다.

단계 3 2장의 엑셀활용 02를 참고하여 그대로 작성하면 다음의 확률분포를 작성할 수 있다. 이 때 히스토그램 작성할 때와는 반대로 옵션 탭에서 간격나비에 상한값 500을 입력하면 결과를 얻을 수 있다.

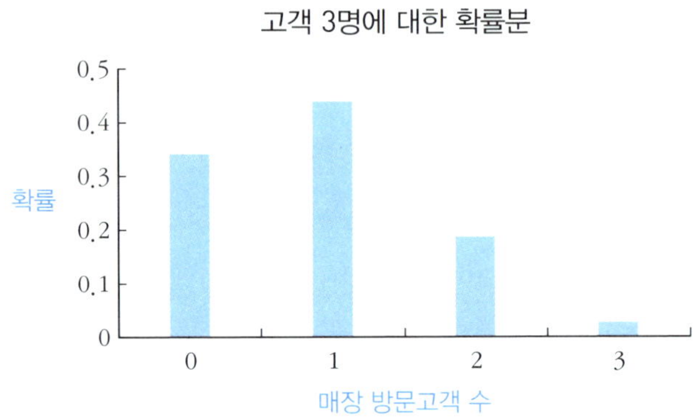

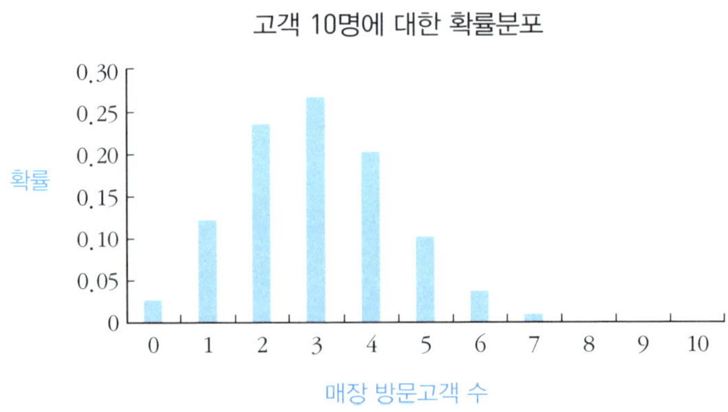

(2) 통신사 대리점 사례에서 확률 계산하기

예제 5-3의 통신사 대리점 사례는 시행횟수가 12, 성공확률이 0.2인 경우이다. 성공확률이 0에 가깝기 때문에 분포가 왼쪽으로 치우친 형태를 하고 있다. 통신사 대리점 사례에 대한 이항분포를 작성하기 위해 BINOM.DIST( ) 함수를 활용한다.

통신사대리점 파일에서와 같이 A열에는 확률변수를 입력한다. 성공횟수가 확률변수가 되어 0에서부터 12까지 값을 갖는다. B열은 확률분포함수를 입력하고, C열은 누적분포함수를 입력한다.

B2 셀: =BINOM.DIST(A2, 12, 0.2, FALSE)

C2 셀: =BINOM.DIST(A2, 12, 0.2, TRUE)

확률분포함수는 함수형태에서 false, 누적확률분포에는 true를 입력하면 된다.

	A	B	C
1	x	f(x)	F(x)
2	0	0.0687	0.0687
3	1	0.2062	0.2749
4	2	0.2835	0.5583
5	3	0.2362	0.7946
6	4	0.1329	0.9274
7	5	0.0532	0.9806
8	6	0.0155	0.9961
9	7	0.0033	0.9994
10	8	0.0005	0.9999
11	9	0.0001	1.0000
12	10	0.0000	1.0000
13	11	0.0000	1.0000
14	12	0.0000	1.0000

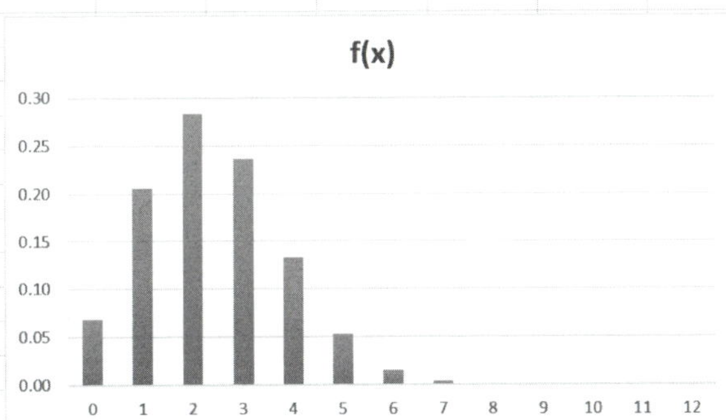

(3) 이항분포와 포아송분포의 확률 비교(예제 5-5)

본문의 예제 5-5인 타이어 제조업체 사례에서 이항분포의 확률과 포아송분포의 확률 전체를 비교하여 보자. 이 사례에서 $n=20$이고, $p=0.04$이다.

기댓값은 $\mu=np$이며, 구체적인 값을 대입하면 $\mu=np=20\times0.04$에서 기댓값은 0.8이다. 일단의 준비가 끝나면 다음 단계에 따라서 실행한다.

별도로 제공한 poisson분포.xlsx 파일의 포아송근사 워크시트를 참고하여 살펴보도록 하자.

단계 1 A열에 확률변수를 설정한다. 확률변수는 20개 부품에서 불량품이 나올 횟수가 된다. 이때 확률변수로 0에서 20까지 값을 입력한다.

B2 =BINOM.DIST(A2,20,0.04,FALSE)

	A	B	C	D	E	F
1	x	이항분포				
2	0	0.4420				
3	1	0.3683				
4	2	0.1458				
5	3	0.0364				
6	4	0.0065				
7	5	0.0009				
8	6	0.0001				
9	7	0.0000				
10	8	0.0000				
11	9	0.0000				
12	10	0.0000				
13	11	0.0000				
14	12	0.0000				
15	13	0.0000				
16	14	0.0000				
17	15	0.0000				
18	16	0.0000				
19	17	0.0000				
20	18	0.0000				
21	19	0.0000				
22	20	0.0000				

단계 2 B열에는 이항분포 확률을 계산한다. B2셀에서 함수마법사를 클릭하여 통계 범주에서 BINOM.DIST( )함수를 선택한다. 이후 이 함수의 대화상자가 나오면 필요한 값을 입력하여 확인을 클릭한다. 그러면 B2셀에는 다음과 같은 수식 결과로 0.4420이 나타난다. 그리고 B22셀까지 채우기 핸들로 복사한다.

B2: =BINOM.DIST(A2, 20, 0.04, FALSE)

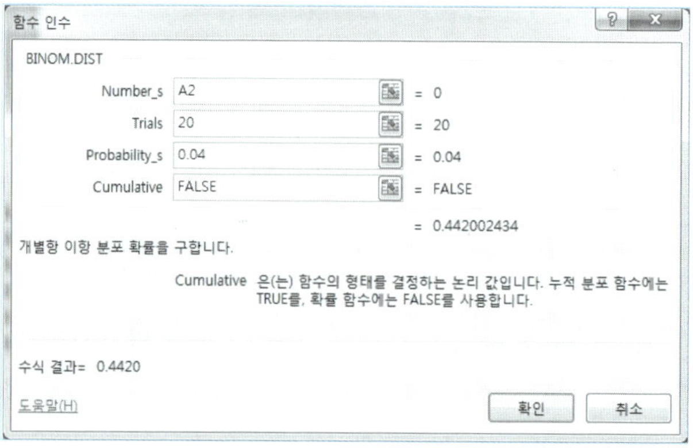

단계 3 기댓값을 C2 셀에 입력하고 D2셀에 POISSON.DIST( ) 함수를 활용하여 확률을 구한다. 이때 확률변수는 같이 사용한다. 포아송함수의 대화상자에서 X에는 확률변수 셀을 지정하고, Mean에는 C2의 기댓값을 입력한다. C2는 절대주소지정을 하여 활용한다. 그리고 False를 입력하여 확률밀도함수를 지정한다. 이에 따라 D2셀에는 다음과 같이 입력된다.

D2: =POISSON.DIST(A2, $C$2, FALSE)

그리고 D22셀까지 채우기핸들로 복사한다.

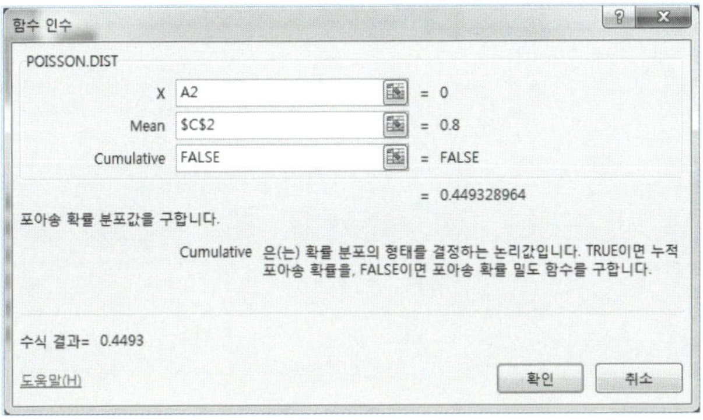

단계 4 이항분포와 포아송분포의 확률 계산이 끝나면 비교 차트를 설정한다. 차트를 크게 보기 위해서 확률이 0이 되는 확률변수 7까지만 차트 대상으로 한다. 비교 차트를 작성하기 위해서 우선 B1셀에서 B9셀까지 설정한 후, Ctrl 키를 누른 상태에서 D1셀부터 D9셀까지 지정한다. 그런 다음 차트 작성에 들어간다.

단계 5 삽입메뉴에서 세로 또는 가로형 막대형 차트 삽입을 선택한 후, 3차원 세로(또는 가로) 막대형을 선택한다. 그리고 데이터선택에서 확률변수 계열을 제거하고, 범례 표시를 아래로 설정하면 본문에서 제시한 [그림 5.3]과 같은 원하는 차트를 얻을 수 있다.

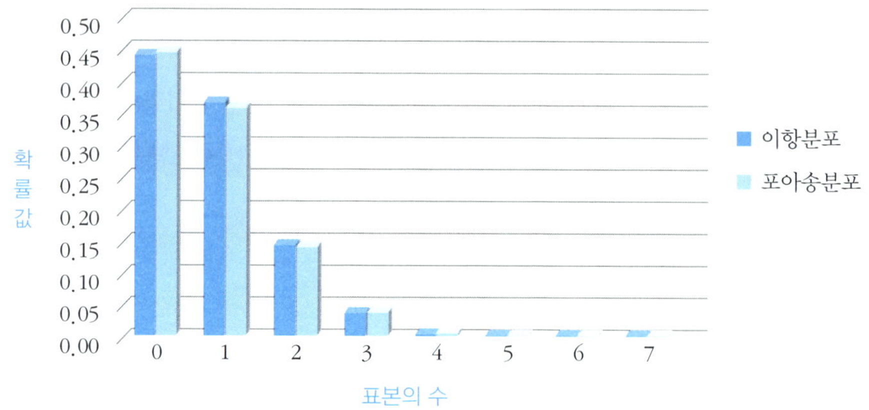
0.50
0.45
0.40
0.35
0.30
0.25
0.20
0.15
0.10
0.05
0.00
확률값
0
1
2
3
4
5
6
7
표본의 수
이항분포
포아송분포

CHAPTER 05

연습문제

1 연속 확률변수인지 이산확률변수인지 쓰시오.

① 병원 진료시간 동안 진료받은 환자의 수

② 등교하는 동안 마주친 사람의 수

③ 농구 올스타전에서 한 팀이 넣은 3점 슛

④ 우리집에서 학교까지의 거리

⑤ 커피전문점의 테이크아웃 이용 고객 수

⑥ 미용실에서 자른 머리카락의 길이

2 확률변수 X가 1, 2, 3, 4의 가능한 값을 가지고, 각 값에 대응하는 확률이 다음과 같다고 할 때 확률변수 X의 확률함수를 구하라.

X	1	2	3	4	합계
$P(X)$	1/10	2/10	3/10	4/10	1

3 다음은 어느 공장에서 하루에 발생하는 불량품의 개수에 대한 확률분포이다. 다음 물음에 답하라.

X	0	1	2	3	4	5	합계
$P(X)$	0.050	0.075	0.300	0.375	0.125	0.075	1

① $P(X \leqq 1)$

② $P(X \geqq 3)$

③ 확률변수 X의 기댓값과 분산을 구하라.

4 동전 3개를 던져 앞면이 나오는 경우의 수를 X라고 할 때, 확률변수 X의 누적분포함수를 작성하라.

5 어떤 공장에서 생산되는 제품의 강도(X)를 측정한 결과 확률분포는 다음과 같다.

X	0.5	0.6	0.7	0.8	0.9	합계
$P(X)$	0.1	0.2	0.3	0.2	0.2	1

❶ $P(X<0.7)$을 구하라.
❷ 확률변수 X의 확률분포 그래프를 그려라.
❸ 확률변수 X의 기댓값과 분산을 구하라.

6 A 은행의 주요 고객들 중 30%는 장기 저축보험에 가입되어 있다. 9명의 고객을 임의로 선택했을 때, 다음의 질문에 답하시오.

❶ 선택된 9명 중 정확히 2명만이 장기 저축보험 가입자일 확률은 얼마인가?
❷ 정확히 4명만이 장기 저축보험 가입자일 확률은 얼마인가?
❸ 장기 저축보험 가입자가 한 명도 없을 확률은 얼마인가?

7 A 통신사의 고객이 서비스 센터에 전화를 했을 때 통화에 성공하지 못하고 통화대기 상태일 확률은 0.5%이다. 오늘 1,200명의 전화문의 고객들 가운데 최소 5명이 통화대기 상태를 경험했을 확률은 얼마인가?

8 어떤 투자상품의 연말가치는 1,000만원, 2,000만원, 또는 5,000만원이며, 각각의 확률은 0.25, 0.60, 0.15이다. 이 투자상품의 연말가치에 대한 평균과 분산을 구하시오.

9 일반적으로 전자제품 제조 시 입고부품에 대해 1% 내의 불량률은 허용하는 것으로 알려져 있다. 입고부품의 품질을 보증하기 위해 구매자 또는 제조업자들은 보통 20개의 샘플을 추출하고, 그중 1개의 불량을 허용한다고 할 때 다음 질문에 답하시오.

❶ 실제 1%의 불량률을 가지고 있는 부품을 인정하고 검사를 통과시킬 확률은 얼마인가?
❷ 실제 2%의 불량률을 가지고 있는 부품을 인정하고 검사를 통과시킬 확률은 얼마인가?
❸ 실제 5%의 불량률을 가지고 있는 부품을 인정하고 검사를 통과시킬 확률은 얼마인가?

10 한국투자자협회에서 조사한 바에 의하면 개인 투자자의 30%가 중개인을 활용한다고 한다. 9명의 개인 투자자를 임의로 선택했을 때 다음 질문에 답하시오.

❶ 선택된 9명 중 정확히 2명만이 중개인을 사용할 확률
❷ 정확히 4명이 중개인을 사용할 확률
❸ 아무도 중개인을 사용하지 않을 확률

11 경일전자에서는 휴대폰 카메라를 조립, 생산하여 납품하고 있는데, 평균 불량률은 0.3%라고 한다.

❶ 이 회사에서 생산한 제품 10개를 임의로 조사했을 때, 불량이 2개 나올 확률은?
❷ 제품 10개를 조사했을 때, 불량이 3개 이상 나올 확률은?
❸ 이 경우, 불량개수를 확률변수 X라고 할 때, 확률변수 X의 기대치와 표준편차를 구하라.

12 신입생의 30%는 기숙사 생활을 희망한다. 신입생 10명을 임의로 추출했을 때, 이 중 3명이 기숙사 생활을 희망할 확률은?

13 휴대폰용 안테나를 조립 생산하는 (주)효원 테크는 최근 공정관리를 엄격히 하여 제품불량률을 2% 수준으로 감소시켰다. 이 회사에서 생산된 제품 중 임의로 5개를 추출했을 때, 추출된 5개의 제품에 포함된 불량개수를 X라고 할 때 다음 물음에 답하라.

❶ 확률변수 X의 확률분포를 구하라.
❷ 추출된 5개의 제품에서 불량이 1개가 포함될 확률은?
❸ 추출된 5개의 제품에서 불량이 3개 이상 나올 확률은?
❹ 확률변수 X의 기댓값과 분산을 구하라.

14 반듯한 동전 3개를 던지는 실험을 한다. 앞면을 H, 뒷면을 T라고 할 때, 다음 물음에 답하라.

❶ 표본공간을 설명하고, 이 실험의 표본공간을 제시하라.
❷ 앞면이 나오는 횟수를 확률변수 X라 할 때, 확률분포표를 작성하라.
❸ 확률분포표에 근거하여 기댓값과 분산을 계산하라.
❹ 이 실험의 확률분포함수를 설정하고, 이 분포함수의 특성을 제시하라.

15 한국의 우체국에서는 발송지와 수신지가 동일한 도시인 일반우편의 95%는 이틀 내로 배달이 완료된다고 한다. 동일한 도시 내 서로 다른 곳으로 보내질 편지 6통이 선택되었다. 다음 질문에 답하시오.

❶ 6통 모두 이틀 내로 배달될 확률
❷ 정확히 5통만 이틀 내에 배달될 확률
❸ 이틀 내 배달될 우편물 숫자의 평균과 분산

16 미국 가정의 16%는 가정용 유선전화 대신 휴대전화만 사용한다고 한다. 8가구로 구성된 표본을 구성하였다. 다음 질문에 답하시오.

❶ 8가구 모두 휴대전화만을 사용하지 않고 다른 전화 수단을 보유한 확률
❷ 적어도 한 가구 이상에서 휴대전화만을 사용할 확률
❸ 적어도 다섯 가구 이상에서 휴대전화를 사용할 확률

17 최근 조사에서 한국 가정의 90%가 대형 화면의 TV를 보유하고 있는 것으로 밝혀졌다. 9가구로 구성된 표본 가구를 선정하였다. 다음 질문에 답하시오.

❶ 9가구 모두 대형 화면 TV를 보유할 확률
❷ 5가구 미만에서 대형 화면 TV를 보유할 확률
❸ 5가구를 초과하여 대형 화면 TV를 보유할 확률
❹ 최소 7가구에서 대형 화면 TV를 보유할 확률

18 창문틀 제조업자는 오랜 경험을 통해 공장에서 생산된 창문틀의 5% 정도는 약간의 보수작업을 필요로 하는 결점을 가지고 있을 것으로 판단하고 있다. 20개의 표본 창틀을 골랐다. 다음 질문에 답하시오.

❶ 어느 창문틀도 보수 작업이 필요 없을 확률
❷ 최소 하나 이상의 창문틀이 보수작업이 필요할 경우의 확률
❸ 3개 이상의 창문틀이 보수작업이 필요할 경우의 확률

19 D 항공사의 수하물은 아주 가끔씩 분실사고가 발생한다. 대부분의 경우 수하물 분실이 발생되지는 않거나, 가끔식 한 건, 그보다 더 가끔씩 두 건, 그리고 매우 드물지만 세 건 정도의 분실이 발생되는 편이다. 한 번 운행당 분실 수하물의 평균은 0.3(300/1,000=0.3)이다. 운항 편당 분실된 수하물 개수가 평균 0.3인 포아송분포를 따른다고 가정하자. 다음 질문에 답하시오.

❶ 분실 수하물이 없을 확률
❷ 정확하게 하나의 수하물을 분실할 확률

20 포항 공단지역 어느 숲 속의 나무 중 30%가 공해에 오염되어 있다. 4 그루의 나무를 임의로 추출하여 공해 오염 여부를 검토하고자 한다. 공해에 오염된 나무의 수를 X라고 할 때 다음 물음에 답하라.

❶ 표본공간을 구하라.

❷ 확률분포표를 구하고 기댓값과 분산을 계산하라.

21 생산라인에서 20개의 부품을 추출하여 불량품이 있는지 검사하였다. 과거 자료에 의하면 불량 부품이 발견될 확률이 2%이었다. 3개의 불량부품이 발견될 확률을 구하라.

❶ 이항분포를 이용하여 구하라.

❷ 포아송분포를 이용하여 구하라.

22 휴대폰 대리점의 방문고객 중에서 30%만이 실제 매출로 이어지고 있고, 1인당 구매액은 20만원이다. 내달 5천명의 고객이 방문한다고 가정할 때 내달 매출액에 대한 기댓값과 분산을 구하라.

23 근거리 통신망(LAN)상에서 하루에 발생하는 네트워크 에러 수는 포아송 확률분포를 따른다고 한다. 하루에 발생하는 평균 네트워크 에러 수는 2.4라고 한다. 다음 물음의 내용을 구하라.

❶ 네트워크 에러 수가 0일 확률은?

❷ 네트워크 에러 수가 2이상이 될 확률은?

24 학생 취업센터를 방문하는 학생의 수는 시간당 평균 12명이라고 할 때, 특정 시간에 고객이 5명 도착할 확률은?

25 A 전자의 어느 고객이 서비스센터에 전화를 했을 때 교환원 연결이 어려운 통화대기 상태일 확률이 0.5%라고 한다. 금일 1,200명의 전화 문의자 중에서 최소 5명이 통화대기 상태를 경험했을 확률은?

26 과거 강원도 지역에서는 연간 평균 3일 정도 이상기후로 휴교 상태가 된다고 한다. 내년에 이 지역의 학교들이 4일간 휴교할 확률은?

27 A 전자의 기술서비스 부서가 수행한 내부조사에 따르면 종업원들은 시간당 평균 2통의 이메일을 수신한다고 한다. 이메일 수신의 확률분포가 포아송분포를 따른다고 하자. 다음 질문에 답하시오.

❶ 어제 4시와 5시 사이에 이 회사의 사장이 정확하게 1통의 이메일을 수신할 확률

❷ 같은 기간 동안 5통 이상 받을 확률

❸ 같은 기간 동안 이메일이 없을 확률

Chapter 06

발생 사건의 수치화(2)

– 연속 확률변수와 확률분포 –

5장에서 이산 확률변수와 분포에 대해서 살펴보았지만, 6장에서는 연속 확률변수와 연속 확률분포에 대해서 설명한다. 연속 확률변수에 대한 확률함수 $f(x)$는 이산 확률변수의 확률분포함수와는 구분하여 확률밀도함수(probability density function)라고 부르기도 한다. 연속 확률분포 역시 분포의 종류가 많지만 그중에서 균일분포, 정규분포의 두 가지 연속 확률분포에 대해서만 살펴보기로 한다.

5장의 이산 확률변수와 6장에서 설명하게 될 연속 확률변수와의 근본적인 차이점은 확률을 계산하는 방식이다.

이산 확률변수의 경우, 확률분포함수 $f(x)$는 특정한 확률변수에 대한 확률을 계산해 준다. 반면, 연속 확률변수에 대한 확률함수 $f(x)$에서는 특정한 한 점에서의 확률은 계산하지 못한다.

연속 확률변수의 확률밀도함수는 특정한 점에서의 확률을 계산하지 않고, 연속 확률변수가 특정 구간의 값을 취할 때, 그 구간 내의 확률밀도함수 $f(x)$ 그래프 아래에 있는 면적을 통하여 확률을 계산한다. 다시 말하면 연속 확률변수에 대해서는 특정한 값에 대한 확률이 아니라 임의의 구간 범위에 대한 확률을 구하는 것이다.

연속 확률변수에 대한 확률 정의에 따라 확률을 계산하면 확률변수가 특정한 한 점에서의 확률은 0이다. 이는 특정한 값에서의 확률밀도함수 $f(x)$의 그래프 아래 면적이 0이기 때문이다.

6.1 균일분포

주어진 구간 내에서의 확률이 모두 동일할 때 확률변수 X는 균일분포(uniform probability distribution)를 가지게 된다. 균일분포는 난수를 발생할 때 가장 많이 적용하는 분포이기도 하다. 확률변수 X에 대한 균일분포는 다음과 같이 정의한다.

균일분포의 확률밀도함수

$$f(x) = \frac{1}{b-a}, \ a \le x \le b \qquad (6.1)$$

$$0, \quad \text{이외의 구간}$$

균일 확률변수의 기댓값과 분산

$$E(X) = \frac{a+b}{2}$$

$$Var(X) = \frac{(b-a)^2}{12}$$

단, a는 확률변수에서 가장 작은 값
b는 확률변수에서 가장 큰 값

다음 예제를 통해 균일분포에서의 확률을 알아보자.

예제 6-1

A제약회사의 진통제는 약효가 항상 15분에서 30분 사이의 값을 취하는 균일분포를 따른다.

(1) 진통효과가 20분에서 25분 유지될 확률을 구하시오.

(2) 평균과 분산을 구하시오.

풀이

연속 확률변수 X를 A제약회사의 진통제의 약효가 지속되는 시간이라고 하자. 우선 X의 확률밀도함수를 그려보면 [그림 6.1]과 같이 된다. 약효는 최소 15분에서 최대 30분까지 지속된다.

(1) $P(20 \le X \le 25) = P(X \le 25) - P(X \le 20) = \frac{1}{15}(25-20) = 0.33$

(2) $a=15$와 $b=30$이므로 평균과 분산은 다음과 같이 정할 수 있다.

$$E(X) = \frac{a+b}{2} = 22.5\text{분}$$

$$Var(X) = \frac{(b-a)^2}{12} = 18.75\text{분}$$

그림 6.1 균일분포의 확률

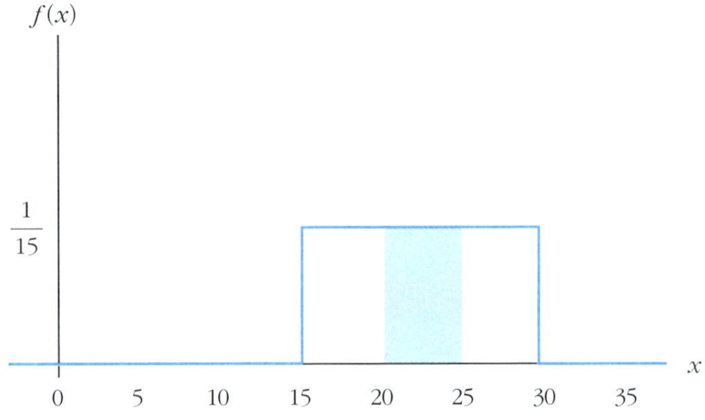

연속 확률변수에서의 확률 계산은 이산 확률변수에서의 확률 계산 방식과 다르다는 것을 명심하여야 한다.

1. 연속 확률변수에서는 특정한 값에서의 확률이 아니라, 주어진 구간에서의 확률을 계산한다.
2. 주어진 구간 x_1에서 x_2 사이의 확률변수의 확률은 x_1과 x_2 사이의 확률밀도 그래프 아래 면적으로 정의한다. 이 정의에 따라 특정한 한 점에서 확률변수의 확률은 0이다. 이는 $f(x)$함수의 면적이 한 점에서는 0이 되기 때문이다.

6.2 정규분포

연속 확률분포에서 가장 중요하고 널리 사용되는 확률분포는 정규분포(normal probability distribution)이다. 이 분포는 가우스분포(Gaussian distribution)라고 부르기도 한다. 정규분포는 사람의 기와 무게, 시험점수, 실험측정, 강우량 등 다양한 방면에서 실질적으로 많이 활용하고 있다. 또한 이 정규분포는 통계적 추론에 있어서도 가장 광범위하게 사용하고 있으며, 특히 7장 이후에 기술하게 될 표본분포의 경우 가장 중요하게 적용하게 될 분포이기도 하다.

(1) 정규분포

정규분포의 형태는 [그림 6.2]와 같이 종 모양 곡선의 형태를 가지며, (식 6.2)와 같은 확률밀도함수를 갖는다.

정규분포의 확률밀도함수

$$f(x) = \frac{1}{\sigma\sqrt{2\pi}} e^{-\frac{1}{2}\left(\frac{x-\mu}{\sigma}\right)^2} \tag{6.2}$$

단, μ: 평균, σ: 표준편차

이때 확률변수 X의 분포는 평균 μ와 표준편차 σ인 정규분포를 따른다고 하고, $N(\mu, \sigma^2)$로 표시한다. 정규분포의 중요한 특성은 다음과 같다.

1. 정규분포의 모양은 평균 μ와 표준편차 σ에 따라서 다르게 나타난다.
2. 정규곡선의 가장 높은 점이 평균이고, 이 점은 또한 중앙값과 최빈값이기도 하다.
3. 분포의 평균은 음이나, 0, 양의 어떠한 실수값도 가질 수 있다.
4. 정규분포는 평균을 중심으로 대칭적이며, 분포의 꼬리는 점근적으로 x축에 접근한다.
5. 표준편차는 정규곡선의 폭을 결정해 준다. 표준편차의 값이 클수록 분포의 폭은 넓어지고, 높이가 낮아진다. 이것은 자료의 분산 정도가 커진다는 것을 말하는 것이다.
6. 확률변수의 확률은 정규곡선 아래 면적이 되고, 정규곡선 아래 전체 면적의 합은 1이 된다. 분포가 평균을 중심으로 대칭이기 때문에 평균을 중심하여 양쪽이 각각 0.5가 된다.
7. 경험률을 근거로 하여 표준편차 폭에 따라 포함되는 자료의 범위는 다음과 같다.

1) 정규 확률변수의 값 68.26%가 $\pm\sigma$ 내에 있다.

2) 정규 확률변수의 값 95.44%가 $\pm 2\sigma$ 내에 있다.

3) 정규 확률변수의 값 99.72%가 $\pm 3\sigma$ 내에 있다.

이것을 그림으로 표현하면 [그림 6.2]와 같다.

그림 6.2 정규분포곡선의 면적

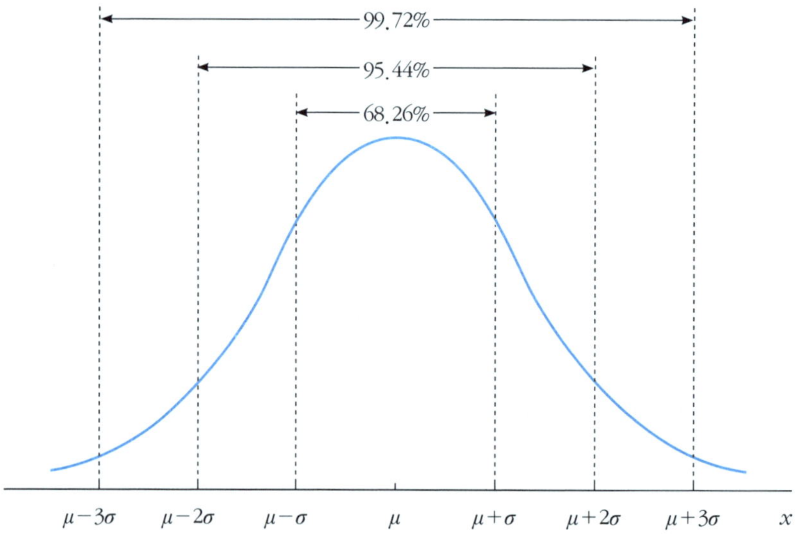

정규분포에서 확률을 구하는 과정은 책의 말미에 부표로 제시되어 있는 표준정규분포표를 통하여 할 수도 있고, 또한 엑셀을 활용하여 구할 수 있다.

교재 말미에 첨부된 엑셀활용 06의 표준정규분포표를 활용할 경우는 다음 절에서 설명하게 될 표준정규확률변수 Z를 구하여 그에 해당하는 확률을 찾거나 역으로 확률을 가지고 값을 찾을 수도 있다.

엑셀 프로그램을 활용할 경우는 NORM.DIST( ) 함수와 NORM.INV( ) 함수를 활용하여 확률과 해당 확률변수값을 구할 수 있다. 사용하는 과정은 [엑셀활용 06]에 정리하였다.

(2) 표준정규분포

평균이 0이고 표준편차가 1인 정규분포를 갖는 확률변수는 표준정규분포(standard normal distribution)를 따른다고 한다. 표준정규분포를 갖는 표준정규확률변수로 Z변수를 사용한다. Z변수는 이미 3장에서 언급한 바 있다.

표준정규분포를 이용하여 모든 정규분포의 확률을 계산하기 때문에 표준정규분포의 특성에 대한 이해는 매우 중요하다.

평균이 μ이고, 표준편차가 σ인 정규분포에 대한 확률을 계산하기 위해서는 가장 먼저 표준정규분포로 변환하여야 한다. 이러한 변환이 이루어지면 표준정규분포표를 이용하여 적절한 z값에 대응하는 확률을 구할 수 있다.

평균이 μ이고, 표준편차가 σ인 정규확률변수 X를 표준정규확률변수 Z로 변환하기 위해서 다음의 식을 사용한다.

표준정규분포로의 변환

$$Z=\frac{X-\mu}{\sigma} \tag{6.3}$$

표준정규분포의 확률밀도함수

$$f(x)=\frac{1}{\sqrt{2\pi}}e^{-\frac{1}{2}z^2} \tag{6.4}$$

x값이 평균 μ와 같으면 $z=(\mu-\mu)/\sigma=0$가 된다.

따라서 x값이 평균 μ인 것은 z의 값이 0인 것과 동일함을 의미한다.

x값이 평균으로부터 1σ 떨어진 값이라고 가정할 때 그 위치에서의 x는 $x=\mu+\sigma$이다. 식 (6.3)을 적용하여 z값을 구하면 다음과 같다.

$$z=\frac{(\mu+\sigma)-\mu}{\sigma}=\frac{\sigma}{\sigma}=1$$

따라서 평균으로부터 1σ 떨어진 값을 표준화한 z값은 1이다.

예제 6-2

어느 병원에서 환자들이 진료를 받기 위해 대기하는 시간을 확률변수 X라고 하자. X는 평균 $\mu=10$, 표준편차 $\sigma=2$인 정규분포를 따른다고 할 때, 확률변수 X가 10과 14 사이에 있을 확률은 얼마인가?

이 확률을 구하기 위하여 먼저 수식 (6.3)을 이용하여 표준화한 z값을 구하여야 한다.

$x=10$에 대한 표준화 z값은 다음 계산식에 따라서 0이 된다.

$$z=\frac{x-\mu}{\sigma}=\frac{10-10}{2}=0$$

한편 $x=14$에서의 표준화 값인 z값은 똑같이 계산하여 $z=(14-10)/2=4/2=2$가 된다.

[부표 2]의 표준정규분포표에 의해 z를 확인하여 0.4772가 확률값이 된다.

그림 6.3 z값으로 표준화

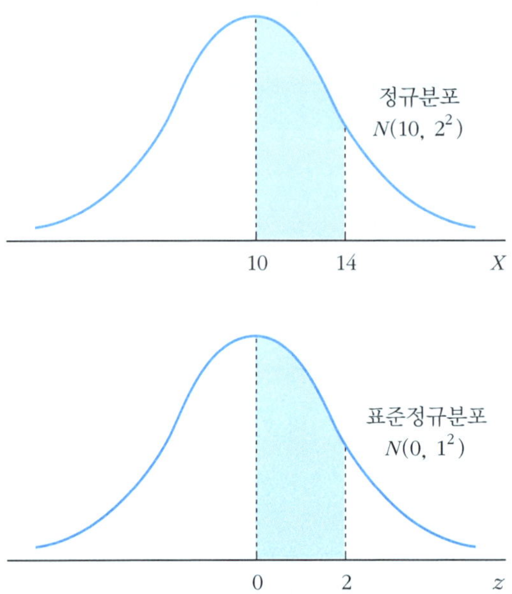

따라서 x가 10과 14 사이에 있을 확률은 0.4772이다. 따라서 정규 확률변수 x가 10과 14 사이에 있을 확률은 표준정규분포에서 z값이 0과 2 사이에 있을 확률과 완전히 똑같다. 이 문제를 엑셀을 활용하면 STANDARDIZE( ) 함수를 이용한다. 사용 방법은 [엑셀활용 06]에 제시하였다.

엑셀에 의한 표준정규분포 확률값 계산은 NORM.S.DIST( ) 함수와 NORM.S.INV( ) 함수를 활용하여 확률과 해당 확률변수값을 구할 수 있다. 사용하는 과정은 이 장의 [엑셀활용 06]에 정리하였다.

(3) 표준정규분포표에서 확률 구하기

표준정규분포표에서 확률을 구하거나, 찾고자 하는 확률에 해당하는 z값 찾는 방법을 한국전기(주) 사례로 살펴보도록 하자.

예제 6-3

한국전기(주)는 새로운 LED 전구를 개발하여 판매하려 한다. 이 LED 전구는 이 회사의 신상품이기 때문에, 한국전기(주)의 경영자는 LED 전구와 함께 제공될 제품 보증이 생산품의 판매량 증가에 중요한 요소가 될 것이라고 믿고 있다. 따라서 한국전기(주)는 제품 구매 이후 일정 시간 이내에 불량이 발생할 경우 새로운 제품으로 교환해 주는 제품보증 정책을 고려하고 있다.

제품 보증정책을 결정하기 전에, 한국전기(주)의 경영자는 새로운 LED 전구의 수명에 대한 확률 정보를 알기를 원한다.

수차례의 테스트로부터, 한국전기(주)의 기술그룹은 LED 전구의 평균수명은 μ=87,600시간이고 표준편차 σ=8,000 정도로 평가했다. 여러 상황과 자료를 토대로 LED 전구의 수명은 정규분포를 이루고 있다고 한다.

이때 LED 전구의 수명이 90,000시간 이상 지속될 수 있는 정도는 얼마나 되는가?

먼저 x=90,000에 대한 표준화값 z를 계산하여 보자.

$$z=\frac{x-\mu}{\sigma}=\frac{90,000-87,600}{8,000}=\frac{2,400}{8,000}=0.30$$

우리는 한국전기(주)의 전구 수명에 대한 정규분포에서 x=90,000의 값이 표준정규분포 z=0.30값과 일치한다는 것을 안다. 표준정규분포표를 사용하거나 엑셀 분석을 통해 평균인 z=0과 z=0.30 사이의 면적이 0.1179이라는 것을 알 수 있다.

이 면적은 [그림 6.4]를 보면 한국전기(주)의 LED 수명 정규분포에서 x=87,600과 x=90,000 사이 영역의 확률과 같은 것임을 알 수 있다.

그래서 x가 90,000을 초과할 확률은 0.5000−0.1179=0.3821이다. (주)한국전기의 사례에서 전체 LED 전구의 약 38.2%가 90,000시간을 초과할 것이라고 결론지을 수 있다.

그림 6.4 한국전기(주)의 LED 전구 수명분포

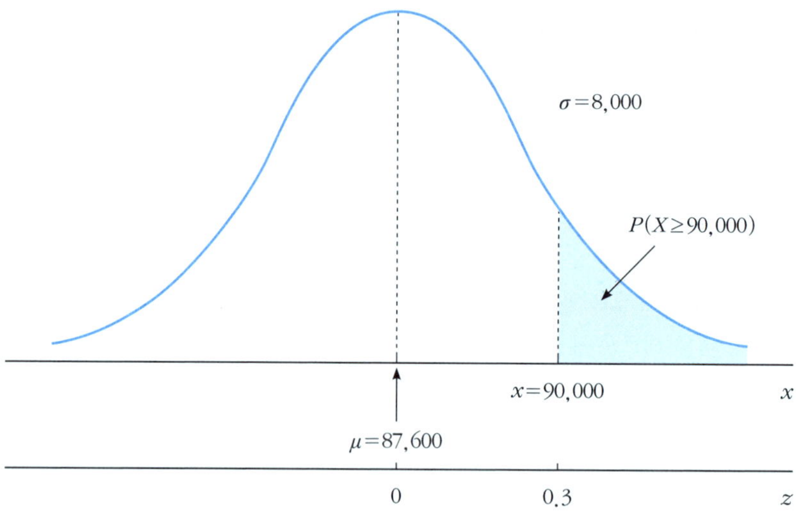

예제 6-4

한편, 한국전기(주)는 품질보증서에 기술한 대로 LED 전구의 수명이 제품 보증서를 통해 보증한 시간을 초과하지 않는다고 하면 새로운 LED 전구로 교환해 주는 정책을 고려하고 있다.

만일 한국전기(주)가 보증 조건에 맞는 LED 전구가 2.5% 이상 되지 않기를 원한다면 보증시간은 얼마가 되어야 하는가?

[그림 6.5]에 의하면, 47.5%의 영역은 평균과 알려지지 않은 보증시간 사이에 있음이 틀림없다. 우리는 표준정규분포표에서 0.4750에 해당하는값을 찾으면 1.96이 됨을 알 수 있다. $z=-1.96$은 한국전기(주)에서 생각하는 보증시간에 부합하는 표준확률변수값이다.

$z=-1.96$에 대응하는 보증시간 x값을 찾기 위해서 다음 계산을 사용한다.

$$z=\frac{x-\mu}{\sigma}=-1.96$$

$$x-\mu=-1.96\sigma$$

$$x=\mu-1.96\sigma$$

그림 6.5 LED 전구 보증시간

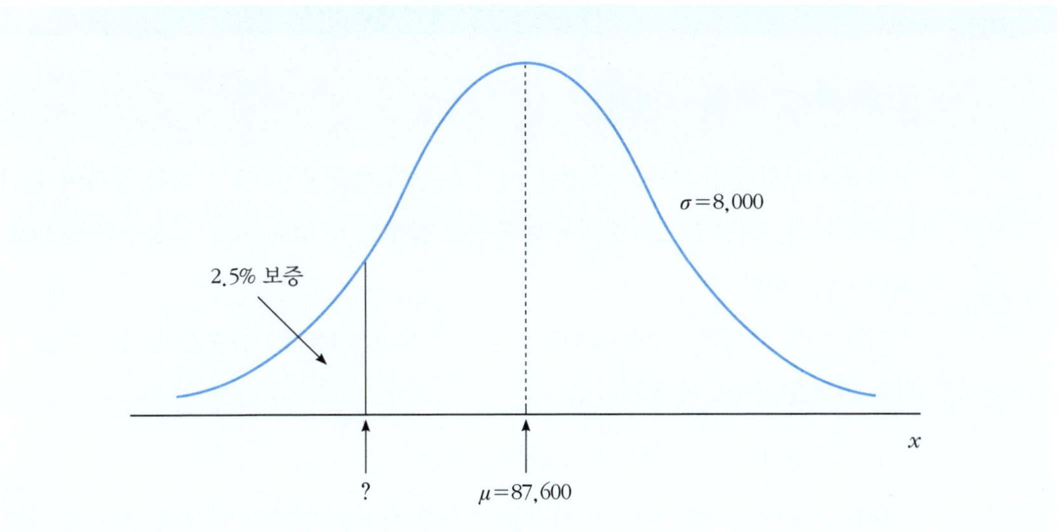

여기서 평균 $\mu=87,600$, 표준편차 $\sigma=8,000$이므로

$x=87,600-1.96\times8,000=71,920$

그래서 71,920시간의 보증은 대략 이 기업이 생각하고 있는 품질보증 대상의 LED 전구의 2.5%가 된다. 이러한 정보를 토대로 하여 한국전기(주)는 LED 전구의 보증시간을 71,900시간으로 설정할 것이다.

이와 같이 확률분포는 의사결정을 하기 위한 정보를 제공한다는 점에서 그 역할이 매우 중요함을 알 수 있다. 대개 특정 영역에 대한 확률분포가 설정되면 그 문제에 대한 확률 정보를 빠르고 쉽게 얻을 수 있다.

확률은 당면한 문제에 내재해 있는 위험과 불확실성을 보다 잘 이해할 수 있도록 정보를 제공해 줌으로써 의사결정자로 하여금 보다 나은 의사결정이 가능하도록 한다.

엑셀로 처리하게 되면 더욱 쉽게 확률을 구할 수 있다. 확률을 구하는 과정은 [엑셀활용 06]에 자세히 정리하였다.

엑셀활용 06 연속확률분포

(1) 정규분포 확률 구하기

정규분포 확률을 구하는 과정을 예제 6－3의 한국전기(주) 사례를 통하여 살펴보도록 하자. 엑셀 프로그램에서 활용하는 함수는 NORM.DIST( ) 함수와 NORM.INV( ) 함수이다.

이제 이를 엑셀의 NORM.DIST( ) 함수와 NORM.INV( ) 함수를 통하여 확률 구하는 과정을 구하도록 하자.

① x값 초과하는 확률을 구하기(예제 6－3)

LED 전구의 수명이 90,000 시간을 초과할 확률은 얼마인가? 하는 물음에 대한 엑셀활용 과정은 다음과 같다.

단계 1 B2, B3 셀에 평균, 표준편차를 입력한다.

단계 2 B4 셀에 x값을 입력한다.

단계 3 B6 셀에 NORM.DIST( ) 함수의 인수로 x, 평균, 표준편차를 입력하고, 네 번째 인수에 누적분포함수를 구하기 위해 true를 입력한다. true는 누적분포함수를, false는 확률밀도함수를 구하는 것이다. 여기서는 누적분포함수를 통하여 확률을 구한다.

B6: =NORM.DIST(B4, B2, B3, TRUE)

단계 4 우리가 구하고자 하는 확률은 x값을 초과하는 확률이다.

B10: =1－B6

② 원하는 확률에 해당하는 x값 구하기(예제 6－4)

한국전기(주)가 제품 보증에 맞는 LED 전구의 수가 2.5% 이상 되지 않기를 원한다면 제품 보증을 할 시간은 얼마가 되어야 할까?에 대한 보증시간을 구하는 과정은 다음과 같다.

	A	B	C	D
1	정규확률 구하기			
2	평균	87,600		
3	표준편차	8,000		
4	X<=	90,000		
5				
6	정규확률	0.6179	=NORM.DIST(B4,B2,B3,TRUE)	
7				
8	X>=	90,000		
9				
10	정규확률	0.3821	=1-B6	
11				
12				

단계 1 B2, B3 셀에 평균, 표준편차를 입력한다.

단계 2 B5 셀에 확률 상한값을 입력한다.

단계 3 B6 셀에 NORM.INV( ) 함수를 선택한 후, 확률 상한값, 평균, 표준편차를 입력한다.
B6: =NORM.INV(B5, B2, B3)

함수마법사를 이용하여 처리할 때 인수(값) 입력에 따른 용어 설명은 다음과 같다.

NORM.INV(probability, mean, standard_dev) 함수는 지정한 평균과 표준편차에 의거하여 정규누적분포의 역함수값을 구하는 함수이다.

probability는 정규분포를 따르는 확률로 범위는 0에서 1까지 입력하고, mean은 분포의 산술평균을 입력한다. standard_dev는 분포의 표준편차값으로 양수를 입력한다.

	A	B	C	D
1	정규확률 구하기			
2	평균	87,600		
3	표준편차	8,000		
4				
5	정규확률<=	0.0250		
6	X=	71,920	=NORM.INV(B5,B2,B3)	
7				

(2) 표준화와 표준정규확률 구하기

정규분포를 표준화하여 확률과 해당 x값을 구하는 과정을 살펴보기로 하자. 먼저 엑셀로 표준화값을 찾기 위해 STANDARDIZE( ) 함수를 이용한다.

그런 다음 NORM.S.DIST( ) 함수와 NORM.S.INV( ) 함수를 활용하여 표준정규확률과 해당 확률변수값을 구할 수 있다.

① x값 초과하는 확률을 구하기

LED 전구의 수명이 90,000 시간을 초과할 확률은 얼마인가? 하는 물음에 대한 엑셀활용 과정은 다음과 같다.

단계 1 B2, B3 셀에 평균, 표준편차를 입력한다.

단계 2 B4 셀에 x값을 입력한다.

단계 3 B6 셀에 STANDARDIZE( ) 함수의 인수로 x, 평균, 표준편차를 입력하여 확인을 누른다.

B6: =STANDARDIZE(B4, B2, B3)

단계 4 B8 셀에 NORM.S.DIST( ) 함수의 인수로 B6의 z값 및 누적분포를 구하는 TRUE를 입력하여 확인을 누른다.

B8: =NORM.S.DIST(B6, TRUE)

단계 5 우리가 구하고자 하는 확률은 z값을 초과하는 확률이다.

B10: =1−B8

	A	B	C	D
1	표준정규확률 구하기			
2	평균	87,600		
3	표준편차	8,000		
4	X<=	90,000		
5				
6	표준화 Z 값	0.3	=STANDARDIZE(B4,B2,B3)	
7				
8	표준정규확률	0.6179	=NORM.S.DIST(B6,TRUE)	
9				
10	초과확률	0.3821	=1-B8	

② 원하는 확률에 해당하는 x값 구하기

한국전기(주)가 보증 조건에 맞는 LED 전구가 2.5% 이상 되지 않기를 원한다면 보증시간은 얼마가 되어야 할까?에 대한 보증 시간을 구하는 과정은 다음과 같다.

단계 1 B2, B3 셀에 평균, 표준편차를 입력한다.

단계 2 B5 셀에 확률 상한값을 입력한다.

단계 3 B7 셀에 NORM.S.INV( ) 함수를 선택한 후, 확률 상한에 해당하는 z값을 구한다.

B7: =NORM.S.INV(B5)

단계 4 B9 셀에 x값을 구하기 위해 $x=\mu+z\sigma$ 수식을 다음과 같이 입력하여 구한다.

B9: =B2+B7*B3

	A	B	C	D
1	표준정규확률 구하기			
2	평균	87,600		
3	표준편차	8,000		
4				
5	정규확률<=	0.0250		
6				
7	표준화 Z 값	-1.9600	=NORM.S.INV(B5)	
8				
9	x 값	71,920	=B2+B7*B3	
10				
11				

CHAPTER 06

연습문제

1 연속 확률변수 X가 $a=10$, $b=25$를 갖는 균일분포를 따른다고 할 때 다음을 구하라.

❶ 확률밀도함수 $f(X)$를 구하고 그래프를 작성하라.

❷ 확률변수 X의 평균과 분산을 구하라.

❸ $P(15 \leqq X \leqq 20)$를 구하라.

2 직선상의 두 점 A와 B 사이에 무작위로 점을 찍는다고 할 때, 찍힌 점이 A보다 B에 더 가까울 확률을 구하여라. 또한 A에 대한 거리가 B에 대한 거리보다 4배 이상일 확률을 구하여라.

3 A 뷔페에서는 고객들이 먹는 샐러드의 양에 따라 가격을 지불한다. 표본조사에 따르면 고객이 먹는 샐러드의 양은 141g에서 425g 사이에 균일하게 분포한다. 균일확률함수를 구하고 평균과 분산을 구하시오.

4 어떤 대학은 캠퍼스 내 순환버스를 운영하고 있다. 버스는 주중 오전 6시와 오후 11시 사이에 매 30분 간격으로 A정류장과 B정류장에 도착한다. 학생들은 버스 정류장에 임의의 시각에 도착한다. 어떤 학생이 버스를 기다리는 시간은 0과 30분 사이에 균일하게 분포되어 있다. 다음 질문에 답하시오.

❶ 이 분포의 그래프를 그려보자.

❷ 이 균일분포의 면적이 1.00임을 보여라.

❸ 일반적으로 학생들은 버스를 얼마나 오랫동안 기다려야 하는가? 다시 말해, 평균대기 시간은 얼마인가? 대기 시간의 표준편차는 얼마인가?

❹ 25분 이상을 대기해야 하는 확률은 얼마인가?

❺ 10분과 20분 사이의 시간을 대기해야 하는 확률은 얼마인가?

5 어떤 지역의 경주견들은 상대적으로 수명이 짧다고 한다. 이들의 수명은 8년과 14년 사이의 균일분포를 따른다. 다음 질문에 답하시오.

❶ 이 분포의 그래프를 그려보자.

❷ 전체 면적이 1.00임을 보여라.

❸ 이 확률분포의 평균과 표준편차를 계산하다.

❹ 어느 경주견의 수명이 10년과 14년 사이가 될 확률은 얼마인가?

❺ 어느 개가 9년보다 짧게 살 확률은 얼마인가?

6 확률변수 X가 평균 $\mu=10$, $\sigma=3$인 정규분포를 따른다고 할 때, 다음을 구하라.

❶ $P(X \leq 12)$

❷ $P(5 \leq X \leq 10)$

❸ $P(X \geq 15)$

7 대학생들의 1일 평균 휴대폰 사용횟수는 12회, 표준편차는 2회인 정규분포를 따른다고 할 경우 다음 물음에 답하라.

❶ 어떤 학생이 휴대폰을 1일 10회 이상 15회 미만 사용할 확률은?

❷ 한 학생이 1일 휴대폰을 20회 이상 사용할 확률은?

❸ 한 학생이 1일 휴대폰을 13회 사용할 확률은?

8 학생들의 1일 인터넷 사용시간을 조사한 결과 평균 4시간, 표준편차 1시간이었다.

❶ 한 학생이 1일 인터넷을 7시간 이상 사용할 확률은?

❷ 한 학생이 1일 인터넷을 2시간 이상 4시간 이하 사용할 확률은?

9 건설현장에서 특정 공정을 완료하는데 걸리는 시간의 평균이 4일 표준편차가 0.5일인 정규분포를 갖는다고 한다. 이 공정이 3.2일과 4.8일 사이에서 마칠 확률을 구하여라.

10 확률변수 X가 정규분포 $N(10, 3)$을 따른다고 할 때 다음 확률조건을 만족하는 값 C를 구하라.

❶ $P(X \geq C)=0.05$

❷ $P(X \geq C)=0.95$

❸ $P(X \leq C)=0.025$

11 A 사에서 생산하고 있는 배터리의 수명 데이터는 대략 대칭형이고, 종모양의 분포를 나타낸다. 그리고 배터리 평균 수명은 19시간이고, 표준편차는 1.2시간이다. 경험법칙을 사용하여 다음 질문에 답하시오.

❶ 배터리 수명 데이터의 약 68%는 어떤 값들 사이에 있는가?

❷ 배터리 수명 데이터의 약 95%의 배터리는 어떤 값들 사이에 있는가?

③ 배터리 수명 데이터의 거의 대부분이 어떤 값들 사이에 있는가?

12 A 공장에서는 겨울 세일 시즌에 판매되는 외투를 만들고 있다. 이 시즌에 판매되는 외투의 개수는 평균 1,200, 표준편차는 225인 정규분포를 따른다고 한다. 이때 고려하고 있는 사항은 재고물량을 예측해서 5% 미만의 확률로 재고 부족 현상이 발생되는 것을 방지하려고 한다. 그렇다면 재고물량은 얼마로 유지해야 할까?

13 미디어 연구에 따르면, 전형적인 한국인은 작년 한 해 동안 약 195시간 분량의 음악을 청취하는 것으로 나타났다. 이는 4년 전 조사 결과인 290시간보다 많이 줄어든 결과이다. 김군은 모던 락의 광팬이다. 그는 집에서나 작업을 하면서도 항상 음악을 듣는 편이다. 일반적인 사람이 음악을 듣는 시간은 표준편차가 8.5시간인 정규분포를 따른다고 가정하고 다음 질문에 답하시오.

① 만약 김군이 청취시간을 기준으로 상위 1%에 속한다면 그는 연간 몇 시간 동안 음악을 듣는 것인가?

② 4년 전의 조사 결과에 나타난 청취시간도 동일한 크기의 표준편차를 가진 정규분포를 따른다고 가정한다면, 가장 음악을 적게 듣는 하위 1%의 청취 시간은 얼마인가?

14 A 지역의 한 대로변 코너에 위치한 신문 가판대의 일일 판매량은 평균 200부이고, 표준편차는 17부이다. 가판대 관리인은 약 20%의 확률로 가판대가 전량 판매되는 것을 방지하기 위해 얼마나 많은 부수의 신문을 비치해 두어야 하는가?

15 주식회사 한평에서 2012년 실시한 직원 인사고과 평가는 평균이 500점, 표준편차가 100점인 정규분포를 따른다고 한다.

① 상위 10%에 해당하는 직원에게는 인센티브를 지급하려고 한다. 몇 점 이상이 되어야 하는가?

② 하위 5%에 해당하는 직원은 재계약에서 불이익을 주려고 한다. 몇 점 이하에 해당되는가?

16 젊은이들을 위한 패션 의류를 취급하는 전자상거래 업체가 있다. 홈페이지를 개설하여 전자상거래를 하고 있는데, 자료 다운로드 시간이 매출에 큰 영향을 미친다고 한다. 그런데 인터넷상의 트래픽으로 다운로드 시간이 아주 다양하게 나타나고 있다. 과거 자료를 통하여 살펴보니 다운로드 시간은 평균 7초, 표준편차가 2초인 정규분포를 이루고 있다고 한다. 다음 물음에 답하라.

❶ 다운로드 시간이 9초 이상일 확률은?

❷ 다운로드 시간이 7초와 9초 사이일 확률은?

❸ 다운로드 시간이 3.5초 이하일 확률은?

17 새로 개발한 전구의 수명은 평균 4,500시간, 표준편차 500시간인 정규분포를 따른다고 한다. 이 기업에서는 3,800시간 전에 이상이 발생하면 새 제품으로 교체해 주는 보증 정책을 고려 중이다.

❶ 보증혜택을 받을 전구는 전체 몇 %가 되겠는가?

❷ 만약 전구 전체 5% 이하로 보증 혜택을 주려고 한다면 전구 수명은 어느 정도로 정하여야 하는가?

18 다음 자료는 2011년 10월과 11월 중 12일간의 주식 거래량이다. 주식 거래량의 분포는 대개 정규분포를 따른다고 한다. (단위: 백만)

417	483	546
444	223	283
313	557	266
336	492	473

❶ 모집단의 평균과 표준편차의 추정치로 쓸 하루 거래량의 평균과 표준편차를 구하라.

❷ 하루 거래량이 300보다 적을 확률은?

❸ 증권거래소에서는 상위 5% 정도에 해당하는 주식을 상장한다면 상장 주식 수는 얼마가 되는가?

19 A 헬스클럽의 자료에 의하면 회원 가운데 30%가 심각한 과체중이라고 한다. 현재 A 헬스클럽의 회원수는 모두 500명이다. 다음 질문에 답하시오.

❶ 이항분포의 정규근사법을 이용하여 175명 이상의 회원들이 심각한 과체중일 확률을 구할 수 있다고 한다. 이항분포에 해당되는 문제인지 설명하시오.

❷ 175명 이상의 회원들이 심각한 과체중일 확률을 구하시오.

❸ 140명 이상의 회원들이 심각한 과체중일 확률을 구하시오.

20 A 통신사 가입 고객들은 통신 문제가 발생했을 경우 100번에 전화를 걸어 도움을 받는다. 고객의 클레임에 대해 문제 해결에 필요한 시간은 30초와 10분 사이이다. 문제 해결 시간의 분포는 균일분포라 하고, 다음 질문에 답하시오.

❶ 가장 작은 값(a)과 가장 큰 값(b)은 얼마인가?

❷ 평균과 표준편차는 얼마인가?

❸ 문제 해결 시간이 5분 이상 될 확률은 얼마인가?

❹ 문제 해결 시간의 중앙 50%에 해당되는 두 값은 얼마인가?

21 조립형 창고를 생산하는 A 사는 초대형 창고를 만드는 데 평균 32시간, 표준편차 2시간이 걸린다고 하였다. 조립시간이 정규분포를 따를 때 다음 질문에 답하시오.

❶ 32시간과 34시간 사이에 창고조립을 완성할 확률은 얼마인가?

❷ 29시간과 34시간 사이에 창고조립을 완성할 확률은 얼마인가?

❸ 완성하는데 28.7시간보다 더 적게 걸릴 확률은 얼마인가?

❹ 상위 5%에 해당되는 조립소요시간은 얼마인가?

22 A 운송회사의 트럭은 평균 주행거리가 60,000km이고, 표준편차는 2,000km이다. 다음의 질문에 답하시오.

❶ 트럭의 주행거리가 65,200km 이상일 확률은 얼마인가?

❷ 트럭의 주행거리가 57,060km 이상, 58,280km 이하일 확률은 얼마인가?

❸ 트럭의 주행거리가 62,000km 이하일 확률은 얼마인가?

❹ 연간 주행거리가 70,000km 이상인 경우가 존재하는가? 이유는 무엇인가?

23 우리나라 현대소설의 판매량은 정규분포를 따르지만 평균과 표준편차는 알려져 있지 않다. 그런데 연중 40%에 해당되는 기간 동안의 판매량은 470,000권이었고, 10%에 해당되는 기간 동안의 판매량은 500,000권 이상이라고 한다. 그렇다면 우리나라 현대소설 판매량의 평균과 표준편차는 얼마인가?

24 A은행의 일일 주가는 정규분포를 따른다고 알려져 있다. 1년의 거래량은 240일이며, 일일 평균 주가는 42,000원, 표준편차는 주당 2,250원이다. 다음 질문에 답하시오.

❶ 일 년 중 주가가 45,000원을 넘어서는 날은 얼마나 될까?

❷ 일일 주가가 38,000원과 40,000원 사이에서 형성될 수 있는 거래일의 비율은 어느 정도인가?

❸ 일일 주가가 아주 높았던 상위 15%에 속하기 위한 주가 수준은 얼마인가?

부분과 전체의 연결

Chapter 07

표본추출과 표본분포

이제까지 우리는 모집단의 특성을 어떻게 파악하고 이해할 것인가에 초점을 맞추어 설명하였다. 모집단의 특성을 구체적으로 이해하기 위해 확률과 확률변수를 도입하여 확률분포표를 구성하였다. 그리고 확률분포표를 수식으로 표현한 확률함수로 모집단의 특성치인 기댓값과 분산, 표준편차를 계산하였다. 그리고 모집단의 분포 특성을 파악하기 위하여 확률변수의 특성에 따라 분류되는 이산 확률분포와 연속 확률분포를 설명하였다.

이제 전체 집합인 모집단의 특성을 이해할 수 있는 지식이 갖추어진 만큼, 이 장에서는 전체로부터 부분, 특히 전체인 모집단의 특성을 가지고 있을 것으로 보이는 부분, 즉 표본을 추출하여 그 표본의 특성을 이해할 수 있는 내용들을 살펴본다.

1부에서 소개한 바와 같이 모집단(population)은 우리가 연구하고자 관심을 두고 있는 모든 원소들의 집합이라고 정의하며, 표본(sample)은 그 모집단의 부분집합이라고 정의한다.

모집단의 일부, 즉 모집단의 부분집합인 표본을 추출하여 그 특성을 파악한 후, 표본으로부터 역으로 전체에 대한 특성을 파악하는 과정을 통계적 추론이라고 한다. 그리고 이 장에서는 바로 통계적 추론 과정을 살펴볼 것이다. 통계적 추론의 목적은 표본에 담긴 정보를 이용하여 전체인 모집단의 특성 또는 특성치에 대한 추정치(estimate)를 계산하여 추정하며, 나아가서 모집단에 대한 가설을 설정하여 검정하는 것이다.

먼저 6장의 예제 6-3의 한국전기(주)의 사례를 통해 표본추출과 모집단의 특성 추정치를 계산해 보도록 하자.

한국전기(주)는 LED 전구의 소재를 변경하여 전구 수명을 늘이는 방안을 고안하였다. 이 방안에 따라 LED 전구를 제작한 후, 전구의 수명이 늘어났는지를 검토하고자 한다. 그래서 검사를 위해 120개의 전구 표본을 선택하여 표본의 평균을 계산한 결과 88,000시간이 나왔다. 이 계산을 토대로 하여 한국전기(주)는 새 LED 전구 모집단의 평균 수명 추정치로 88,000을 사용하게 될 것이다.

이 사례는 표본을 추출하여 표본의 측정치가 모집단의 특성 추정치 개발에 어떻게 사용할 수 있는가를 보여 주는 것이다. 이 사례에서 LED 전구 수명에 대한 자료를 수집한다는 것은 검사대상의 LED 전구가 수명이 다해 폐기처분될 때까지 검사함으로써 가능하게 될 것이다. 만약 생산되는 LED 전구 전체, 즉 모집단 내

모든 전구를 검사한다는 것은 현실적으로 가능한 일이 아니다. 시간이나 비용측면에서도 불가능한 일이다. 표본을 사용하는 이유가 여기에 있다.

한편 표본에서 얻은 측정치로 모집단의 특성에 대한 추정치를 얻는다는 것은 매우 중요하다. 그러나 표본에서 얻은 측정치가 과연 모집단의 특성치와 정확하게 같을 수 있겠는가는 기대하기 어렵다. 그런데 우리는 모집단으로부터 그 일부인 표본을 추출하였다. 적절한 표본추출방법을 이용한다면 표본 측정치가 모집단 특성치를 추정하기 위한 우수한 대용값이 될 수 있을 것이다. 표본의 측정치가 과연 우수하다고 말할 수 있는지의 여부는 앞으로 통계 추론 과정을 통하여 충분히 설명할 것이다.

이 장에서 먼저 모집단으로부터 표본을 선택하기 위한 단순 확률 표본추출법을 이해하도록 한다. 그리고 확률표본으로부터 얻을 수 있는 자료로 모집단 평균, 모집단 표준편차, 모집단 비율에 대한 추정치를 계산하는 과정을 살펴본다. 나아가서 중요한 표본분포 개념을 설명한다. 표본분포를 이해함으로써 모집단 특성의 추정치인 표본 측정치의 우량성을 보다 구체적으로 파악할 수 있다.

7.1 표본추출 사례

전국에 2,500개의 프랜차이즈 제과점을 운영하는 조선제과(주)에서는 가맹점 운영형태와 점주들에 대한 조사를 통하여 보다 효과적인 가맹점 운영정책을 수립하고자 한다. 이를 위하여 조선제과(주)의 프랜차이즈 관리팀에서는 각 가맹점의 점주에 대한 신상이력을 만들고 있다. 이들 가맹점 점주들에 대한 각종 이력 특성을 포함하여 월 매출 금액, 본사에서 실시하는 매니저 교육 이수 여부에 대한 내용도 포함하고 있다.

이들 2,500명에 대한 기록 중에 월 매출과 매니저 교육 이수 여부에 대한 내용만 자료(www.pncmedia.co.kr)로 처리하였다. 이 자료에서 3장에서 설명한 바와 같이 월 매출에 대한 모집단 평균과 모집단 표준편차를 구하면 다음과 같다.

모집단 평균 $\mu=51,800$(천원)

모집단 표준편차 $\sigma=4,000$(천원)

또한 1,500명의 점주들이 매니저 교육을 이수한 것으로 조사 되었다. 교육을 이수한 비율로 모집단 비율로 보면 $p=1500/2500=0.60$이 된다. 이때의 μ, σ, p는 모두 모집단의 특성치이다. 이렇게 모집단의 특성을 나타내주는 특성치를 모수

(parameter)라고 한다.

이제 2,500명 모두가 아니라 일부의 표본을 사용하여 모수 추정치를 얻을 수 있느냐는 문제에 우리의 논의를 집중하여야 한다. 이를 위해 30명의 점주로 구성된 표본을 사용하기로 하자. 분명히 2,500명보다는 30명의 자료로 가맹점 운영 정책을 수립할 수 있다면 비용이나 시간 면에서 월등히 유리할 것이다.

30명의 표본자료로 2,500명의 모집단에 대해 적절한 정보를 제공해 줄 수 있다면 전체의 모집단보다 기꺼이 30명의 표본자료를 우선하게 될 것이다. 그래서 가장 먼저 30명의 표본자료를 어떻게 얻을 수 있을 것인가에 대하여 살펴보기로 하자.

7.2 단순 확률 표본추출법

모집단으로부터 표본을 선택하는 방법은 여러 가지가 있다. 가장 보편적인 것은 단순 확률 표본추출법(simple random sampling)이다.

확률표본의 정의와 확률표본을 선택하는 과정은 모집단이 유한이냐 무한이냐에 따라 나누어진다.

(1) 유한 모집단으로부터 표본추출

유한 모집단 N에서 크기 n의 확률표본은 다음과 같이 정의한다.

유한 모집단 확률표본

크기 N인 유한 모집단에서 크기 n인 확률표본은 표본크기 n의 표본이 동일한 가능성을 가지고 선택될 것이라는 전제하에서 선택된 표본이다.

유한 모집단에서 확률표본을 선택하는 방법은 모집단을 구성하는 각 개체들이 선택될 확률을 동일하게 하여 한번에 하나씩 선택하는 것이다. 난수를 사용한 방법을 주로 사용하는데, 이때는 같은 점주가 두 번 이상 선택되는 것을 원하지 않기 때문에 앞에 사용한 적이 있는 난수는 무시해 버린다. 이러한 방법을 비복원추출방법이라 하고, 이전에 사용된 난수라 하더라도 다시 포함시키는 방법을 복원추출법이라고 한다.

표본 추출방법으로는 대개 비복원추출법이 더 많이 사용된다. 이 책에서의 30명 관리자 표본은 비복원추출법을 전제로 비주얼 베이직 언어로 매크로 파일을 만들어 추출하였다. 난수 발생과 더불어 해당 표본자료 처리에 대한 엑셀 함수와 기능은 이 장의 [엑셀활용 07]에서 상세히 설명하도록 한다.

(2) 무한 모집단으로부터 표본추출

대다수의 경영환경은 유한 모집단이지만, 모집단의 크기가 굉장히 큰 경우는 무한이거나 실제의 환경에서 무한으로 처리할 수밖에 없는 경우에는 유한 모집단에서의 확률표본과는 다르게 정의하여 처리하여야 할 것이다. 유한 모집단의 경우에서처럼 줄을 세워서 끊어낼 수 없기 때문이다.

무한 모집단으로부터 추출되는 확률표본은 다음의 조건이 만족되어야 한다.

1. 모든 원소는 동일한 모집단에서 선택되어야 한다.
2. 모든 원소는 서로 독립이어야 한다.

예를 들어, 한 패스트푸드점에서 오후 1시와 2시 사이에 도착하는 손님의 평균대기 시간(주문 이후 음식이 나올 때 까지 기다리는 시간)을 알기를 원한다고 하자. 이 경우, 모집단은 그 점포에 방문할 가능성이 있는 모든 고객이 될 것이며 따라서 무한 모집단에 해당한다. 확률표본을 추출할 때는 해당 패스트푸드점이 정상적인 영업을 하고 있을 때 도착하는 고객은 모두 첫 번째 조건을 만족하게 된다. 두 번째 조건은 어떤 고객을 표본으로 선택하더라도 이 선택이 다른 고객의 표본 선택 여부에 영향을 주어서는 안 된다는 것을 의미한다.

7.3 점추정

일단 확률표본이 선택되고 나면 모수의 값을 추정하기 위해서, 그 모수에 상응하는 표본의 특성치인 표본통계량(sample statistic)을 계산한다.

다시 조선제과(주)의 예를 생각해 보도록 하자. 월 매출 자료의 모평균 μ와 모표준편차 σ를 추정하기 위해서 임의 추출한 30개의 표본자료(엑셀활용 07의 난수발생 참고)로부터 그에 상응하는 통계량, 즉 표본평균 $\bar{X}$와 표본표준편차 s를 계산한다.

$\bar{X}=51,854.58$(천원)

$s=3,785.21$(천원)

그리고 교육 이수비율은 30명 중 20명으로

$\bar{p}=20/30=0.67$

바로 이러한 계산을 통하여 표본통계량의 구체적인 값을 얻는 절차를 점추정이라고 한다. 이처럼 점추정에서 모수의 추정치로 사용할 표본통계량의 구체적인 값을 표본으로부터 계산하게 된다. $\bar{X}$는 모평균 μ의 점추정량(point estimator), s는 모표준편차 σ의 점추정량, 그리고 $\bar{p}$는 모비율 p의 점추정량이 된다. 그리고 특정한 표본으로부터 $\bar{X}$, s 혹은 $\bar{p}$의 구체적인 값을 구하게 된다. 이와 같이 모수를 추정하기 위한 표본통계량을 점추정량이라고 하며, 표본으로부터 계산한 점추정량의 구체적인 값을 점추정치(point estimate)라고 한다.

점추정량

모수를 추정하기 위한 표본통계량이다.

점추정치

표본으로부터 계산한 점추정량의 구체적인 값이다.

앞에서 30개의 표본자료로부터 구한 50,625.23은 모평균 μ의 점추정치, 4,086.01는 모표준편차 σ의 점추정치, 0.63은 모비율 p의 점추정치가 된다.

보다시피 점추정치는 모수와 정확하게 일치하지 않는다. 이것은 표본과 모집단 전체가 일치하지 않기 때문에 생기는 차이이다. 즉, 점추정치와 모수와의 차이의 절댓값을 표본오차(sampling error)라고 한다.

표본오차

점추정치와 모수와의 차이에 대한 절댓값이다.

표본평균, 표본표준편차, 표본비율 등의 표본오차는 $|\bar{X}-\mu|$, $|s-\sigma|$, $|\bar{p}-p|$와 같이 나타낼 수 있다. 조선제과(주)의 예에서는 표본평균에 대한 표본오차는 $|50{,}625.23-51{,}800|=1{,}174.77$(천원), 표본표준편차에 대한 표본오차는 $|4{,}000-4{,}086.01|=86.01$, 표본비율에 대한 표본오차는 $|0.60-0.63|=0.03$이 된다.

이 표본오차는 표본의 크기가 증가할수록 감소하게 된다. 여기서는 모수를 알고 있으니까 표본오차를 계산할 수 있지만, 모수를 알 수 없으면 표본오차를 정확하게 계산해 낼 수 없다. 그런데 모수는 과거 경험을 통하여 얻을 수도 있고 간단한 사전조사를 통하여 얻은 통계량을 대신 활용하여 표본오차를 계산한다. 일반적인 조사결과에서 표본크기와 더불어 표본오차를 동시에 제시하게 된다. 8장에서 그 관계를 설명한다.

점추정량으로 표본통계량을 사용하기 전에 모수를 추정하기 위한 적합한 점추정량을 판단하는 기준에 대해 알아보자. 점추정량의 판단 기준으로 불편성(unbiasedness), 효율성(efficiency), 일치성(consistency) 기준을 들 수 있다.

(1) 불편성

모수의 추정량으로 각각 다른 표본통계량을 사용하기 때문에 다음과 같이 정리한다.

θ=관심 대상의 모수

$\hat{\theta}$=θ의 점추정량 또는 표본통계량

θ는 모평균, 모표준편차, 모비율과 같은 모수를 나타낸다. 반면 $\hat{\theta}$는 표본평균, 표본표준편차, 그리고 표본비율과 같은 표본통계량을 나타낸다.

그러면 모집단의 모수 θ에 대한 추정량 $\hat{\theta}$이 갖추어야 할 바람직한 조건은 무엇일까? 앞의 표본통계량의 분포에서 살펴보았듯이 추정량 $\hat{\theta}$의 확률분포가 모수 θ를 중심으로 밀집해 있어야 한다. 이 밀접성의 정도는 평균제곱오차(Mean Squared Error: MSE)로 측정한다.

평균제곱오차

추정량 $\hat{\theta}$와 모수 θ의 편차 제곱의 기댓값으로 밀접성의 정도를 측정한다.

평균제곱오차 MSE는 $E[(\hat{\theta}-\theta)^2]$으로 나타낸다. 만약 모수 θ에 대한 추정량이 여러 개 있다면 평균제곱오차의 크기가 가장 작은 추정량이 가장 바람직한 추정량이 될 것이다.

수식으로 표현한 평균제곱오차 MSE를 조금 변형하여 정리하면 다음과 같다. 단, $2(\hat{\theta}-E(\hat{\theta}))(E(\hat{\theta})-\theta)$는 모든 항을 정리하여 계산하면 0이 된다.

$$\begin{aligned}
MSE &= E[(\hat{\theta}-\theta)^2] \\
&= E[(\hat{\theta}-E(\hat{\theta})+E(\hat{\theta})-\theta)^2] \\
&= E[(\hat{\theta}-E(\hat{\theta}))^2+2(\hat{\theta}-E(\hat{\theta}))(E(\hat{\theta})-\theta)+(E(\hat{\theta})-\theta)^2] \\
&= E[\hat{\theta}-E(\hat{\theta})]^2+[E(\hat{\theta})-\theta]^2 \\
&= Var(\hat{\theta})+[E(\hat{\theta})-\theta]^2
\end{aligned}$$

최종 수식에서와 같이 평균제곱오차 MSE는 추정량 $\hat{\theta}$의 분산 항목과 그리고 추정량의 평균과 모수의 편차 제곱 항목의 합으로 구성되어 있음을 알 수 있다.

평균제곱오차 MSE의 값이 최소가 되는 추정량을 구하여야 가장 우량한 추정량이 됨을 알 수 있다. 최소가 되기 위해서는 추정량의 평균이 모수 θ와 같거나 근접하여야 한다. 즉, 표본통계량의 기댓값이 추정하고자 하는 모수와 같다고 한다면, 그 표본통계량을 모수의 불편추정량(unbiased estimator)이라고 한다.

그림 7.1 불편추정량과 편의추정량

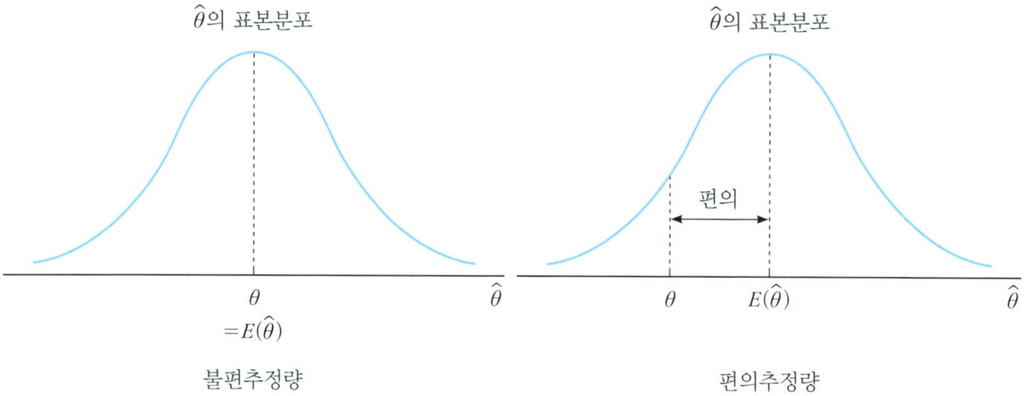

불편추정량

표본통계량 $\hat{\theta}$의 기댓값이 모수 θ와 같다면 표본통계량 $\hat{\theta}$은 모수 θ의 불편추정량이다.

$$E(\hat{\theta})=\theta$$

표본평균과 표본비율의 표본분포에서 $E(\bar{x})=\mu$와 $E(\bar{p})=p$가 됨을 살펴보았다. 따라서 $\bar{x}$는 모수 μ, $\bar{p}$는 모수 p의 불편추정량이다.

(2) 효율성

n개체의 확률표본은 같은 모수에 대해 두 가지 불편 점추정량을 제시할 수 있을 것이다. 이럴 경우 우리는 두 가지 점추정량에서 표준편차가 더 작은 추정량을 선호하게 된다. 그 이유는 표준편차가 작을수록 모수에 더 근접하는 경향이 있기 때문이다. 더 작은 표준편차를 가지는 점추정량은 다른 어떠한 추정량보다 상대적 효율성이 크다고 말한다. 이처럼 가장 최소의 분산을 갖는 추정량을 효율추정량(efficient estimator)이라고 한다.

효율추정량

불편추정량 중에 최소의 분산을 갖는 추정량이다.

그림 7.2 두 불편추정량의 효율성

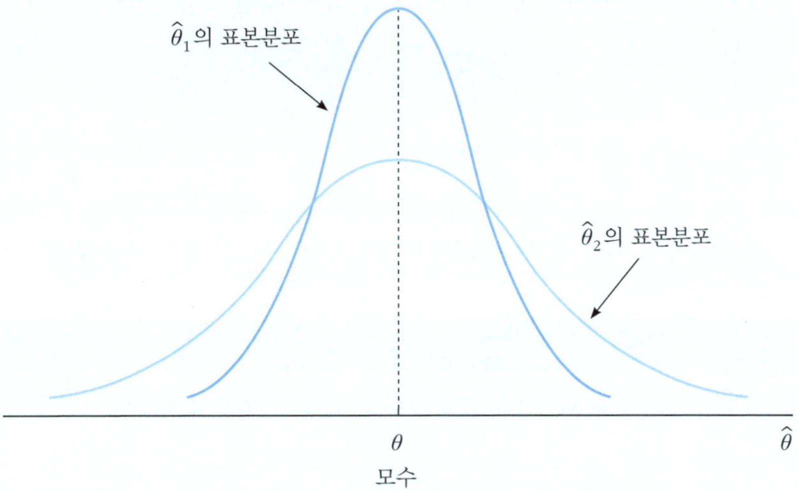

[그림 7.2]에서 보다시피 두 개의 불편 점추정량 $\hat{\theta}_1$과 $\hat{\theta}_2$의 표본분포를 보면, $\hat{\theta}_1$의 표준편차가 $\hat{\theta}_2$의 표준편차보다 작음을 알 수 있다. 그래서 $\hat{\theta}_1$값은 $\hat{\theta}_2$값보다 θ값에 더 근접해 있음을 알 수 있다. 점추정량 $\hat{\theta}_1$의 표준편차가 점추정량 $\hat{\theta}_2$의 표준편차보다 작다. 때문에, $\hat{\theta}_1$은 $\hat{\theta}_2$보다 더 상대적으로 효율적인 점추정량이 되는 것이다. 불편추정량 중에 분산이 가장 작은 추정량을 최소분산 불편추정량이라고 한다.

(3) 일치성

점추정량의 우량 기준으로 세 번째 기준은 일치성(consistency)이다. 수학적으로 엄밀하게 정의하는 것보다 쉽게 표현한다면, 점추정량이 표본의 크기가 커짐에 따라 모수에 더 근접해진다면 그 점추정량은 일치성이 있다고 말한다. 다르게 표현한다면, 표본의 크기가 커질수록 우량한 점추정량이 된다는 것이다.

$\overline{X}$의 표준편차인 $\sigma_{\overline{X}}=\sigma/\sqrt{n}$는 표본크기가 커짐에 따라 σ에 근접해짐으로써, 표본평균 $\overline{X}$는 모평균 μ의 일치 점추정량이 된다. 같은 논리로 $\overline{p}$은 p의 일치 점추정량이 된다.

일치추정량

표본의 크기가 커짐에 따라 모수에 더 근접해진다면 그 점추정량은 일치성이 있다고 한다.

(4) 충분성

통계량이 모수의 정보를 충분히 담고 있는 정도의 표본이 충분이 있어야 한다.

충분추정량

모수의 정보를 충분히 담고 있을 정도로 표본이 충분해야 한다.

7.4 표본분포의 도입

새로운 표본자료를 추출하여 표본평균과 표본표준편차, 표본비율을 구하여 보자. 이 자료는 [엑셀활용 07]의 난수 사례 1인 고정 난수를 발생하여 얻은 표본자료로 구하여 보자. 이 표본자료로 얻은 표본통계량은 다음과 같다.

$\overline{X}=51,854.58$(천원)

$s=3,785.21$(천원)

그리고 매니저 교육 이수비율은 30명 중 20명으로

$\overline{p}=20/30=0.60$

이제 우리는 2,500명의 자료에서 30명의 표본자료를 반복해서 뽑는 과정을 고려하기로 하자. 그리고 각각의 표본자료에 대한 표본평균, 표본표준편차, 표본비율을 계산하기로 하자.

〈표 7.1〉은 표본크기 30인 단순확률표본을 500개 추출하여 표본평균, 표본표준

편차, 표본비율을 계산한 결과이다. 이 절차는 [엑셀활용 07]에서 매크로의 비주얼 베이직 언어로 작성하여 난수를 발생하였으며 엑셀로 처리하였다.

표 7.1 30개 표본크기의 500개 단순확률표본에 대한 표본통계량

표본번호	표본평균	표본표준편차	표본비율
1	52,462.35	4,411.289	0.8000
2	52,067.82	3,072.49	0.7000
3	52,126.35	4,124.915	0.7000
4	52,123.95	4,143.654	0.6000
⋮	⋮	⋮	⋮
500	50,750.83	3,528.458	0.6667

〈표 7.1〉에서 보다시피 표본크기 30인 각 표본의 대표치로 표본평균값을 계산하여 제시하였다(이 표에서 보다시피 각 표본에 대한 대표치로 표본평균을 할당한 경우로 생각할 수 있다). 500개의 표본평균에 대한 도수분포표는 〈표 7.2〉에 제시하였다. 도수분포표에 대한 히스토그램은 [그림 7.1]로 설정하였다.

표 7.2 표본평균의 도수분포표

구간	도수	상대도수
49,999.99 이하	2	0.004
50,000~50,499.99	16	0.032
50,500~50,999.99	44	0.088
51,000~51,499.99	99	0.198
51,500~51,999.99	132	0.264
52,000~52,499.99	124	0.248
52,500~52,999.99	51	0.102
53,000~53,499.99	30	0.060
53,500~53,999.99	1	0.002
54,000 이상	1	0.002
합계	500	1

그림 7.3 500개 표본평균의 도수분포표

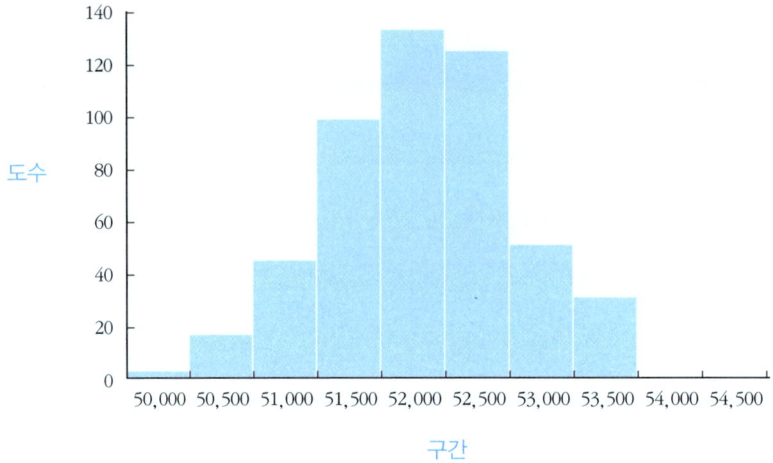

앞에서 우리는 확률변수를 실험결과인 표본공간에 대해 일정 규칙에 따라 실수값을 부여하는 함수로 정의한 바 있다. 확률표본을 추출하는 과정은 실험이 되며, 표본평균 $\bar{X}$는 그 실험 결과인 표본공간에 대해 실수값을 부여한 함수로 파악할 수 있다. 따라서 표본평균 $\bar{X}$는 확률변수가 된다. 그러므로 앞에서 언급한 다른 확률변수처럼, $\bar{X}$ 역시 평균이나 기댓값, 분산, 그리고 확률분포를 가지게 된다.

$\bar{X}$의 여러 가지 다양한 값들이 서로 다른 확률표본의 결과값이 되기 때문에, $\bar{X}$의 확률분포를 $\bar{X}$의 표본분포라고 한다. $\bar{X}$의 표본분포를 $\bar{X}$로 표시한다. 우리가 이 $\bar{X}$의 표본분포와 그 특성에 대해 보다 체계적으로 알고 있다면, 표본평균 $\bar{X}$가 모집단 평균 μ에 얼마나 가까이 근접해 있는지 확률로써 표현이 가능해진다.

7.5 $\bar{X}$의 표본분포

통계적 추론과정에서 가장 많이 사용하는 통계 절차가 표본평균 $\bar{X}$을 이용하여 모평균 μ를 추론하는 것이다.

그림 7.4 표본평균으로 모평균을 추론하는 과정

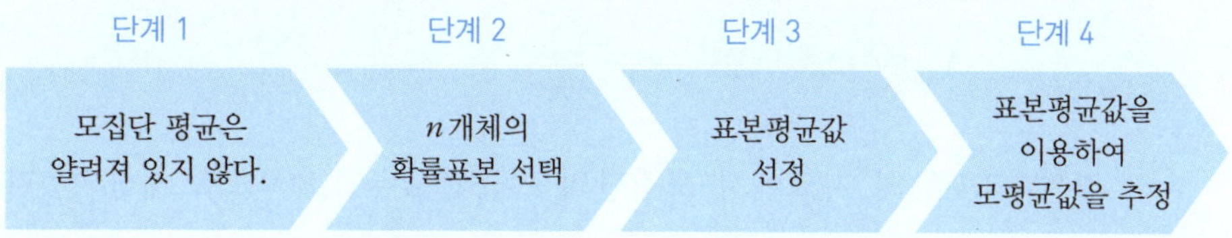

이러한 과정은 [그림 7.4]로 정리하였다. 그림의 단계 2, 3 과정을 되풀이함으로써 표본평균 $\overline{X}$에 대해 서로 다른 값들을 얻을 수 있다. 이렇게 해서 얻을 수 있는 모든 가능한 표본평균 $\overline{X}$값에 대한 확률분포는 표본평균 $\overline{X}$의 표본분포가 되는 것이다.

$\overline{X}$의 표본분포

$\overline{X}$의 표본분포는 표본평균인 $\overline{X}$의 모든 가능한 값에 대한 확률분포이다.

여기서는 $\overline{X}$의 기댓값 또는 평균, 표준편차, 그리고 표본분포의 형태를 포함한 $\overline{X}$의 표본분포 특성을 밝히고자 한다. $\overline{X}$의 표본분포를 안다면 모평균 추정과 관련한 표본오차에 대해서도 설명이 가능해진다. 모든 가능한 $\overline{X}$값의 평균이 바로 $\overline{X}$의 기댓값이 된다.

(1) 표본평균 $\overline{X}$의 기댓값

조선제과(주)의 사례에서 우리는 여러 가지 확률표본값들이 표본평균 $\overline{X}$에 대한 다양한 값들을 만들어 준다. 확률변수 $\overline{X}$가 서로 다른 다양한 값을 가지기 때문에, 여러 가지 확률표본으로 만들어지는 모든 가능한 $\overline{X}$의 평균에 우리는 관심을 갖게 된다.

확률변수가 되는 $\overline{X}$의 평균이 $\overline{X}$의 기댓값이다.

$E(\overline{X})$값을 $\overline{X}$의 기댓값이라 하고 해당 표본을 추출하는 모집단의 평균을 μ라고 하자. 단순확률표본추출법에 의해서 살펴본 바와 같이 $E(\overline{X})$와 μ는 동일하다는 것을 알 수 있다.

표본평균 $\bar{X}$의 기댓값

$$E(\bar{X}) = \mu \tag{7.1}$$

단, $E(\bar{X}) = \bar{X}$의 기댓값, μ = 모평균

조선제과(주)의 자료에서 모집단의 평균인 $\mu = 51,800$으로 계산되었다. 수식 (7.1)에 따르면 표본평균의 평균은 51,800임을 알 수 있다. 실제 30개 표본크기의 500개 표본에서 계산된 표본평균의 평균은 51,837.39로 매우 근사해 있음을 알 수 있다. 그런데 모집단의 평균과 표본평균의 평균과의 차이는 표본오차에 기인한 것이며, 뒤에서 살펴보겠지만 표본크기가 커짐에 따라 모평균의 값과 같아진다는 것을 알 수 있다.

(2) 표본평균 $\bar{X}$의 표준편차

$\bar{X}$의 표본분포에 대한 표준편차를 정의하기로 하자. 표본분포에 대한 표준편차를 정의를 하기 위해 $\sigma_{\bar{X}}$ = 표본분포 $\bar{X}$의 표준편차, σ = 모집단의 표준편차, n = 표본크기, N = 모집단의 크기 등을 사용한다.

단순확률추출법에서 살펴본 바와 같이 $\bar{X}$의 표준편차는 유한 모집단이냐, 무한 모집단이냐에 따라 달라진다. $\bar{X}$의 표준편차는 다음과 같이 정의한다.

표본평균 $\bar{X}$의 표준편차

무한 모집단: $\sigma_{\bar{X}} = \dfrac{\sigma}{\sqrt{n}}$

유한 모집단: $\sigma_{\bar{X}} = \sqrt{\dfrac{N-n}{N-1}}\left(\dfrac{\sigma}{\sqrt{n}}\right)$

유한 모집단의 경우, 유한 모집단 수정계수가 필요하다. 실제 현실의 표본추출에서, 비록 모집단이 유한이지만, 모집단이 충분히 크고, 표본이 상대적으로 매우 작으면 유한 모집단 수정계수는 1이 되어, 자연히 유한, 무한 모집단에서의 표준편차 차이는 필요가 없게 된다.

따라서 $\bar{X}$의 표준편차를 구하기 위해 다음의 식을 사용한다.

$$\sigma_{\bar{X}} = \frac{\sigma}{\sqrt{n}}$$

모집단이 무한이거나, 모집단이 유한이더라도 표본크기 n이 모집단 크기 N의 5% 이하가 되면, 즉 $n/N \leq 0.05$이면 이 수식을 사용한다.

$\sigma_{\bar{X}}$ 값은 표본평균이 모평균으로부터 얼마나 떨어져 있는가를 파악하는 데 결정적인 기여를 한다. 이처럼 $\sigma_{\bar{X}}$로 표본오차를 계산하기 때문에 우리는 $\sigma_{\bar{X}}$를 평균의 표준오차라고 한다.

2,500개 모집단에서 30개의 표본을 추출하는 본 사례에서 $n/N = 0.01 < 0.05$이므로 무한 모집단으로 간주하여 $\sigma_{\bar{X}}$를 계산하면 다음과 같다.

$$\sigma_{\bar{X}} = \frac{4000}{\sqrt{30}} = 730.30$$

그런데 500개 표본자료에 의한 표본평균의 표준편차는 조선제과.xlsm 파일의 500회 난수자료 워크시트에서 계산한 바와 같이 732.91의 값을 갖는다. 표본오차를 간주한다면 위의 수식 타당성을 충분히 검증할 수 있다.

예제 7-1

(1) 크기가 N인 유한 모집단으로부터, 크기가 n인 표본을 단순확률표본추출법을 통해서 뽑는다고 할 때, 서로 다른 표본을 뽑을 수 있는 경우의 수는 얼마인가?

(2) 표본의 크기가 커짐에 따라서 표본평균의 표준오차에 어떤 영향을 주는가?

풀이

(1) 이 문제는 N개 중 순서에 상관없이 n개를 뽑는 경우의 수와 동일하며, 그 수는 식 (5-5)에서 살펴본 바와 같이 $N!/\{n!(N-n)!\}$이다. 조선제과(주)의 경우 크기 $N=2,500$인 모집단에서 크기 $n=30$인 서로 다른 표본을 추출할 수 있는 총 수는 2.75×10^{69}임을 알 수 있다.

(2) 이 문제를 생각하기 위해, 조선제과(주)의 경우에서 표본의 크기가 25와 100인 서로 다른 두 개의 표본을 추출하였다고 가정하자. 두 표본의 표준편차 $\sigma_{\bar{X}}$는 각각 $4,000/\sqrt{25}=800$과 $4,000/\sqrt{100}=400$으로 표본의 크기가 100일 때의 표준편차가 크기가 25일 때에 비해 2배 줄었음을 알 수 있다. 이것은 결국 표본의 크기가 커질수록 표본의 표준편차가 줄어들며, 결국 표준오차가 감소함을 나타낸다.

(3) 중심극한정리

$\bar{X}$의 표본분포 특성을 파악하기 위해 기댓값, 표준편차를 살펴보았다. 이제 그 마지막 단계로 $\bar{X}$의 확률분포 형태를 살펴보기로 하자. $\bar{X}$의 확률분포 형태를 알아보기 위해 먼저 모집단의 정규분포에 대한 지식 유무가 고려되어야 한다. 즉, 모집단 분포가 알려져 있지 않은 경우와, 모집단 분포가 정규분포로 알려져 있는 경우이다.

모집단 분포가 알려져 있지 않을 때, 우리는 통계학에서 가장 중요한 정리 중의 하나인 중심극한정리(central limit theorem)를 이용한다.

[그림 7.5]에서 세 가지 다른 모집단을 통하여 중심극한정리를 어떻게 이해할 수 있을 것인가를 살펴보기로 하자. [그림 7.5]의 상단 모집단 분포에서 보다시피 각 모집단의 분포는 모두 정규분포가 아니다. 그러나 표본의 크기가 증가하면서 $\bar{X}$의 표본분포에 어떤 일이 나타나는지를 주목하도록 하자.

표본크기가 2일 때, $\bar{X}$의 표본분포 형태가 모집단의 형태와 다르게 나타나는 것을 알 수 있다. 표본크기가 5가 되면 종 모양의 분포 형태를 갖추게 되며, 표본크기가 30이 되면 모든 표본분포가 정규분포에 거의 근사해짐을 알 수 있다. 따라서 표본크기가 충분히 커지면 $\bar{X}$의 표본분포를 정규분포에 근사시킬 수 있다.

그러면 표본의 크기가 어느 정도 크기일 때 중심극한정리를 적용할 수 있을까?

일반적인 통계 실무 경험을 통하여 $\bar{X}$의 표본분포를 정규분포로 근사시킬 수 있는 표본의 크기는 대략 30 이상인 것으로 알려져 있다. 결국 표본의 크기가 30 이상이 되면 중심극한정리에서 충분히 큰 표본의 조건을 충족시킨다.

충분히 큰 표본의 조건

$\bar{X}$의 표본분포는 표본의 크기가 커지게 되면 정규분포로 근사시킬 수 있다. 확률표본의 크기가 30 이상이 되면 충분히 큰 표본의 조건을 만족한다.

모집단 분포가 알려져 있지 않을 때, $\bar{X}$의 표본분포의 근사 형태를 알 수 있는 결정적인 열쇠가 중심극한정리이다.

한편 정규분포로 믿을 수 있거나 가정할 수 있는 모집단으로부터 표본이 추출될 경우, $\bar{X}$의 표본분포 형태는 다음과 같이 정리할 수 있다.

그림 7.5 표본크기와 표본평균의 분포

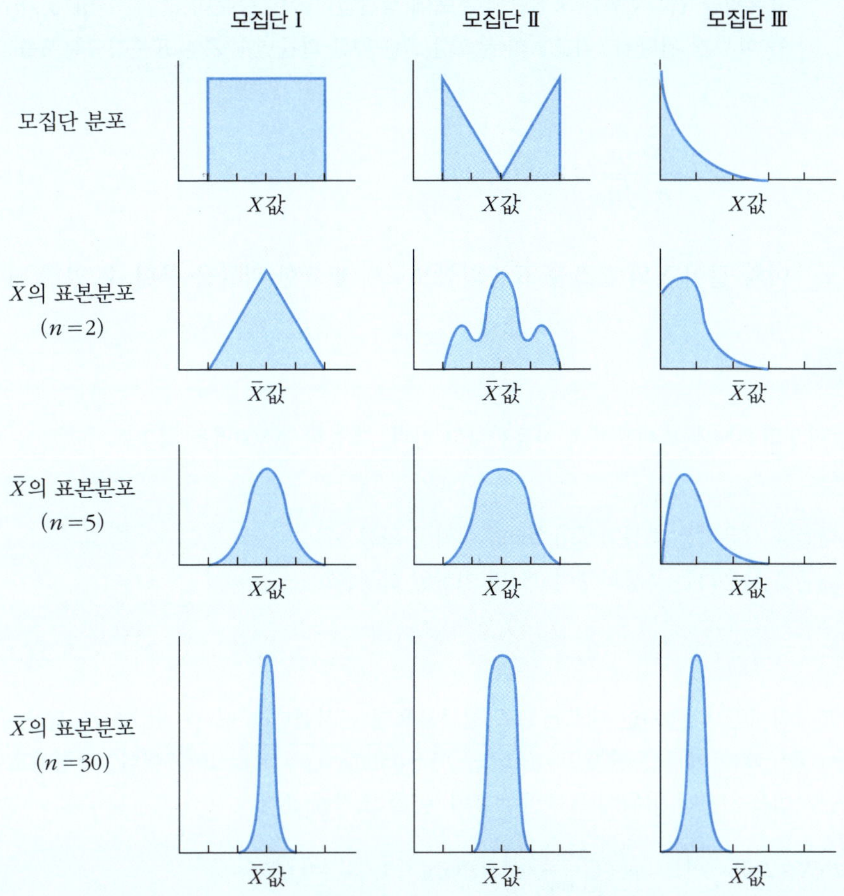

모집단이 정규분포일 때, $\bar{X}$의 표본분포는 표본의 크기에 관계없이 정규분포가 된다.

이상의 내용을 정리하여 보자. 표본의 크기가 $n \geq 30$인 확률표본을 사용하면, 중심극한정리에 의해서 $\bar{X}$의 표본분포를 정규분포로 근사시킬 수 있다. 그러나 확률표본이 $n < 30$으로 작다고 하더라도, 모집단이 정규분포를 가지고 있으면, $\bar{X}$의 표본분포는 정규분포로 간주할 수 있다.

중심극한정리

표본평균 $\bar{X}$의 분포는 모집단의 분포에 상관없이 n이 충분히 클 때, $N(\mu, \sigma^2/n)$의 분포를 따르게 된다. 그리고 $\bar{X}$의 분포를 표준화한 확률변수 Z는 표준정규분포를 이룬다.

$$Z = \frac{\bar{X} - \mu}{\sigma/\sqrt{n}} \quad \sim N(0,\ 1)$$

이와 같이 $\bar{X}$의 분포를 표준화함으로써 필요한 확률을 구할 수 있게 된다.

예제 7-2

국내 초등학생의 60%가 스마트폰을 사용한다고 한다. 초등학생 500명을 임의로 추출했을 때 물음에 답하시오.

(1) 휴대폰을 사용하는 초등학생이 280명 이하일 확률은?

(2) 휴대폰을 사용하는 초등학생이 250명 이상일 확률은?

풀이

이항분포이지만 $n=500$인 대표본으로 정규분포에 근사한다고 볼 수 있으므로 평균 $\mu=np=500\times0.6=300$이며 표준편차 $s=\sqrt{np(1-p)}=\sqrt{500\times0.6\times0.4}=10.95$이다. 이항분포에 의한 정규근사법을 사용하기 위해 확률변수 X에 0.5를 조정해 준다.

(1) $P(X\le280)=P\left(Z\le\frac{280.5-300}{10.95}\right)=P(Z\le-1.78)=0.0375$

(2) $P(X\ge250)=P\left(Z\ge\frac{249.5-300}{10.95}\right)=P(Z\ge-4.61)=0.9999$

(4) 표본평균 $\bar{X}$의 표본분포 확률값 계산

단순 확률표본이 선택되고, 모평균 μ를 추정하기 위해 표본평균 $\bar{X}$를 이용하지만, 표본평균이 모평균과 똑같다고 기대할 수 없다. 앞에서 우리는 표본평균 $\bar{X}$와 모평균과의 차이 절댓값을 표본오차라고 언급하였다. 우리가 $\bar{X}$의 표본분포에서 관심을 갖는 가장 중요한 것은 이 표본오차의 크기에 대한 확률 정보라고 말할 수 있다.

예제 7-3

조선제과(주)의 관리팀 팀장은 표본평균이 모평균의 ±300 오차 범위 내에 있다면 표본평균을 모평균의 추정치로 간주할 수 있다고 생각한다. 그러나 표본평균이 모평균의 ±300 이내에 있다고 어떻게 확신할 수 있을까?

표본평균 $\bar{X}$의 분포에서 언급하였듯이 표본평균이 모평균의 300 오차 범위 내에 존재한다고 확신할 수 없다. 앞의 〈표 7.2〉와 [그림 7.3]에서 보다시피 500개의 표본 일부는 모집단의 평균으로부터 2,000 이상 차이 나는 것도 있다. 그러나 우리는 관리팀 팀장의 의문에 대해 확률로써 답변할 수 있을 것이다. 표본크기 30으로 구성된 단순확률표본으로부터 추출된 표본평균이 모평균의 300 범위 내에 있을 확률을 살펴보자.

그림 7.6 모평균으로부터 300 이내에 있을 표본평균의 확률

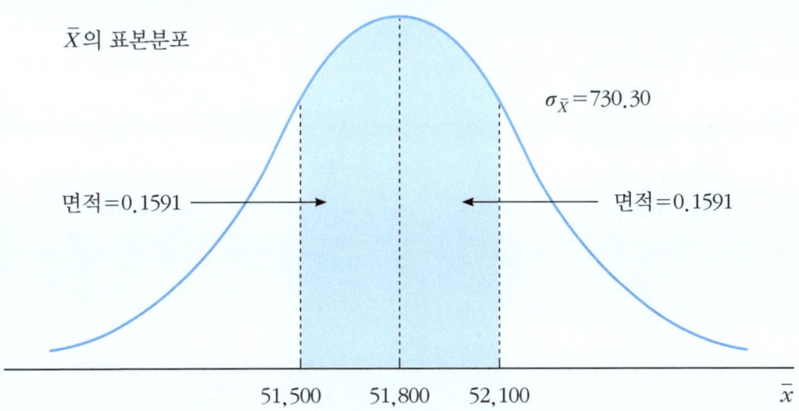

먼저 표본평균 $\bar{X}$의 분포는 평균이 51,800이고, 표준편차는 $\sigma_{\bar{X}}=\dfrac{4,000}{\sqrt{30}}=730.30$인 정규분포임을 중심극한정리를 통하여 잘 알 수 있다.

[그림 7.6]과 같이 표본평균 $\bar{X}$의 분포를 설정한 후 표본평균이 51,800에서 ±300 범위 내에 있을 확률을 구하는 것과 같다.

$\bar{X}=51,500$에서의 표준정규확률변수 $Z=\dfrac{\bar{X}-\mu}{\sigma_{\bar{X}}}=\dfrac{51,500-51,800}{4,000/\sqrt{30}}=-0.41$이므로 Z가 0에서 -0.41까지의 확률은 0.1591이다. 그리고 $\bar{X}=52,100$에서의 확

률값은 마찬가지로 0.1591임을 알 수 있다. 따라서 표본평균이 51,500에서 52,100 사이에 있을 확률은 0.3182가 된다.

동시에 표본평균이 이 오차범위 내에 있지 않을 확률은 1−0.3182=0.6818이 된다. 대략적으로 말한다면 표본평균이 모평균으로부터 300 오차 범위 내에 있지 않을 확률은 68% 정도라고 말할 수 있다.

만약 표본크기가 30에서 100으로 증가한다면 어떻게 될까? 앞의 예와 마찬가지로 모평균으로부터 300 오차범위 내의 확률을 구하면 달리 나타남을 알 수 있다.

$\bar{X}=51,500$에서의 표준화값인 $Z=\dfrac{\bar{X}-\mu}{\sigma_{\bar{X}}}=\dfrac{51,500-51,800}{4,000/\sqrt{100}}=-0.75$이므로 Z가 0에서 −0.75까지의 확률은 0.2734이다. 그리고 $\bar{X}=52,100$에서의 확률은 마찬가지로 0.2734임을 알 수 있다. 따라서 표본평균이 51,500에서 52,100 사이에 있을 확률은 [그림 7.7]과 같이 0.5468이 됨을 알 수 있다.

그림 7.7 표본크기 100의 확률

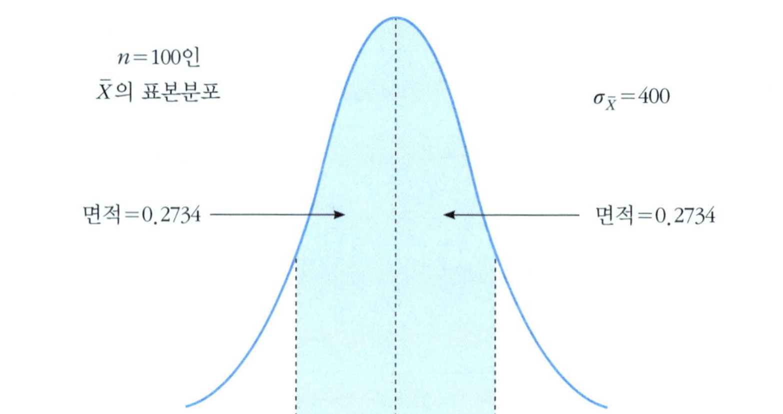

표본크기가 30일 때와 100일 때의 표본평균의 분포를 비교해 보자. 먼저 표본평균 $\bar{X}$의 분포를 고려하면 $E(\bar{X})=\mu$는 표본크기와 전혀 관계없다. 그러나 표준편차는 $\sigma_{\bar{X}}=\sigma/\sqrt{n}$이므로 표본크기 여부에 크게 좌우됨을 알 수 있다. 즉 표본크기가 커짐에 따라 표준편차는 작아진다. 모평균을 중심으로 더 가까이 모여들어 있음을 [그림 7.8]로 알 수 있다.

그림 7.8 표본크기 30과 100인 표본평균의 분포

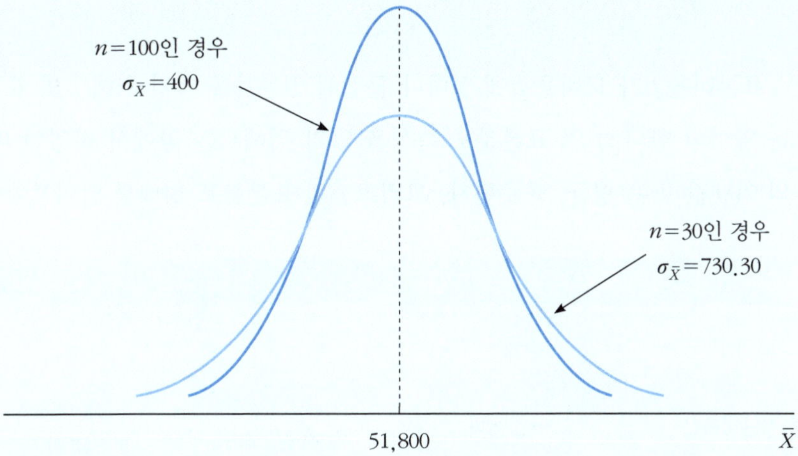

따라서 표본크기 30의 표본에서 100으로 표본크기를 바꾸는 것으로 모평균에서 300 오차범위 내에 표본평균이 존재할 확률을 크게 개선시킬 수 있다.

여기에서 중요한 결론은 표본크기를 증가시키면 표준오차를 크게 줄일 수 있다. 그러므로 표본크기의 증가를 통하여 표본평균이 모평균의 특정 범위 내에 있을 확률을 크게 높일 수 있다.

7.6 $\bar{p}$의 표본분포

통계적 추론과정에서 많이 사용하는 통계 절차는 표본비율 $\bar{p}$을 이용하여 모비율 p를 추론하는 것이다.

모비율에 대한 추론 과정은 [그림 7.9]로 정리하였다. [그림 7.9]의 단계 2, 3 과정을 되풀이함으로써 표본비율 $\bar{p}$에 대해 서로 다른 값들을 얻을 수 있다. 이렇게 해서 얻을 수 있는 모든 가능한 표본비율 $\bar{p}$값에 대한 확률분포는 표본비율 $\bar{p}$의 표본분포가 되는 것이다.

$\bar{p}$의 표본분포

표본비율인 $\bar{p}$의 모든 가능한 값에 대한 확률분포이다.

표본비율 $\bar{p}$가 모비율 p에 얼마나 근접해 있는가를 알기 위해 $\bar{p}$의 표본분포 특성을 알아야 한다. $\bar{p}$의 표본분포 특성을 알기 위해서는 앞에서 하였던 바와 같이 $\bar{p}$의 기댓값 또는 평균, 표준편차, 그리고 $\bar{p}$의 표본분포 형태를 알아보아야 한다.

그림 7.9 표본비율로 모비율을 추론하는 과정

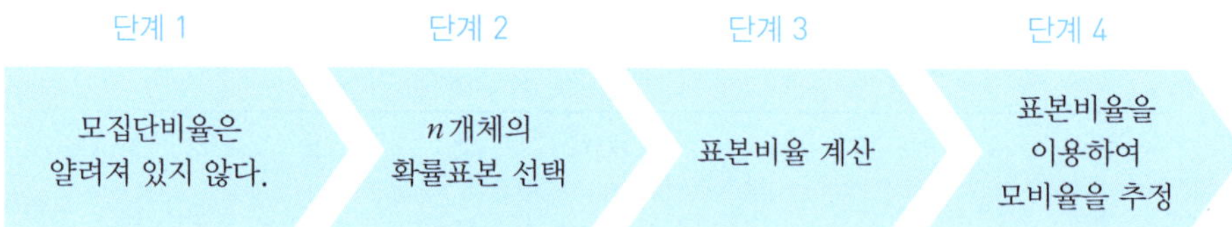

(1) $\bar{p}$의 기댓값

$\bar{p}$의 기댓값

$$E(\bar{p})=p \tag{7.2}$$

$E(\bar{p})$: $\bar{p}$의 기댓값, p: 모비율

모든 가능한 표본비율 $\bar{p}$의 기댓값이 모비율 p와 같다는 것이다. 앞에서 언급한 조선제과(주)의 매니저 교육 이수에 대한 모집단비율은 0.6이다. 이에 대해 실제 30개 표본크기의 500개 표본에서 계산된 표본비율의 평균은 모비율 0.6에 매우 근사해 있음을 알 수 있게 된다.

(2) $\bar{p}$의 표준편차

$\bar{p}$의 표준편차

$$\text{무한 모집단: } \sigma_{\bar{p}}=\sqrt{\frac{p(1-p)}{n}}$$

$$유한\ 모집단:\ \sigma_{\bar{p}}=\sqrt{\frac{N-n}{N-1}}\sqrt{\frac{p(1-p)}{n}}$$

표본평균의 표준편차에서와 같이 표본비율의 표준편차 역시 모집단의 유·무한 여부에 따라 계산 과정에 차이가 있다. 앞의 수식에서 유한 모집단과 무한 모집단 간의 차이는 $\sqrt{(N-n)/(N-1)}$이라는 유한 모집단 수정 계수를 사용하는 차이임을 알 수 있다.

비록 유한 모집단이라 하더라도 표본의 크기 n에 비하여 모집단의 크기 N이 아주 크다면 무한 모집단으로 취급하여 계산할 수 있다. 즉 $n/N \leq 0.05$이면 무한 모집단으로 간주하여 계산한다. 만약 모집단이 유한하고, $n/N > 0.05$이면 유한 모집단 수정 계수를 사용하게 될 것이다.

조선제과(주)의 사례에서 $n/N=30/2500=0.012$이므로 무한 모집단으로 간주하여 유한 모집단 수정 계수는 무시하고 표본비율의 표준편차를 계산한다. 교육 이수의 모집단 비율이 0.6이므로 표본비율의 표준편차는 계산식에 따라 0.0894가 된다.

$$\sigma_{\bar{p}}=\sqrt{\frac{0.6(1-0.6)}{30}}=0.0894$$

(3) $\bar{p}$의 표본분포 형태

표본비율 $\bar{p}$의 평균과 표준편차를 계산한 후, $\bar{p}$의 표본분포에 대해서 고려하여야 한다. 이는 앞에서 제시한 중심극한정리를 적용하여 다음과 같은 결과를 얻을 수 있다.

$\bar{p}$의 표본분포

$\bar{p}$의 표본분포는 표본의 크기가 커지면 정규분포에 근사한다.

이 때 표본크기는 다음의 두 조건을 만족시키면 정규분포로 근사시킬 수 있을 정도로 충분히 크다고 말할 수 있다.

① $np \geq 5$

② $n(1-p) \geq 5$

조선제과(주) 사례에서 교육 이수 모비율이 0.6이고, 단순 확률 표본크기가 30이므로 $np=30\times0.6=18$이며 $n(1-p)=30\times0.4=12$가 되어 위의 두 조건을 모두 만족하므로 중심극한정리를 적용하여 표본비율 $\bar{p}$의 표본분포는 정규분포로 근사할 수 있다.

(4) $\bar{p}$의 표본분포 확률값 계산

모비율 p를 추정하기 위하여 단순확률표본을 선정한 후 표본비율 $\bar{p}$값을 이용할 때마다 표본오차를 예상할 수 있다. 표본오차는 표본비율 $\bar{p}$와 모비율 p 간의 차이 절댓값을 나타낸다. 표본비율 $\bar{p}$의 표본분포를 통하여 우리는 표본오차에 대한 확률 정보를 알 수 있다.

조선제과(주)의 사례를 다시 생각하기로 하자.

예제 7-4

조선제과(주)의 관리팀 담당자는 모비율 0.6의 0.03 범위오차 내에서 표본비율 $\bar{p}$의 값을 얻을 확률에 관심을 기울인다고 하자. 즉, 0.57에서 0.63의 표본비율 $\bar{p}$를 갖는 표본을 획득할 확률은 얼마인가?

풀이

표본비율 $\bar{p}$의 표본분포는 이미 계산한 바와 같이 중심극한정리에 의해서 평균이 0.6, 표준편차가 0.0894인 정규분포로 근사할 수 있다.

이 표본비율의 표본분포가 정규분포임을 전제로 하여 $\bar{p}=0.57$에 해당하는 표준정규확률변수 Z를 구한다. $Z=\dfrac{0.57-0.60}{0.0894}=-0.34$가 된다. 표준정규확률표를 이용하여 $Z=-0.34$에서 $Z=0$까지의 확률은 0.1331임을 알 수 있다. 같은 논리로 $\bar{p}=0.63$에서의 확률은 0.1331임을 알 수 있다. 따라서 $\bar{p}$가 모비율의 0.03범위 내에 있을 확률은 [그림 7.10]과 같이 0.2662이 된다.

그림 7.10 표본비율의 표본분포확률 계산

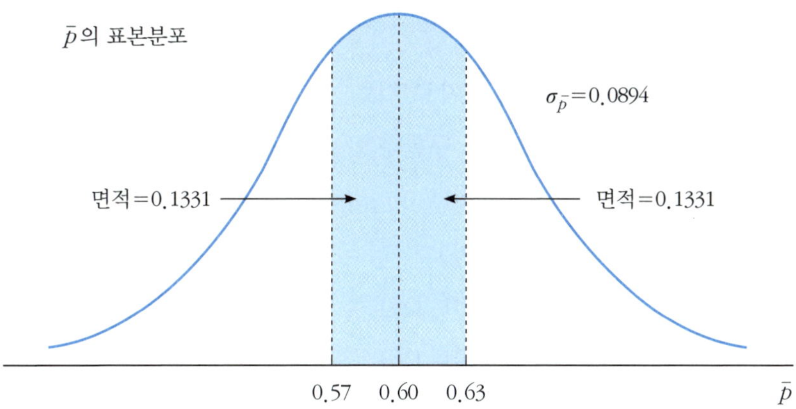

만약 표본크기를 70으로 증가하면 표본의 표준편차가 $\sigma_{\bar{p}}=\sqrt{0.6(1-0.6)/70}=0.0586$이 된다. 이에 따라 표준정규확률변수 $Z=\dfrac{0.57-0.60}{0.0586}=-0.51$이 된다. $Z=-0.51$에서 $Z=0$까지의 확률은 0.1950이 된다. 좌우대칭을 이용하면 0.03 범위 오차 내의 확률이 0.3900이 되어 표본크기가 증가하면 표본비율이 모비율 범위 오차 내에 있을 확률이 증가함을 알 수 있다.

엑셀활용 07 난수 발생과 표본자료 처리

(1) 조선제과(주)의 자료에서 모평균과 모표준편차, 모비율을 구한다.

먼저 조선제과 파일에서 자료 시트인 '자료'에서 모집단의 평균과 표준편차, 교육 이수 비율을 다음과 같이 구한다.

E2: =AVERAGE(A2:A2501)

E3: =STDEV.P(A2:A2501)

E5: =COUNTIF(B2:B2501, D5)

E6: =COUNTIF(B2:B2501, D6)

E7: =E5/2500

	A	B	C	D	E	F	G
1	연봉	교육이수					
2	55769.50	No		모평균	51800.00	=AVERAGE(A2:A2501)	
3	50823.00	Yes		모표준편차	4000	=STDEV(A2:A2501)	
4	48408.20	No					
5	49787.50	No		Yes	1500	=COUNTIF(B2:B2501,D5)	
6	52801.60	Yes		No	1000	=COUNTIF(B2:B2501,D6)	
7	51767.70	No		모비율	0.6	=E5/2500	
8	58346.60	Yes					
9	46670.20	No					
10	50246.80	Yes					

(2) 난수 발생

이미 4장에서 난수 발생에 대해서 설명한 바 있듯이 가변 난수 발생과 고정 난수 발생이 있다. 난수 발생을 위해 시트 '자료 2'에서 id를 입력하여 자료를 구분한 뒤, 시트 '난수발생'으로 이동한다. 난수 사례 1, 사례 2, 사례 3이 있다. 사례 1과 2는 고정 난수 발생으로 난수를 획득한 경우이고, 사례 3은 가변 난수 발생으로 난수를 획득한 경우이다.

① 고정 난수 발생(사례 1과 2 경우)과 표본자료 추출

데이터 메뉴에서 데이터분석을 선택한다. 통계데이터분석 대화상자가 나타나면 난수 생성을 선택하여 확인을 클릭한다.

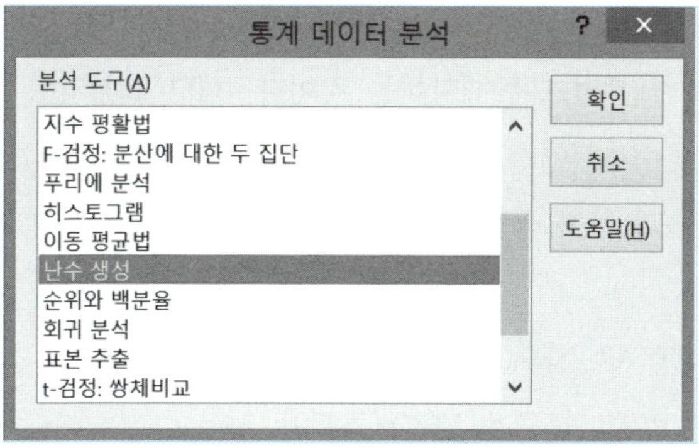

난수 생성 대화상자가 나타나면 하나의 표본에 해당하는 변수 개수 1, 표본크기에 해당하는 난수 개수 30, 단순 확률표본을 획득하기 위해 분포는 일양분포를 선택한다.

그리고 모수는 1에서 2,500까지로 지정하고, 난수 시드는 400으로 지정한다. 물론 난수 시드는 임의로 지정할 수 있다.

그리고 출력범위에서 우리는 B2 셀 이후 30개 셀에 난수를 발생시키는 것이기 때문에 A2를 지정하고 확인을 클릭한다.

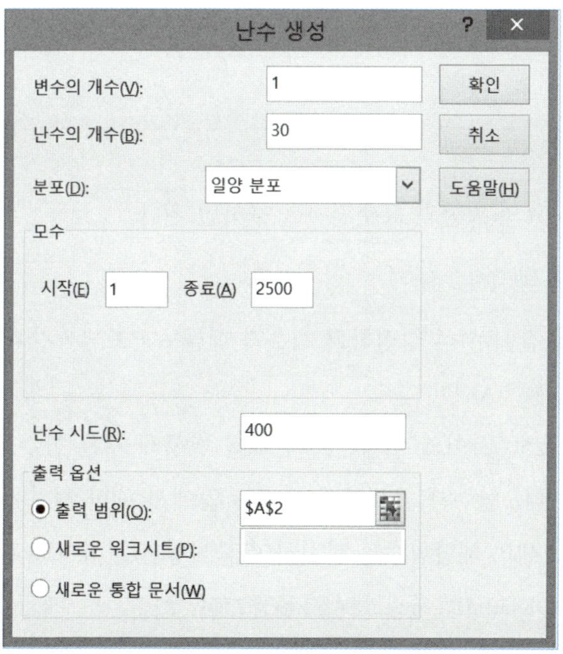

난수 발생을 통하여 표본번호가 선정되면 해당 표본자료를 입력하여야 한다. 우리가 구한 난수는 표본번호에 해당하는 것이다. 해당 표본자료를 획득하기 위해 함수마법사에서 범주선택에서 찾기/참조 영역의 VLOOKUP( ) 함수를 사용한다. B2와 C2 셀에 다음과 같이 직접 입력하여 채우기 핸들로 B31, C31 셀까지 복사하여도 무방하다.

B2: =VLOOKUP(A2, 자료2!$A$2:$C$2501, 2)

C2: =VLOOKUP(A2, 자료2!$A$2:$C$2501, 3)

함수마법사를 사용하는 경우는 다음과 같이 입력한다.

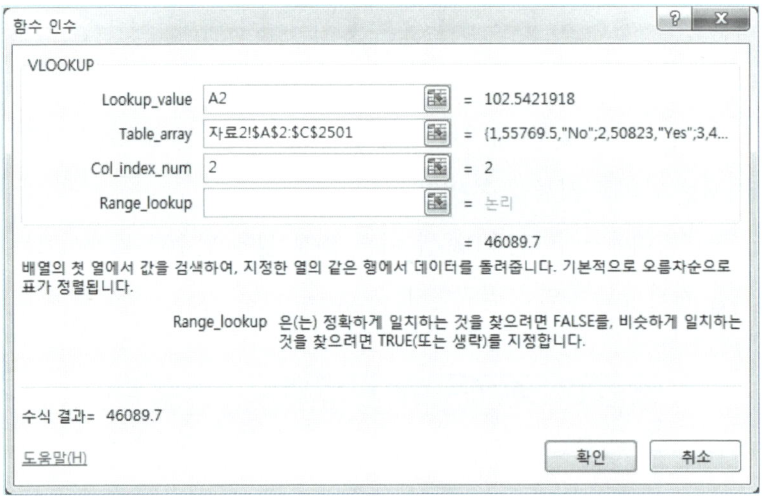

이후 각 표본자료의 평균과 표준편차를 구하면 된다.

② 가변 난수 발생(사례 3 경우)

J2 셀에 다음과 같이 수식 입력하고 채우기 핸들로 J31 셀까지 복사한다.

J2 셀: =1+2500*RAND( )

이 함수는 1과 2500사이의 일양분포 난수를 발생해 주는 함수로써 가변적인 난수를 발생시켜 준다. 난수가 발생하면 이후는 앞에서 행한 절차에 따라 똑같이 하면 된다. K2와 L2 셀의 해당함수는 복사하여 붙여넣기를 하여도 된다.

K2 셀: =VLOOKUP(J2, 자료2!$A$2:$C$2501, 2)

L2 셀: =VLOOKUP(J2, 자료2!$A$2:$C$2501, 3)

(3) 500회 난수 발생과 표본평균의 분포 작성

이제 표본크기 30인 표본을 500개 추출하여 각 표본의 표본평균을 구하고, 나아가서 표본평균의 분포를 작성하여 표본평균의 평균과 표준편차를 구하는 과정을 시행하기로 하자.

이는 앞에서 행한 방법과는 다르게 접근해 보자. 한 행에 한 개의 표본을 구하는 방식으로 해서 500개의 행에 각 표본자료를 구한다. 동시에 500개의 표본을 구하여야 하기 때문에 매크로의 비주얼 베이직 편집기를 이용한다.

비주얼 베이직 편집기를 클릭하여 다음과 같이 입력한다.

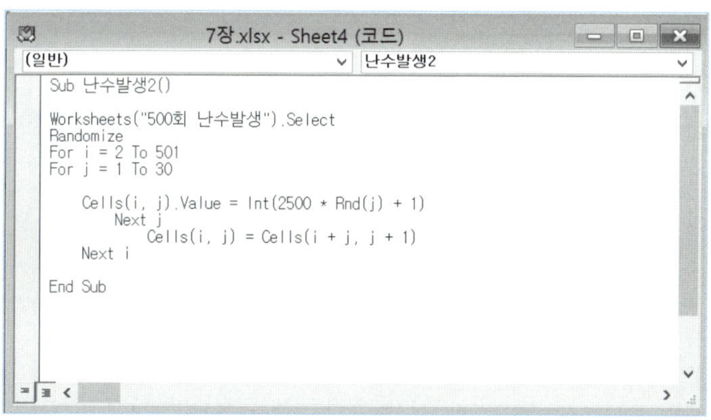

이 편집기는 비주얼 베이직 언어를 사용하여 작성한다. sub과 end sub은 문법 구조로 한 조가 된다. 세부 내용에 대한 설명은 다음과 같다.

내 용	설 명
Worksheets("500회 난수 발생").Select	'500회 난수 발생' 시트를 선정하여 입력한다.
Randomize	난수 발생 함수
For i=2 To 501	2행에서 501행까지 지정
For j=1 To 30	1열에서 30열까지 지정
Cells(i, j).Value=Int(2500*Rnd(j)+1)	1~2,500 사이의 난수 발생하되 난수의 정수값을 먼저 1행의 30열까지 입력한다. 이후 행이 바뀌면 반복 작업을 계속한다.
Next j	열 작업
Cells(i, j)=Cells(i+j, j+1)	행 작업으로 변환
Next i	행 작업

이 작업이 끝나면 표본 추출 준비 작업을 완료하였다.

이제 '500회 난수 자료' 시트에서 표본번호에 해당하는 표본자료를 입력하여 각 표본의 평균과 표준편차를 계산하여야 한다.

정리된 자료를 찾아서 그 값을 가져오는 함수는 앞에서 사용하였던 찾기/참조 영역의 VLOOKUP( ) 함수이다. VLOOKUP( ) 함수 대화상자에서 인수 입력은 다음과 같다.

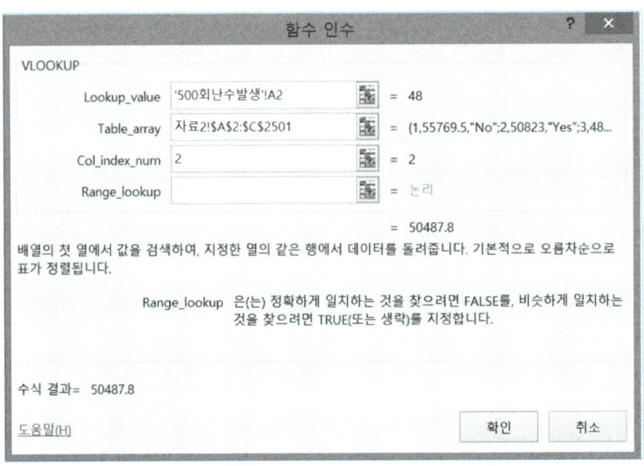

이후 A2 셀의 내용을 채우기 핸들로 AC501 셀까지 복사한다.

A2 셀: =VLOOKUP('500회난수발생'!A2, 자료2!$A$2:$C$2501, 2)

이후 작업은 도수분포표 작성하는 과정과 동일하다. 자세한 것은 첨부한 파일을 참고하여 검토하기 바란다.

CHAPTER 07

연습문제

1 뉴스를 검색하여 우리주변에서 전수조사와 표본추출(sampling)을 하는 사례를 찾아보아라.

2 추정량과 추정치의 의미를 비교 설명하라.

3 최소분산 불편추정량이 되기 위한 조건을 설명하라.

4 다음의 질문에 답하시오.

❶ 표본크기가 커지면 표본평균의 표준편차는 어떻게 변하는가?

❷ 표본크기가 커지면 표본평균의 분포는 어떻게 변하는가?

❸ 표본평균의 분포를 이용하여 모평균을 추정할 때 표본크기가 커지면 어떤 이점이 있는가?

5 표본비율의 표본분포 확률값을 계산할 때 표준정규분포를 이용하려면 어떤 조건이 필요한가?

6 모집단 분포가 다음과 같을 때 물음에 답하라.

$X=\{2,\ 3,\ 4\}$

❶ 모집단 분포의 평균과 분산을 구하라.

❷ $n=2$인 표본을 복원추출로 추출할 때, 표본평균의 분포를 작성하라.

❸ 표본평균의 평균과 표준편차, 모집단의 평균, 표준편차를 비교하라.

7 평균이 20, 분산이 9인 정규분포를 따르는 모집단에서 100개의 표본을 추출했을 때, 표본의 평균과 표준오차를 구하라.

8 인터넷 쇼핑몰 접속고객이 1회 평균 구매금액이 5만원이고 표준편차가 1만원이라고 한다. 이 경우 10명의 쇼핑몰 접속고객을 무작위 추출했을 때, 이들이 구매금액의 평균에 대한 평균과 표준편차를 구하라.

9 어느 모집단은 평균 μ는 알려지지 않았지만, 표준편차가 5인 정규분포를 따른다고 한다. 이때, 크기 n이 다음과 같은 표본에 대하여 표본평균이 $\mu \pm 1$ 사이에 있을 확률을 구하여라.

❶ $n=25$

❷ $n=100$

10 어느 모집단은 평균 μ는 알려지지 않았지만, 표준편차 σ가 다음과 같은 정규분포를 따른다고 한다. 이때 크기가 25인 표본을 추출한다고 할 때 $P(-1<\bar{X}-\mu<1)$ 다음에 답하시오.

❶ $\sigma=5$

❷ $\sigma=2.5$

11 대학 신입생들의 키는 평균이 163cm이고, 분산은 9cm인 정규분포를 따른다고 할 때, 다음 물음에 답하라.

❶ 키가 160cm 이상일 확률을 구하라.

❷ 신입생 중 5명을 임의로 추출했을 때, 이들의 평균키의 분포는?

❸ 표본 5명의 평균키가 163~165cm 사이일 확률을 구하라.

12 모 운송업체 대표이사는 주문의 30%가 신규 고객에 의해 이루어진다고 판단하고 있다. 신규 고객의 비율을 추정하기 위해 확률표본 100개를 추출하였다. 다음 물음에 답하라.

❶ 대표이사의 생각이 올바르다고 하고, $p=0.30$이라고 할 때, 판단을 위해 사용할 $\bar{p}$의 표본분포는 무엇인가?

❷ 표본비율 $\bar{p}$가 0.20과 0.40 사이에 있을 확률은?

❸ 표본비율 $\bar{p}$가 0.35 이상일 확률은?

13 A 기업은 새로운 스마트폰을 개발하였다. 해당 제품의 마케팅 전략을 수립하기 위해 출시 전 두 개의 조사기관에 시장조사를 의뢰하였다. 첫 번째 조사기관은 무작위로 100명의 소비자를 뽑아 1년 안에 A 기업의 출시 예정 스마트폰을 구매할 의향이 있는지 조사하였고, 두 번째 조사기관은 현재 스마트폰 사용자들 가운데 200명을 대상으로 출시 예정인 스마트폰을 사용해보도록 하고 의견을 물었다. 두 조사기관 가운데 어느 쪽의 조사 결과가 더 의미가 있을지 이유와 함께 답하시오.

14 A 약품회사의 제품수송에 쓰이는 수송도구는 제품을 가득 실었을 경우 평균 중량이 600kg, 표준편차가 15kg이라고 하고, 분포는 정규분포를 따른다. 제품을 가득 실은 수송도구 40대를 무작위로 선택하고 중량을 측정하였다. 표본의 표준오차를 구하여라.

15 한 조사에 따르면 20대 직장인이 1년 동안 여가 활동을 위해 쓰는 돈은 평균 350만원, 표준편차는 35만원이며, 이 소비금액은 정규분포를 따른다. 무작위로 40명을 뽑아 조사하였더니 평균이 335만원이었다. 표본평균이 이 이상일 확률을 구하시오.

16 A 회사는 RC 자동차에 사용되는 C 타입 배터리를 생산하고 있다. C 타입 배터리의 평균수명은 35시간, 표준편차는 5.5시간으로 정규분포를 따른다. 품질검사를 위해 25개의 배터리를 표본으로 추출하였다. 다음 질문에 답하시오.

❶ 표본평균분포는 어떤 모양으로 예측되는가?
❷ 표준오차는 얼마인가?
❸ 표본평균이 36시간 이상일 확률은 얼마인가?
❹ 표본평균이 34.5시간 이상일 확률은 얼마인가?
❺ 표본평균이 34.5에서 36시간 사이일 확률은 얼마인가?

Chapter 08

구간추정

8.1 신뢰구간의 의미

우리는 앞의 7장에서 점추정량(point estimator)은 모수를 추정하기 위한 표본통계량이라고 하였다. 예를 들어 표본평균 $\overline{X}$는 모평균 μ의 점추정량이고, 표본비율 $\overline{p}$는 모비율 p의 점추정량이다. 그러나 점추정은 하나의 모수에 대해 한 개의 추정치를 제공하는 것으로 그치기 때문에 이 추정치가 진실한 모수값에서 얼마나 떨어져 있는지에 관해서는 아무런 정보를 제공하지 못하고 있다. 그래서 통계학자들은 점추정치보다 추정치의 정밀성에 대한 정보를 제공해 주는 구간추정치(interval estimate)를 선호하고 있다. 구간추정에서는 모수가 포함되리라고 보는 범위(구간)와 모수가 그 구간에 포함될 확률을 제시한다. 구간추정치와 점추정치의 관계는 다음과 같다.

구간추정치 = 점추정치 ± 오차한계

점추정치를 중심으로 하한부터 상한까지의 구간을 신뢰구간(confidence interval)이라고 하는데 하한을 신뢰하한, 상한을 신뢰상한이라고 부른다.

신뢰구간

실제 모수가 있을 것이라고 예상하는 구간을 말한다.

그림 8.1 표본평균의 분포

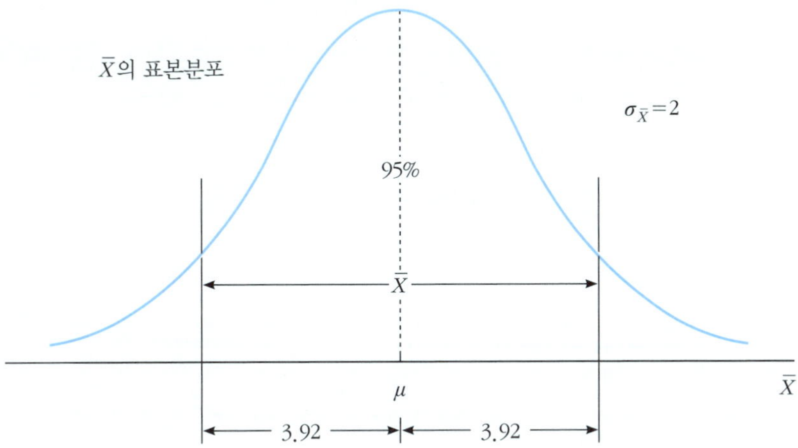

신뢰구간에 대한 이해와 신뢰구간 설정을 위해 먼저 대표본이며 모표준편차가 알려져 있는 경우를 살펴보기로 하자. 이를 위해 평균은 μ이고, 표준편차 σ는 20으로 알려진 모집단에서 추출한 표본크기 n이 100인 표본평균 $\bar{X}$의 표본분포를 고려한다. 이 때 $\bar{X}$의 표본분포는 중심극한정리에 의해서 평균이 μ, 표준편차 $\sigma_{\bar{X}}=\sigma/\sqrt{n}=2$인 [그림 8.1]의 정규분포가 된다.

이 분포에서 평균 μ를 중심으로 $\bar{X}$값 전체의 95%가 포함되는 영역을 살펴보기로 하자.

[그림 8.1]의 분포에서 $\bar{X}$값의 95%는 평균을 중심으로 ±3.92 표준편차의 오차한계 내에 존재한다. 즉, 평균을 중심으로 ±3.92 오차한계 내에 정규 확률변수 $\bar{X}$값의 95%가 나타난다는 것을 알 수 있으며 이 때의 신뢰구간은 (−3.92, 3.92)가 된다.

이제 모집단에서 추출한 표본과 오차한계를 같이 생각하기로 하자.

모집단으로부터 크기 n의 표본을 반복하여 추출하면 각 표본으로부터 얻는 평균과 분산을 이용하여 고유한 신뢰구간을 수없이 많이 설정할 수 있다. 이때 어떤 신뢰구간은 모수를 포함할 수 있고 어떤 신뢰구간은 이를 포함하지 않을 수도 있다.

여기서 신뢰수준의 개념이 필요하다. 모수의 참값이 구간의 상·하한 내에 포함될 확률을 사용하는데, 이 확률을 신뢰수준(level of confidence)이라고 한다. 이 때

그림 8.2 신뢰구간 개념의 이해

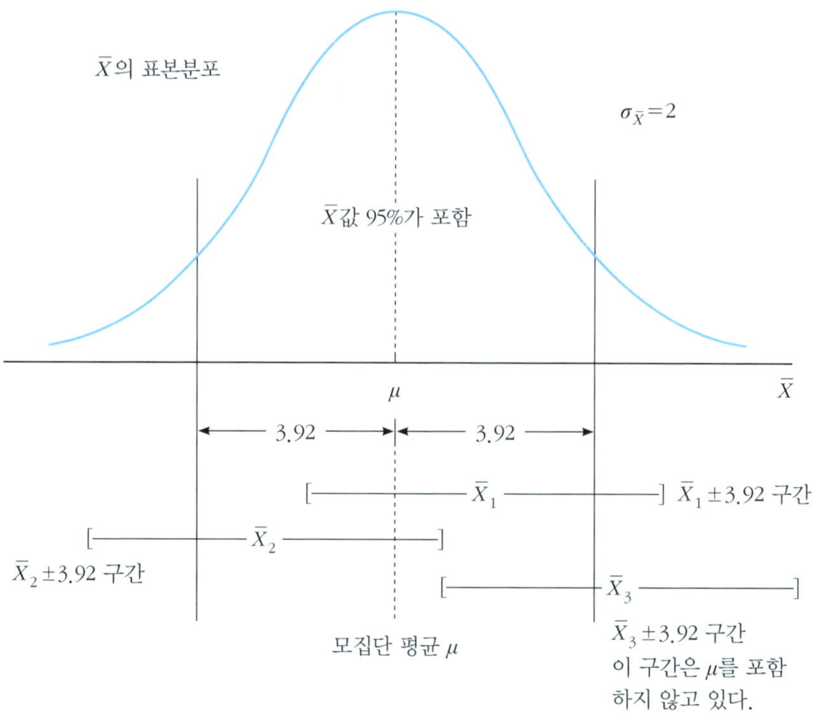

구간의 상한과 하한이 구간추정량이 된다.

신뢰수준

신뢰구간의 구간추정량이 모수를 포함할 확률이다.

[그림 8.2]에서 보다시피 모수 μ에 대한 95% 신뢰수준이라고 할 때 모수 μ가 이 구간 속에 들어갈 확률이 95%라는 것을 뜻하는 것이 아니고 표본크기 n을 반복하여 추출하여 설정하는 신뢰구간 중에서 평균적으로 95%는 모수 μ를 포함하고 5% 정도는 포함하지 않을 것이라는 것을 의미한다. 따라서 실제로는 어떤 구간이 모수 μ를 포함할지, 어떤 구간이 이를 포함하지 않을지 전혀 알 길이 없다.

실제로 우리는 표본을 추출하여 하나의 신뢰구간을 설정하게 되는데 이 구간이 모수 μ를 포함할지는 전혀 모른다. 단지 우리는 이 신뢰구간이 모수를 포함할 것으로 95% 신뢰한다고 말할 수 있을 뿐이다.

8.2 오차율과 신뢰구간의 설정

(1) 오차율

신뢰수준은 구간추정량이 모수를 포함할 확률을 의미하는 데 반하여, 오차율 α 는 구간추정량이 모수를 포함하지 않을 확률을 말한다.

오차율

오차율 α는 신뢰구간에서 구간추정량이 모수를 포함하지 않을 확률이다.

따라서 신뢰수준은 $1-\alpha$가 된다. 신뢰수준은 보통 $100(1-\alpha)\%$로 표현한다. 따라서 만일 $\alpha=0.05$이면 이는 95% 신뢰수준을 의미한다.

α의 값과 신뢰구간 사이에는 밀접한 관계가 있다. α의 값이 작을수록, 즉 신뢰수준이 높을수록, 신뢰구간의 폭은 증가한다. 그러나 넓은 폭의 신뢰구간은 정보로서의 가치가 떨어질 수밖에 없다. α의 값으로 통상 0.1, 0.05, 0.01을 주로 사용한다.

(2) 신뢰구간 설정

신뢰구간을 설정할 때 결국 오차한계를 얼마로 정할 것인가가 중요한 문제이다. 오차한계란 점추정치로부터 신뢰상한(또는 신뢰하한) 사이의 거리를 의미한다.

신뢰구간이 길면 모수가 포함될 확률은 높게 된다. 그러나 정보로서의 가치는 적어지게 된다. 따라서 신뢰수준을 낮게 하더라도 오차한계를 줄여 신뢰구간을 짧게 해야 한다.

오차한계

점추정치로부터 신뢰상한(또는 신뢰하한) 사이의 거리를 말한다.

신뢰구간추정의 목적은 신뢰수준은 높게 하고 신뢰구간은 짧게 하려는 것이다.

모평균 μ를 추정하는 경우를 통하여 신뢰구간을 설정하여 보자. 신뢰구간을 설

그림 8.3 신뢰수준 $1-\alpha$의 상·하한

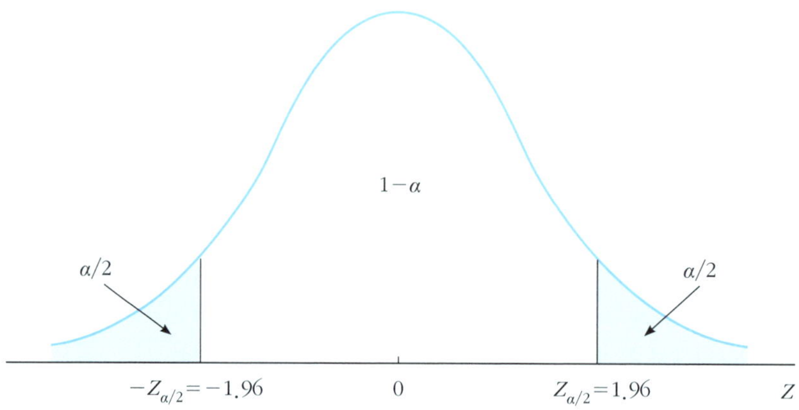

정하기 위한 구간추정치의 한계는 다음과 같이 설정한다.

$$\text{구간추정치의 한계} = \text{점추정치} \pm \text{오차한계} \tag{8.1}$$

신뢰구간을 설정할 때 오차한계는 추정량에 대한 표본분포의 표준편차, 즉 표준오차를 이용하여 구한다. 앞에서 예시한 대표본 사례에서와 같이 $\bar{X}$의 표본분포는 중심극한정리에 의해 정규분포를 형성한다.

오차율 α가 설정되면, 신뢰수준은 $1-\alpha$가 되고, [그림 8.3]과 같은 표준정규분포인 Z분포에서 오차율에 해당하는 $Z_{\alpha/2}$값이 결정된다.

이에 따라 오차의 한계인 $\bar{X}-\mu$는 다음과 같이 계산한다.

$$|Z| = |Z_{\alpha/2}|$$
$$(\bar{X}-\mu)/\sigma_{\bar{X}} = \pm Z_{\alpha/2}$$
$$\bar{X}-\mu = \pm Z_{\alpha/2}\sigma_{\bar{X}}$$

위의 수식은 다음의 식 (8.2)로 정리할 수 있다.

$$\text{모평균 } \mu\text{의 신뢰구간 한계} = \bar{X} \pm (Z_{\alpha/2}\sigma_{\bar{X}}) \tag{8.2}$$

신뢰구간을 설정할 때 모수가 구간추정량인 신뢰구간의 상한과 하한을 벗어날

그림 8.4 95% 신뢰구간

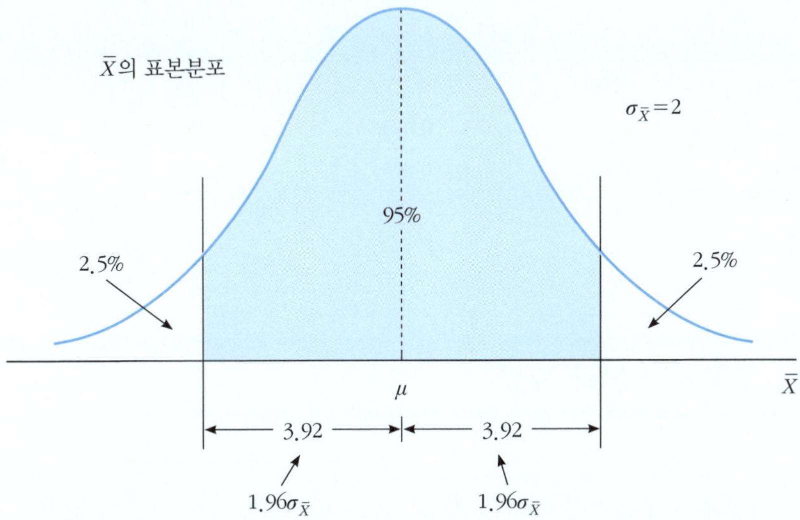

수 있을 확률을 결정해야 한다. 오차율을 α로 두면, 양쪽으로 각각 $\alpha/2$씩 설정한다. 예를 들면 $\alpha=0.05$라고 하면 모수가 상한을 벗어날 확률은 $\alpha/2=0.025$이고 하한을 벗어날 확률 또한 $\alpha/2=0.025$이다.

모평균 μ의 구간추정치는 표본평균 $\bar{X}$의 표본분포로부터 구할 수 있다. 평균은 μ이고 표준편차 $\sigma=20$으로 알려진 모집단에서 추출한 표본크기 n이 100인 표본평균 $\bar{X}$의 표본분포를 고려해보자. [그림 8.4]와 같이 표본평균의 표본분포에서 양쪽 꼬리부분 $\alpha/2=0.025$에 해당하는 표준화된 $Z_{\alpha/2}$값은 1.96이다.

정규분포 특성에 의하여 표본평균 $\bar{X}$값 전체의 95%는 평균 $\mu_{\bar{X}}$ 좌우로 $1.96\sigma_{\bar{X}}$ 내에 포함된다.

결국 신뢰구간을 설정할 때 필요한 $Z_{\alpha/2}$값은 오차율 또는 신뢰수준에 따라서 결정되는데 이는 표준정규분포표에서 찾을 수 있다. 엑셀로는 NORM.S.INV( ) 함수를 활용하여 해당 Z값을 찾을 수 있다. 자주 사용되는 신뢰도와 $Z_{\alpha/2}$값은 〈표 8.1〉과 같다.

엑셀 함수인 NORM.S.INV( ) 함수를 활용하여 Z값을 찾을 경우는 누적확률에 해당하는 Z값을 제시해 주기 때문에 $1-\alpha/2$를 인수로 입력하면 원하는 Z값을 얻을 수 있다.

표 8.1 표준정규분포에서의 신뢰수준

신뢰수준 $(1-\alpha)$	유의수준 (α)	$\alpha/2$	$z_{\alpha/2}$	오차한계
0.90	0.10	0.05	1.645	1.645
0.95	0.05	0.025	1.960	1.960
0.99	0.01	0.005	2.576	2.576

8.3 모평균의 신뢰구간

표본평균 $\bar{X}$를 이용하여 모평균 μ의 신뢰구간을 설정하기 위해서는 모표준편차 σ를 알고 있는 경우와 모르고 있는 경우로 나누어서 설명할 필요가 있다.

(1) 모표준편차 σ를 알고 있는 경우

과거의 경험에 의하여 모표준편차 σ를 알고 있다고 가정한다.

확률변수 X가 평균 μ, 분산 σ^2인 정규모집단 $N(\mu, \sigma^2)$을 이루고 있다고 할 때, 이 모집단의 평균 μ를 추정하는 데 사용되는 통계량은 표본평균 $\bar{X}$이다. 앞에서 살펴보았듯이 표본평균 $\bar{X}$의 표본분포는 평균 μ, 분산 σ^2/n인 정규분포 $N(\mu, \sigma^2/n)$을 이룬다. 그리고 표본통계량인 $\dfrac{\bar{X}-\mu}{\sigma/\sqrt{n}}$는 평균이 0이고 분산이 1인 표준정규분포 $N(0, 1)$을 따른다. 이 표본통계량을 Z통계량(Z statistic)이라고 한다.

우리는 앞에서 신뢰구간을 설정할 때 모수가 신뢰구간의 상한과 하한을 벗어날 확률이 $\sigma/2$라고 언급하였다. 즉 [그림 8.2]에서와 같이 정규분포의 각 꼬리부분에서 $\sigma/2$에 해당하는 표준화된 z값을 찾아야 한다는 것이다.

$$P(Z \geq z_{\alpha/2}) = \frac{\alpha}{2}$$

$$P(Z \leq -z_{\alpha/2}) = \frac{\alpha}{2}$$

가 되도록 $z_{\alpha/2}$와 $-z_{\alpha/2}$를 찾아야 한다.

따라서 Z에 대한 신뢰구간을 일반식으로 나타내면 다음의 (8.3)식과 같다.

Z에 대한 $100(1-\alpha)\%$ 신뢰구간

$$P(-z_{\alpha/2} \leq Z \leq z_{\alpha/2}) = 1-\alpha \tag{8.3}$$

식 (8.3)에 $Z = \dfrac{\overline{X}-\mu}{\sigma/\sqrt{n}}$를 대입하면

$$P\left(-z_{\alpha/2} \leq \frac{\overline{X}-\mu}{\sigma/\sqrt{n}} \leq z_{\alpha/2}\right) = 1-\alpha$$

위 식에서 μ에 대해 정리하면 μ에 대한 신뢰구간을 구하는 식 (8.4)를 얻는다.

식 (8.4)는 모집단이 알고 있는 표준편차로 정규분포를 따르는 경우에 표본크기와 상관없이 모평균 μ를 추정하는 데 이용된다.

μ에 대한 $100(1-\alpha)\%$ 신뢰구간

$$P\left(\overline{X} - z_{\alpha/2}\frac{\sigma}{\sqrt{n}} \leq \mu \leq \overline{X} + z_{\alpha/2}\frac{\sigma}{\sqrt{n}}\right) = 1-\alpha \tag{8.4}$$

다음의 사례로 모평균에 대한 신뢰구간을 계산하여 보자.

예제 8-1

정규모집단으로부터 표본크기 $n=36$인 확률표본의 평균은 $\overline{X}=50$, $\sigma=18$일 때 모평균 μ에 대한 95% 신뢰구간을 구하라.

풀이

(1) $\overline{X} - z_{\alpha/2}\dfrac{\sigma}{\sqrt{n}} \leq \mu \leq \overline{X} + z_{\alpha/2}\dfrac{\sigma}{\sqrt{n}}$

$$50 - 1.96\frac{18}{\sqrt{36}} \leq \mu \leq 50 + 1.96\frac{18}{\sqrt{36}}$$

$$44.12 \leq \mu \leq 55.88$$

예제 8-2

A 기업의 근로자들의 연소득은 표준편차가 560만원인 정규분포를 갖는다. 평균 연소득 μ를 추정하기 위하여 36명을 임의로 추출하여 조사한 결과 평균이 4,200만원이 나왔다. μ에 대한 95% 및 99% 신뢰구간을 구하여라.

풀이

표본의 크기가 36명으로 30보다 크고, 모집단의 표준편차를 알고 있으므로 z통계량을 사용할 수 있다.
먼저 95% 신뢰구간을 구하면, $z_{\alpha/2}=z_{0.025}=1.96$이므로 식 (8-4)에 의해 신뢰구간은 다음과 같다.

$$4,200-1.96\frac{560}{\sqrt{36}} \le \mu \le 4,200+1.96\frac{560}{\sqrt{36}}$$

$$4017.07 \le \mu \le 4382.93$$

다음으로 99% 신뢰 구간을 구하면, $z_{\alpha/2}=z_{0.005}=2.576$이므로 식 (8-4)에 의해 신뢰구간은 다음과 같다.

$$4,200-2.576\frac{560}{\sqrt{36}} \le \mu \le 4,200+2.576\frac{560}{\sqrt{36}}$$

$$3959.57 \le \mu \le 4440.43$$

이 예에서 보듯이 신뢰수준이 높아지면, 신뢰구간의 폭이 넓어지는 것을 알 수 있다.

[엑셀활용 08]에서는 소비자보호원의 사례를 들어 엑셀로 처리하는 과정을 제시하였다. 제시한 절차에 따라서 보다 원활하게 신뢰구간을 설정할 수 있을 것이다. 위의 사례를 적용하여도 매우 간편하게 구간을 설정할 수 있다.

(2) 모표준편차 σ를 모르고, 대표본일 경우

우리는 앞에서 정규모집단의 평균 μ를 추정함에 있어서 모표준편차 σ를 알고 있는 경우에 Z통계량을 이용하였다.

그러나 모집단이 정규분포가 아니더라도 표본크기 $n \ge 30$이면 Z통계량을 이용해도 무방하다. 왜냐하면 표본크기가 클 경우에는 중심극한정리에 의하여 평균의 표본분포는 정규분포에 근접하고 또한 표본표준편차 s가 모집단의 표본편차 σ에 근접하기 때문이다.

다만 모표준편차 σ를 모르는 경우에는 표본에서 구한 표본표준편차 s를 σ 대신 사용하면 된다. 표본표준편차 s를 구하는 공식은 다음과 같다.

$$s=\sqrt{\frac{\sum(x_i-\overline{X})^2}{n-1}}$$

따라서 모표준편차 σ를 모르지만 대표본의 경우에는 모집단의 분포가 어떻든 간에 모평균 μ에 대한 신뢰구간은 다음 공식을 이용하여 구한다.

μ에 대한 $100(1-\alpha)\%$ 신뢰구간: σ를 모르고 $n\geq 30$인 경우

$$P\left(\overline{X}-z_{\alpha/2}\frac{s}{\sqrt{n}}\leq\mu\leq\overline{X}+z_{\alpha/2}\frac{s}{\sqrt{n}}\right)=1-\alpha \tag{8.5}$$

[엑셀활용 08]에 해당사이트(www.pncmedia.co.kr의 자료실에서 다운받을 수 있음)에서 제시하는 자료를 토대로 소비자평가지수에 대한 신뢰구간 설정 과정을 제시하였다. 표본자료를 획득하였을 때, 신뢰구간을 설정하는 과정은 소비자보호원의 사례와 거의 유사하다. 엑셀로 처리하는 틀을 그대로 준용하면 보다 쉽게 신뢰구간을 설정할 수 있을 것이다.

(3) 모표준편차 σ를 모르고, 소표본일 경우

모집단이 정규분포를 따르지만 그의 표준편차 σ를 알 수 없을 뿐만 아니라 표본크기가 $n<30$인 경우, 신뢰구간을 설정할 때 평균의 표준오차인 $\sigma/\sqrt{n}$를 사용할 수 없다. 이 경우에는 모표준편차 σ 대신에 그의 점 추정량인 표본의 표준편차 $s=\sqrt{\sum(x_i-\overline{X})^2/(n-1)}$을 사용하여 평균의 추정표준오차(estimated standard error of the mean)인 $s_{\overline{X}}=s/\sqrt{n}$로 계산하여야 한다.

그런데 이때의 표본통계량 $\dfrac{\overline{X}-\mu}{s/\sqrt{n}}$은 정규분포를 따르지 않고 자유도 $(n-1)$의 t분포를 따르게 되는데, 이 표본통계량은 t통계량(t statistic)이라고 부른다. 자세한 내용은 다음 절을 참조하기 바란다.

8.4 t분포

정규분포를 따르는 모집단의 표준편차를 모르고 표본크기가 작은 경우에 모평균 μ에 대한 신뢰구간의 설정을 위해 Z통계량이 아니라 t통계량을 이용해야 한다.

t통계량

평균 μ인 정규모집단으로부터 크기 n의 표본을 무작위로 추출했을 때 표본평균이 $\bar{X}$이고 표본표준편차가 s일 때 표본통계량 t는

$$t_{n-1} = \frac{\bar{X} - \mu}{s/\sqrt{n}} \quad (8.6)$$

으로 자유도 $(n-1)$인 t분포를 따른다.

(1) t분포의 특성

t분포(t distribution)는 1908년 student라는 필명으로 영국의 Gosset이 발표한 분포로써, [그림 8.5]에서 보는 바와 같이 표준정규분포와 유사하다. 즉 두 분포는 평균 0을 중심으로 좌우대칭이며 종 모양을 나타낸다. 그러나 t분포는 표준정규분포보다 큰 분산을 갖는다. 그 이유는 모표준편차 σ 대신에 표본표준편차 s를 사용하기 때문이다.

이와 같이 t통계량을 사용하여 신뢰구간을 설정하게 되면 Z통계량을 사용할 때보다 그의 구간이 넓어지는데, 이것은 표본표준편차 s를 사용하는 데서 오는 추정상의 오류가 크기 때문이다.

t분포는 단일분포가 아니고 자유도(degree of freedom)에 따라 분포모양이 다른 여러 가지 분포를 갖는다. 자유도는 보통 df로 표시한다. 자유도는 표본크기 n에서 1을 뺀 값이다. 자유도는 우리가 자유스럽게 선택할 수 있는 값의 수라고 정의할 수 있다.

예를 들면 표본크기 $n=3$에서 $\bar{X}=5$, $x_1=2$, $x_2=7$이라고 하면 $x_3=6$이 된다. 이때 표본평균값을 알고 있기 때문에 자유스럽게 변동할 수 있는 것은 x_1과 x_2의

그림 8.5 t분포와 표준정규분포 관계

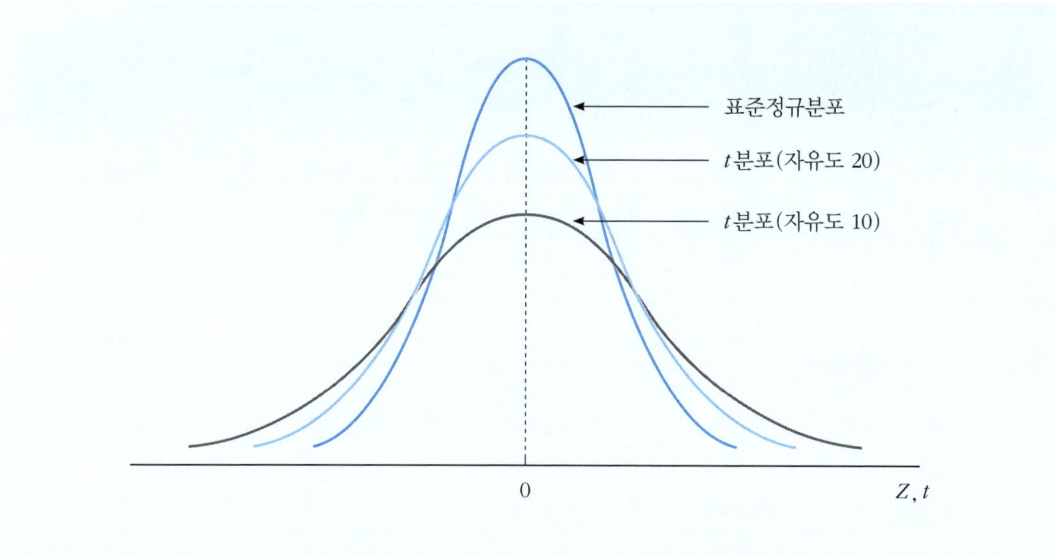

2개이다. 즉 $n-1=3-1=2$가 된다.

자유도가 증가함에 따라 t분포는 z분포에 근접하는데 이것은 표본표준편차 s가 모표준편차 σ의 좋은 추정치를 제공하기 때문이다. 표본크기가 120 이상이 되면 s가 σ를 정확하게 추정함으로써 신뢰구간을 설정함에 있어서 t분포와 z분포 사이에 차이가 없게 된다.

(2) t분포표의 이용

t분포에서 t의 값은 신뢰수준과 관련 있는 α와 자유도 $(n-1)$에 따라서 결정된다. t값은 엑셀활용 08의 t분포표로 구할 수 있다. 이 표는 특정한 t_α값 오른쪽에 해당하는 t분포 밑의 면적을 확률로 제시해준다. 즉, 표 왼쪽의 자유도에 따라 확률 $P(t>t_\alpha)=\int_{t_\alpha}^{+\infty} f(t)dt=\alpha$를 만족시키는 t_α를 미리 계산하여 놓은 것이다. 예를 들어 자유도가 11이고 오른쪽 꼬리면적이 0.025일 때 t값은 2.201이다. 즉 $P(t>2.201)=0.025$이다. t분포의 대칭성으로 왼쪽 꼬리면적이 0.025일 때 t값은 -2.201이다. 〈표 8−2〉에 제시한 것과 같이 자유도와 오차율이 마주치는 곳의 값이 구하고자 하는 t값이 된다.

이를 수식 (8.7)에서 확인하여 보자.

표 8.2 t분포의 확률값 계산

자유도	표기된 곡선 아래 면적			
	0.05	0.025	0.01	0.005
1	6.314	12.706	31.821	63.657
2	2.920	4.303	6.965	9.925
3	2.353	3.182	4.341	5.841
5	2.015	2.571	3.365	4.032
⋮				
11	1.796	2.201	2.718	3.106
⋮				
60	1.671	2.000	2.390	3.660
120	1.658	1.980	2.358	2.617
정규분포	1.645	1.960	2.326	2.576

수식에서와 같이 $P(-2.201 \le t \le 2.201) = 0.95$가 성립한다. 이를 일반식으로 바꾸면 다음과 같다.

$$P(-t_{\alpha/2} \le t \le t_{\alpha/2}) = 1 - \alpha \tag{8.7}$$

식 (8.7)을 그림으로 나타내면 [그림 8.6]과 같다.

그림 8.6 t분포에서의 신뢰수준

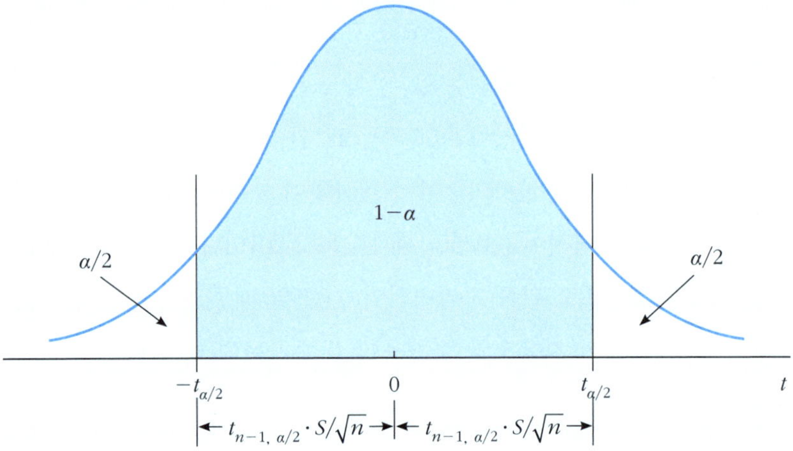

(3) t분포를 이용한 신뢰구간

모표준편차 σ를 모르고 표본크기가 작은 경우에 모평균 μ에 대한 $100(1-\alpha)\%$ 신뢰구간을 설정하기 위해서는 식 (8.7)과 t통계량을 이용한다고 하였다.

$t=\dfrac{\bar{X}-\mu}{s/\sqrt{n}}$이므로 아래에 대입하여 처리하면 신뢰구간을 얻을 수 있다.

$$P(-t_{n-1,\,\alpha/2} \le t_{n-1} \le t_{n-1,\,\alpha/2})=1-\alpha$$

$$P\left(-t_{n-1,\,\alpha/2} \le \frac{\bar{X}-\mu}{s/\sqrt{n}} \le t_{n-1,\,\alpha/2}\right)=1-\alpha$$

$$P\left(-t_{n-1,\,\alpha/2}\frac{s}{\sqrt{n}} \le \bar{X}-\mu \le t_{n-1,\,\alpha/2}\frac{s}{\sqrt{n}}\right)=1-\alpha$$

$$P\left(\bar{X}-t_{n-1,\,\alpha/2}\frac{s}{\sqrt{n}} \le \mu \le \bar{X}+t_{n-1,\,\alpha/2}\frac{s}{\sqrt{n}}\right)=1-\alpha$$

평균이 μ이고 미지의 표준편차인 정규 모집단으로부터 무작위로 크기 n의 표본을 추출한다고 하자. 이 때 이 표본분포의 평균이 $\bar{X}$, 표준편차가 s라고 할 때, 모평균 μ에 대한 $100(1-\alpha)\%$ 신뢰구간은 다음의 (8.8) 수식과 같이 t분포를 이용하여 구한다.

μ에 대한 $100(1-\alpha)\%$ 신뢰구간: σ를 모르고 $n<30$인 경우

$$P\left(\bar{X}-t_{n-1,\,\alpha/2}\frac{s}{\sqrt{n}} \le \mu \le \bar{X}+t_{n-1,\,\alpha/2}\frac{s}{\sqrt{n}}\right)=1-\alpha \qquad (8.8)$$

소규모인 표본이고 모표준편차를 모르는 경우의 신뢰구간을 구하는 사례를 살펴보자.

예제 8-3

정규모집단으로부터 표본크기 $n=16$인 확률표본을 추출하였을 때, $\bar{X}=53.87$, $s=6.82$로 나타났다. 이때 모평균 μ에 대한 95% 신뢰구간추정치를 구하여 보자.

풀이

자유도가 15이고 95% 신뢰구간이므로 $t_{15,\,0.025}=2.131$이다. 이것을 다음의 수식에 대입하여 계산하면 된다.

$$\bar{X}-t_{n-1,\ \alpha/2}\frac{s}{\sqrt{n}} \le \mu \le \bar{X}+t_{n-1,\ \alpha/2}\frac{s}{\sqrt{n}}$$

$$53.87-2.131\frac{6.82}{\sqrt{16}} \le \mu \le 53.87+2.131\frac{6.82}{\sqrt{16}}$$

$$50.24 \le \mu \le 57.50$$

예제 8-4

어느 대학교 학생들의 TOEIC 성적은 정규분포를 갖는 것으로 알려져 있다. 이 중 10명의 대학생을 무작위로 선출하여 점수를 조사한 결과 다음과 같을 때, 모평균에 대한 95% 신뢰구간을 구하여라.

695, 725, 780, 805, 752, 690, 790, 705, 751, 800

풀이

표본의 평균과 표준편차를 구하면, $\bar{X}=749.3$, $s=43.84$가 된다. 또한, 자유도가 9이고, 95% 신뢰구간이므로 $t_{9,\ 0.025}=2.26$이다. 이것을 다음의 수식에 대입하여 계산하면 된다.

$$\bar{X}-t_{n-1,\ \alpha/2}\frac{s}{\sqrt{n}} \le \mu \le \bar{X}+t_{n-1,\ \alpha/2}\frac{s}{\sqrt{n}}$$

$$749.3-2.26\frac{43.84}{\sqrt{10}} \le \mu \le 749.3+2.26\frac{43.84}{\sqrt{10}}$$

$$717.97 \le \mu \le 780.63$$

[엑셀활용 08]에서 컴퓨터지원시간 사례를 통하여 t분포를 활용한 신뢰구간 설정 과정을 제시하였다.

8.5 모비율의 신뢰구간

가끔 우리는 비율적인 특성에 관심을 갖게 된다. 즉 모집단에서 어떤 특성이 발생하는 상대도수에 관심을 갖는다. A제품의 시장점유율, B정당의 지지율, C제품의 불량률, D프로그램의 시청률 등 우리 주위에는 비율과 관련된 예를 쉽게 찾아 볼 수 있다.

이러한 경우에 우리는 모비율 p를 추정한다. 모비율 p의 불편추정량은 표본비율 $\bar{p}$이다. 표본크기 n, 표본비율 $\bar{p}$에서 $n\bar{p}\geq 5$, $n(1-\bar{p})\geq 5$가 성립하는 상당히 큰 값이 되면, 중심극한정리에 의하여 표본비율 $\bar{p}$의 분포는 정규분포에 근접한다는 사실은 이미 배운 바와 같다.

표본비율 $\bar{p}$의 표본분포의 평균과 표준편차는 다음과 같다.

표본비율의 표본분포

기댓값 : $E(\bar{p})=p$

표준오차 : $\sigma_{\bar{p}}=\sqrt{\frac{p(1-p)}{n}}$

그러나 표준오차 $\sigma_{\bar{p}}$은 미지의 모비율 p에 의존하므로 계산할 수 없다. 따라서 표본의 크기가 큰 경우에는 모비율 p 대신에 표본비율 $\bar{p}$를 사용하여 $s_{\bar{p}}$로 표준오차 $\sigma_{\bar{p}}$를 추정해야 한다.

$$s_{\bar{p}}=\sqrt{\frac{\bar{p}(1-\bar{p})}{n}}$$

그러므로 표본크기 n이 큰 경우에는 확률변수 Z의 분포는

$$Z=\frac{\bar{p}-p}{\sqrt{\frac{\bar{p}(1-\bar{p})}{n}}}$$

으로 표준정규분포에 근접한다. 따라서 모비율의 신뢰구간을 설정하는 공식을 다음과 같이 정리할 수 있다.

p에 대한 $100(1-\alpha)\%$ 신뢰구간

$$P\left(\bar{p}-z_{\alpha/2}\sqrt{\frac{\bar{p}(1-\bar{p})}{n}}\leq p\leq\bar{p}+z_{\alpha/2}\sqrt{\frac{\bar{p}(1-\bar{p})}{n}}\right)=1-\alpha \qquad (8.8)$$

다음의 사례를 통하여 모비율 구간추정에 대하여 알아보자.

예제 8-5

한국대학교의 학부 졸업생 중 확률표본으로 400명을 추출하여 조사하였다. 이 400명 가운데 대학원 진학예정자가 32명이었다. 진학 모비율 p에 대한 95% 신뢰구간추정치를 제시하여 보자.

풀이

표본비율은 $32/400=0.08$이고, 표본크기가 400이며, $n\bar{p}\geq 5$이므로 중심극한정리에 의해 표본비율의 분포는 정규분포를 이룬다. 그리고 95% 신뢰구간에서의 z값은 1.96이므로 위의 수식을 활용하여 구할 수 있다.

$$\bar{p}-z_{\alpha/2}\sqrt{\frac{\bar{p}(1-\bar{p})}{n}}\leq p\leq \bar{p}+z_{\alpha/2}\sqrt{\frac{\bar{p}(1-\bar{p})}{n}}$$

$$0.08-1.96\sqrt{\frac{0.08(1-0.08)}{400}}\leq p\leq 0.08+1.96\sqrt{\frac{0.08(1-0.08)}{400}}$$

$$0.053\leq p\leq 0.107$$

이 사례에 대한 엑셀 처리 과정을 [엑셀활용 08]에 자세하게 정리하였다. 매우 간단하면서도 쉽게 신뢰구간을 설정할 수 있다.

그림 8.7 표본비율 분포의 신뢰구간 설정

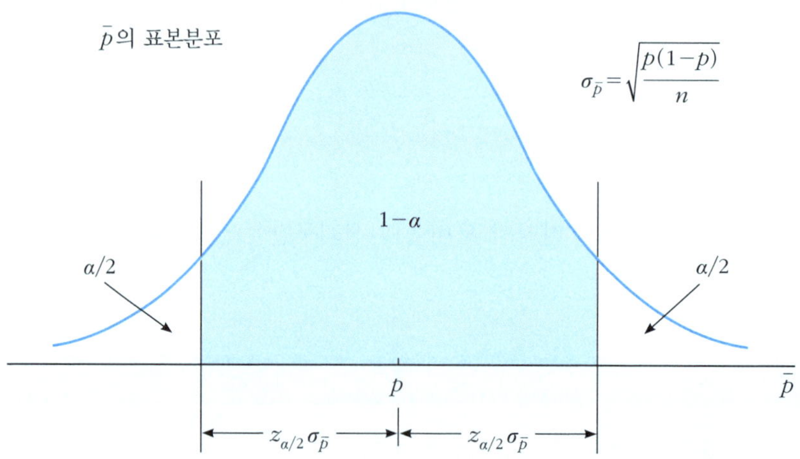

8.6 표본크기의 결정

지금까지 우리는 모평균과 모비율의 신뢰구간을 설정할 때 신뢰구간의 길이와 무관하게 표본크기를 결정하였다. 신뢰수준만을 생각한다면 신뢰구간이 길면 좋다. 그러나 정보로서의 가치는 없게 된다. 따라서 신뢰수준을 높게 하면서 신뢰구간은 짧게 설정하는 것이 바람직스럽다.

$\sigma_{\bar{X}}=\sigma/\sqrt{n}$ 이러한 목적을 달성하는 것은 표본크기(sample size)를 크게 하는 것이다. 신뢰수준이 일정할 때 표본이 커질수록 평균의 표준오차가 감소하여 신뢰구간의 폭은 좁아진다. 이와 같이 표본크기와 신뢰구간은 반비례 관계이다.

표본크기는 시간, 비용, 다른 제약이 허용하는 한 클수록 좋다. 예산이 제한되어 있으면 정확성 요구를 만족시킬 최소한의 표본크기를 결정해야 하는데 이를 계산하기 위해서는 다른 세 가지 값이 우선 결정되어야 한다.

- 모수의 참값과 그의 추정치의 차이 $\bar{X}-\mu$, 즉 오차한계
- 원하는 신뢰수준, 즉 $100(1-\alpha)\%$의 값
- 모표준편차 σ의 값

모표준편차는 과거의 경험을 통해서 얻을 수 있고 그렇지 않으면 간단한 사전조사를 통해서 얻는 표본표준편차 s를 모표준편차 σ 대신에 사용할 수도 있다.

(1) 모평균을 추정하는 경우

모평균 μ를 추정하기 위하여 신뢰구간을 설정한다면 신뢰구간의 한쪽 폭은 오차한계(최대허용오차)를 의미한다. 이를 e라 놓으면 다음 식이 성립한다.

$$e=z_{\alpha/2}\frac{\sigma}{\sqrt{n}}$$

이 식을 n에 관해서 풀면 모평균을 추정하는 데 필요한 표본크기 n을 구할 수 있다.

표본크기의 결정

$$n=\left(z_{\alpha/2}\frac{\sigma}{e}\right)^2$$

다음의 사례를 통하여 표본크기를 결정하여 보자.

예제 8-6

중부권 지역에 소재하고 있는 대학교의 경영학과에서 배출하고 있는 작년 졸업생들의 연간 소득을 조사하고 있다. 매년 조사를 실시하고 있는 터라 과거 경험으로 졸업생들의 전체 집단의 표준편차가 150만원임을 알고 있다고 한다. 95% 신뢰구간에서 평균 소득의 ±50만원 되는 추정치를 구하기 위해 표본크기를 얼마로 하는 것이 좋은가?

풀이

이 예제에서 우리는 오차한계값을 알고 있으며, 동시에 모집단의 표준편차 σ의 값도 알고 있다. 그리고 95% 신뢰구간이므로 $z_{\alpha/2}=1.96$이다. 이들 값들을 수식에 대입하면 표본은 35 이상이어야 함을 알 수 있다.

$$n=(z_{\alpha/2}\sigma/e)^2=(1.96\times(150)/(50))^2$$
$$=(5.88)^2=34.6$$

(2) 모비율을 추정하는 경우

모비율 p를 추정하는 데 필요한 표본크기의 결정방법도 앞 절에서 공부한 모평균 μ를 추정하는 데 필요한 표본크기의 결정방법과 같다.

모비율 p에 대한 $100(1-\alpha)\%$ 신뢰구간의 한쪽 폭을 오차한계 e라 하면 다음 식이 성립한다.

$$e=z_{\alpha/2}\sqrt{\frac{\bar{p}(1-\bar{p})}{n}}$$

위 식을 n에 관해서 풀면 모비율을 추정하는 데 필요한 표본크기는 다음 공식을 이용하여 구할 수 있다.

표본크기의 결정

$$n=\bar{p}(1-\bar{p})\left(\frac{z_{\alpha/2}}{e}\right)^2$$

표본크기를 결정하기 위해서는 표본비율 $\bar{p}$이 필요하다. 그러나 과거경험도 없고 예비조사도 하지 않는 경우에는 가급적 표본크기가 크도록 결정해야 한다. $\bar{p}=0.5$일 때 $\bar{p}(1-\bar{p})=0.25$로서 최대가 되므로 이를 이용해야 한다.

예제 8-7

여론조사 단체에서는 A 정당을 지지하는 유권자의 비율을 조사하려고 한다. 95%의 신뢰수준으로 오차의 범위가 0.03 이하가 되게 하기 위한 표본의 크기는 얼마가 되어야 하겠는가?

풀이

이 예제에서 95% 신뢰구간이므로 $z_{\alpha/2}=1.96$이며, 오차의 한계는 0.03이다. 두 가지 경우로 나누어 첫째, 표본비율을 모른다고 하면, $(z_{\alpha/2}\cdot(0.5)/e)^2=(1.96\times0.5/0.03)^2=1067.11$이므로 표본을 1,068명 이상으로 구성하면 충분하다.

반면, 예비 표본조사 등을 통하여 표본비율이 약 0.3 정도일 것을 추정하면, $\bar{p}(1-\bar{p})(z_{\alpha/2}/e)^2=0.3(1-0.3)(1.96/0.03)^2=896.1$, 즉 표본의 크기는 897명 이상으로 구성해야 한다.

엑셀활용 08 엑셀과 함께하는 자료 처리

(1) 제품 무게의 95% 신뢰구간 설정 — 모표준편차가 알려 있는 대표본의 경우

소비자보호원에서 시장점유율이 가장 큰 세제 생산업자의 제품 중 확률표본으로 36개 세제 상자를 수거하여 조사하였다. 이때 무게의 표본평균은 $\bar{X}=2.97$로 계산되었다. 상자당 세제 용량의 모집단 표준편차는 $\sigma=0.18$kg으로 알려져 있다고 한다.

30 이상의 대표본이며, 모표준편차가 알려져 있는 경우의 신뢰구간을 설정하여 보자. 95% 신뢰구간은 다음의 절차에 따라서 설정할 수 있다.

95% 신뢰구간을 CONFIDENCE.NORM( ) 함수를 이용하는 방법과 직접 구해가는 방법으로 설정하여 보자. 먼저 직접 구하는 과정을 살펴보자.

	A	B	C	D	E	F	G
1	**표본크기**		36	유의수준			
2	**적용분포**		z분포	0.005	0.995	2.576	
3	**표본평균**		2.970	0.025	0.975	1.960	
4	**모표준편차**		0.180	0.050	0.950	1.645	
5	**표준오차**		0.030				
6	**유의수준**	0.025	1.960				
7	**오차한계**		0.059				
8		**하한**	**2.911**				
9		**상한**	**3.029**				
10							
11	**함수사용**	**오차한계**	0.059				
12		**하한**	**2.911**				
13		**상한**	**3.029**				
14							

단계 1 표본크기를 입력한다.

단계 2 표본평균을 입력한다.

단계 3 모표준편차를 입력한다.

단계 4 표준오차 $\sigma/\sqrt{n}$를 계산한다. C5: =C4/SQRT(C1)

단계 5 유의수준에 따른 z값을 계산한다. 많이 사용하는 유의수준 α와 해당 z값을 D2:F4에 먼저 설정해 놓는다. 그리고 VLOOKUP( ) 함수를 사용하면 매우 유용하고 쉽게 z값을 얻을 수 있다. B6 셀에는 $\alpha/2$를 입력한다.

C6: =VLOOKUP(B6, $D$2:$F$4, 3, TRUE)

단계 6 오차한계를 계산한다. 오차한계=z값×표준오차로 계산한다.

C7: =C6*C5

단계 7 구간하한 계산–표본평균–오차한계로 계산한다. C8: =C3–C7

단계 8 구간상한 계산–표본평균+오차한계로 계산한다. C9: =C3+C7

반면 CONFIDENCE.NORM( ) 함수를 이용하면 오차한계를 바로 계산할 수 있다. 이때 유의수준은 $\alpha/2$가 아니라 α을 입력한다.

C11: =CONFIDENCE.NORM(2*B6, C4, C1)

이후 과정은 앞의 단계 7, 단계 8 과정과 같다.

(2) 고객평가지수의 95% 신뢰구간 설정 – 모표준편차가 알려져 있지 않은 대표본의 경우

고객평가지수 파일에서 모집단의 표준편차가 알려져 있지 않다. 이 경우에는 표본의 표준편차를 구하여 계산한다. 고객평가지수.xlsx 파일(www.pncmedia.co.kr의 자료실에서 다운받을 수 있음)에는 표본의 크기가 100인 고객평가지수의 자료가 A2:A101 셀에 제시되어 있다. 이 자료에 대해서도 두 가지 방법을 모두 설명한다. 먼저 직접 구하는 과정부터 살펴보자.

단계 1 표본크기를 계산한다. F2: =COUNT(A2:A101)

모분산이 알려져 있지 않지만 대표본이므로 분포를 적용한다.

단계 2 표본평균을 계산한다. F4: =AVERAGE(A2:A101)

단계 3 표본표준편차를 계산한다. F5: =STDEV.S(A2:A101)

단계 4 표준오차는 $s/\sqrt{n}$으로 계산한다. F6: =F5/SQRT(F2)

단계 5 유의수준에 따른 z값을 계산한다. 앞에서 제시한 바와 같이 많이 사용하는 유의수준 α와 해당 z값을 G7:I5에 먼저 설정해 놓는다. E7 셀에는 $\alpha/2$를 입력한다.

F7: =VLOOKUP(E7, $G$3:$I$5, 3, TRUE)

단계 6 오차한계를 계산한다. F8: =F7*F6

단계 7 구간하한을 계산한다. F9: =F4−F8

단계 8 구간상한을 계산한다. F10: =F4+F8

	A	B	C	D	E	F	G	H	I	J
1	**Score**									
2	98			**표본크기**		100	유의수준			
3	79			**적용분포**		z 분포	0.005	0.995	2.576	
4	100			**표본평균**		82	0.025	0.975	1.960	
5	86			**표본표준편차**		21.000	0.050	0.950	1.645	
6	89			**표준오차**		2.100				
7	55			**유의수준**	0.025	1.960				
8	68			**오차한계**		4.116				
9	37				**하한**	**77.884**				
10	63				**상한**	**86.116**				
11	99									
12	86			**함수사용**	**오차한계**	4.116				
13	96				**하한**	**77.884**				
14	74				**상한**	**86.116**				
15	51									

그리고 앞의 사례와 마찬가지로 CONFIDENCE.NORM( ) 함수를 이용하여 오차한계를 계산한다. 이때 유의수준은 $\alpha/2$가 아니라 α임을 명심해야 한다.

F12: =CONFIDENCE.NORM(2*E7, F5, F2)

이후 과정은 앞의 **단계 7**, **단계 8** 과정과 같다.

(3) 고객평가지수의 95% 신뢰구간 설정 — 모표준편차가 알려져 있는 소표본의 경우

이 경우는 앞에서 제시한 모표준편차가 알려져 있는 대표본의 경우와 같으므로 똑같은 절차에 따라서 설정하면 된다.

(4) 모표준편차가 알려져 있지 않은 소표본의 95% 신뢰구간 설정

컴퓨터지원훈련시간 파일(www.pncmedia.co.kr의 자료실에서 다운받을 수 있음)의 자료(A2:A16)는 15명의 종업원에 대한 훈련시간을 제시한 것이다. 이 경우는 모집단의 표준편차가 알려져 있지 않기 때문에 표본 표준표본편차로 대체하여 계산한다. 95% 신뢰구간은 두 가지 방법으로 계산할 수 있다. 하나는 직접 계산하는 방법과 다른 하나는 CONFIDENCE.T( ) 함수를 이용하는 방법이다.

먼저 직접 계산하는 방법을 알아보기로 하자. 이 과정은 앞의 대표본에서 구하는 과정과 유사하다.

단계 1 표본크기를 계산한다. E2: =COUNT(A2:A16)

모분산이 알려져 있지 않고, 소표본이므로 t분포를 적용한다.

단계 2 표본평균을 계산한다. E4: =AVERAGE(A2:A16)

단계 3 표본표준편차를 계산한다. E5: =STDEV.S(A2:A16)

단계 4 표준오차는 $s/\sqrt{n}$으로 계산한다. E6: =E5/SQRT(E2)

단계 5 유의수준에 따른 t값을 계산한다. 많이 사용하는 유의수준 α와 해당 t값을 F4:G7에 먼저 설정해 놓는다. 이때 표본크기와 연계해서 t값이 계산되도록 한다. D7 셀에는 α를 입력한다. 비슷한 값도 찾을 수 있도록 여기서는 true 대신 false를 입력한다.

E7: =VLOOKUP(D7, $F$4:$G$7, 2, FALSE)

단계 6 오차한계를 계산한다. E10: =E6*E7

단계 7 구간하한을 계산한다. E11: =E4−E10

단계 8 구간상한을 계산한다. E12: =E4+E10

	A	B	C	D	E	F	G	H
1	Time							
2	52		표본크기		15			
3	44		적용분포		t 분포	유의수준	해당 t값	
4	55		표본평균		53.867	0.10	1.761	
5	44		표본표준편차		6.823	0.05	2.145	
6	45		표준오차		1.762	0.02	2.624	
7	59		유의수준	0.05	2.145	0.01	2.977	
8	50							
9	54							
10	62			오차한계	3.778			
11	46			하한	50.088			
12	54			상한	57.645			
13	58							
14	60		함수사용	오차한계	3.778			
15	62			하한	50.088			
16	63			상한	57.645			
17								
18								

CONFIDENCE.T( ) 함수를 이용하는 방법은 다음과 같다.

E14: =CONFIDENCE.T(D7, E5, E2)

이후 과정은 앞의 단계 7, 단계 8 과정과 같다.

(5) 모비율의 95% 신뢰구간 설정

본문의 예제 8-5에 제시되어 있는 대학원 진학비율에 대한 95% 신뢰구간 설정 과정을 자세히 살펴보도록 하자. 모비율 신뢰구간은 직접 계산하는 과정을 통하여 살펴보도록 하자. 앞에서 제시한 과정과 유사하다.

단계 1 표본크기를 계산한다.

대표본으로써 z분포를 적용한다.

단계 2 표본비율을 계산한다. C4: =B4/C2

단계 3 표준오차는 $\sqrt{\dfrac{p(1-p)}{n}}$으로 계산한다. C5: =SQRT(C4*(1-C4)/C2)

단계 4 유의수준에 따른 z값을 계산한다. 많이 사용하는 유의수준 α와 해당 z값을 D3:F6에 먼저 설정해 놓는다. 대표본의 경우와 같이 B6 셀에는 $\alpha/2$를 입력한다. 같은 값을 찾을 수 있도록 여기서는 true를 입력한다.

E7: =VLOOKUP(B6, $D$3:$F$6, 3, TRUE)

단계 5 오차한계를 계산한다. C7: =C5*C6

단계 6 구간하한을 계산한다. 표본비율−오차한계로 계산한다. C8: =C4−C7

단계 7 구간상한을 계산한다. 표본비율+오차한계로 계산한다. C9: =C4+C7

	A	B	C	D	E	F	G
1							
2	**표본크기**		400	유의수준			
3	**적용분포**		z 분포	0.005	0.995	2.576	
4	**표본비율**	32	0.080	0.025	0.975	1.960	
5	**표준오차**		0.014	0.050	0.950	1.645	
6	**유의수준**	0.025	1.960	0.100	0.900	1.282	
7	**오차한계**		0.027				
8		**하한**	**0.053**				
9		**상한**	**0.107**				
10							
11							

CHAPTER 8

연습문제

1 한 병원에서 환자의 대기시간 (접수시점부터 진료를 받을 때까지의 시간)은 정규분포를 따르며, 표준편차가 1.5시간이라고 한다. 다음에 답하여라.

❶ 환자 26명에 대하여 조사한 결과, 평균 대기시간이 1.52시간이 나왔다고 한다. 모평균에 대한 95% 신뢰구간을 구하여라.

❷ 37명의 환자들에 대해서 조사한 결과, 평균대기시간이 1.52시간이 나왔다고 한다. 모평균에 대한 95% 신뢰구간을 구하여라.

❸ 위의 두 경우를 비교할 때, 표본의 크기가 신뢰구간에 어떤 영향을 미치는지 설명하시오.

2 퇴직 이력이 있는 회사 임원 50명에 대한 조사에서 이전 직장을 그만둔 이후 새로운 직장을 얻을 때까지 평균 26주가 소요되었다는 결과를 얻었으며, 이때 표준오차는 6.2주였다. 모평균에 대한 95% 신뢰구간을 구하시오. 모평균이 28주라고 할 수 있는가?

3 한 여론조사 기관에서 각 정당의 지지율에 대한 실시한 여론 조사 결과, A 정당의 지지율은 24.5%, B 정당의 지지율은 22.5%이었다고 한다. 이 조사는 전국 성인남녀 1,058명을 대상으로 하였고 95% 신뢰수준에서 표본오차는 ±3%라고 한다. 이 의미에 대해서 설명하시오.

4 대학 신입생들의 월간 용돈지출을 알아보기 위해 100명을 임의로 추출하여 월간 지출규모를 조사한 결과 평균 30만원, 표준편차 5만원이었다. 대학 신입생들의 월간 평균 용돈지출액에 대한 95% 신뢰구간을 구하라.

5 성일전자에서 휴대폰용 카메라 조립시간은 분산이 9일인 정규분포를 따른다고 한다. 종업원 25명을 추출하여 실제 조립시간을 측정한 결과 평균 2.5분이었다. 이 경우 모든 종업원의 평균조립시간에 대한 90% 신뢰구간을 구하라.

6 성일전자의 제품 모집단에서 10개의 표본을 추출하여 제품강도를 측정한 결과는 다음과 같다. 모집단은 정규분포를 따른다고 할 때, 제품강도의 평균에 대한 99% 신뢰구간을 구하라.

제품강도	12	14	11	10	16	18	14	12	13	15

7 제약회사에서는 새로 개발된 어린이용 치약의 충치예방효과에 대한 임상실험을 하였다. 어린이 12명을 대상으로 한 실험에서 일정기간 새로운 치약을 사용한 경우 충치발생수를 조사하여 다음과 같은 자료를 얻었다. 이 경우, 새로 개발된 치약의 평균 충치 수에 대한 99% 신뢰구간을 구하라.

충치 수	1	1.3	2.1	1.2	0.6	0.5	1.2	1.4	0.8	1	0.9	1.1

8 광고효과를 측정하기 위하여 광고에 노출된 100명을 대상으로 측정한 결과 이 중 15명에게서 광고효과가 있는 것으로 나타났다. 모집단 비율에 대한 95% 신뢰구간을 구하라.

9 휴대폰 사용자 중 만성두통을 호소하는 경우는 조사대상 300명 중 20명에 이르렀다고 하자. 휴대폰 사용자 중 만성두통을 호소하는 비율에 대한 90% 신뢰구간을 추정하라.

10 오차한계 0.5, 신뢰수준 80%로 모평균을 추정하고자 한다. 모집단은 정규분포를 따르고, 분산은 2.5라고 할 때, 표본크기는 얼마로 해야 하나?

11 어떤 조사기관에서는 지속적으로 흡연을 하는 사람이 일주일에 흡연을 위해 소비하는 금액에 대해 조사하고 있다. 대상분포는 정규분포이며, 표준편차는 5(천원)이다. 49명의 흡연자를 조사하니 표본평균이 20(천원)이었다. 다음 질문에 답하시오.

❶ 모평균에 대한 추정치를 구하고 의미를 해석하시오.

❷ 95% 신뢰수준에서 모평균에 대한 신뢰구간을 구하고 의미를 해석하시오.

❸ 표본크기가 64로 늘었다고 하자. 표본평균값은 변화가 없었다. 모평균에 대한 95% 신뢰구간을 구하고 신뢰구간의 폭이 좁아진 이유를 설명하시오.

12 한 신문사의 신문 제작 담당자는 잘못 인쇄되는 신문용지 내용들을 분석하여 보다 체계적으로 관리하고자 한다. 먼저 200 용지의 확률표본을 추출하여 검사해 본 결과 35 용지에 오류가 나타났다. 이 담당자가 90% 신뢰수준에서 모집단의 참값을 추정하려고 한다.

❶ 신뢰구간을 설정하라.

❷ 오차한계를 0.05로 한다면 표본크기는 어느 정도 해야 하나?

13 어떤 학생이 모평균에 대한 95% 신뢰구간을 구했더니 신뢰한계가 46과 54였다. 표본평균은 50이었고, 표준오차는 16이었다. 표본크기가 최소한 30 이상인 것은 확실했으나 정확한 크기는 기억하지 못하였다. 표본크기는 얼마인가?

14 어떤 학교에서는 어떤 안건이 통과되려면 전체 학생 수의 3/4 이상이 동의해야 한다는 교칙을 준수하고 있다. 전체 학생들 중 2,000명에 대한 표본조사에서 1,600명이 어떤 안건에 동의하였다. 다음의 질문에 답하시오.

❶ 모비율에 대한 점추정치를 구하시오.

❷ 모비율에 대한 95% 신뢰구간을 구하시오.

❸ 이러한 추정을 통해 학생들의 동의비율이 정관의 조건을 충족하는지 쓰시오.

15 어떤 체육대회에서는 모든 참가 지원 선수들이 사전 평가를 받아야 한다. 지난 경기에서는 220명의 지원자 가운데 14명이 사전 평가에서 탈락하여 경기에 출전하지 못했다. 그리고, 대회시즌이 아니라도 수시로 평가를 실시하고 있는데, 작년에는 전체 선수들 중 400명에게 수시 평가를 실시하여 그중 14명이 평가 기준을 넘지 못해 탈락하였다. 다음의 질문에 답하시오.

❶ 체육대회 참가 지원 선수들 중 사전 평가에서 탈락하는 비율에 대한 99% 신뢰구간을 구하시오.

❷ ❶의 결과를 기반으로 참가 지원 선수들의 10% 이상이 이 평가에서 탈락한다고 결론내릴 수 있는가?

❸ 수시 평가 결과를 토대로 선수들 중 5% 미만이 이 평가에서 탈락한다고 결론내릴 수 있는가?

16 가정주부가 세제의 브랜드명을 용기의 모양과 색깔을 통해 인식하는 비율에 대해 추정하기 위해 시장조사를 실시하였다. 조사결과 1,400명의 주부 중 420명이 용기의 모양과 색깔만으로 브랜드명을 인식하였다. 다음 질문에 답하시오.

❶ 모비율에 대한 점추정을 수행하시오.

❷ 모비율에 대한 95% 신뢰구간을 구하시오.

17 A 도시에는 20,000명의 유권자가 있는데, 500명의 유권자를 대상으로 조사한 결과 350명이 현재의 시장에게 투표할 것이라고 답했다. 이 도시의 전체 유권자 가운데 현 시장에게 투표할 비율에 대한 99% 신뢰구간을 구하시오. 이 결과를 토대로 현 시장은 재선이 확실시되는지도 검토하시오.

18 두 개 이상의 직업을 가진 사람의 비율에 대한 조사를 하려고 한다. 50명에 대한 예비조사결과 그중 5명이 두 개 이상의 직업을 가진 것으로 조사되었다. 모비율에 대해 95% 신뢰수준에서 2% 이내의 오차로 구간추정할 때, 필요한 표본의 크기는 얼마인지 구하시오.

19 선거를 앞두고 한 케이블 뉴스가 1,000명의 유권자를 대상으로 실시한 표본조사에서 A정당 후보에 대한 지지율이 52%이고 B정당 후보에 대한 지지율이 48%인 것으로 나타났다.

❶ A정당 후보의 지지율에 대한 95% 신뢰구간을 구하시오.

❷ B정당 후보가 실제로 앞서고 있을 확률에 대해 추정하시오.

❸ 만약 문제에서 제시한 결과가 3,000명의 유권자를 표본으로 실시한 결과라면 어떻게 되는지 위의 분석을 다시 시행하시오.

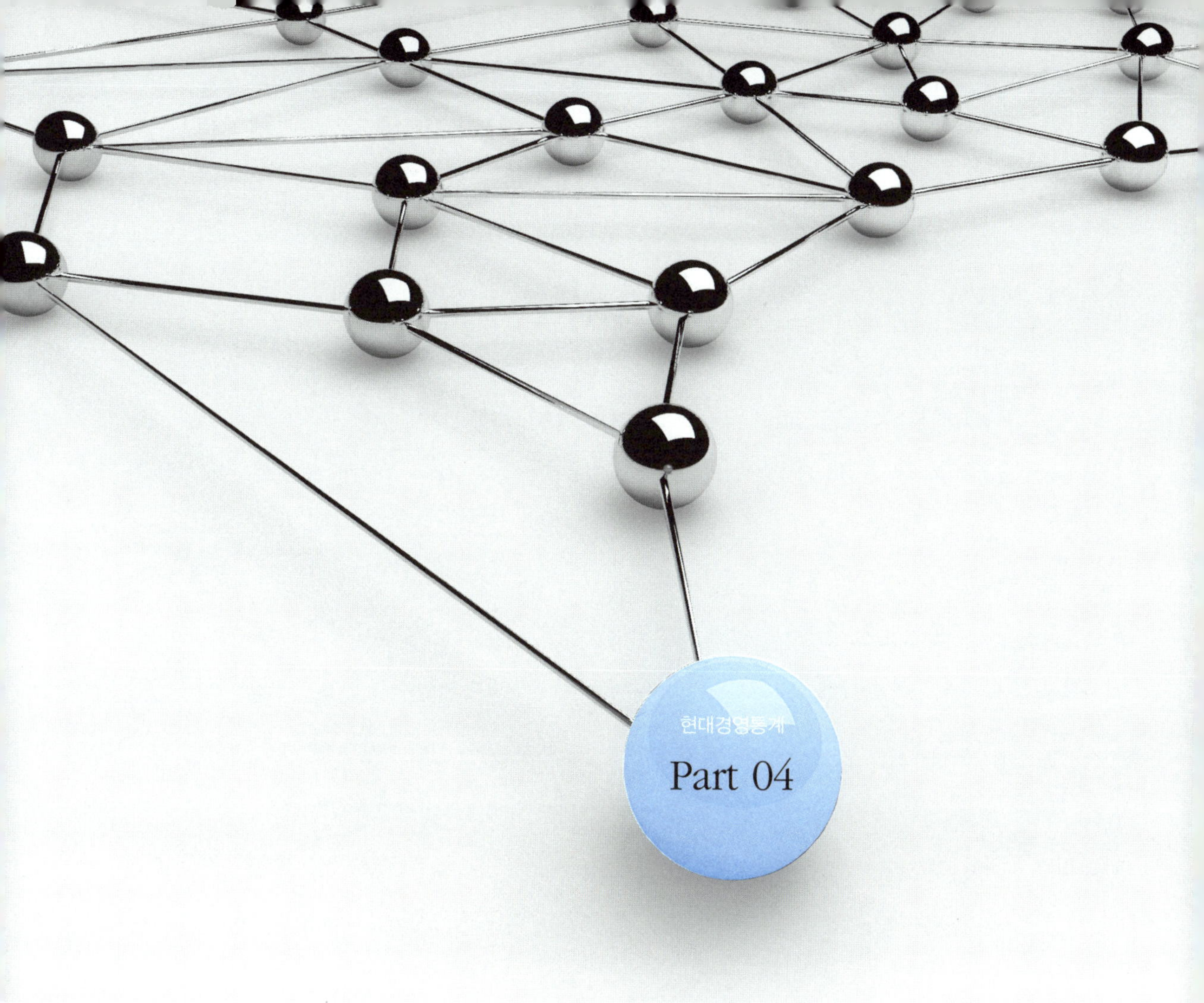

전체에 대한 가설 설정과 평가

가설검정

앞의 7, 8장에서 표본통계량을 이용하여 모수의 점추정치과 구간추정치를 구하는 방법을 살펴보았다. 이 장에서는 통계적 추론의 또 다른 영역으로, 가설로 설정한 모수값을 표본통계량의 값으로 기각해야 할지 또는 채택해야 할지를 결정하는 가설검정에 대해서 살펴보기로 한다.

가설검정은 모수에 대한 시험적인 가정으로부터 시작한다. 가설이란 모집단의 특성치인 모수에 대한 믿음이며, 이 믿음에 대한 시험적인 가정을 귀무가설(null hypothesis)이라고 하고, H_0으로 표시한다. 반면 귀무가설의 내용과 상반된 가설을 대립가설이라 하고, H_a로 표시한다. 가설검정 절차에서는 경쟁적인 두 가설을 검정하기 위해 표본자료를 구체적으로 활용하는 방법도 포함한다. 이 장에서는 모평균과 모비율에 대하여 어떻게 가설검정할 것인가를 살펴본다. 먼저 귀무가설과 대립가설을 설정하는 방법에 대해서 살펴보자.

9.1 귀무가설과 대립가설의 설정

대개의 경우 귀무가설과 대립가설을 설정하는 방법이 명확하게 주어져 있지는 않다. 처음에 귀무가설과 대립가설을 적절하게 설정한다는 것이 쉽지 않고 다소 혼란스럽다. 그러나 조금만 주의를 기울이면 가설을 적절하게 설정할 수 있고, 가설검정을 통하여 의사결정자가 원하는 정보를 얻을 수 있다. 거기에다 실무적인 경험이 부가되면 가설을 보다 정확하게 설정할 수 있다. 통계학에서의 의사결정은 대개 보수주의적인 입장을 유지하려는 경향이 크다. 기존의 주장이 맞을 것이라는 입장에서 가설을 검정해 나가는 것이다. 이러한 전제하에 다음 세 가지 유형의 상황을 통하여 귀무가설과 대립가설을 설정하여 보자.

(1) 새로운 연구가설의 검정

일반적으로 새로운 연구 대상에 대한 가설은 대립가설로 설정한다. 자동차 엔진의 평균 연료 효율을 증가시키기 위한 새로운 시스템을 개발하였다고 한다면 연구자의 입장에서 현재의 효율을 더 증가시킨 시스템을 연구 개발한 경우가 되어 대립가설을 설정할 수 있다. 이에 따라 다음과 같이 가설을 설정할 수 있을 것이다.

H_0 : $\mu \leq \mu_0$
(새로운 엔진 시스템의 연료효율은 기존 엔진 시스템의 연료효율보다 우수하지 않다.)

H_a : $\mu > \mu_0$
(새로운 엔진 시스템의 연료효율은 기존 엔진 시스템의 연료효율보다 우수하다.)

표본자료를 통하여 귀무가설을 기각하게 된다면 연구자는 자신의 새로운 연구가설인 대립가설이 옳다고 추론하게 될 것이다.

(2) 생산자의 주장에 대한 타당성 검정

청량음료를 생산, 판매하는 한국기업의 주장에 대한 타당성을 검정하고자 할 경우가 있다. 이 기업은 최소한 120ml가 담긴 청량음료를 생산하고 있다고 주장하고 있다. 이 경우 표본자료가 이 기업의 주장을 뒤엎을 만한 증거를 확보하지 않는다면 그 기업의 주장이 인정될 수밖에 없을 것이다. 이 예에 대한 귀무가설과 대립가설은 다음과 같이 설정할 수 있을 것이다.

H_0 : $\mu \geq 120$ (한국기업의 청량음료의 용량은 최소 120ml이다.)

H_a : $\mu < 120$ (한국기업의 청량음료의 용량은 120ml 미만이다.)

표본자료를 통하여 귀무가설이 기각되지 않는다면 이 기업의 주장을 뒤엎을 수 없다. 그러나 귀무가설이 기각된다면 이 기업의 주장이 잘못되었다는 통계적 증거를 확보하게 되고 청량음료는 120ml에 미치지 못하는 용량을 가지고 있다고 말할 수 있다. 이 경우 해당 기업은 부족한 용량으로 인한 책임을 지어야 한다.

이 경우는 앞의 예와는 달리 주장이 참이라는 전제하에서 귀무가설이 설정되는 경우이다. 귀무가설의 기각은 바로 그 가정이 잘못되었다는 통계적 증거를 확보하는 상황이 되며, 그 주장에 대한 시정조치가 이루어지게 될 것이다.

(3) 양자택일 상황에 대한 검정

앞의 두 경우와는 달리 두 가지 대안 중에서 한 대안만을 선택하는 양자택일의 경우로써 한 대안은 귀무가설과 연계되고, 다른 대안은 대립가설과 연계되는 경우이다.

제품규격 명세서에 따라서 부품의 평균 길이가 2cm되어야 제품을 입고하고, 그렇지 않으면, 즉 2cm보다 짧거나 길면 제품을 입고하지 않는 품질관리자의 경우를 생각하여 보자.

이때의 귀무가설과 대립가설은 다음과 같이 설정할 수 있다.

H_0 : $\mu=2$ (제품의 평균길이는 2cm이다.)

H_a : $\mu\neq 2$ (제품의 평균길이는 2cm보다 짧거나 길다.)

표본자료를 통하여 귀무가설을 기각시키지 못하면 품질관리자는 공급자의 제품이 제품 규격 명세서를 충족시키지 못한다는 의심을 가질 만한 이유를 찾지 못하게 된다. 그렇게 되면 입고를 허락하게 될 것이다.

만약 귀무가설을 기각하게 되면 제품 명세서를 만족시키지 못한다는 결론을 내리게 되고 제품 입고를 거부하게 될 것이다.

(4) 귀무가설과 대립가설의 형식

귀무가설과 대립가설을 설정하기 위해 사용하는 특정한 모평균값을 μ_0로 표기하면, 일반적으로 모평균 μ에 대한 가설검정 형태는 다음 세 가지 중 하나가 된다.

H_0: $\mu\geq\mu_0$ H_0: $\mu\leq\mu_0$ H_0: $\mu=\mu_0$

H_a: $\mu<\mu_0$ H_a: $\mu>\mu_0$ H_a: $\mu\neq\mu_0$

대개의 경우 H_0과 H_a의 선택이 분명하지 않기 때문에 적절한 형태를 잘 판단하여 선택하여야 한다. 그러나 앞의 형식에서 보는 것처럼, 다음과 같은 표현($\geq$, $\leq$, $=$)으로 귀무가설을 설정하지만, 등식($=$)으로 설정할 수도 있다.

H_0과 H_a의 적당한 형식을 선택함에 있어서 명심해야 할 것은 대립가설은 귀무가설과 상반된 내용이 설정되어 있어야 한다는 것이다. 따라서 대립가설인 H_a를 수용하는 것은 $\mu < \mu_0$, $\mu > \mu_0$ 또는 $\mu \neq \mu_0$을 입증할 만한 증거를 확보하느냐에 따라서 달라진다.

예제 9-1

다음의 상황에 대해 가설을 수립해 보시오.

(1) 월 평균 판매량이 30대 이하인 A 자동차 회사는 새로운 마케팅 정책을 펼치고 한 달이 지났다. 새로운 마케팅 정책이 효과가 있었는지를 판단하고자 한다.

(2) 박카스를 생산하는 동아제약은 제품 함량이 표기된 사양과 동일하게 100ml라고 주장한다. 이 회사의 주장이 맞는지 검증하려 한다.

(3) A사가 판매하는 가공치즈의 용량은 최소 200그램 이상되어야 한다.

풀이

(1) 귀무가설: $\mu \leq 30$ 대립가설: $\mu > 30$

(2) 귀무가설: $\mu = 100$ 대립가설: $\mu \neq 100$

(3) 귀무가설: $\mu \geq 200$ 대립가설: $\mu < 200$

9.2 제1종 오류와 제2종 오류

가설검정은 대립가설과 귀무가설 중 어느 것이 절대적으로 옳은지를 판정하는 것이 아니다. 이것은 진정한 모수를 알고 있어야만 대답할 수 있는 문제이며, 추론통계학에서는 전수조사 대신에 표본조사의 결과를 사용하기 때문에 진정한 모수를 알지 못한다. 가설검정은 표본조사를 통해 대립가설에 대해 어느 정도 확신을 가질 수 있는지를 알아보는 것이다. 즉, 대립가설은 타당성을 평가하고자 하는 주장으로 구성하게 된다. 반면 귀무가설에 대해서는 확신의 정도를 분석하지 않는다.

귀무가설과 대립가설은 모집단에 관해 상호배반적인 내용을 기술하고 있다. 그러므로 모두가 참일 수는 없고, 귀무가설이 참이거나 대립가설이 참이거나 하게 된다.

이상적인 가설검정 절차가 이루어진다면 H_0이 참일 때 H_0을 채택하고, H_a가 참일 때는 H_0은 기각하게 된다. 그럼에도 불구하고 항상 올바른 결론은 내릴 수 없다. 가설검정이 표본정보에 기초하기 때문에, 오류의 가능성이 나타날 수 있기 때문이다.

〈표 9.1〉에서 가설검정을 할 때 나타나는 두 종류의 오류에 대해 정리하였다. 〈표 9.1〉의 첫 줄은 H_0이 참이라고 판정하여 채택하는 경우이다. 만약 H_0이 참이라면, 이 결론은 옳다. 그러나 H_a가 참이라면, 제2종 오류(type II error)를 범하게 된다. 다시 말해, 귀무가설이 거짓임에도 불구하고 귀무가설 H_0을 채택한 것이다.

〈표 9.1〉의 두 번째 줄은 귀무가설인 H_0이 기각이라고 판정하는 경우이다. 만약 H_0이 참이라면, 제1종 오류(type I error)를 범하게 된다. 다시 말해서, 귀무가설이 참임에도 불구하고 H_0을 기각한 경우이다.

표 9.1 가설검정 판정에서의 참과 오류

		모집단 실제	
		귀무가설 H_0 참	대립가설 H_a 참
판정	H_0 채택	바른 판정	Ⅱ종 오류
	H_0 기각	Ⅰ종 오류(α)	바른 판정

가설검정을 할 경우 제1종 오류를 범할 수 있는 최대한의 허용가능 확률을 적절하게 활용한다. 이 때 제1종 오류를 범할 수 있는 최대한의 허용가능 확률을 유의수준이라 한다. 가설검정에 있어서 유의수준은 가설을 기각, 판정함에 있어서 매우 중요한 판단수준이 된다.

유의수준

유의수준은 제1종 오류를 범할 수 있는 최대한의 허용가능 확률이다.

유의수준은 앞에서 언급한 오차율이 되는 것이다. 대개 유의수준은 0.05와 0.01의 확률을 선택한다.

제1종 오류를 범할 수 있는 확률, 즉 유의수준을 아주 작은 값으로 통제할 수 있다면, 높은 신뢰수준에서 귀무가설을 기각 판정함을 의미한다. 이는 대립가설이 참이라는 주장에 대해 높은 수준의 통계적인 지지를 얻을 수 있다는 것이다.

그러나 제1종 오류를 범할 확률을 통제한다고 해서 반드시 제2종 오류를 범할 확률을 통제할 수 있는 것은 아니다.

귀무가설 채택을 결정한다고 해서 그 결정을 얼마만큼 신뢰하느냐는 것과는 차이가 있다. 판정을 할 때의 적절한 서술로 "귀무가설 H_0을 채택한다"는 말 대신에 "귀무가설 H_0을 기각하지 못한다"고 하는 것이 좋다. 귀무가설 H_0를 기각하지 못하는 것이 채택하는 것을 의미하지 않는다.

9.3 대표본에서의 모평균에 대한 단측검정

대표본에서의 모평균 가설검정을 위해 동천식품(주) 사례를 검토하도록 하자.

예제 9-2

건강 보조식품을 생산하고 있는 동천식품(주)은 최근 건강에 대한 관심이 고조되고 있는 트렌드에 따라 헬스용 건강 보충식품을 생산하여 판매하고 있으며 주기적으로 품질검사를 받고 해당 정부 부서에 신고하고 있다. 이 회사에서 생산 및 판매하고 있는 헬스용 보충식품은 최소 3kg의 분말이 들어 있다고 제품에 명시하고 있다. 상자당 제품 용량의 모집단표준편차는 $\sigma=0.18$kg으로 알려져 있다고 한다.

정부의 소비자 정책과 담당자는 해당 제품에 대해 36개의 상자를 확률표본으로 선택하여 표본평균을 계산하였다. 이때 36개 상자의 표본평균이 $\bar{X}=2.91$라고 하면 어떤 판정을 내리게 될까? 그리고 그 무게가 $\bar{X}=2.97$이라고 한다면 어떤 판정을 내릴 수 있을까?

소비자 정책과의 담당자가 동천식품(주)의 보충식품 용량이 제품에 적힌 대로 최소 3kg 이상인 것을 유의수준 1%에서 확신할 수 있다면 사후 조치를 취하지 않을 것이라고 하였다.

가설을 검정하는 절차는 거의 정형화된 절차를 가지고 있다. 정형화된 절차에 따라 진행하면 쉽게 결론을 얻을 수 있다. 대개의 가설검정 절차는 다음과 같은 순서로 진행한다.

① 귀무가설과 대립가설 설정

② 검정에 적용할 분포와 검정통계량 선택

③ 유의수준 지정과 임계값 결정

④ 표본자료를 수집하여 검정통계량을 계산

⑤ 임계값과 검정통계량의 비교와 H_0 기각 여부 판정

이러한 절차에 따라서 위의 사례를 토대로 하여 가설을 검정하여 보자.

(1) 귀무가설과 대립가설의 설정

가설검정의 첫 번째 단계는 적절한 귀무가설과 대립가설을 설정하는 일이다.

제품에 3kg 이상의 분말이 있다고 한다면 제품 명세 내용이 참이지만, 제품 용량이 3kg 미만이 되면 제품 명세가 거짓이 된다. 이 경우 소비자 정책과에서는 생산자가 주장하는 용량보다는 적은 제품을 색출하여 1차 경고를 주고 계속해서 시정조치가 없이 계속 다수가 발생한다면 벌금을 부과한다고 한다.

생산자의 주장에 대한 타당성을 검정하므로 동천식품(주)의 주장이 참이라고 전제하여 가설을 설정한다. μ는 상자당 들어 있는 제품 용량의 모평균이라고 두고 다음과 같이 귀무가설과 대립가설을 설정할 수 있다.

$$H_0: \mu \geq 3$$

$$H_a: \mu < 3$$

만약 표본자료를 통한 검사에서 귀무가설이 기각되지 않으면 별다른 문제가 없다. 그러나 표본자료를 통한 검사에서 귀무가설이 기각된다면, 대립가설이 참이라는 결론에 대한 통계적 증거를 지니게 되며, 이에 따라 용량 미달에 대한 후속 조치를 취하게 될 것이다.

(2) 적용할 분포와 검정통계량 선택

두 번째 단계는 적용할 분포를 검토하고, 검정통계량을 결정하는 단계이다.

사례에서와 같이 정부 담당자는 36개의 제품 상자를 확률표본으로 선택하였으며, 제품 용량의 모집단표준편차는 $\sigma=0.18$kg으로 알고 있다.

모표준편차가 알려져 있고, 표본크기 또한 30 이상이기 때문에 $\bar{X}$의 표본분포는 앞에서 이미 검토한 바 있는 중심극한정리에 의하여 정규분포에 근사함을 알 수 있다.

[그림 9.1]은 $\mu=3$에서 귀무가설이 참이라고 할 때, $\bar{X}$의 표본분포를 나타낸다. 즉, $\bar{X}$의 표본분포는 평균 μ, 분산 σ^2/n인 정규분포 $N(\mu,\ \sigma^2/n)$을 이룬다. 그리고 표본통계량인 $\dfrac{\bar{X}-\mu}{\sigma/\sqrt{n}}$는 평균이 0이고 분산이 1인 표준정규분포 $N(0,\ 1)$을 따른다. 이 표본통계량을 Z통계량이라 하고 가설검정을 위한 검정통계량으로 사용할 것이다. 검정통계량은 귀무가설을 기각, 채택하는지의 여부를 판정하기 위해 사용하는 표본통계량을 말한다.

그림 9.1 귀무가설이 참이라고 할 때($\mu=3$)의 $\bar{X}$의 표본분포

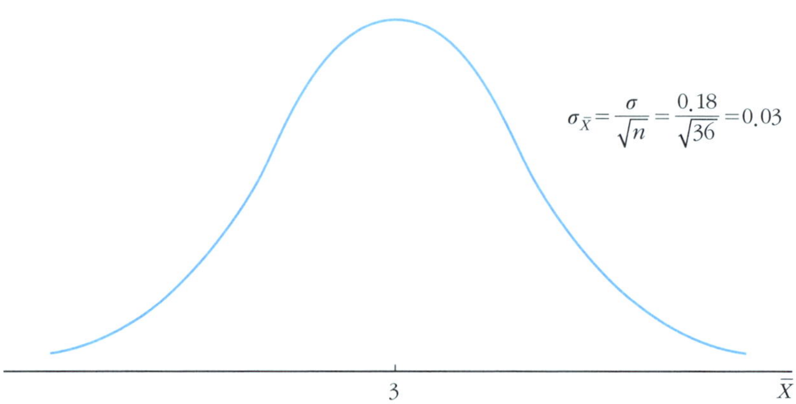

검정통계량

귀무가설의 기각 여부를 판정하기 위해 사용하는 표본통계량이다.

(3) 유의수준 지정과 임계값 결정

적용할 분포와 검정통계량이 정해지면 그 다음으로 유의수준과 함께 귀무가설의 기각과 채택을 결정하는 임계값을 계산한다.

가설검정 절차에서 제1종 오류를 범할 최대 허용 가능한 확률, 즉 유의수준을 먼저 명시하여야 한다. 유의수준은 α로 표시하며, $\mu=\mu_0$에서 귀무가설이 참일 때 제1종 오류를 범할 확률을 나타낸다.

이때 주의할 것은 검정이 단측인지 양측인지를 구분하여 유의수준을 적용하고 임계값을 계산하여야 정확한 검정을 수행할 수 있다. 대개 가설을 설정할 때 결정된다.

소비자 정책과의 담당자가 언명한 내용에서 1%는 오류를 범할 가능성이 있다는 것을 의미한다. 정책 담당자의 말은 제1종 오류를 범할 최대 허용 가능한 확률인 유의수준을 $\alpha=0.01$로 설정한다는 것이다.

그림 9.2 $\alpha=0.01$ 유의수준에서의 기각영역

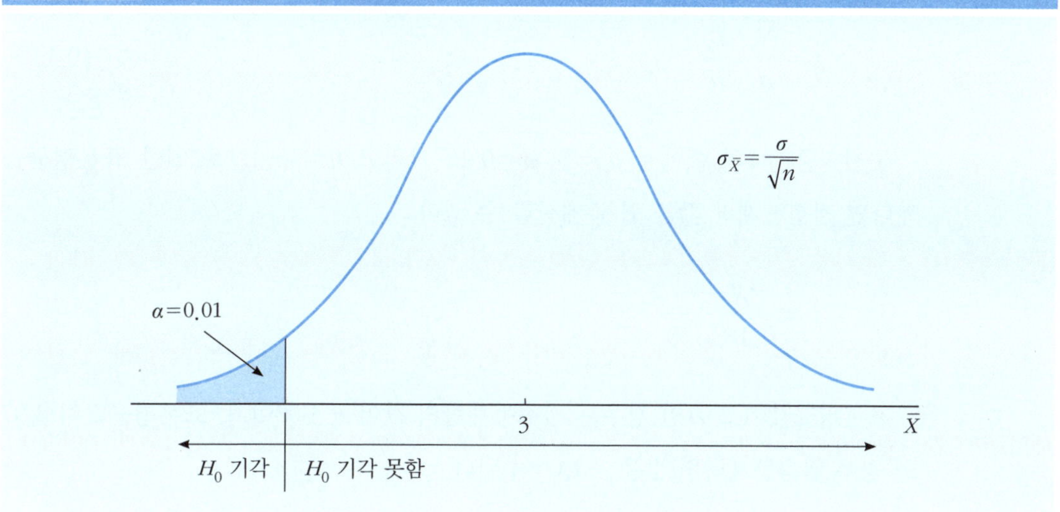

[그림 9.2]에서 $\bar{X}$의 표본분포와 유의수준 $\alpha=0.01$에 해당하는 단측검정의 기각영역(rejection region)을 설정하였다. 귀무가설이 $\mu=3$에서 참인 표본분포에서 $\bar{X}$가 기각영역에 있을 확률이 0.01이라는 것은 제1종 오류를 범할 확률이 0.01이라는 것이다.

유의수준 $\alpha=0.01$에서의 기각영역을 계산한다. 적용 분포가 정규분포를 따르기 때문에, 표준정규분포표를 이용하여 $\alpha=0.01$의 면적을 갖는 z값을 찾을 수 있다. 그 결과 z값은 $z=-2.33$임을 알 수 있다. 귀무가설을 기각 또는 채택하는 기준 통계량 값을 임계값(critical value)이라고 한다.

임계값

귀무가설을 기각 또는 채택하는 기준 통계량 값이다.

(4) 검정통계량 계산

네 번째 단계로 가설검정에 사용할 검정통계량을 계산한다.

관찰된 표본평균 $\bar{X}$가 기각영역 내에 있을지 여부는 검정통계량을 계산함으로써 알 수 있다. 이미 적용할 분포에서 검토하였듯이 z검정통계량을 사용한다. 적용할 검정통계량은 다음과 같다.

$$z=\frac{\bar{X}-\mu_0}{\sigma/\sqrt{n}} \tag{9.1}$$

동천식품(주)의 예에서 $\mu_0=3$, $\sigma=0.18$ 그리고 $n=36$이므로 일단 표본평균을 안다면 검정통계량 값을 쉽게 계산할 수 있다.

$$z=\frac{\bar{X}-3}{0.18/\sqrt{36}}$$

표본평균값이 2.91인 경우는 검정통계량의 값이 -3.00이고, 표본평균값이 2.97인 경우 검정통계량의 값은 -1.00이 된다.

(5) 기각 규칙과 가설의 판정

이후 계속 진행되는 가설검정 절차는 크게 두 가지 방법을 이용하여 행할 수 있다. 하나는 검정통계량의 계산값을 근거로 판정하는 방법이고, 다른 하나는 p값 기준에 근거하여 판정하는 방법이다.

먼저 검정통계량 판정법을 살펴보기로 하자.

① 검정통계량 판정법

[그림 9.3]에 $\bar{X}$의 표본분포와 검정통계량 z의 표본분포가 주어져 있다. $\bar{X}$의 값에 대응하는 z값이 있다. 유의수준 $\alpha=0.01$에서의 기각영역이 [그림 9.3]에 표시되어 있다.

앞 단계에서 계산한 임계값인 $z=-2.33$을 이용하여 가설검정의 기각규칙을 설정할 수 있다.

$z<-2.33$이면 귀무가설 H_0 기각

계산한 검정통계량의 값이 -2.33보다 작으면 귀무가설을 기각하게 되고 대립가설을 채택하게 된다. 이 사례에서와 같이 기각영역이 한쪽으로만 설정하여 검정할 경우, 단측검정이라고 한다.

그림 9.3 $\bar{X}=2.91$에 대한 표본분포와 검정통계량

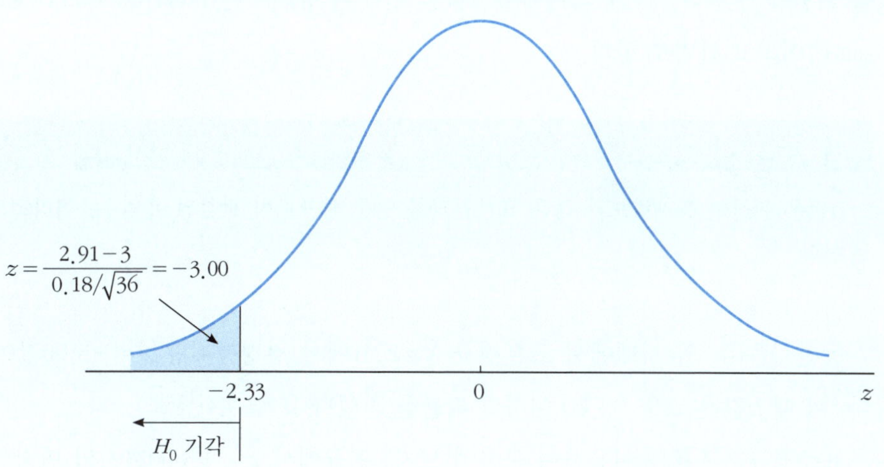

36개 상자의 표본평균이 $\bar{X}=2.91$이라고 하면 검정통계량은 -3.00이 된다.

$$z=\frac{2.91-3}{0.18/\sqrt{36}}=-3.00$$

-3.00을 임계값인 -2.33과 비교하면 임계값보다 작다. 따라서 계산한 검정통계량은 기각영역 내에 있게 된다. 따라서 귀무가설을 기각하게 되고, 대립가설이 참이라는 판정을 내리게 된다. 소비자 정책과에서는 제품 보증을 위한 사후 조치를 취하게 될 것이다.

36개 상자의 표본평균이 $\bar{X}=2.97$이라고 하면 검정통계량은 -1.00이 된다.

$$z=\frac{2.97-3}{0.18/\sqrt{36}}=-1.00$$

$z=-1.00$은 임계값 -0.233보다 크기 때문에 기각영역 내에 있지 않다. 따라서 귀무가설을 기각시킬 수 없게 된다.

② p값 판정법

가설검정의 판정을 얻을 수 있는 또 다른 접근방법은 p값(p-value)이라는 확률에 근거를 두고 있다.

귀무가설이 참이라고 가정했을 때 p값은 관찰된 검정통계량보다 같거나 작을 확률을 말한다. 그런 의미에서 p값을 관찰된 유의수준(observed level of significance)이라고 하기도 한다.

p값

p값은 관찰된 통계량보다 작은 표본결과를 얻을 확률로써 관찰된 유의수준이라고도 한다.

동천식품(주)의 사례에서 표본평균 $\bar{X}=2.91$에서 검정통계량 $z=-3.00$값이 된다. 이 때 p값은 z가 -3.00 이하일 확률을 말한다([그림 9.4] 참조).

표준정규분포표를 이용하여 구하여 보자. 평균에서 $z=-3.00$까지의 면적인 확률은 0.4987이다. 따라서 p값은 $0.5-0.4987=0.0013$이 된다. 앞에서 이미 언급하였듯이 귀무가설이 참이라고 할 때 표본평균이 $\bar{X}=2.91$ 이하일 확률이 p값이 된다. p값을 이용한 기각규칙은 다음과 같다.

$$p\text{값} < \alpha \text{이면 귀무가설 } H_0 \text{ 기각}$$

p값=0.0013이 α=0.01값보다 작기 때문에, 그 표본은 기각영역 내에 있으며 귀무가설을 기각하게 된다.

그림 9.4 동천식품(주) 사례의 p값($\bar{X}=2.91$)

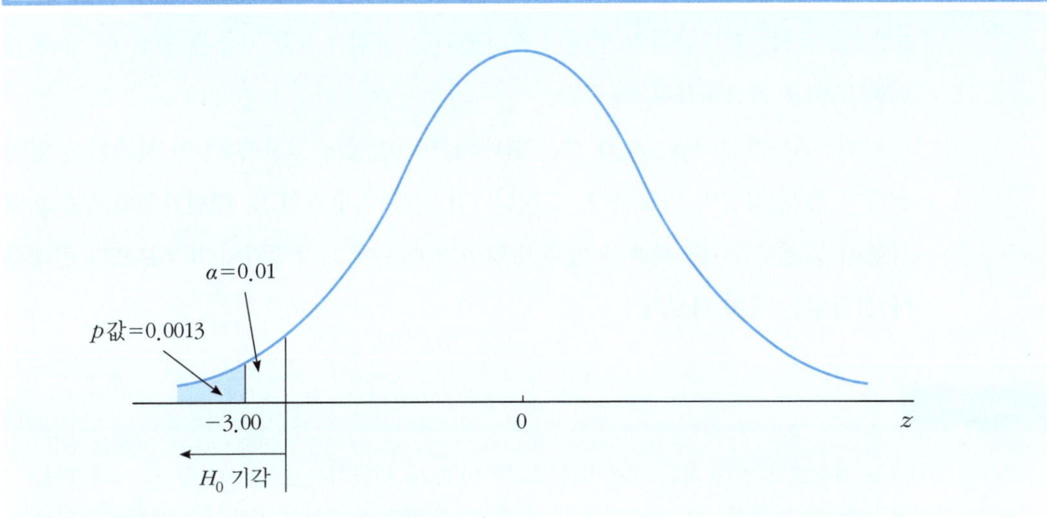

한편 표본평균이 2.97일 경우는 표준정규분포표와 $z=-1.00$을 이용하여 평균에서 $z=-1.00$까지의 면적인 확률을 구하면 0.3413이 된다. p값=0.5−0.3413=0.1587이 되어 α=0.01보다 크다. 따라서 귀무가설을 기각시킬 수 없게 된다.

그림 9.5 동천식품(주) 사례의 p값($\bar{X}=2.97$)

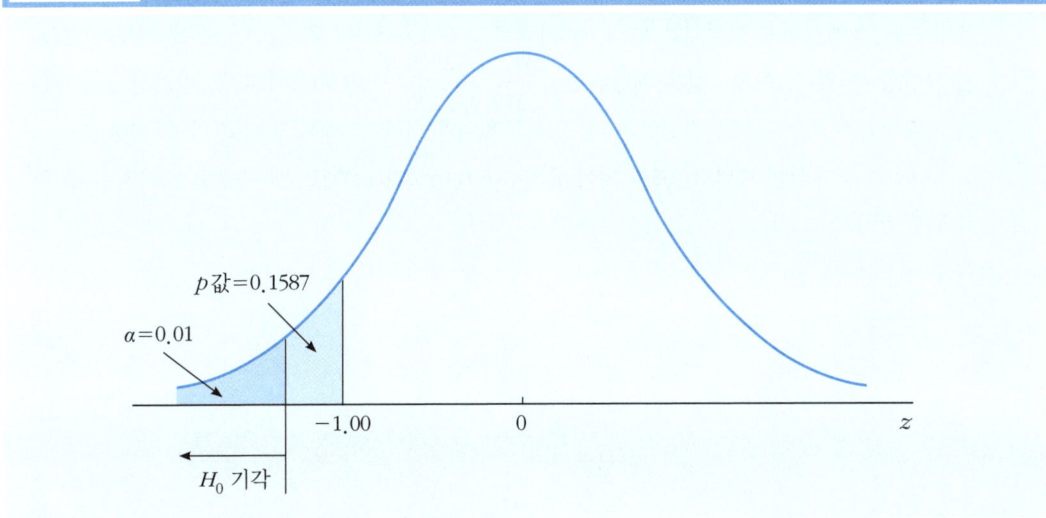

검정통계량 판정법과 p값 판정법은 항상 동일한 가설검정 판정을 제공한다. 따라서 한 방법을 선호하는 것은 전적으로 개인 기호에 따른다. 둘 중 어느 하나를 이용하거나 동시에 두 방법 모두 이용할 수 있다.

엑셀을 비롯하여 각종 통계전문 프로그램에서는 p값을 더 많이 활용하고 있다. p값$<\alpha$이라는 기각규칙이 언제나 적용된다는 사실은 p값 기준을 훨씬 더 쉽게 기억하고 이용 가능하도록 해 준다.

한편, 귀무가설이 $\mu \leq \mu_0$와 같은 형태의 가설검정도 동천식품(주) 사례와 동일한 절차를 통해 검정이 가능하다. 그러나, 이 경우 귀무가설 및 대립가설의 부등호의 방향이 동천식품(주) 사례와 반대 방향이기 때문에 기각영역이 표본분포의 반대쪽에 설정되는 것이 다르다.

예제 9-3

직장인 200명을 대상으로 연간 평균 교육비를 조사하여 보니 평균이 2,312만 9천원이고 표준편차는 212만 9천원이었다고 한다. 이 회사의 연간 평균 교육비가 대한기업의 평균인 2,298만 3천원보다 많다고 할 수 있는지 유의수준 5% 내에서 검정하시오.

풀이

우선 직장인의 연간 평균 교육비 모수를 μ라고 정의하고 가설을 수립하면 다음과 같다.

$$H_0: \mu \leq 2298.3\,(\text{천원}),\ H_a: \mu > 2298.3\,(\text{천원})$$

표본크기는 200으로 대표본($n \geq 30$)이므로 z통계량을 사용한다.
유의수준 5%에서의 기각영역은 $z \geq 1.645$이므로, z가 1.645보다 큰 값인 경우에 귀무가설 H_0를 기각할 수 있다. 이제 z값을 계산하면 $\dfrac{2312.9-2298.3}{212.9/\sqrt{200}}=0.9698$이 된다. 따라서 귀무가설을 기각시키지 못한다. 즉, 직장인의 연 평균 교육비가 대한기업보다 많다고 할 수 없다.

또한 p값을 계산해 보면 0.166이 되어 유의수준 0.05보다 크므로 귀무가설을 기각시킬 수 없음을 알 수 있다.

(6) 대집단($n \geq 30$)인 경우의 모평균에 대한 단측검정의 요약

1) 왼쪽꼬리 검정

H_0: $\mu \geq \mu_0$

H_a: $\mu < \mu_0$

검정통계량: 모표준편차 σ를 알고 있는 경우

$$z = \frac{\bar{X} - \mu_0}{\sigma/\sqrt{n}} \tag{9.2}$$

검정통계량: 모표준편차 σ를 모르는 경우에 표본표준편차 s를 쓰는 경우

$$z = \frac{\bar{X} - \mu_0}{s/\sqrt{n}}$$

기각 규칙

① 검정통계량 이용: $z < -z_\alpha$이면 귀무가설 H_0 기각

② p값 이용: p값$<\alpha$이면 귀무가설 H_0 기각

2) 오른쪽 꼬리검정

H_0: $\mu \leq \mu_0$

H_a: $\mu > \mu_0$

검정통계량: 모표준편차 σ를 알고 있는 경우

$$z = \frac{\bar{X} - \mu_0}{\sigma/\sqrt{n}} \tag{9.3}$$

검정통계량: 모표준편차 σ를 모르는 경우에 표본표준편차 s를 쓰는 경우

$$z = \frac{\bar{X} - \mu_0}{s/\sqrt{n}}$$

기각 규칙

① 검정통계량 이용: $z>z_\alpha$이면 귀무가설 H_0 기각

② p값 이용: p값$<\alpha$이면 귀무가설 H_0 기각

(7) 가설검정 단계의 요약

① 귀무가설과 대립가설을 설정한다.

② 가설검정에 이용될 적용 분포와 검정통계량을 선택한다.

③ 유의수준을 지정하고 임계값을 결정한다.

1) 검정통계량 판정법

④ 임계값을 계산하고, 귀무가설 H_0 기각 규칙을 설정한다.

⑤ 표본자료를 수집하여 검정통계량을 계산한다.

⑥ 임계값과 검정통계량을 비교하여 H_0 기각 여부 판정

2) p값 판정법

④ 표본자료를 수집하여 검정통계량을 계산한다.

⑤ 검정통계량의 값에 해당하는 p값 계산

⑥ H_0 기각 여부 판정, α값보다 p값이 작다면 H_0을 기각한다.

9.4 대표본에서의 모평균에 대한 양측검정

양측검정은 단측검정과 달리 표본분포의 상·하한 꼬리 양쪽에서 기각영역이 설정된다. 다음의 (주)넥센 사례를 통하여 양측검정 절차를 살펴보기로 하자.

예제 9-4

(주)넥센은 영국왕립골프협회(R&A) 및 미국골프협회(USGA)의 공인 인증을 받는 등 세계적인 공인 골프공 등을 만드는 기업이다. 그러나 국내 골프 기반이 약하기 때문에 생산 제품은 대개 미국

이나 유럽으로 수출하고 있다. 그런데 미국골프협회(USGA)에서는 골프공의 비거리가 평균 280야드를 넘지 못하도록 규정하고 있다. 비거리가 280야드에 미치지 못하면 시장 소비자로부터 외면당하여 퇴출하게 되고, 비거리가 280야드를 넘기게 되면 미국으로 수출이 어렵게 된다. (주)넥센은 첨단의 가공 기술을 구비하고 있어서 최고의 비거리 골프공을 생산할 수 있으나 이러한 시장 환경으로 인하여 평균 280야드의 비거리를 갖는 골프공을 생산 수출하고 있는 실정이다. 따라서 주기적으로 제조공정을 감시하여 적절한 품질의 골프공 생산에 만전을 기하여야 한다.

품질경영팀은 가설검정을 위하여 유의수준을 $\alpha=0.05$로 선택하였다. 그리고 품질검사를 할 때마다 36개의 골프공을 표본으로 실시하였다.

(주)넥센의 사례에 대한 귀무가설과 대립가설을 설정하면 다음과 같다.

$$H_0: \mu=280$$

$$H_a: \mu\neq280$$

표본자료를 통하여 귀무가설을 기각할 수 없다면 제조공정을 조정하는 등의 사후 조치가 필요 없을 것이다. 그러나 표본자료를 통하여 귀무가설이 기각된다면 제조 공정이 바람직한 상태가 되도록 재조정하여야 한다.

넥센의 사례는 표본의 크기로 판단하여 대표본의 가설검정이므로 적용할 분포는 정규분포이고 z검정통계량으로 판정한다.

$$z=\frac{\bar{X}-\mu_0}{\sigma/\sqrt{n}}$$

모든 가설검정은 귀무가설이 참이라는 전제에서 출발한다. 표본의 평균 비거리가 280보다 작거나 280보다 더 크다고 한다면 검정통계량 z값을 통하여 귀무가설을 기각하게 될 것이다.

그리고 유의수준에 따른 임계값을 계산한다. 본 사례는 양측검정이기 때문에 표본분포의 상·하한 꼬리 쪽에서 기각영역을 설정할 수 있다. [그림 9.6]은 유의수준 $\alpha=0.05$에서 양측 기각영역을 갖는 검정통계량 z의 표본분포이다. 양측검정이기 때문에 항상 분포의 양쪽 각 꼬리에서 $\alpha/2$의 면적 또는 확률로 기각영역을 설정한다.

그림 9.6 (주)넥센의 양측검정 기각영역

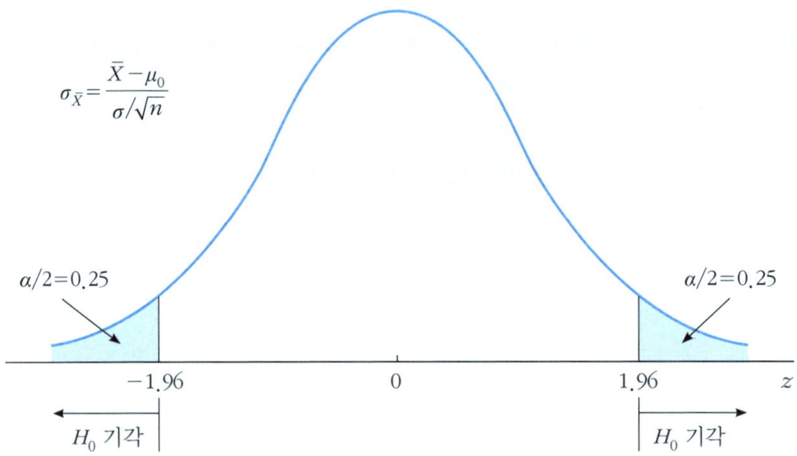

표준정규분포표로부터 면적이 0.25되는 양측의 값을 구할 수 있다. 하한 z값은 −1.96이고 상한의 z값은 1.96임을 알 수 있고 기각규칙은 다음과 같다.

$z < -1.96$이거나 $z > 1.96$이면 귀무가설 H_0 기각

36개 골프공의 확률표본자료가 〈표 9.2〉에 나타나 있다. 이 자료로부터 표본평균 $\bar{X} = 278.5$, 표본표준편차 $s = 12$를 구하였다. 귀무가설로부터 $\mu_0 = 280$, 모집단 표준편차 σ 대신에 표본표준편차 $s = 12$를 사용하여 검정통계량을 구할 수 있다.

$$z = \frac{278.5 - 280}{12/\sqrt{36}} = -0.75$$

기각규칙에 따라 귀무가설 H_0은 기각할 수 없다. 표본의 결과를 통하여 평균 비거리가 280야드인 골프공을 제대로 생산하고 있다는 것을 의심할 이유가 없음을 알 수 있다.

이제 p값을 이용하여 (주)넥센의 골프공 사례의 가설을 검정하도록 하자.

표본평균 $\bar{X} = 278.5$는 검정통계량 $z = -0.75$에 해당한다. 표준정규분포표를 통하여 평균에서 $z = -0.75$까지의 면적, 즉 확률은 0.2734이다. 따라서 하한 꼬리 쪽의 면적, 즉 확률은 $0.5000 - 0.2734 = 0.2266$이 된다. 양측검정에서 p값은 양쪽 꼬

표 9.2	확률표본 36개 골프공의 비거리

공	야드	공	야드	공	야드
1	278	13	275	25	276
2	288	14	271	26	270
3	260	15	265	27	264
4	279	16	282	28	263
5	278	17	295	29	269
6	299	18	300	30	277
7	274	19	286	31	293
8	263	20	269	32	284
9	273	21	285	33	282
10	291	22	296	34	272
11	268	23	293	35	266
12	301	24	260	36	281

리쪽의 면적의 합이 된다. 따라서 $p=2\times0.2266=0.4532$가 된다.

결국 p값$=0.4532>0.05=\alpha$이므로 귀무가설을 기각할 수 없다. p값에 의해서 양측검정을 할 경우는 단측검정인 경우와 마찬가지로 기각 규칙이 변함없이 그대로 적용된다.

예제 9-5

전국 고등학교 학생들을 대상으로 실시한 수학 모의고사 결과 평균이 80점이 나왔다. 경북 교육청에서는 이 지역 고등학교의 평균점수가 전국 전체 평균과 다르다고 생각하여 이 지역 고등학생 300명을 무작위로 추출하여 본 결과 평균이 79.5점이고 표준편차가 2.5가 나왔다. 유의수준 5%에서 이 가설을 검정하라.

풀이

우선 경북 지역 고등학교 수학 모의고사 평균에 대한 모수를 μ라고 하고, 가설을 수립하면 다음과 같다.

H_0: $\mu=80$, H_a: $\mu\neq80$

표본의 크기가 300이므로 정규분포를 사용하며 z검정통계량으로 판정한다. 유의수준 5%에서의 양측검정 시 기각영역은 $z<-1.96$이거나 $z>1.96$이 된다. 이제 z값을 계산해 보면, $z=(79.5-80)/(2.5/\sqrt{300})=-3.46$이므로 귀무가설은 기각된다. 따라서 경북지역의 수학성적평균은 전국 수학성적 평균과 다르다고 할 수 있다.

또한 이 경우 p값을 계산해 보면 0.00053으로 $\alpha=0.05$보다 작음을 알 수 있다.

(1) 모평균에 대한 양측검정의 요약

1) 대집단($n\geq 30$)인 경우의 모평균 양측검정 유형

H_0: $\mu=\mu_0$

H_a: $\mu\neq\mu_0$

검정통계량: 모표준편차 σ를 알고 있는 경우

$$z=\frac{\bar{X}-\mu_0}{\sigma/\sqrt{n}} \tag{9.4}$$

검정통계량: 모표준편차 σ를 모르는 경우에 표본표준편차 s를 쓰는 경우

$$z=\frac{\bar{X}-\mu_0}{s/\sqrt{n}} \tag{9.5}$$

기각 규칙

① 검정통계량 이용: $z<-z_{\alpha/2}$이거나 $z>z_{\alpha/2}$이면 귀무가설 H_0 기각

② p값 이용: p값$<\alpha$이면 귀무가설 H_0 기각

(2) 양측검정을 위한 신뢰구간 접근법

H_0: $\mu=\mu_0$

H_a: $\mu\neq\mu_0$

① 모평균 μ의 신뢰구간을 계산하기 위해 먼저 모집단으로부터 확률표본을 선택하여 표본평균 $\bar{X}$를 계산한다.

만약 모표준편차 σ를 알고 있다고 한다면, 구간추정치는 다음과 같이 계산한다.

$$\overline{X} \pm z_{\alpha/2} \frac{\sigma}{\sqrt{n}}$$

만약 모표준편차 σ는 알 수 없고 표본표준편차 s를 대신 사용할 수 있다면 구간추정치는 다음과 같이 계산한다.

$$\overline{X} \pm z_{\alpha/2} \frac{s}{\sqrt{n}}$$

② 만약 신뢰구간 내에 가정한 μ_0이 포함된다면, 귀무가설 H_0은 기각할 수 없다. 그렇지 않으면 귀무가설 H_0은 기각된다.

예제 9-6

예제 9-4를 신뢰구간에 의해 양측검정을 해 보라.

풀이

36개의 골프공 확률표본자료에서 표본평균 278.5, 표본표준편차 12를 구하였다. 유의수준 $\alpha=0.05$에서 $z_{0.025}=1.96$이므로 모평균의 95% 신뢰구간은 다음과 같다.

$$\overline{X} \pm Z_{0.025} \frac{s}{\sqrt{n}}$$

$$\Leftrightarrow 278.5 \pm 1.96 \frac{12}{\sqrt{36}}$$

$$\Leftrightarrow 278.5 \pm 3.92$$

$$\Leftrightarrow 274.58 \le \mu \le 282.42$$

품질경영팀은 95% 신뢰수준에서 모집단의 비거리 평균은 274.58과 282.42 사이에 있음을 결론짓게 된다. 앞에서 가정한 280의 모평균은 95% 신뢰구간 내에 존재하게 되며 귀무가설은 기각할 수 없다는 결론을 내리게 된다.

9.5 소집단 표본에서의 모평균 검정

지금까지의 모평균에 대한 가설검정은 표본크기가 30 이상인 대표본의 사례로써 중심극한정리에 의해 표본분포가 정규분포를 이루고 있으므로 표준정규분포에 의해 가설검정이 다소 용이하였다.

이제 표본크기가 30 미만인 소집단의 표본에 대한 가설검정을 설명하기로 하자. 이 경우 $\overline{X}$의 표본분포는 모집단의 분포에 좌우된다. 따라서 소집단 표본에서의 가설검정은 모집단이 정규분포를 이룬다는 가정이 있어야 한다. 이 가정이 적절하다면 이 절에서 제시한 절차에 따라 가설검정을 하면 된다. 그러나 이 가정을 인정하기 어려우면 표본의 크기를 30 이상으로 증가하여 가설검정을 실시할 수밖에 없다.

먼저 정규모집단이며, 과거자료를 통하여 모표준편차 σ를 알고 있는 소규모 표본($n<30$)에 대하여 검토하기로 하자. 이 경우, 표본크기에 관계없이 $\overline{X}$의 표본분포는 평균이 μ이고, 표준편차가 $\sigma_{\overline{X}}=\sigma/\sqrt{n}$인 정규분포를 한다. $\overline{X}$의 표본분포가 정규분포이기 때문에, 소집단 표본의 가설검정 절차는 대표본 경우의 가설검정 절차와 동일하다.

우리가 고려할 또 다른 경우는 표본크기가 30개 미만($n<30$)인 소집단으로, 정규모집단이지만 모표준편차 σ를 모르고 대신 표본표준편차 s로 추정하여 사용하는 경우이다. 이 경우는 모평균에 대한 추론을 하기 위해 t분포를 이용한다.

t분포에서의 검정통계량은 다음과 같다.

$$t=\frac{\overline{X}-\mu_0}{s/\sqrt{n}} \tag{9.6}$$

이 검정통계량은 $n-1$ 자유도를 갖는 t분포를 이룬다.

이제 다음의 검정들에 대해 사례를 통하여 살펴보도록 하자.

(1) 단측검정

다음의 철도공사 사례로 t검정통계량에 의한 가설검정 절차를 살펴보자.

예제 9-7

한국철도공사에서는 최근 스마트폰 사용자를 대상으로 서비스를 실시한 철도 예약 앱에 대해 서비스 만족도 등급을 평가하여 향후 서비스 개선을 위한 기초 자료로 사용하고자 한다. 철도 예약 앱을 사용하는 고객 중 무작위로 추출하여 12명의 표본을 구성하였으며 점수는 10점을 만점으로 하여 평가하였다.

평균 평점이 7점보다 높으면 우수한 것으로 평가한다고 하자. 확률표본으로 선정된 12명의 사용자에 대한 서비스 만족도 평점을 조사해 본 결과, 7, 8, 10, 8, 6, 9, 6, 7, 7, 8, 9, 8로 나타났다. 유의수준 0.05에서 철도공사 예약 앱의 평점이 7보다 큰지를 검정하고자 한다. 그리고 평점에 대한 모집단 분포는 정규분포를 이룬다고 전제하였다.

이 사례에서의 귀무가설과 대립가설은 다음과 같이 설정한다.

$$H_0: \mu \le 7$$

$$H_a: \mu > 7$$

귀무가설이 기각되면 철도 예약 앱의 서비스 수준은 우수하다고 평가하게 될 것이다. 유의수준이 0.05이고, 자유도가 $n-1=12-1=11$인 t분포표를 활용하면 [그림 9.7]에서와 같이 임계값이 $t_{0.05}=1.796$임을 알 수 있다. 따라서 기각 규칙은 다음과 같다.

$t>1.796$이면 귀무가설 H_0 기각

그림 9.7 철도공사의 검정통계량

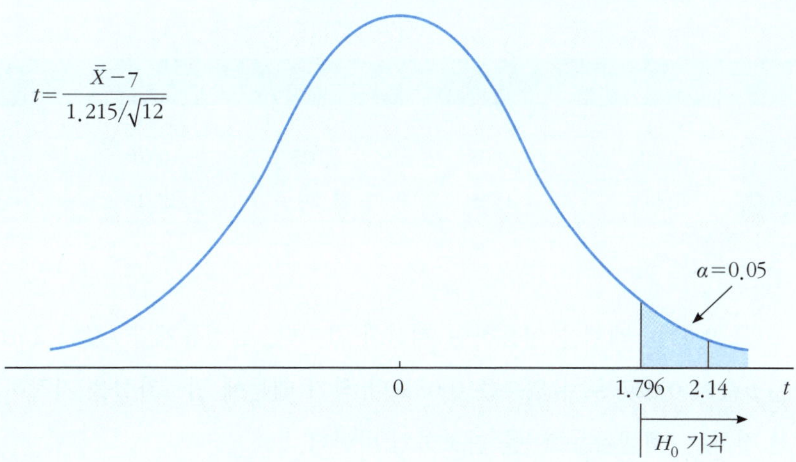

① 검정통계량 검정

표본평균은 7.750이고, 표본표준편차는 1.215로 나타났다. $\bar{X}=7.75$, $s=1.215$를 수식 (9.6)에 적용해 넣으면 검정통계량 t값을 구할 수 있다.

$$t=\frac{\bar{X}-\mu_0}{s/\sqrt{n}}=\frac{7.75-7}{1.215/\sqrt{12}}=2.138$$

검정통계량 t값인 2.138은 임계값인 1.796보다 크기 때문에 귀무가설은 기각한다. 유의수준 0.05에서 철도 예약 앱의 서비스 평점은 7보다 크다고 결론내리고 서비스 수준이 우수한 것으로 제시할 수 있다.

② p값 검정

p값으로 철도공사의 가설을 검정하여 보자.

대표본의 가설검정에서와 같이 p값이 유의수준 α보다 작으면 귀무가설을 기각할 수 있을 것이다.

그런데 t분포표를 가지고 정확한 p값을 계산하기 쉽지 않다.

자유도 11인 t분포표를 통하여 개략적인 정보를 얻을 수 있다. 앞의 계산에서 검정통계량인 t값은 $t=2.138$이었다. p값은 $t=2.138$에 해당하는 꼬리부분의 면적, 즉 확률이다. 〈표 9.3〉의 t분포표 정보를 통하여 t값인 2.138은 1.796과 2.201 사이에 있는 값이다. 정확한 p값은 알 수 없지만 0.05와 0.025 사이에 있는 값임을 알 수 있다. 유의수준 0.05에서 p값은 0.05보다 작은 값임을 알 수 있으므로 귀무가설을 기각하게 된다.

표 9.3 유의수준과 t값($df=11$)

상한 면적	0.10	0.05	0.025	0.01	0.005
t값	1.363	1.796	2.201	2.718	3.106

〈표 9.4〉는 엑셀을 이용하여 계산한 값이다. 검정통계량 t값인 2.318에 해당하는 p값이 0.0279로 유의수준 0.05보다 작기 때문에 귀무가설을 기각하게 된다. 엑셀 절차는 [엑셀활용 09]를 참조하기 바란다.

표 9.4 철도공사의 가설검정 — 엑셀 결과값

모평균가정	표본크기	표본평균	표본표준편차	t값	p값
7	12	7.750	1.215	2.138	0.0279

(2) 양측검정

한의원의 제약 사례를 통하여 소집단에서의 모평균 양측검정 문제를 살펴보기로 하자.

예제 9-8

대구소재 광제국한의원에서 특단의 비만 치료제 환약을 개발하여 조제하고 있다. 그 환약은 평균 16g의 무게로 만들어지고 있다. 이 무게보다 적으면 약효가 떨어져 소비자로부터 외면당할 가능성이 크고, 또 이 무게보다 많으면 경제적 손실로 이어지게 된다. 약재를 다 포함하면서 손실을 최소화하도록 적절한 환약 조제를 대표 한의사는 바라고 있다.

주기적으로 8개의 확률표본으로 추출되는 조제환 검사를 통하여 조제 과정이 제대로 이루어지고 있는지를 검사하고 있다고 한다. 추출된 8개의 확률표본자료의 무게는 16.02, 16.22, 15.82, 15.92, 16.22, 16.32, 16.12, 15.92g이었다. 이 때 유의수준은 0.05로 설정한다. 어떤 조치를 취해야 할까? 이 때 무게에 대한 모집단분포는 정규분포를 한다고 가정한다.

이 사례에 대한 양측검정의 가설은 다음과 같이 설정할 수 있다.

$$H_0: \mu=16$$

$$H_a: \mu\neq16$$

먼저 표본평균 $\overline{X}$와 표본표준편차인 s를 구해보자.

$$\overline{X}=\frac{\sum x_i}{n}=\frac{128.56}{8}=16.07$$

$$s=\sqrt{\frac{\sum(x_i-\overline{X})^2}{n-1}}=\sqrt{\frac{0.22}{7}}=0.177$$

양측검정이고 유의수준은 $\alpha=0.05$이고, 해당하는 임계값은 $-t_{0.025}$과 $t_{0.025}$가 된다. 자유도 7의 t분포표에서 확률을 찾으면 $-t_{0.025}=-2.365$, $t_{0.025}=2.365$가 된다. 이때의 기각 규칙은 다음과 같다.

$t<-2.365$이거나 $t>2.365$이면 귀무가설 H_0 기각

표본평균 $\bar{X}=16.07$, 표본표준편차인 $s=0.177$값을 입력하여 구한다.

$$t=\frac{\bar{X}-\mu_0}{s/\sqrt{n}}=\frac{16.07-16.00}{0.177/\sqrt{8}}=1.12$$

$t=1.12$는 기각영역에 있지 않으므로 귀무가설은 기각할 수 없고, 환약 조제과정은 제대로 작동되고 있음을 확인할 수 있다.

〈표 9.5〉는 엑셀을 이용하여 계산한 값이다. 검정통계량 t값인 1.117에 해당하는 p값이 0.150으로 $2\times0.150=0.3$이 되어 유의수준 0.05보다 크기 때문에 귀무가설을 기각할 수 없게 된다. 엑셀 절차는 [엑셀활용 09]를 참조하기 바란다.

표 9.5 광제국한의원 사례 — 엑셀 결과값

모평균가정	표본크기	표본평균	표본표준편차	t값	p값
16.00	8	16.07	0.177	1.117	0.150

9.6 모비율 검정

모비율은 p, 검정 모비율은 p_0로 표기하고 다음과 같은 세 종류의 가설 유형으로 설정할 수 있다.

$H_0: p\geq p_0$	$H_0: p\leq p_0$	$H_0: p=p_0$
$H_a: p<p_0$	$H_a: p>p_0$	$H_a: p\neq p_0$

모비율의 가설검정은 모평균의 가설검정 절차와 매우 유사하다. 차이점은 검정

통계량 z값을 계산하기 위해 표본비율 $\bar{p}$와 표본비율의 표준편차 $\sigma_{\bar{p}}$을 이용하여 계산한다는 것이다.

초등학교 교사 사례를 통하여 모비율 가설검정 과정을 살펴보도록 하자.

예제 9-9

교육과학기술부의 교원정책과에서는 최근 임용되는 초등학교 교사 중 여교사 비율이 너무 많아 남자지원자에게 특전을 부여하여 남자 교사 비중을 증가시키려는 정책을 수립하고 있다. 전국 교육대학에서는 과거 몇 년 동안 지원자의 25%가 남학생이었다. 최근 교육과학기술부의 정책 지원으로 200명의 입학생 확률표본을 추출한 결과 140명이 여학생이고 60명이 남학생이었다. 과연 특전 정책이 효과가 있었는지를 알아보려고 한다. 이 때 유의수준은 0.05로 설정하였다.

남학생 지원 증가가 이루어졌는지를 알아보기 위해서 다음과 같이 가설을 설정하였다.

$$H_0: p \le 0.25$$

$$H_a: p > 0.25$$

모평균 가설검정 절차에서와 마찬가지로 $p=0.25$에서 귀무가설이 참이라는 가정하에서 가설검정 절차를 시작한다. $\bar{p}$의 표본분포에서 표본비율 $\bar{p}$가 모비율 p의

그림 9.8 남교사비율의 표본분포

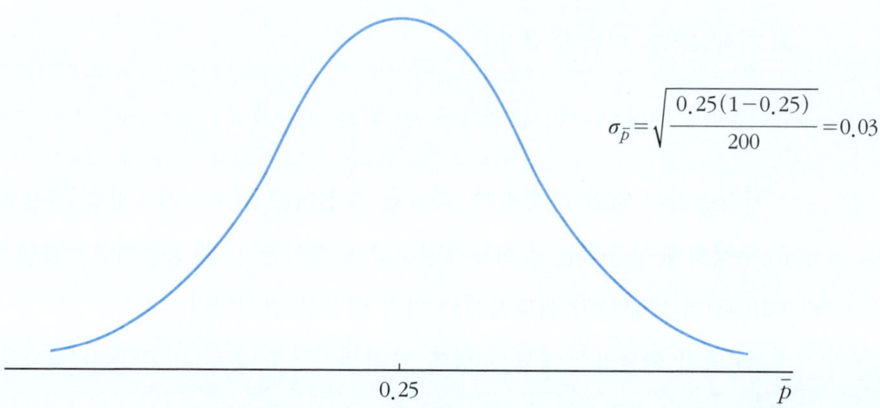

불편추정량이기 때문에 $p=0.25$이라면 $\bar{p}$의 표본분포평균은 0.25가 된다([그림 9.8] 참조).

이미 앞에서 설명하였듯이 $\bar{p}$의 표준편차는 다음과 같이 계산한다.

$$\sigma_{\bar{p}}=\sqrt{\frac{p(1-p)}{n}}$$

위의 사례에서 $p=0.25$이고 표본크기 $n=200$을 수식에 대입하여 $\bar{p}$의 표준편차를 구할 수 있다.

$$\sigma_{\bar{p}}=\sqrt{\frac{p(1-p)}{n}}=\sqrt{\frac{0.25(1-0.25)}{200}}=0.03$$

7장에서 np와 $n(1-p)$가 5 이상이 되면 $\bar{p}$의 표본분포는 정규분포에 근사하게 된다는 것을 이미 설명하였다. 위의 사례에서 $np=200\times 0.25=50$, $n(1-p)=200\times 0.75=150$이 되어 정규분포로 근사함을 알 수 있다.

(1) 검정통계량 계산과 가설 판정

검정통계량 z값은 다음 식으로 계산한다.

$$z=\frac{\bar{p}-p_0}{\sigma_{\bar{p}}} \quad \text{여기서 } \sigma_{\bar{p}}=\sqrt{\frac{p_0(1-p_0)}{n}}$$

유의수준 $\alpha=0.05$의 임계값은 $z_{0.05}=1.645$이며, 상한 쪽에 기각영역이 형성되고 기각규칙은 다음과 같다.

$z>1.645$이면 귀무가설 H_0 기각

기각규칙이 일단 정해지면, 자료를 수집하고 점추정치 $\bar{p}$값을 계산한다. 다음으로 추정치에 상응하는 검정통계량 z값을 계산한다. 검정통계량 z값을 임계값($z_{0.05}=1.645$)와 비교하여 귀무가설의 기각 여부를 판정한다.

200명의 확률표본에서 60명이 남학생이므로, $\bar{p}=60/200=0.30$이다. $\sigma_{\bar{p}}=0.03$값과 더불어 검정통계량값을 구할 수 있다([그림 9.9] 참조).

그림 9.9 기각역 계산

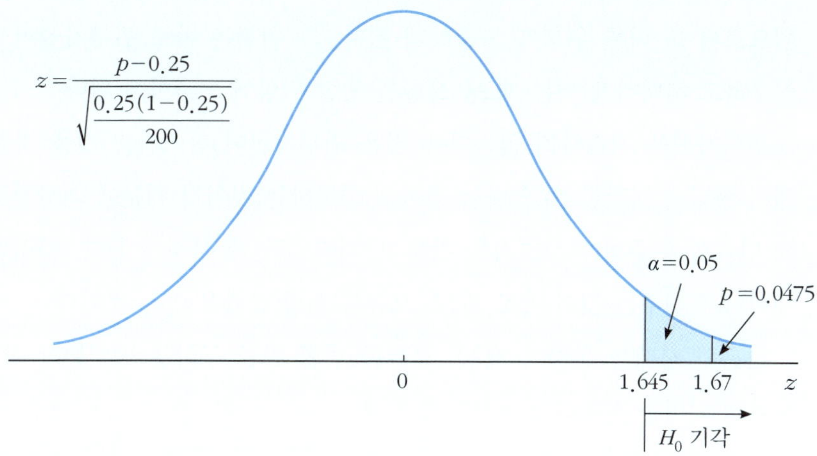

$$z = \frac{\bar{p}-p_0}{\sigma_{\bar{p}}} = \frac{0.30-0.25}{0.03} = 1.67$$

$z=1.67>1.645$이므로 귀무가설을 기각할 수 있다. 따라서 특전 정책으로 인한 지원효과가 있었다고 판정할 수 있다.

(2) p값과 가설 판정

표준정규분포표를 이용하여 검정에 쓰일 p값을 구할 수 있다.

계산한 검정통계량 $z=1.67$이므로 평균에서 $z=1.67$까지의 면적은 0.4525이다. 그러므로 p값은 $0.5-0.4525=0.0475$이다.

p값이 유의수준 $\alpha=0.05$보다 작다. 따라서 귀무가설을 기각할 수 있다.

9.7 의사결정과 제2종 오류

가설검정에서 특히 주의할 것은 귀무가설이 참이라는 전제하에서 의사결정을 하게 된다. 즉 귀무가설이 참이라는 전제하에서 귀무가설을 기각하는 것은 제1종 오류라고 하여 이를 가급적 최소화시키는 방향으로 의사결정을 수행하게 된다.

제1종 오류는 유의수준을 설정하여 통제해 나간다. 그러나 귀무가설을 채택하게 됨으로써 또 다른 위험에 노출하게 된다. 그 위험은 바로 귀무가설이 거짓임에도 불구하고 채택하게 되는 제2종 오류를 범할 위험에 노출하게 된다.

귀무가설을 기각하지 않는다는 것은 귀무가설이 참이라는 것을 직접 결론짓는 것이 아니고 기각할 수 없다는 것만을 의미하는 것이기 때문에 의사결정자는 충분히 만족할 수준의 의사결정을 위해 또 다른 고민에 빠지게 된다. 이러한 고민에서 벗어나게 해주는 것이 바로 제2종 오류를 범할 확률을 아는 것이다.

다음의 사례를 통하여 제2종 오류를 범할 확률 구하는 방법뿐만 아니라 제2종 오류의 의미를 자세히 살펴보기로 하자.

예제 9-10

한 완구 제조 회사는 협력업체로부터 배터리 부품을 공급받아 완제품을 생산하고 있다. 이 때 품질 경영진은 공급받는 부품의 평균 수명이 최소한 120시간을 넘어서야 창고에 하역시키고 그렇지 않으면 협력업체로 다시 되돌려 보낸다고 한다. 표본크기가 36이고, 모표준편차 $\sigma=12$로 알려져 있다고 한다. 유의수준은 0.05로 설정하였다. 모평균 $\mu=112$라고 할 때 평균수명이 120시간보다 작음에도 불구하고 120시간 이상이라고 할 확률은 얼마인가?

이 사례에 대한 귀무가설과 대립가설은 다음과 같이 설정할 수 있다.

$$H_0: \mu \geq 120$$

$$H_a: \mu < 120$$

표본크기가 36이고, 모표준편차 $\sigma=12$로 알려져 있으므로 정규분포를 적용한다. 따라서 유의수준 $\alpha=0.05$하에서 검정통계량을 계산하면 다음과 같다.

$$z=\frac{\bar{X}-\mu}{\sigma/\sqrt{n}}=\frac{\bar{X}-120}{\sigma/\sqrt{n}}$$

유의수준 $\alpha=0.05$하에서 임계값인 $z_{0.05}=1.645$이다. 유의수준 하한 임계값을 고려하여 $z<-1.645$이면 귀무가설을 기각하게 된다. 귀무가설을 기각하기 위해서 다음과 같이 정리할 수 있다.

그림 9.10 $\mu=112$일 때의 제2종 오류

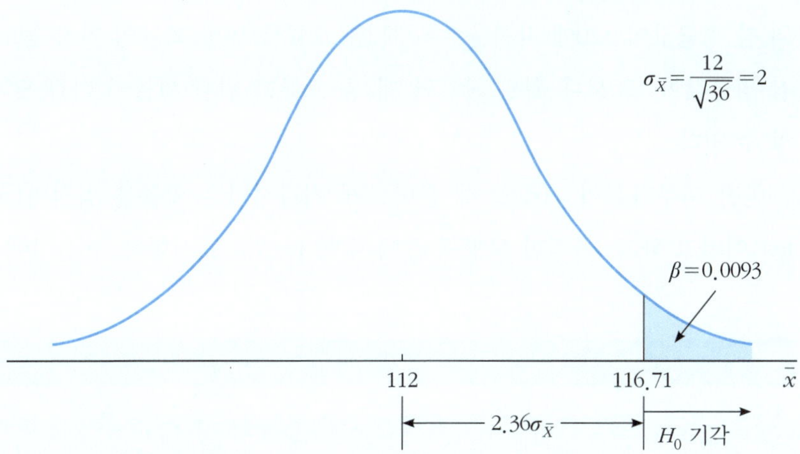

$$z=\frac{\bar{X}-120}{12/\sqrt{36}}<-1.645$$

$$\Leftrightarrow \bar{X}<120-1.645(12/\sqrt{36})=116.71$$

$\bar{X}<116.71$이면 귀무가설을 기각하지만, $\bar{X}\geq 116.71$이면 하역을 수용하는 결정을 내리게 될 것이다.

이 정보를 통하여 우리는 제2종 오류를 범할 확률을 계산하게 될 것이다. 즉 평균 수명이 120보다 작음에도 불구하고 귀무가설을 채택하게 되는 제2종 오류를 생각하자.

모평균 $\mu=112$이라고 할 때 귀무가설 H_0: $\mu\geq 120$을 받아들일 확률을 이제 계산하여 보자. [그림 9.10]에서 보다시피 모평균 $\mu=112$일 때, 표본평균 $\bar{X}$이 116.71보다 크거나 같게 될 확률이 바로 제2종 오류 확률이 된다.

$$z=\frac{\bar{X}-\mu}{\sigma/\sqrt{n}}=\frac{116.71-112}{12/\sqrt{36}}=2.355$$

표준정규분포표에서 $z=2.355$의 상한면적, 즉 확률은 $0.5-0.4907=0.0093$이 된다. 바로 0.0093이 $\mu=112$일 때의 제2종 오류를 범할 확률이다. 제2종 오류를 범할 확률을 β로 표기한다. $\mu=112$, $\beta=0.0093$이라는 것은 모집단의 평균이 112시간이라고 한다면 제2종 오류를 범할 확률이 0.0093이라는 것을 의미한다.

같은 논리로 $\mu=120$되기까지 β를 구하여 〈표 9.6〉의 변화를 정리하였다. 모집단의 참 평균값이 120에 가까울수록 제2종 오류를 범할 확률이 가장 높고, 모집단의 참 평균값이 120보다 훨씬 작으면 제2종 오류를 범할 확률이 가장 낮게 나타남을 알 수 있다.

한편 귀무가설이 거짓일 때 올바르게 기각시키는 확률을 검정력(power of the test)이라고 하고, 특정한 모평균 값에 대해 $1-\beta$로 표시한다. 이는 1에서 제2종 오

표 9.6 제2종 오류를 범할 확률의 변화

μ값	$z=\dfrac{116.71-\mu}{12/\sqrt{36}}$	제2종 오류(β)	검정력($1-\beta$)
112	2.355	.0093	.9907
114	1.355	.0877	.9123
115	0.855	.1963	.8037
116.71	0.000	.5000	.5000
117	−0.145	.5576	.4424
118	−0.645	.7405	.2595
120	−1.645	.9500	.0500

그림 9.11 검정력 곡선

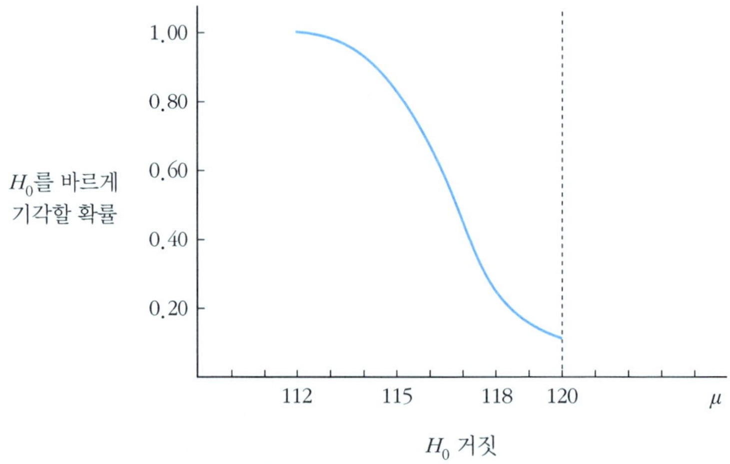

류를 뺀 확률이다. 이 값도 역시 〈표 9.6〉에 제시하였다.

〈표 9.6〉의 검정력을 그래프로 표현하면 [그림 9.11]의 형태가 나타난다.

따라서 의사결정을 할 때 관련 오류를 잘 파악하여 결정하는 자세가 중요하다는 것을 명심하여야 한다.

엑셀활용 09 엑셀을 활용한 기법 익히기

(1) 대표본이면서 모표준편차를 알고 있는 경우의 가설검정($n \geq 30$)

예제 9-2 동천식품(주) 사례의 귀무가설 H_0: $\mu \geq 3$과 대립가설 H_a: $\mu < 3$을 검정하기 위한 단계는 다음과 같다.

가설검정을 위한 유의수준은 $\alpha = 0.01$이고, 모집단표준편차 σ는 0.18로 알려져 있다.

단계 1 A3셀에 가설로 제시한 모평균 3을 입력한다.

단계 2 B3셀에 검정하고자 하는 표본의 크기를 입력한다.

단계 3 C3셀과 C4셀에 검정하고자 하는 표본평균을 계산하여 입력한다.

단계 4 D3셀과 D4셀에 모표준편차를 입력한다.

단계 5 E3셀에 계산 공식을 이용하여 검정통계량을 계산한다.

E4셀에 채우기핸들로 복사하면, 각각 다음과 같이 설정한다.

E3: =(C3-$A$3)/(D3/SQRT($B$3))

E4: =(C4-$A$3)/(D4/SQRT($B$3))

단계 6 F3셀에 p값을 계산한다.

F3: =1-NORM.S.DIST(ABS(E3), TRUE)을 입력하고,

채우기 핸들로 F4에 복사하면, F4에 다음과 같이 입력된다.

F4: =1-NORM.S.DIST(ABS(E4), TRUE)

단계 7 B7셀과 B8셀에 유의수준을 설정한다. 이 사례에서는 단측검정이므로 B7셀에는 0.02를 입력한다. 그리고 B8셀에는 $\alpha/2$가 되도록 설정한다. B8셀의 유의수준값을 p값과 비교할 것이다.

B8: =B7/2

단계 8 B9셀에는 B8셀의 유의수준에 해당하는 임계값을 계산한다.

B9: =NORM.S.INV(B8)

이 임계값은 검정통계량과 비교하여 가설을 검정할 것이다.

단계 9 가설검정을 위한 p값 판정과 검정통계량 판정방법을 설정한다. p값 검정을 위해 G3셀과 G4셀에 판정식을 설정한다.

검정통계량 검정을 위해 G5셀과 G6셀에 판정식을 설정한다.

G3: =IF(F3<$B$7, "기각", "채택")

G5: =IF(ABS(E3)>ABS($B$9), "기각", "채택")

G3셀과 G5셀의 식을 각각 채우기 핸들로 G4, G6셀에 복사한다.

G3 | =IF(F3<$B$7,"기각","채택")

	A	B	C	D	E	F	G	H	I
1							귀무가설		
2	귀무가설	표본크기	표본평균	모표준편차	z 값	p-값	판정		
3	3	36	2.91	0.18	-3.000	0.0013	기각	p값	
4			2.97	0.18	-1.000	0.1587	채택	p값	
5							기각	검정통계량	
6							채택	검정통계량	
7	유의수준	0.02							
8	유의수준/2	0.01							
9	임계값	-2.326							
10									

(2) 대표본이면서 모표준편차를 모르는 경우의 가설검정($n \geq 30$)

예제 9-4 사례의 귀무가설 H_0: $\mu=280$과 대립가설 H_a: $\mu \neq 280$을 검정하기 위한 단계는 다음과 같다.

우리는 〈표 9.2〉에 제시한 골프공의 비거리에 대한 데이터를 이용한 큰 표본사례를 설명한다.

라벨 야드는 A1셀에 나타내고, 36개의 비거리 값은 엑셀 워크시트의 A2셀에서 A37셀까지 나타낸다.

가설검정을 위한 유의수준은 $\alpha=0.05$이고, 모집단표준편차 σ는 표본표준편차 s에 의해 대체된다. 엑셀에서 상대적으로 편리하게 가설을 검정하기 위해서는 여러분 자신의 스프레드시트를 만드는 것이 좋고, 결과를 끌어내는데 p값을 이용한다.

귀무가설 H_0: $\mu=280$과 대립가설 H_a: $\mu \neq 280$을 검정하기 위한 단계는 다음과 같다.

단계 1 단계 1은 C3셀에 280을 입력한다.

단계 2 D3셀에 표본의 크기를 계산한다. D3: =COUNT(A2:A37)

단계 3 E3셀에 표본평균을 계산한다. E3: =AVERAGE(A2:A37)

단계 4 F3셀에 표본표준편차를 계산한다. F3: =STDEV.S(A2:A37)

단계 5 G3셀에 검정통계량을 계산한다. G3: =(E3−C3)/(F3/SQRT(D3))

G3셀에는 검정통계량 계산 공식 설정

단계 6 H3셀에 p값을 계산한다.

H3: =2*(1−NORM.S.DIST(ABS(G3)), TRUE)

또는

=IF(G3<0, 2*NORM.S.DIST(G3, TRUE), 2*(1−NORM.S.DIST(G3)), TRUE)

	A	B	C	D	E	F	G	H	I	J
1	비거리								귀무가설	
2	278		귀무가설	표본크기	표본평균	표본표준편차	z 값	p-값	판정	
3	288		280	36	278.50	12.00	-0.75	0.4533	채택	검정통계량
4	260								채택	p값
5	279		유의수준	0.050						
6	278		유의수준/2	0.025						
7	299		임계값	-1.960						
8	274									
9	263									

(3) 소집단 표본의 가설검정(예제 9−7 사례)

단계 1 C3셀에 7을 입력한다.

단계 2 D3셀에 표본의 크기를 계산한다. D3: =COUNT(A2:A13)

단계 3 E3셀에 표본평균을 계산한다. E3: =AVERAGE(A2:A13)

단계 4 F3셀에 표본표준편차를 계산한다. F3: =STDEV.S(A2:A13)

단계 5 D7셀에 임계값을 계산한다. D7: =T.INV.2T(D6, D3−1)

이때 주어진 유의수준의 2배 값을 입력한다.

단계 6 G3셀에 검정통계량을 계산한다. G3: =(E3−C3)/(F3/SQRT(D3))

G3셀에는 검정통계량 계산 공식 설정

단계 7 H3셀에 값을 계산한다.

H3: =T.DIST.RT(G3, D3−1)

또는 =IF(G3>0, T.DIST.RT(G3, D3−1), T.DIST.RT(ABS(G3), D3−1))

	A	B	C	D	E	F	G	H	I	J
1	평가								귀무가설	
2	7		모평균가정	표본크기	표본평균	표본표준편차	t 값	p-값	판정	
3	8		7	12	7.75	1.22	2.138	0.0279	기각	검정통계량
4	10								기각	p값
5	8		유의수준	0.05						
6	6		2*유의수준	0.1						
7	9		임계값	1.796						
8	6									

(4) 모비율의 가설검정(예제 9−9 사례)

예제 9−9의 교육과학기술부 교원정책 사례의 귀무가설 H_0: $p \leq 0.25$와 대립가설 H_a: $p > 0.25$를 검정하기 위한 단계는 다음과 같다.

가설검정을 위한 유의수준은 $\alpha = 0.05$이다.

단계 1 A3셀에 가설로 제시한 모비율 0.25를 입력한다.

단계 2 B3셀에 검정하고자 하는 표본의 크기를 입력한다.

이때 비율을 검정하고자 하는 대상의 크기를 B4셀에 입력한다.

단계 3 C3셀에 검정하고자 하는 표본비율을 계산하여 입력한다.

C3: =B4/B3

단계 4 D3셀에 표본표준편차를 입력한다.

표본표준편차는 $\sigma_{\bar{p}} = \sqrt{\dfrac{p(1-p)}{n}}$ 이므로 다음과 같이 입력한다.

D3: =SQRT(A3*(1−A3)/B3)

단계 5 E3셀에 계산 공식을 이용하여 검정통계량을 계산한다.

E4셀에 채우기 핸들로 복사하면, 각각 다음과 같이 설정한다.

E3: =(C3−$A$3)/D3

단계 6 F3셀에 p값을 계산한다.

F3: =1−NORM.S.DIST(ABS(E3), TRUE)을 입력한다.

단계 7 B6셀과 B7셀에 유의수준을 설정한다. 이 사례에서는 단측검정이므로 B6셀에는 0.05를 입력한다. 그리고 B7셀에는 $1-\alpha$가 되도록 설정한다. 이 이유는 임계값을 계산하기 위함이다. B6셀의 유의수준값을 p값과 비교할 것이다.

B7: =1−B6

단계 8 B8셀에는 B7셀의 유의수준에 해당하는 임계값을 계산한다.

B8: =NORM.S.INV(B7)

이 임계값은 검정통계량과 비교하여 가설을 검정할 것이다.

단계 9 가설검정을 위한 p값 판정과 검정통계량 판정방법을 설정한다.

검정통계량 검정을 위해 G3셀에 판정식을 설정한다.

G3: =IF(E3>B8, "기각", "채택")

p값 검정을 위해 G4셀에 판정식을 설정한다.

G4: =IF(F3<B6, "기각", "채택")

	A	B	C	D	E	F	G	H	I
1							귀무가설		
2	귀무가설	표본크기	표본비율	표본표준편차	z 값	p-값	기각여부		
3	0.25	200	0.3	0.03	1.63	0.0512	채택	검정통계량	
4	남성	60					채택	p값	
5									
6	유의수준	0.05							
7	단측	0.95							
8	임계값	1.645							
9									
10									

CHAPTER 09

연습문제

1 다음 빈칸에 알맞은 분포를 적으시오.

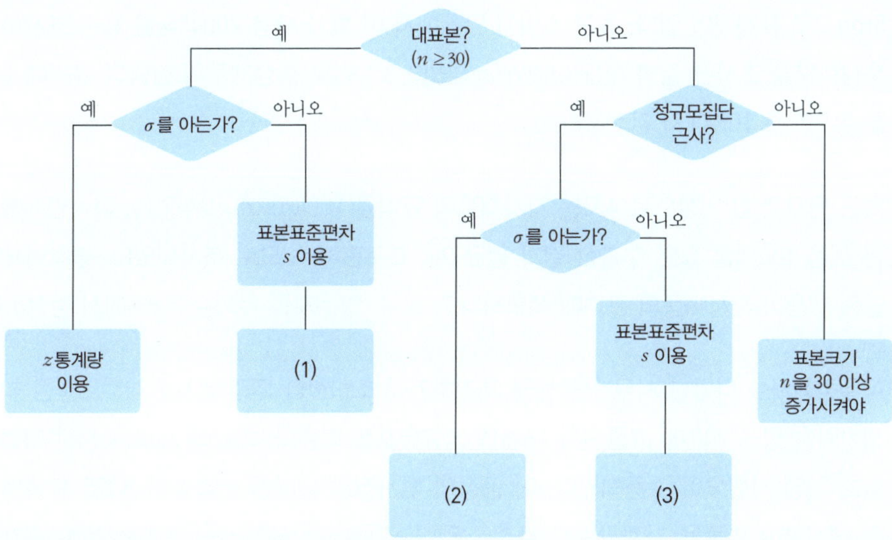

2 다음과 같은 귀무가설에 대한 연구가설을 설정하고 각각의 유의수준에 해당하는 임계값을 계산하라.

❶ $H_0: \mu \geq 30,\ \alpha = 0.05$

❷ $H_0: \mu \leq 20,\ \alpha = 0.1$

3 R&D부서에서는 새로 개발된 제품의 수명테스트에서 신제품의 평균수명이 50,000시간이고 표준편차가 100시간으로 주장하고 있다. 이들의 주장이 맞는지를 검정하기 위하여 신제품 100개를 뽑아 수명시험한 결과 제품의 평균수명이 49,950시간으로 나타났다. 유의수준 5%에서 검정하라.

4 최근 이슈가 되고 있는 수도권 규제완화에 대한 지역민들의 의견을 조사하고자 한다. 이에 대한 지역민들의 절반 이상은 이에 대한 강한 반대의견을 갖고 있는 것으로 보인다. 이를 검정하기 위해 지역민 1,000명을 대상으로 설문조사를 하였다.

❶ 귀무가설과 연구가설을 설정하라.

❷ 유의수준 5%에서 지역주민 760명이 반대의견을 갖고 있을 때 가설검정 결과를 해석해보라.

5 A사에서 생산되는 홍삼제품에 포함된 평균 홍삼함량은 1캡슐당 100mg 이상, 표준편차는 5mg으로 표시되어 있다. 최근 소비자 단체에서 이 회사 제품 200캡슐을 표본 조사하여 순수 홍삼함량을 조사한 결과, 평균이 99mg이었다. 이 경우 홍삼제품의 함량이 규격에 합당한지를 유의수준 10%에서 검정하라.

6 최근 원자재 값 인상으로 A사는 자사제품의 규격을 100kg으로 맞추었다. 협력업체에서 조달된 제품 100개를 표본 추출한 결과 평균 98, 표준편차 10으로 조사되었다. 협력업체에서 조달된 제품이 자사제품의 규격에 적합하다고 할 수 있는지를 유의수준 5%에서 검정하라.

7 A 철강회사는 다양한 사무 용품들을 제조하거나 조립한다. 공장에서 A325 모델형 책상의 주 생산량은 평균 200개, 표준편차 16개의 정규분포를 따른다. 최근에 새로운 생산 기법이 도입되고 신입 사원들이 고용되었다. 이 공장의 부사장은 이러한 변화들이 A325 모델형 책상의 주 생산량에 변동을 가져왔는지 알고 싶었다. 작년(50주 동안 생산, 휴가를 위해 2주간 공장 휴무)의 경우 주당 평균 생산량은 203.5개였고, 표준편차는 주당 16개였다. 공장에서 생산되는 책상의 주 생산량은 유의수준 0.01에서 평균 생산량 200개와 다르다고 할 수 있을지 검정하시오.

8 최근 한 조사에서는 대학생의 주 평균 커피소비량이 6.8잔이고 모집단의 표준편차는 0.5잔이라고 밝혔다. 36명의 대학생을 표본으로 한 조사에서는 지난 주 그들의 커피소비량이 6.2잔이라는 결과를 제시하였다. 유의수준 0.05에서 대학생 주 평균 커피소비량이 6.8잔보다 적다고 결론 내릴 수 있는지 검정하시오.

9 다음의 귀무가설과 대립가설이 있다.

$H_0 : \mu \leq 50$

$H_a : \mu > 50$

모집단의 표준편차가 10이라고 할 때, 제1종 오류의 확률은 0.01로 설정되고 제2종 오류의 확률은 0.30으로 설정된다. 모집단 평균이 50에서 55로 조정되었다고 가정하면, 이 요구사항을 만족시키기 위해 필요한 표본은 얼만큼 커야 할까?

10 성일전자에서 생산되는 휴대폰 부품의 불량률은 3% 미만이라고 주장하고 있다. 이를 검정하기 위해 성일전자에서 생산되는 부품 200개의 샘플링 검사에서 10개의 불량이 검출되었다. 성일전자의 품질관리가 제대로 이루어지고 있다고 볼 수 있는지를 유의수준 5%에서 검정하라.

11 기숙사 관리부서에서는 전체 학생의 40%가 기숙사 입사를 희망하고 있으니, 기숙사의 증축을 요구하고 있다. 이를 검정하기 위해 학생 200명을 대상으로 기숙사 희망 여부를 조사한 결과, 75명이 기숙사 입사를 희망하는 것으로 나타났을 때, 기숙사를 증축하는 것이 합당한지를 유의수준 10%에서 검정하라.

12 다음과 같은 가설을 검정하기 위해 30개의 표본조사에서 평균 16, 표준편차 4를 얻었다.

$H_0: \mu \geq 15,\ H_a: \mu < 15$

❶ 유의수준 5%일 때 Z에 따른 임계값은?
❷ 귀무가설 기각역을 표시하라.
❸ p값은?
❹ 검정결과는?

13 A사의 기존 생산라인에서 생산된 제품의 평균수명은 2,000시간, 표준편차는 90시간인 정규분포를 따른다. 최근 새로 도입된 신 설비에서 생산된 제품의 평균수명이 향상되었는지를 검정하기 위해 신 설비에서 생산된 제품 20개를 추출하여 조사한 결과 평균수명은 2,012시간이었다. 신 설비에서 생산된 제품의 평균수명이 향상되었다고 볼 수 있는지를 유의수준 1%에서 검정하라.

14 한 제조업체는 자체 생산 라인에서 만들어지는 제품의 불량률을 0.5% 이하로 유지되도록 운영하고 있다. 이 회사의 품질관리팀이 이 라인의 불량률이 0.5%를 초과하지 않는지를 검토하기 위하여 제품 2,000개를 조사한다고 하자. 유의수준 5%에서 불량률이 0.5%를 초과한다고 판정할 수 있는 불량품의 개수는 몇 개인가?

15 휴대폰 배터리 보증기간이 2,000시간이라고 하자. 제품 3,000개의 수명을 검사한 결과 25개가 2,000시간 이전에 고장 난 것으로 조사되었다. 이 결과는 회사의 제품 중 보증기간에 고장 나는 배터리의 비율이 1% 미만이라는 회사의 주장을 받아들일 만한 충분한 근거가 되는지를 유의수준 5%에서 검정하라.

16 대학교재 출판사인 효원 출판사의 영업 매니저는 영업사원이 교수들에게 평균 40회의 전화를 한다고 주장했지만 몇몇의 영업사원들은 이 추정치가 너무 낮다고 말했다. 이를 조사하기 위해 임의로 28명의 영업사원을 뽑아서 조사를 했는데, 이들은 지난주 평균 42통의 전화를 한 것으로 조사되었다. 이 표본의 표준편차는 2.1통이었다. 유의수준 0.05를 이용하여 영업사원의 주당 평균 전화 횟수가 40회 이상이라고 결론 내릴 수 있는지 검정하시오.

17 한 지방선거에서 시장(또는 도지사) 후보자는 적어도 80%의 표를 획득해야 당선된다는 것을 보여주었다고 가정하자. 현 시장(또는 도지사)은 자신의 재신임 가능성을 예측하기 위해 해당 선거구에서 2,000명의 선거인단을 대상으로 여론조사를 실시한 결과 1,550명이 현 시장(또는 도지사)에게 투표할 것이라는 결과를 얻었다. 유의수준 0.05에서 가설검정을 통해 현 시장(또는 도지사)의 재신임 가능성을 예측해보자.

18 A 피자는 주문의 90%가 주문 이후 10분 이내에 배달이 완료된다고 한다. 100건의 주문을 조사한 결과 82건의 주문이 10분 이내 배달이 완료되었다. 0.1 유의수준에서 90% 미만의 주문이 10분 이내에 배달이 완료된다고 할 수 있는지 검정하시오.

19 한 제조업체는 완제품 제조에 사용되는 쇠막대를 필요한 길이로 자르는 기계를 작동시키고 있는데, 이 절단기계는 쇠막대를 평균 9cm, 표준편차 1cm로 절단하여 분류하도록 되어 있다. 이 제조업체는 절단 기계 중 36대의 표본을 선정하고, 표본평균의 5%는 관리상한선(upper control limit)보다 크고, 표본평균의 5%는 관리하한선(lower control limit)보다 작도록 설정하길 원했다. 다음 질문에 답하시오.

❶ 관리범위는 어떻게 설정되어야 하는가?

❷ 모평균이 8.9cm로 조정된다면 이 변화가 감지되지 않을 확률은 얼마인가?

❸ 모평균이 9.3cm로 조정된다면 이 변화가 감지되지 않을 확률은 얼마인가?

Chapter 10

단일 모분산에 대한 추정과 가설검정

앞에서 우리는 모평균과 모비율에 대한 통계적 추정과 가설검정에 대하여 알아보았다. 이제 또 다른 주요 모수인 모분산에 대한 통계적 추정과 가설검정을 살펴보기로 하자. 이 장에서는 단일 모집단의 분산에 대한 추정과 가설검정을 알아보고, 이를 토대로 하여 두 모집단분산을 비교하기 위한 추정 절차와 가설검정은 장을 달리하여 살펴볼 것이다.

앞장에서는 표본을 통해 모집단의 평균, 비율을 가설검정하였다. 평균과 비율 외에도 표본을 통해 모집단의 분산을 가설검정 할 필요가 있다. 예를 들어, 생산제품의 표본분산을 측정하여 모분산에 대한 가설검정을 통해 생산제품의 품질변동 등을 확인할 수 있다.

10.1 단일 모집단분산에 대한 추정

단일 모분산에 대한 가설검정에는 χ^2분포가 사용된다. 그 이유를 살펴보면 다음과 같다.

앞에서 우리는 모분산 σ^2의 점추정량으로 다음의 수식 (10.1)인 표본분산 s^2을 이용하였다.

$$s^2 = \frac{\sum(x_i - \overline{X})^2}{n-1} \tag{10.1}$$

모분산에 대한 추론 기초로 표본분산을 이용할 때 $(n-1)s^2/\sigma^2$의 표본분포를 먼저 알아두는 것이 매우 중요하다. $(n-1)s^2/\sigma^2$의 표본분포는, 평균을 기준으로 좌우 대칭의 특성이 있는 z분포(표준정규분포)나 t분포와는 다른 특성을 지니고 있다. 이에 대하여 자세히 살펴보자.

n개의 서로 독립인 확률표본 X_1, X_2, $\cdots, X_n$이 평균 μ, 분산 σ^2인 정규 모집단으로부터 추출되었다고 할 때, 다음의 관계를 고려하자.

$$\sum Z_i^2 = \left(\frac{X_1-\mu}{\sigma}\right)^2 + \left(\frac{X_2-\mu}{\sigma}\right)^2 + \cdots + \left(\frac{X_n-\mu}{\sigma}\right)^2 = \chi_n^2$$

위의 수식에서 z통계량의 제곱합은 자유도가 n인 χ^2변수가 된다.

이 때, 모평균이 알려져 있지 않으면 표본평균을 대입하여 정리한다. 그러면 다음과 같이 자유도가 $n-1$인 χ^2변수가 된다.

$$\begin{aligned}\sum Z_i^2 &= \left(\frac{X_1-\overline{X}_n}{\sigma}\right)^2 + \left(\frac{X_2-\overline{X}_n}{\sigma}\right)^2 + \cdots + \left(\frac{X_n-\overline{X}_n}{\sigma}\right)^2 \\ &= \frac{1}{\sigma^2}\sum (X_i-\overline{X}_n)^2 \\ &= \chi_{n-1}^2\end{aligned}$$

여기서 $s^2 = \dfrac{1}{n-1}\sum (X_i-\overline{X}_n)^2$이므로,

$\chi_{n-1}^2 = \dfrac{(n-1)s^2}{\sigma^2}$이 된다. 따라서 $\dfrac{(n-1)s^2}{\sigma^2}$의 표본분포는 자유도가 $n-1$인 χ_{n-1}^2분포를 하고 있음을 알 수 있다.

$(n-1)s^2/\sigma^2$의 표본분포

정규모집단으로부터 n 크기의 확률표본을 추출하면

$$\frac{(n-1)s^2}{\sigma^2} \tag{10.2}$$

의 표본분포는 $n-1$ 자유도를 갖는 카이제곱(χ^2)분포를 한다.

[그림 10.1]은 $(n-1)s^2/\sigma^2$ 표본분포의 형태가 자유도의 값에 다르게 나타나는 것을 보여준다. 분포의 특성을 통해서도, 또 그림을 통해서도 알 수 있듯이 자유도가 커지면 좌우 대칭의 정규분포의 특성이 보이지만, 대개 왼쪽으로 치우쳐 있는

그림 10.1 $(n-1)s^2/\sigma^2$ 표본분포의 예

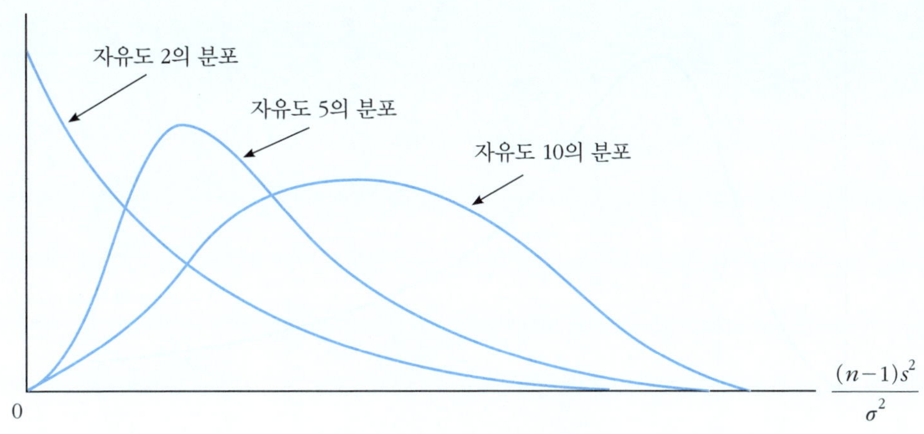

분포의 특성을 보이고 있으며, 확률변수가 양수의 값만을 갖는다.

카이제곱분포에 대한 확률(또는 면적) 조견표도 이미 널리 활용되고 있다. 엑셀을 활용한 확률 계산은 이 장의 [엑셀활용 10]에 제시하였다.

정규모집단으로부터 n크기의 확률표본을 추출할 때 $(n-1)s^2/\sigma^2$의 표본분포는 언제나 카이제곱분포가 되기 때문에, 모분산에 대한 구간추정치 설정과 가설검정을 하기 위하여 카이제곱분포를 활용한다.

모분산의 추정 또는 가설검정을 위해 수식 (10.2)를 다음과 같이 변형하여 계산한다.

$$\chi^2_{n-1} = \frac{(n-1)s^2}{\sigma^2}$$

$$\sigma^2 = \frac{(n-1)s^2}{\chi^2_{n-1}}$$

유의수준 α가 주어지고, 자유도가 제시되면 카이제곱분포와 확률값은 [그림 10.2]로 설정된다. 이 때 χ^2_α은 분포의 오른쪽 확률이 α임을 나타낸다.

사례를 통하여 구체적인 적용 과정을 알아보도록 하자.

그림 10.2 카이제곱분포와 확률

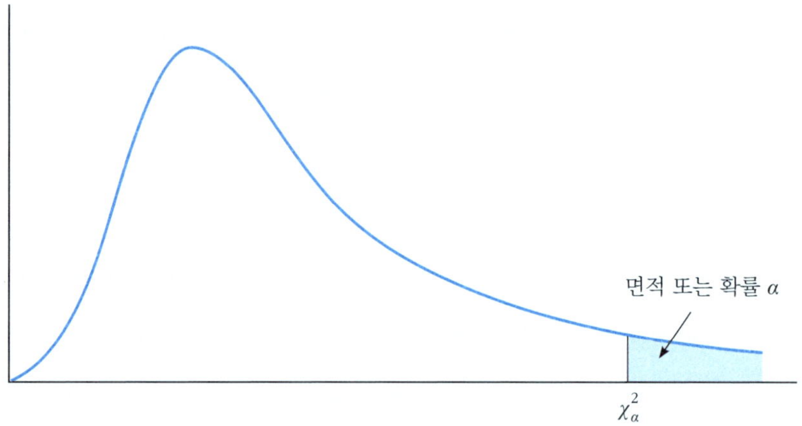

(1) σ^2의 구간추정

다이어트 사탕을 만드는 제조 과정 사례를 통하여 단일 분산에 대한 추정을 알아보도록 하자.

예제 10-1

영동식품(주)에서는 다이어트 사탕을 생산하는데 1개당 무게는 평균 16g이라고 한다. 이 회사의 품질관리팀에서는 제조 공정에 사용되는 기계들의 노후로 인하여 정밀도가 떨어져 생산되는 제품 무게의 산포가 너무 크다는 것을 지적했다. 이에 따라 생산팀에서는 기존 공정 과정을 정밀하게 검토하고 노후한 장비들을 교체하여 종전보다는 크게 개선된 제조 공정을 계획하고 있다. 이와 동시에 제조 공정의 변동으로 인한 품질변동, 즉 사탕의 무게 변동에 관련한 개선 방안을 체계적으로 검토하기로 하였다. 생산팀은 표본크기가 20인 표본을 추출하여 표본분산을 구한 결과 $s^2=0.0025$로 나타났으며 이를 5% 유의수준에서 신뢰구간을 추정하라.

먼저 모분산에 대한 구간추정을 실시한다.

사탕 무게 변동과 관련한 표본자료로부터 자유도 19인 카이제곱분포의 95% 신뢰구간을 설정하여 보자. [그림 10.3]에서 보다시피 95%의 신뢰구간에서의 카이제곱값은 $\chi^2_{0.975}$와 $\chi^2_{0.025}$ 사이에 있음을 알 수 있다.

즉, $\chi^2_{0.975} \le \chi^2 \le \chi^2_{0.025}$의 구간에서 χ^2값 확률이 0.95이다.

χ^2값 대신에 $(n-1)s^2/\sigma^2$을 대입하면 다음과 같게 된다.

$$\chi^2_{0.975} \le \frac{(n-1)s^2}{\sigma^2} \le \chi^2_{0.025} \tag{10.3}$$

식 (10.3)을 정리하여 모분산 σ^2에 대한 구간추정치를 계산할 수 있다. 먼저 좌변 부등식을 정리하면 $\chi^2_{0.975} \le \dfrac{(n-1)s^2}{\sigma^2}$에서 $\sigma^2\chi^2_{0.975} \le (n-1)s^2$이 되고, 최종적으로

$$\sigma^2 \le \frac{(n-1)s^2}{\chi^2_{0.975}} \tag{10.4}$$

이 된다. 그리고 우변 부등식을 정리하면

$$\frac{(n-1)s^2}{\chi^2_{0.025}} \le \sigma^2 \tag{10.5}$$

식 (10.4)와 (10.5)를 결합하여 정리하면

$$\frac{(n-1)s^2}{\chi^2_{0.025}} \le \sigma^2 \le \frac{(n-1)s^2}{\chi^2_{0.975}} \tag{10.6}$$

이 성립한다. 구체적인 값을 대입하여 넣으면 다음과 같다.

$$\frac{19(0.0025)}{32.9} \le \sigma^2 \le \frac{19(0.0025)}{8.91}$$

$0.0014 \le \sigma^2 \le 0.0053$이 되어 모집단의 표준편차에 대한 95% 신뢰구간은 다음과 같이 설정된다.

$$0.0374 \le \sigma \le 0.0728$$

유의수준 α에서 일반적인 모분산에 대한 구간추정치는 다음과 같이 된다.

$$\frac{(n-1)s^2}{\chi^2_{\alpha/2}} \le \sigma^2 \le \frac{(n-1)s^2}{\chi^2_{1-\alpha/2}} \tag{10.7}$$

그림 10.3 다이어트 사탕 무게 변동에 대한 카이제곱분포

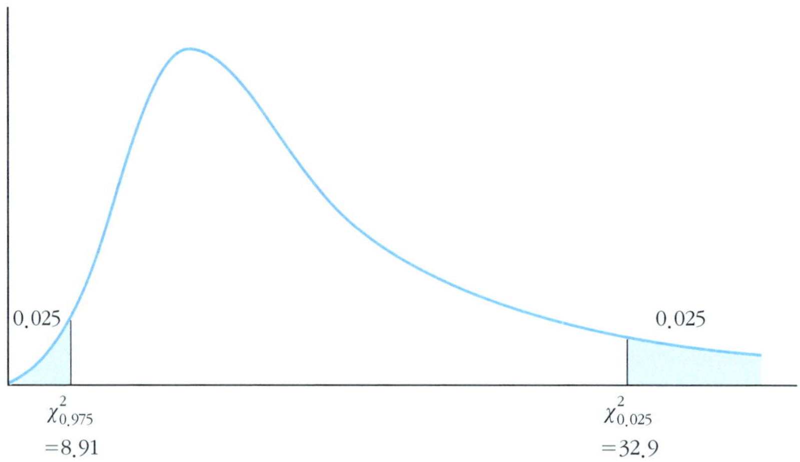

10.2 단일 모분산 σ^2의 가설검정

단일 모분산의 가설검정은 춘천시 사례를 통하여 살펴보도록 하자.

예제 10-2

춘천시에서는 춘천 근교의 관광지를 순환하는 시티투어버스의 배차 문제를 보다 합리적으로 운영하려고 시도하고 있다. 버스 기사들에 대한 교육과 보상 정책을 통하여 일관된 운행 일정표를 유지하려고 하였다. 각 관광지에 마련된 정류소 도착 시간에 대한 변동을 최소화시키려는 노력의 일환으로 먼저 도착시간들의 분산을 4분 이하로 맞추려 하였다. 도착시간들의 변동 정도에 대한 지침이 유지되고 있는지 검토하기 위해 버스 10대의 도착시간의 확률 표본자료를 수집한 결과는 다음과 같다. 유의수준 $\alpha=0.05$에서 가설을 검정하고자 한다.

15.2	17.1
17.5	15.0
19.6	15.5
16.6	20.0
21.3	16.2

이 자료에 대한 가설검정을 위하여 먼저 귀무가설과 대립가설을 설정한다.

$$H_0: \sigma^2 \leq 4$$
$$H_a: \sigma^2 > 4$$

귀무가설이 참이라고 함은 도착시간의 분산이 춘천시의 정책에 따라 통제되고 있음을 의미한다. 귀무가설이 기각되면 지침대로 통제되고 있지 않음을 의미한다.

도착 시간의 모집단이 정규분포를 이룬다고 하면, 이 때 $(n-1)s^2/\sigma^2$는 자유도가 $n-1$인 카이제곱분포를 이루며, 우리가 가설을 검정하기 위해 적용할 검정통계량의 수식이 된다.

귀무가설에서 $\sigma^2=4$이고 표본크기 $n=10$이며 표본분산 s^2을 계산하여 정리하면 검정통계량값을 구할 수 있다.

$$\chi^2 = \frac{(n-1)s^2}{\sigma^2} = \frac{9s^2}{4}$$

[그림 10.4]는 단측검정에 대한 기각영역을 보여주는 카이제곱분포이다.

유의수준 $\alpha=0.05$에서 자유도 9의 카이제곱분포 임계값은 $\chi^2_{0.05}=16.9$이다. 따라서 기각규칙은 다음과 같이 설정된다.

그림 10.4 버스 도착시간의 변동에 대한 카이제곱분포의 기각역

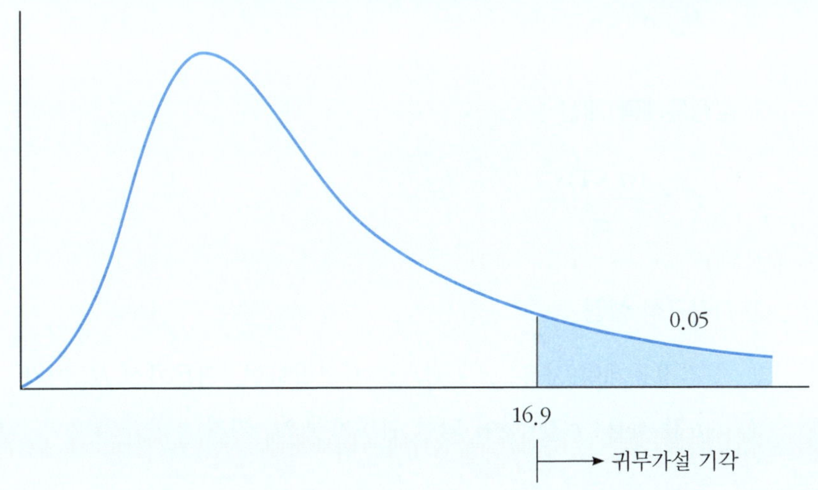

$\chi^2 > 16.9$이면 귀무가설 H_0 기각

10대의 버스에 대한 표본자료에서 표본분산은 4.8이다. 이 값을 대입하여 검정통계량을 계산한다.

$$\chi^2 = \frac{9s^2}{4} = \frac{9(4.8)}{4} = 10.8$$

검정통계량 $\chi^2 = 10.8$이 임계값인 16.9보다 작기 때문에 귀무가설을 기각할 수 없다. 다시 말하면 표본분산인 4.8의 값으로는 춘천시 정책대로 통제되지 못하고 있다는 결론을 내리기에 증거가 불충분하다는 것을 나타낸다.

한편 관찰된 p값을 활용하여 가설검정을 살펴보도록 하자. 이미 앞에서도 반복하여 강조하는 말이지만 p값 기준에서는 어떤 경우라 하더라도, p값 $< \alpha$이면 귀무가설 H_0을 기각하게 된다.

p값은 [엑셀활용 10]에 있는 엑셀활용 기법을 통하여 구할 수 있다. 검정통계량 $\chi^2 = 10.8$에 대응하는 p값은 0.29이다.

p값$=0.29 > \alpha = 0.05$이므로 귀무가설을 기각할 수 없다.

1) 모집단분산에 대한 단측검정의 요약 절차

① 가설의 설정

$$H_0: \sigma^2 \geq \sigma_0^2$$
$$H_\alpha: \sigma^2 < \sigma_0^2$$

② 검정통계량 계산

$$\chi^2 = \frac{(n-1)s^2}{\sigma_0^2}$$

③ 기각규칙 설정

검정통계량 사용: $\chi^2 < \chi^2_{(1-\alpha)}$이 성립하면, 귀무가설 H_0 기각

p값 사용: p값$<\alpha$이 되면 귀무가설 H_0 기각

σ_0^2는 모집단분산을 위해 세워진 가설이고 $\chi^2_{(1-\alpha)}$는 $n-1$의 자유도를 가진 카이제곱분포를 갖는다.

다른 양측검정과 같이, H_0: $\sigma^2=\sigma_0^2$의 양측검정은 두 임계값을 계산하기 위해 분포의 꼬리 쪽에 있는 $\alpha/2$의 영역경계에 설정한다. 모분산에 대한 양측검정 의사결정 절차는 다음과 같다.

2) 모분산에 대한 양측검정의 요약 절차

① 가설의 설정

H_0: $\sigma^2=\sigma_0^2$

H_α: $\sigma^2\neq\sigma_0^2$

② 검정통계량

$$\chi^2=\frac{(n-1)s^2}{\sigma_0^2}$$

③ 기각규칙

검정통계량 사용: $\chi^2<\chi^2_{1-\alpha/2}$ 또는 $\chi^2>\chi^2_{\alpha/2}$이면 귀무가설 H_α 기각

p값 사용: p값$<\alpha$이면 귀무가설 H_α 기각

엑셀활용 10 엑셀을 활용한 기법 익히기

1. 모집단의 분산에 대한 95% 신뢰구간 설정

예제 10−1의 다이어트 사탕을 만드는 제조 과정 사례를 통하여 모분산에 대한 95% 신뢰구간을 설정하는 과정을 엑셀로 처리하여 보자.

단계 1 먼저 C2, C3, C4셀에 표본평균, 표본크기, 표본분산을 입력한다. 표본표준편차가 제시될 수 있으므로 혼동하지 않도록 한다.

단계 2 분포의 양측에서 신뢰구간이 설정되어야 하므로 C6과 D6셀에 유의수준을 설정한다. 이때 유의수준 α에 대해 $\alpha/2$와 $1-\alpha/2$값을 설정한다.

단계 3 C6와 D6셀의 유의수준에 대한 임계값을 C7과 D7셀에 계산한다.

C7: =CHISQ.INV.RT(C6, $C$3−1)

D7: =CHISQ.INV.RT(D6, $C$3−1)

C7셀을 설정하고 난 후, 채우기 핸들로 D7셀에 복사하면 된다.

단계 4 3단계까지 완료되면 신뢰구간을 계산한다. 먼저 모분산에 대한 신뢰구간을 설정한 후, 모표준편차에 대한 신뢰구간을 설정한다. 모분산에 대한 신뢰구간은 F4셀과 G4셀에 설정한다.

F4: =($C$3−1)*$C$4/C7

G4: =($C$3−1)*$C$4/D7

F4셀의 수식을 설정한 후, 채우기 핸들로 G4셀에 복사한다.

모표준편차의 신뢰구간을 다음과 같이 설정한다.

F5: =SQRT(F4)

G5: =SQRT(G4)

SQRT( ) 함수는 제곱근을 구하는 함수식이다.

F5셀을 설정하고 난 후, 채우기 핸들로 G5셀에 복사한다.

	A	B	C	D	E	F	G	H
1								
2		표본평균	16					
3		표본크기	20		신뢰구간	하한	상한	
4		표본분산	0.0025		모분산	0.0014	0.0053	
5					모표준편차	0.0380	0.0730	
6		유의수준	0.025	0.975				
7		임계값	32.9	8.9				
8								
9								

2. 모집단의 분산에 대한 가설검정

예제 10-2의 모분산 가설검정에 대한 엑셀 처리 과정을 살펴보기로 하자. 춘천시 표본자료의 귀무가설 H_0: $\sigma \leq 4$와 대립가설 H_a: $\sigma > 4$를 검정하기 위한 단계는 다음과 같다.

단계 1 D2셀에 가설의 분산값 4를 입력한다. D3셀에는 유의수준 α를 입력한다.

단계 2 D6셀에 표본의 크기를 계산한다.

D6: =COUNT(A2:A11)

단계 3 D7셀에 표본분산을 계산한다.

D7: =VAR.S(A2:A11)

단계 4 D9셀에는 유의수준과 자유도에 따른 임계값을 계산한다.

D9: =CHISQ.INV.RT(D3, D6-1)

단계 5 F6셀에 검정통계량을 계산한다.

F6: =(D6-1)*D7/D2

단계 6 F7셀에 p값(p-value)을 계산한다.

F7: =CHISQ.DIST.RT(F6, D6-1)

단계 7 G6셀과 G7셀에 검정통계량 판정과 p값(p-value) 판정 여부를 설정한다.

G6: =IF(F6>D9, "기각", "채택")

G7: =IF(F7<D3, “기각”, “채택”)

이 결과로 귀무가설은 기각할 수 없음을 알 수 있다.

	A	B	C	D	E	F	G	H	I
1	**시간**		**가설검정**						
2	15.2		**가설분산**	4					
3	17.5		**유의수준**	0.05					
4	19.6						**귀무가설**		
5	16.6		**표본결과**				**판정**		
6	21.3		**표본크기**	10	**검정통계량**	10.8	채택		
7	17.1		**표본분산**	4.8	**p값**	0.2897	채택		
8	15.0								
9	15.5		**임계값**	16.9					
10	20.0								
11	16.2								
12									
13									
14									

CHAPTER 10

연습문제

1 A사에서 생산되는 제품 10개를 추출하여 제품강도를 조사한 결과 다음과 같은 자료를 얻었다. 모분산이 6보다 크다고 할 수 있는지를 유의수준 5%에서 검정하라.

15.4	21.5	21.4	15.7	16.6	14.5	19.7	17.7	16.5	15.0

2 정규모집단으로부터 학생 30명을 추출하여 이들의 통계학 기말고사 성적을 조사한 결과 분산이 25점으로 나타났다.

❶ 모분산에 대한 95% 신뢰구간을 구하라.

❷ 통계학 기말고사 성적의 모분산이 10점보다 작다고 할 수 있는지를 유의수준 5%에서 검정하라.

3 (주)넥센에서는 골프공의 무게를 정확하게 관리하여 제작하기 때문에 무게의 분산이 1mg을 초과하지 않는다고 주장하고 있다. 31개의 공을 무작위로 추출하여 무게를 측정한 결과 분산은 1.34mg이었다. 유의수준 5%에서 이 회사의 주장을 검정하라.

4 여러 유형의 휴대폰 배터리를 생산하는 한 기업에서 최근 신제품의 배터리를 생산하면서 배터리의 수명(암페어 시간)에 대한 표준편차를 2.5시간으로 제시하였다. 소비자보호원에서는 생산자의 주장을 검사하기 위해 최근 생산라인에서 20개 배터리를 추출하여 조사하였다.

137.4	140.0	138.8	139.1	144.4
139.2	141.8	137.3	133.5	138.2
141.1	139.7	136.7	136.3	135.6
138.0	140.9	140.6	136.7	134.1

조사결과의 자료를 토대로 하여 다음 물음에 답하라.

❶ 배터리의 모표준편차가 2.5 암페어 시간을 넘지 않는다는 생산자의 주장을 0.05 유의수준에서 검정하라.

❷ 이 검정을 행하기 위해 어떤 가정이 필요한가?

5 50kg들이 설탕포를 생산하고 있는 한 기업에서 최근 새로운 기계를 도입하였다. 안정된 조업이 가능한지를 알아보기 위해 새 기계라인에서 생산된 50kg들이의 무게 변동 여부를 조사하였다. 15개의 설탕포 무게를 측정한 결과 다음과 같다고 한다. 설탕포의 무게 표준편차가 0.5kg을 넘지 않는다고 이 회사는 주장하고 있다. 0.05 유의수준에서 검정하라.

46.7	47.5	48.3	49.2	49.2
49.5	50.7	50.8	51.1	51.2
51.3	51.5	51.5	51.6	52.1

6 한 목재상에서는 조립 가구의 부품들을 제작하고 있다. 조립하는 가구이기에 가구 두께의 변동은 매우 중요해서 주기적으로 감시하고 있다. 만약 두께의 분산이 2.25mm를 초과하면 품질에 문제가 발생한다. 10개 부품을 추출하여 측정한 결과 다음과 같다고 한다. 조립가구의 두께 분산이 2.25mm를 넘지 않는다고 한다. 0.05 유의수준에서 검정하라.

225	232	230	225	229
226	227	228	226	228

7 A 은행의 한 지점에서 일일 지출현금의 표준편차는 미리 준비해야 하는 현금의 액수를 결정하는 중요한 수치이다. 현재 이 지점의 현금관리 담당자는 표준편차가 3억원을 넘지 않는다고 생각하며 현금 확보계획을 운영하고 있다. 이러한 생각이 옳은지를 검정하기 위해 지난 30일 동안에 걸쳐 일일 현금지출금액을 조사하였더니 다음과 같다(단위: 억원). 관리담당자의 생각이 옳은지 유의수준 5%에서 검정하라.

11.2	10.3	21.2	12.2	15.4	15.4	20.1	18.9	18.4	16.5
15.4	14.4	14.2	13.4	13.3	14.3	23.5	19.2	17.4	17.3
9.4	11.3	17.5	22.1	19.1	15.7	17.8	15.6	14.5	17.3

8 A 음료회사의 전사적 품질경영 담당자는 음료수 용기에 주입되는 내용물의 양이 일정한지 알아보고자 한다. 15개의 음료 제품을 추출하여 조사하였더니 내용물의 평균무게는 415g이었고, 표준편차는 5.3g이었다. 음료 제품에 채워지는 내용물의 무게가 정규분포를 갖는다고 할 때, 모분산에 대한 95% 신뢰구간을 구하시오.

9 어떤 아동완구 생산업자가 생산하는 어린이 자동차의 버튼 아래 있는 용수철의 반발력은 모표준편차가 5g 이내로 유지되어야 한다고 한다. 납품된 수천 개의 용수철 가운데 20개를 임의로 추출하여 조사할 결과 표본표준편차가 7.78g이었다. 용수철의 반발력이 정규분포를 따른다고 가정할 때, 유의수준 0.01에서 납품된 용수철이 생산업체가 요구하는 규격에 적합한지 판단하시오.

10 정규분포에서 30개의 확률표본을 추출했을 때 표본분산이 23.8이었다. 모분산에 대한 95% 신뢰구간을 구하시오.

두 집단의 비교분석

Chapter 11

두 모집단의 차이 분석

우리는 지금까지 4부까지 하나의 모집단으로부터 추출한 표본을 통하여 미지의 모수에 대한 점추정, 구간추정과 가설검정에 대하여 살펴보았다. 이를 단일표본검정(one-sample test)이라고 한다.

이제 우리는 한 모집단의 구간추정과 가설검정의 절차를 확대해서 두 모집단으로부터 추출한 서로 다른 표본에 대한 차이를 알아보고자 한다. 앞에서 보았듯이, 모집단의 특성을 파악하는 데 평균, 비율, 분산만큼 좋은 통계량이 없기 때문에 두 모집단에 대해서도 평균의 차이, 그리고 비율의 차이, 분산의 차이에 대한 점추정, 구간추정과 가설검정의 과정을 알아본다.

두 모집단의 차이를 파악하고자 하는 검정은 단일표본검정과 구분하여 이표본검정(two-sample test)이라고 한다. 이표본검정은 두 모집단으로부터 각각 하나의 표본을 무작위로 추출하여 이 표본들이 같은 또는 유사한 모집단에서 추출되었는지를 검토하게 될 것이다.

실제로 우리는 두 모집단의 모수를 서로 비교하는 경우가 많다. 예를 들면 통계학을 수강하는 남학생과 여학생 사이에 평균점수는 차이가 있는가? 두 정당 사이의 지지율 사이에 차이가 있는가? 우리나라 남성의 키는 여성의 키보다 변동적인가? 등이다.

두 모집단으로부터 추출하는 두 표본을 검토할 때 먼저 두 표본이 상호간 독립적인 경우인가, 아니면 종속 또는 대응하는 경우인가를 살펴보아야 한다. 두 표본의 특성이 독립인지 대응하는지에 따라서 분석하는 절차가 달라지기 때문이다. 그러므로 먼저 표본의 특성부터 잘 살펴야 한다.

(1) 표본의 독립성과 종속성

우리가 검토할 표본들이 독립표본(independent sample)이냐 아니면 종속표본(dependent sample)이냐에 따라서 분석 절차가 달라지므로 두 모집단의 평균을 비교할 때는 표본자료를 어떻게 수집할 것인가에 신경을 써야 한다.

독립표본이란 예컨대 남자와 여자의 평균키를 비교한다고 할 때 크기 n_1의 남자와 크기 n_2의 여자를 각 모집단에서 독립적으로 추출하기 때문에 특정 남자와 특정 여자의 키를 대응시킬 하등의 이유가 없는 경우의 표본을 말한다.

이에 반하여 종속표본 또는 대응표본(paired sample)이란 예컨대 부부간의 몸무게를 비교한다고 할 때 한 모집단으로부터 크기 n의 가구를 선정하여 남편의 몸무게와 그의 부인의 몸무게를 직접 대응시킬 이유가 있는 경우의 표본을 말한다.

(2) 두 표본평균 차이의 표본분포

두 모집단의 평균 차이를 파악하기 위해 먼저 두 모집단의 평균을 다음과 같이 정의한다.

μ_1 = 모집단 1의 평균

μ_2 = 모집단 2의 평균

이때 두 모집단 평균의 차이는 $\mu_1 - \mu_2$이다. 이를 추정하기 위하여 모집단 1에서 크기 n_1의 확률표본을 추출하고 모집단 2에서 크기 n_2의 확률표본을 독립적으로 추출하고 각 확률표본의 평균이 다음과 같다고 하자.

그림 11.1 두 모집단 평균 차이 추정

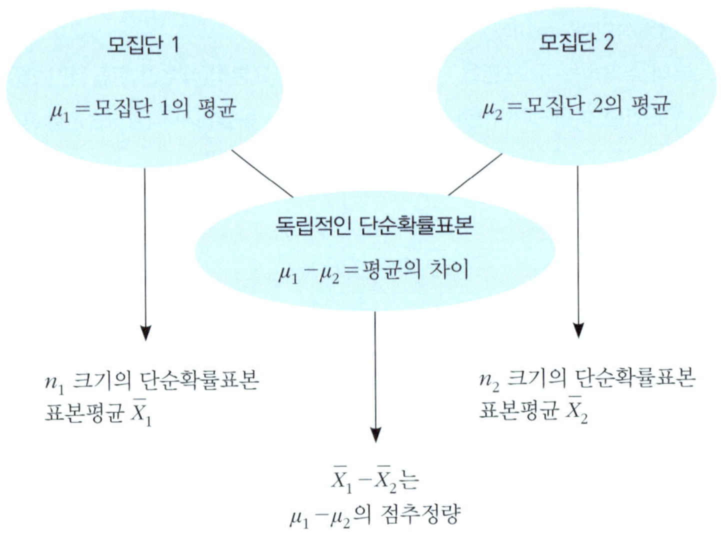

$\bar{X}_1$ = 모집단 1에서 추출한 크기 n_1의 확률표본의 평균

$\bar{X}_2$ = 모집단 2에서 추출한 크기 n_2의 확률분포의 평균

[그림 11.1]에 제시하였듯이, 표본평균 $\bar{X}_1$은 모평균 μ_1의 점추정량이고, 표본평균 $\bar{X}_2$는 모평균 μ_2의 점추정량이다. 따라서 두 모평균의 차이 $\mu_1 - \mu_2$에 대한 점추정량은 두 표본평균의 차이 $\bar{X}_1 - \bar{X}_2$가 된다.

모집단 1에서 크기 n_1의 표본을 무작위 추출하면 표본평균 $\bar{X}_1$의 표본분포를, 모집단 2에서 크기 n_2의 표본을 무작위 추출하면 표본평균 $\bar{X}_2$의 표본분포를 얻는다.

모집단 1과 모집단 2로부터 추출하는 표본들도 수없이 많으므로 $\bar{X}_1 - \bar{X}_2$의 가능한 모든 표본평균 차이의 분포를 작성할 수 있다. 이것이 두 표본평균 차이 $\bar{X}_1 - \bar{X}_2$의 표본분포이다. [그림 11.2]를 참고하여 $\bar{X}_1 - \bar{X}_2$의 표본분포를 음미하여 보라.

$n_1 \geq 30$, $n_2 \geq 30$이면 표본평균 차이 $(\bar{X}_1 - \bar{X}_2)$의 표본분포는 중심극한정리에 의하여 정규분포에 근접한다.

그림 11.2 $(\bar{X}_1 - \bar{X}_2)$ 분포의 이해

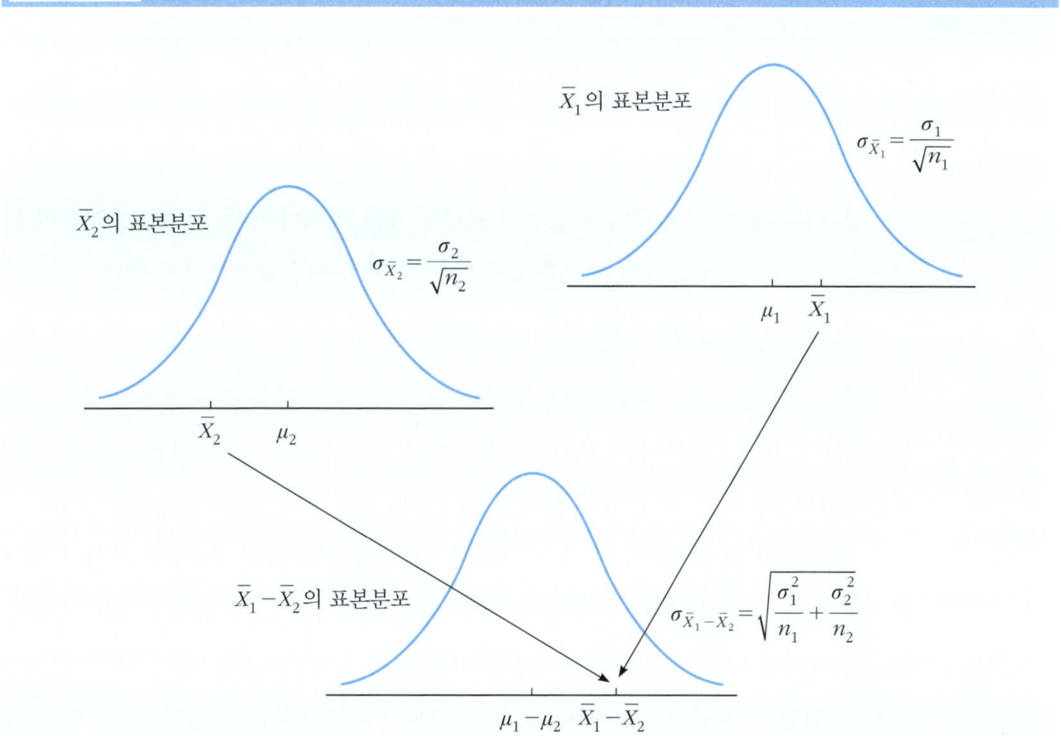

$(\bar{X}_1 - \bar{X}_2)$의 표본분포

평균 : $E(\bar{X}_1 - \bar{X}_2) = \mu_1 - \mu_2$

표본의 표준편차(표준오차) : $\sigma_{\bar{X}_1 - \bar{X}_2} = \sqrt{\dfrac{\sigma_1^2}{n_1} + \dfrac{\sigma_2^2}{n_2}}$

두 모집단 평균 차이의 구간추정치를 찾기 위해서 단일표본에서 하였던 경우와 마찬가지로 표본크기와 모집단의 표준편차를 알고 있느냐에 따라 두 가지 경우를 구분하여 살펴볼 수 있다. 먼저 모집단의 표준편차를 아는 경우인지, 아니면 모집단의 표준편차를 모르는 경우인지를 파악하여야 한다. 특히 모집단의 표준편차를 모르면서, 표본크기가 동시에 30 미만이 되는 경우는 앞에서 한 바와 같이 t통계량을 적용한다.

11.1 두 모평균 차이에 대한 추정과 검정

(1) 독립표본일 경우

단일표본검정에서와 같이 모집단의 표준편차를 아느냐에 따라 검정통계량이 달라지므로 먼저 두 모집단의 표준편차를 아는지 여부부터 살펴보아야 한다.

① 두 모집단의 표준편차를 알고 있는 경우

평균 μ_1, 분산 σ_1^2인 모집단 1로부터는 크기 n_1의 표본을 추출하고 평균 μ_2, 분산 σ_2^2인 모집단 2로부터는 크기 n_2의 표본을 독립적으로 추출한다고 하자. 이때 표본크기 n_1과 n_2는 꼭 같아야 할 이유는 없다.

두 모집단이 정규분포를 따르고 그의 분산이 알려져 있는 경우 두 모집단 평균의 차이 $(\mu_1 - \mu_2)$에 대한 추정과 검정을 하기 위해서는 그의 점추정량인 두 표본평균의 차이인 $(\bar{X}_1 - \bar{X}_2)$의 확률분포를 이용한다.

두 모집단이 정규분포를 이루고 두 표본이 각각의 정규 모집단으로부터 독립적으로 추출되었기 때문에 표본평균 차이의 표본분포는 평균 $(\mu_1 - \mu_2)$, 분산

$\left(\dfrac{\sigma_1^2}{n_1}+\dfrac{\sigma_2^2}{n_2}\right)$인 정규분포를 따른다. 즉, 다음의 표준정규확률변수 z는 평균이 0이고, 분산이 1인 정규분포를 따른다. 즉, $N(0,\ 1)$이 된다.

$$z=\frac{(\bar{X}_1-\bar{X}_2)-(\mu_1-\mu_2)}{\sqrt{\dfrac{\sigma_1^2}{n_1}+\dfrac{\sigma_2^2}{n_2}}}$$

두 모평균의 차이 $\mu_1-\mu_2$의 $100(1-\alpha)\%$ 신뢰구간은 다음 식을 이용하여 구할 수 있다.

$(\mu_1-\mu_2)$에 대한 $100(1-\alpha)\%$ 신뢰구간: σ를 아는 경우

$(\bar{X}_1-\bar{X}_2)\pm z_{\alpha/2}\sigma_{\bar{X}_1-\bar{X}_2}$, $1-\alpha$는 신뢰계수

다음 노동청 인력관리에 대한 사례를 통하여 모평균 차이 검정에 대해서 구체적으로 알아보도록 하자.

예제 11-1

노동부 인력관리 담당자는 시도 간 숙련 근로자의 시간당 임금에 차이가 있는지를 검토하고 있다. 예비조사를 통하여 두 도시 숙련 근로자의 하루 임금을 조사하였다. 그 결과가 다음과 같다고 할 때, 유의수준 5%에서 차이가 있는지 검정해보자.

단위: 만원

시도	평균 임금	모표준편차	표본크기
여수	8.95	0.4	200
구미	9.10	0.6	175

이 사례에서 우리는 귀무가설과 대립가설을 다음과 같이 설정할 수 있다.

$$H_0:\ \mu_1-\mu_2=0$$
$$H_a:\ \mu_1-\mu_2\neq 0$$

가설검정은 귀무가설이 참이라는 전제하에 이루어지게 된다. $\mu_1-\mu_2$의 점추정량으로 표본평균의 차이인 $\bar{X}_1-\bar{X}_2$의 표본분포를 고려하게 되는데, 이 분포는 모표

준편차가 알려져 있고, 대표본이므로 중심극한의 정리에 의해서 정규분포가 되며, 검정통계량은 다음과 같다.

$$z=\frac{(\bar{X}_1-\bar{X}_2)-(\mu_1-\mu_2)}{\sqrt{\frac{\sigma_1^2}{n_1}+\frac{\sigma_2^2}{n_2}}}$$

이 사례는 유의수준 5%에서의 양측검정으로 임계값은 $z_{\alpha/2}=z_{0.025}=1.96$이 된다. 표본자료를 통하여 계산한 검정통계량이 $z<-1.96$이거나 $z>+1.96$이면 귀무가설은 기각될 것이다.

귀무가설을 전제로 검정통계량을 계산하면 다음과 같다.

$$z=\frac{(8.95-9.10)-0}{\sqrt{\frac{0.4^2}{200}+\frac{0.6^2}{175}}}=-2.806$$

$z=-2.83<-1.96$이므로 귀무가설을 기각하게 된다. 따라서 μ_1, μ_2는 같지 않으며 두 시도 간에는 임금에 차이가 있다고 판정하게 된다.

한편 $z=-2.83$에 대한 p값은 0.0023이다. 5% 유의수준보다 작은 값이므로 귀무가설을 기각하여, 임금에 차이가 있다고 판정하게 된다.

그런데 모집단의 표준편차를 모를 경우는 모표준편차의 추정치를 이용한다. $s_{\bar{X}_1-\bar{X}_2}$의 추정치는 다음과 같다.

$$s_{\bar{X}_1-\bar{X}_2}=\sqrt{\frac{s_1^2}{n_1}+\frac{s_2^2}{n_2}}$$

표본의 크기가 30 이상이면 $\bar{X}_1-\bar{X}_2$의 표본분포는 정규분포를 이루므로 신뢰구간은 다음과 같다.

$(\mu_1-\mu_2)$에 대한 $100(1-\alpha)$% 신뢰구간: σ를 모르는 경우

$(\bar{X}_1-\bar{X}_2)\pm z_{\alpha/2}s_{\bar{X}_1-\bar{X}_2}$, $1-\alpha$는 신뢰계수

이러한 $\bar{X}_1-\bar{X}_2$의 표본분포 특성을 토대로, 모평균 차이 $(\mu_1-\mu_2)$에 대한 가설

검정의 구체적인 적용은 두 곳의 어학 훈련 교육기관의 성과 차이 사례에서 살펴 보도록 하자.

예제 11-2

교육 방식에 차이가 있는 A, B 교육 기관에 의한 어학 훈련을 실시하고 어학 시험을 동시에 실시하여 그 성과를 다음 〈표 11.1〉과 같이 얻었다.

표 11.1 어학 시험 결과

A 교육기관			B 교육기관			
99	85	93	65	67	92	85
92	86	89	86	84	79	86
96	78	75	73	75	88	86
81	84	94	65	71	94	85
80	87	66	75	83	90	60
89	87	76	94	83	80	63
85	93	90	71	76	85	92
91	74	90	80	79	66	84
78	88	76	80	100	79	81
86	72	75	76	58	67	77

μ_1을 A 교육 기관에서 훈련받은 학생들의 시험 성적 평균, μ_2를 B 교육 기관에서 훈련받은 학생들의 시험 성적 평균이라고 하고, 두 어학 교육 기관의 교육 효과에 차이가 있는가를 검정하려고 한다. 유의수준 5%에서 검정하도록 하자.

이 사례에서 우리는 귀무가설과 대립가설을 다음과 같이 설정할 수 있다.

$$H_0: \mu_1 - \mu_2 = 0$$
$$H_a: \mu_1 - \mu_2 \neq 0$$

가설검정은 귀무가설이 참이라는 전제하에 이루어지게 된다. $\mu_1 - \mu_2$의 점추정량으로 표본평균의 차이인 $\bar{X}_1 - \bar{X}_2$의 표본분포를 고려하게 되는데, 이 분포는 정규분포에 근사할 수 있으며, 검정통계량은 다음과 같다.

$$z=\frac{(\bar{X}_1-\bar{X}_2)-(\mu_1-\mu_2)}{\sqrt{\frac{\sigma_1^2}{n_1}+\frac{\sigma_2^2}{n_2}}}$$

만약 모표준편차 σ_1, σ_2를 모른다면, σ_1, σ_2 대신에 표본표준편차인 s_1, s_2를 검정통계량 계산에 이용하게 된다.

유의수준 5%에서 검정하는 양측검정으로 임계값은 $z_{\alpha/2}=z_{0.025}=1.96$이 된다. 검정통계량을 이용하여 $z<-1.96$이거나 $z>+1.96$이면 귀무가설은 기각될 것이다. 두 표본의 통계량은 다음과 같다.

	A	B
표본크기	30	40
표본평균	84.5	79.0
표본표준편차	8.00	10.00

이 사례에서 모표준편차의 추정치로 표본표준편차를 이용하여 계산한다. 귀무가설을 전제로 검정통계량을 계산하면 다음과 같다.

$$z=\frac{(84.5-79.0)-0}{\sqrt{\frac{8.00^2}{30}+\frac{10.00^2}{40}}}=2.55$$

$z=2.55>1.96$이므로 귀무가설을 기각하게 된다. 따라서 μ_1, μ_2는 같지 않으며 교육 훈련에 차이가 있다고 판정하게 된다.

예제의 양측검정에서, 〈표 11.2〉에 제시하였듯이 엑셀로 계산한 $z=2.55$에 대한 p값은 0.0106이다. 5% 유의수준보다 작은 값이므로 귀무가설을 기각하게 된다.

단측검정에서도 단일표본검정에서 했던 것과 같은 논리로 검정을 실시할 수 있다. 한편 엑셀에서는 메뉴의 데이터 영역을 선택한 후, 추가된 기능인 데이터 분석을 클릭하면 통계데이터분석 대화상자가 나타난다. 통계데이터분석 대화상자에서 여러 분석 도구가 있는데, 그중에서 z-검정: 평균에 대한 두 집단을 선택하여 구할 수 있다. 이 해결과정은 [엑셀활용 11]에 제시하였다.

표 11.2 어학 프로그램 결과 비교

	A 교육기관	B 교육기관
평균	84.5	79
기지의 분산	64.05	100
관측수	30	40
가설 평균차	0	
z통계량	2.55	
$P(Z<=z)$ 단측검정	0.0053	
z기각치 단측검정	1.64	
$P(Z<=z)$ 양측검정	0.0106	
z기각치 양측검정	1.96	

② 두 모집단의 표준편차를 모르며 소표본일 때

이제 모집단의 표준편차를 모르고 있으며, 표본의 크기가 30 미만인 사례를 고려하여 가설을 검정하기로 하자.

예제 11-3

건설업체가 아파트 건설의 일정을 절감시켜 주는 새로운 공법을 개발하였다. 이 공법이 현재의 공법과 차이가 있는지를 살펴보고자 한다. 현행 공법에 의해서 소요되는 설계부터 준공까지 투입된 일수와 새 공법에 의한 소요일수를 측정한 결과는 〈표 11.3〉과 같다. 유의수준 5%에서 검정하여 보자.

표 11.3 소요일수

현행 공법		신규 공법	
450	432	414	476
420	482	333	390
516	564	465	480
578	435	507	468
558	452	300	501
540	425	453	398

예제의 경우와 같이 표준편차를 모르는 두 모집단으로부터 추출하는 표본크기가 적어도 하나는 $n<30$인 경우는 z분포를 적용할 수 없다. 이때에는 두 모평균 차이에 대한 신뢰구간과 가설검정을 위해서는 자유도 (n_1+n_2-2)의 t분포를 이용한다. 이때 다음의 가정이 꼭 필요하다.

- 두 모집단은 정규분포를 따른다.
- 두 모집단의 분산은 같다. $(\sigma_1^2=\sigma_2^2=\sigma^2)$
- 두 모집단으로부터 추출한 표본은 독립표본이다.

표본크기가 작은 경우에는 표본분산 s^2은 모분산 σ^2의 좋은 추정량이 될 수 없다. 두 표본의 분산 s_1^2과 s_2^2을 가중평균한 공동분산(pooled variance) s^2을 모분산 σ^2의 추정량으로 사용해야 한다.

두 모집단의 공동분산

$$s^2=\frac{(n_1-1)s_1^2+(n_2-1)s_2^2}{n_1+n_2-2}$$

두 모집단의 분산을 모르지만 $\sigma_1^2=\sigma_2^2=\sigma^2$이고 소표본인 경우에는 두 모분산 σ_1^2과 σ_2^2의 추정량으로 공동분산 s^2을 사용하게 된다. 이러한 경우 두 표본평균의 차이인 $\bar{X}_1-\bar{X}_2$의 표본분포는 t분포를 따른다.

분산을 모르는 두 정규모집단으로부터 소표본을 독립적으로 추출할 때 확률변수 t는

$$t=\frac{(\bar{X}_1-\bar{X}_2)-(\mu_1-\mu_2)}{s_{\bar{x}_1-\bar{x}_2}}=\frac{(\bar{X}_1-\bar{X}_2)-(\mu_1-\mu_2)}{s\sqrt{\frac{1}{n_1}+\frac{1}{n_2}}}$$

으로 자유도 (n_1+n_2-2)인 t분포를 따른다. 그러므로 두 모평균 차이에 대한 신뢰구간은 다음 공식을 이용하여 구할 수 있다.

$(\mu_1-\mu_2)$에 대한 $100(1-\alpha)\%$ 신뢰구간: 소표본, $\sigma_1^2=\sigma_2^2$

$(\bar{X}_1-\bar{X}_2)\pm t_{\alpha/2}s_{\bar{X}_1-\bar{X}_2}$, $1-\alpha$는 신뢰계수

한편 두 모평균 차이에 대한 가설검정은 다음과 같이 실시한다.

앞의 사례에서 μ_1을 현행 공법을 사용한 프로젝트 완료시간의 평균, μ_2를 새로운 공법을 사용한 아파트 건설 완료시간의 평균이라고 하고, 건설업자는 새로운 공법이 현행 공법보다 소요일수를 단축시킨다는 주장을 제시하고자 한다. 이 건설회사는 μ_2가 μ_1보다 적다는 결론을 도출할 만한 증거를 찾고 있다. 이 사례에서 건설업자의 주장이 대립가설로 설정된다. 즉 대립가설은 $\mu_1 - \mu_2 > 0$이 되며, 귀무가설은 $\mu_1 - \mu_2 \leq 0$이 된다. 우리는 귀무가설과 대립가설을 다음과 같이 설정할 수 있다.

$$H_0: \mu_1 - \mu_2 \leq 0$$
$$H_a: \mu_1 - \mu_2 > 0$$

건설업자 사례에 대한 엑셀 처리 결과는 〈표 11.4〉에 제시하였다. 등분산성을 전제로 하여 공동 분산을 모분산의 추정치로 계산하여야 한다.

$$s^2 = \frac{(n_1 - 1)s_1^2 + (n_2 - 1)s_2^2}{n_1 + n_2 - 2} = \frac{11(59.99)^2 + 11(66.00)^2}{12 + 12 - 2} = 3977.39$$

소집단 검정통계량은 다음과 같으며, 이 때 t분포의 자유도는 $n_1 + n_2 - 2$가 된다.

표 11.4 건설업자 사례의 엑셀 처리 결과

	현행 공법	신규 공법
평균	487.5	432
분산	3599.18	4355.59
관측수	12	12
공동(Pooled) 분산	3977.39	
가설 평균차	0	
자유도	22	
t통계량	2.156	
$P(T<=t)$ 단측검정	0.0212	
t기각치 단측검정	1.717	
$P(T<=t)$ 양측검정	0.0423	
t기각치 양측검정	2.074	

$$t=\frac{(\bar{X}_1-\bar{X}_2)-(\mu_1-\mu_2)}{s\sqrt{\frac{1}{n_1}+\frac{1}{n_2}}}$$

유의수준 5%에서 자유도 12+12−2=22인 t분포에서의 임계값은 단측검정에서 1.717 값이 된다. 검정통계량을 계산한 결과 t=2.156이 되어 임계값 1.717보다 크므로 귀무가설을 기각하게 된다. 따라서 새로운 공법이 건축기간을 단축시켜 준다는 건설업자의 주장이 뒷받침되는 것이다.

단측검정에서 검정통계량에 해당하는 p값은 0.0212가 되어 유의수준 5%보다 훨씬 작은 값이다. 따라서 귀무가설은 기각되며, 검정통계량에 의한 판정과 동일한 결과를 내릴 수 있다.

11.2 대응표본의 모평균 차이에 대한 추정과 검정

우리는 지금까지 독립표본을 전제로 하였다. 그러나 같은 도시, 같은 주일, 같은 부부, 같은 사람에 짝을 이루는 각 쌍의 관찰에 관심을 갖는 경우가 있다. 이럴 때에는 두 모집단으로부터 대응 추출한 두 표본은 종속적일 수밖에 없다. 짝으로 대응되는 두 모집단의 평균차이($\mu_1-\mu_2=\mu_d$)에 대한 추정과 검정을 할 경우에는 두 모집단이 정규분포를 따른다는 전제가 꼭 필요하다. 이것은 표본크기에 상관없이 t분포를 사용할 수 있기 때문이다.

짝을 이룬 두 표본의 값을 확률변수 X_1과 X_2라 하면 i번째 짝의 차이는 $X_{i1}-X_{i2}=d_i$가 된다. 우리는 X_1, X_2 두 개의 확률변수 대신에 한 개의 확률변수 d_i를 이용하여 추정과 가설검정을 실시한다.

짝을 이룬 n개의 표본들의 차이 d_i의 표본평균과 표본표준편차는 다음과 같다.

$$\bar{d}=\frac{\sum_{i=1}^{n}(X_{i1}-X_{i2})}{n}=\frac{\sum_{i=1}^{n}d_i}{n}$$

$$s_d=\sqrt{\frac{\sum_{i=1}^{n}(d_i-\bar{d})^2}{n-1}}$$

짝을 이룬 차이들의 표본평균 $\bar{d}$의 값은 두 모집단의 평균차이 μ_d의 불편추정치가 되고 짝을 이룬 차이의 표본표준편차 s_d는 짝을 이룬 차이의 모표준편차 σ_d의 불편추정치가 된다.

평균차이 $\bar{d}$의 평균과 표준오차는 다음과 같이 구한다.

$$E(\bar{d})=\mu_d=\mu_1-\mu_2$$

$$s_{\bar{d}}=\frac{s_d}{\sqrt{n}}$$

그런데 짝을 이룬 모표준편차 σ_d를 모르기 때문에 $\bar{d}$에 입각하여 μ_d에 관한 통계적 추정을 할 때에는 표준정규분포 대신에 t분포를 사용한다. 이때의 검정통계량 t는 다음과 같다.

$$t=\frac{\bar{d}-\mu_d}{s_d/\sqrt{n}}$$

검정통계량 t는 자유도가 $n-1$인 분포를 따른다.

이제 t분포를 이용하여 두 모평균 차이 $\mu_d=\mu_1-\mu_2$에 대한 신뢰구간은 다음과 같이 설정한다.

μ_d에 대한 $100(1-\alpha)\%$ 신뢰구간: 대응표본

$$\bar{d}\pm t_{\alpha/2}\frac{s_d}{\sqrt{n}}$$

한편 대응표본의 경우 두 모평균의 차이 $\mu_d=\mu_1-\mu_2$에 대한 가설검정은 다음 사례를 통하여 가설검정 과정을 익혀보도록 하자.

예제 11-4

㈜넥센은 신소재 개발에 따라 변화된 작업방법을 실제 현장에 적용하고자 한다. 현장에 투입하기 전에 몇 명의 작업자를 선발하여 기존 작업방법과 혁신 공정의 작업방법으로 작업하게 한 후, 차이가 있는지 살펴보고자 한다. (주)넥센은 이를 위해 6명의 작업자를 선발하여 두 작업방법으로 작업을 하도록 하였으며, 각 작업방법으로 일을 마친 시간을 측정하였다. 작업 수행 시간은 다음 〈표 11.5〉와 같다. 5% 유의수준에서 변화된 작업방법의 효과가 있는지 알아보자.

표 11.5 대응표본의 작업시간

작업자	기존작업방법	혁신작업방법
1	8.5	7.5
2	7.5	7.3
3	9.5	8.6
4	8.7	8
5	8.5	8.1
6	8.9	7.9

이렇게 대응된 자료를 검토하기 위해서 t분포를 적용한다는 것을 명심하여야 한다.

유의수준 5%와 자유도 $n-1=5$인 임계값은 $t_{0.05}=2.015$이다. 귀무가설의 기각 규칙은 검정통계량 t값과 임계값을 비교하여 결정한다.

단측검정이므로 기각규칙은 $t>2.015$가 되어, 검정통계량이 이 조건을 만족하면 귀무가설을 기각한다.

이 장의 [엑셀활용 11]에서 대응표본의 경우를 참고하여 살펴보도록 하자.

$\bar{d}=0.7$이며, $s_d=0.33$이므로 검정통계량을 계산하면 다음과 같다.

$$t=\frac{\bar{d}-\mu_d}{s_d/\sqrt{n}}=\frac{0.70-0}{0.33/\sqrt{6}}=5.12$$

검정통계량의 값이 기각역에 있으므로 귀무가설을 기각한다.

엑셀을 이용한 분석결과인 〈표 11.6〉에서 단측검정에 의한 p값은 0.0018이다. 이 p값은 유의수준 0.05보다 작기 때문에 귀무가설은 기각된다. 따라서 혁신 공정의 작업방법이 효과가 있다고 할 수 있다.

표 11.6 대응표본의 엑셀 처리결과

t-검정: 쌍체 비교	기존작업방법	혁신작업방법
평균	8.6	7.9
분산	0.43	0.21
관측수	6	6
피어슨 상관계수	0.88	
가설 평균차	0	
자유도	5	
t통계량	5.1235	
$P(T<=t)$ 단측검정	0.0018	
t기각치 단측검정	2.0150	
$P(T<=t)$ 양측검정	0.0037	
t기각치 양측검정	2.5706	

11.3 두 모비율의 차이에 대한 추정과 검정

우리는 앞에서 하나의 모집단 비율에 대한 추정과 검정을 검토하였는데 두 모비율을 비교하는 문제 역시 우리가 종종 접하는 바가 많다.

성공비율 p_1을 갖는 이항분포를 따르는 모집단 1로부터 표본크기 n_1을 추출하고, 성공비율 p_2를 갖는 이항분포를 따르는 모집단 2로부터 크기 n_2의 확률표본을 추출하자. 이때 표본 n_1 가운데 성공 횟수가 x_1이면 표본비율 $\bar{p}_1$은 $\frac{x_1}{n_1}$이고, 표본 n_2의 성공 횟수가 x_2이면 표본비율 $\bar{p}_2$은 $\frac{x_2}{n_2}$이다. 이 경우 모비율 p의 불편추정량은 표본비율 $\bar{p}$이며 두 모비율의 차이 p_1-p_2의 불편추정량은 두 표본비율의 차이 $\bar{p}_1-\bar{p}_2$이다.

두 모비율의 차이 p_1-p_2에 대한 추정과 검정을 위해서는 다음과 같은 전제가 필요하다.

- 두 모집단에서 독립적으로 표본을 추출한다.

그림 11.3 $(\bar{p}_1 - \bar{p}_2)$의 표본분포

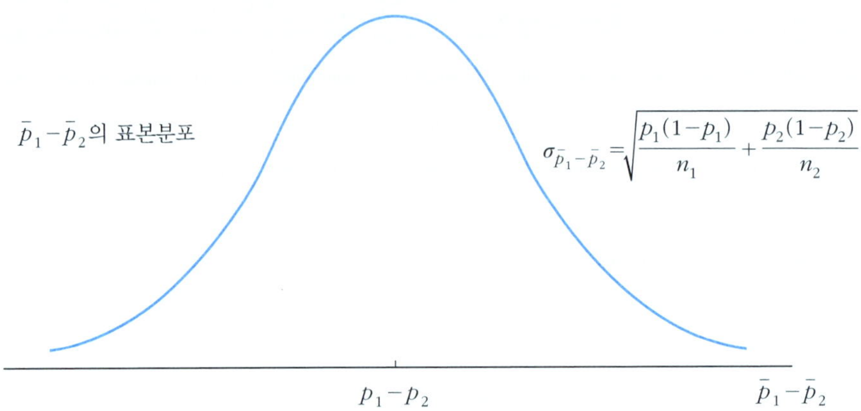

- 두 표본에 있어서 $np \geq 5$, $n(1-p) \geq 5$이다.

위 조건이 만족되면 확률변수 $\bar{p}_1 - \bar{p}_2$의 표본분포는 [그림 11.3]과 같이 정규분포에 따르며 기댓값과 표준편차는 다음과 같다.

기댓값: $E(\bar{p}_1 - \bar{p}_2) = p_1 - p_2$

표준편차: $\sigma_{\bar{p}_1 - \bar{p}_2} = \sqrt{\frac{p_1(1-p_1)}{n_1} + \frac{p_2(1-p_2)}{n_2}}$

두 모집단 차이에 대한 구간추정은 말할 것도 없고 가설검정을 하기 위해서 $\sigma_{\bar{p}_1 - \bar{p}_2}$의 추정치가 필요하다. 그런데 두 모비율인 p_1, p_2를 알지 못하기 때문에 두 모비율의 불편추정량인 표본비율 $\bar{p}_1$, $\bar{p}_2$를 이용하여 $\sigma_{\bar{p}_1 - \bar{p}_2}$의 추정량인 추정표준오차(estimated standard error) $s_{\bar{p}_1 - \bar{p}_2}$를 계산한다.

$$s_{\bar{p}_1 - \bar{p}_2} = \sqrt{\frac{\bar{p}_1(1-\bar{p}_1)}{n_1} + \frac{\bar{p}_2(1-\bar{p}_2)}{n_2}}$$

두 모집단에서 추출하는 두 표본 n_1과 n_2가 크면 두 표본비율의 차이 $p_1 - p_2$의 표본분포는 정규분포에 근접한다. 따라서 확률변수 Z는

$$Z=\frac{(\bar{p}_1-\bar{p}_2)-(p_1-p_2)}{\sqrt{\frac{\bar{p}_1(1-\bar{p}_1)}{n_1}+\frac{\bar{p}_2(1-\bar{p}_2)}{n_2}}} \tag{11.1}$$

으로 표준정규분포를 따른다. 따라서 두 모비율 차이 p_1-p_2에 대한 신뢰구간은 다음과 같이 구한다.

(p_1-p_2)에 대한 $100(1-\alpha)$% 신뢰구간: 대표본

$$(\bar{p}_1-\bar{p}_2)\pm z_{\alpha/2}s_{\bar{p}_1-\bar{p}_2}$$

두 모비율의 차이 p_1-p_2에 대한 가설을 검정하는 경우 귀무가설은 두 가지 형태가 나타난다. H_0: $p_1-p_2=p_0$(이때 p_0는 특정 수치이다) 아니면 H_0: $p_1-p_2=0$이다. 이때 사용되는 검정통계량은 서로 다르다.

귀무가설이 H_0: $p_1-p_2=p_0$일 경우에 사용되는 z통계량은 식 (11.1)로 계산한다. 그러나 귀무가설이 $p_1=p_2$인 경우 귀무가설이 사실이라면 두 개의 표본비율 p_1과 p_2은 똑같은 모비율 p_1과 p_2의 불편추정량이므로 두 표본비율의 차이의 추정 표준오차를 계산할 때 식 (11.1)을 사용하지 않고 이들 두 개의 표본비율을 통합해서 p_1과 p_2에 대해 하나로 통합한 추정량을 사용해야 한다.

이 추정량을 공동 표본비율이라 한다. 공동 표본비율 $\bar{p}$는 다음과 같이 구한다.

$$\bar{p}=\frac{x_1+x_2}{n_1+n_2}=\frac{n_1\bar{p}_1+n_2\bar{p}_2}{n_1+n_2}$$

그리고 귀무가설에서 $p_1=p_2$를 가정하는 특수한 경우에 두 표본비율의 차이 p_1-p_2는 정규확률분포를 따른다. 따라서 귀무가설 H_0: $p_1-p_2=0$을 검정하는데 사용되는데 검정통계량 z는 다음과 같이 계산한다.

$$z=\frac{(\bar{p}_1-\bar{p}_2)}{\sqrt{\frac{\bar{p}(1-\bar{p})}{n_1}+\frac{\bar{p}(1-\bar{p})}{n_2}}}$$

이 z값은 표준정규분포를 따른다.

두 모비율의 차이 p_1-p_2에 대한 가설검정을 백화점 DM 발송 사례를 통하여 살펴보자.

예제 11-5

어느 백화점에서는 VIP 고객 선정을 위해 백화점 회원 정보 수정 우편을 발송하고 있다. A발송업체는 2,500건의 DM 발송에 반송이 365건이며, B발송업체는 3,200건 DM 발송에 반송이 265건이었다. 두 DM 발송업체의 반송비율이 차이가 있는지 유의수준 10%에서 알아보고자 한다.

귀무가설과 대립가설은 다음과 같이 설정한다.

$$H_0: p_1-p_2=0$$
$$H_a: p_1-p_2\neq 0$$

두 발송업체의 표본비율은 다음과 같다. $\bar{p}_1=365/2,500=0.15$, $\bar{p}_2=265/3,200=0.08$이며 두 모집단 비율 차이 $\bar{p}_1-\bar{p}_2$에 대한 추정치는 $0.15-0.08=0.07$이다.

조사 대상의 표본이 대표본이므로 중심극한의 정리에 따라서 정규분포를 적용한다.

이에 따라 양측검정의 임계값은 $z_{\alpha/2}=z_{0.05}=1.645$이다.

이때 검정통계량 $z<-1.645$이거나 $z>1.645$이면 귀무가설을 기각한다.

검정통계량 z를 구하여 보자.

공동 표본비율은 $\bar{p}=\dfrac{n_1\bar{p}_1+n_2\bar{p}_2}{n_1+n_2}=\dfrac{2,500(0.15)+3,200(0.08)}{5,700}=0.11$이다.

한편 추정 표준오차는 다음과 같이 구한다.

$$s_{\bar{p}_1-\bar{p}_2}=\sqrt{(0.11)(0.89)\left(\frac{1}{2,500}+\frac{1}{3,200}\right)}=0.0084$$

우리가 구하고자 하는 검정통계량은 다음과 같이 계산한다.

$$z=(0.15-0.08)/0.0084=8.33$$

검정통계량 $z>1.645$이므로 귀무가설을 기각하게 된다. 그리고 두 발송업체 간의 모비율 차이는 있다고 판단한다.

11.4 두 모집단분산 σ^2 차이에 대한 검정

한 모집단의 분산에 대한 추정과 검정을 함에 있어서 χ^2분포를 이용하였다. 그러나 경영 현실에서 흔히 만나는 의사결정 상황 중에 서로 다른 두 곳의 공정에서 나오는 제품의 품질 분산 비교, 두 가지 조립방법에 대한 조립 시간의 분산 비교, 두 난방장치의 온도 분산 비교를 해야 하는 경우들이 종종 나타난다. 이렇게 두 모집단분산의 동일성에 대한 추정과 검정을 하기 위해서는 χ^2분포로부터 정의된 F 분포(F distribution)를 이용한다.

[그림 11.4]는 F분포의 모양을 보여 주고 있으며, F분포의 특성은 다음과 같다.

- F분포의 모양은 자유도 n_1-1, n_2-1에 따라서 결정된다.
- F값은 0부터 $+\infty$까지의 무한한 값을 갖는 연속분포이다.
- F값은 언제나 양수의 값을 갖는다.
- 왼쪽으로 기울어진 분포이며, 자유도 n_1-1, n_2-1이 증가할수록 F분포는 정규분포에 접근한다.
- 비대칭의 점근적 분포이다. x의 값이 증가할 때 F곡선은 x축에 접근하지만 닿지는 않는다.

그림 11.4 F분포

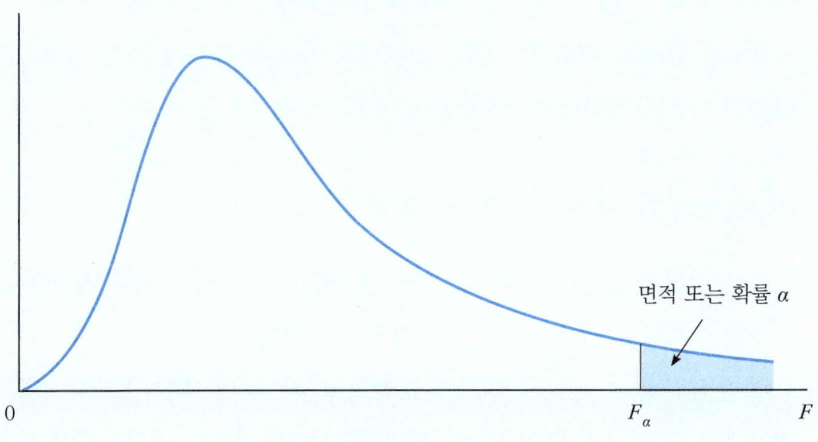

그림 11.5 분자, 분모 모두 자유도 20인 F분포의 예

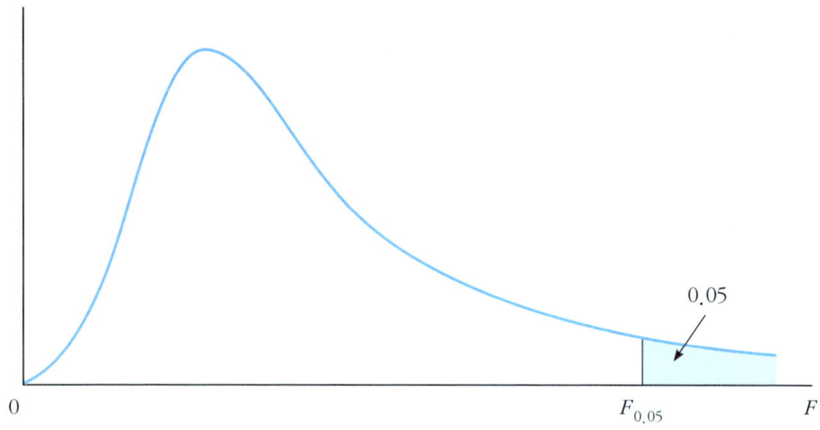

F분포는 두 모분산을 비교하는 데 사용할 뿐만 아니라 뒤에서 공부할 분산분석과 회귀분석을 위해서도 사용되는 중요한 확률분포이므로 잘 이해할 필요가 있다.

[그림 11.5]는 분모와 분자가 모두 자유도 20인 F분포의 그래프이다. 이 그래프를 통하여 알 수 있듯이 F분포는 대칭분포가 아니며, 동시에 음수를 갖지 않는다. 그리고 어떠한 F분포라 하더라도 분포의 형태는 분모와 분자의 자유도가 얼마이냐에 따라서 결정된다.

F_α는 [그림 11.5]에서 나와 있듯이 F_α값 오른쪽 확률이 α가 되는 F분포값이다. 분모와 분자의 자유도가 모두 20이 되는 F분포에서 오른쪽 확률이 5%가 되는 값이 $F_{0.05}$이며 널리 쓰이고 있는 확률 조견표에서 분모와 분자의 자유도값을 찾아 교차하는 확률을 얻을 수 있다. 엑셀에서 오른쪽 확률을 구할 경우 F.INV.RT( ) 함수를 사용하여 해당하는 F값을 구할 수 있다.

(1) $\sigma_1^2 = \sigma_2^2$일 때 s_1^2/s_2^2의 표본분포

두 모집단의 분산을 비교해서 의사결정을 내려야 하는 경우 서로 다른 모집단으로부터 크기가 각각 n_1과 n_2인 독립적 단순확률표본을 추출하여 처리한다. 두 표본의 분산인 s_1^2과 s_2^2는 두 모집단분산인 σ_1^2과 σ_2^2에 대한 추론의 기초가 된다. 그러나 두 표본분산의 차이 $s_1^2 - s_2^2$의 분포는 수학적으로 규명하기가 어렵기 때문에

표본분산의 비율 s_1^2/s_2^2을 사용하여 구간설정과 가설검정을 실시한다.

두 정규 모집단의 분산이 동일하다고 한다면, 즉 $\sigma_1^2=\sigma_2^2$이 되면 두 표본분산의 비율인 s_1^2/s_2^2의 표본분포는 분자의 자유도가 n_1-1, 분모의 자유도가 n_2-1인 F 분포를 따른다.

다음 사례를 통하여 두 모집단의 분산에 대한 가설검정을 하기 위해 F분포를 어떻게 적용하는지 살펴보기로 하자.

예제 11-6

춘천 근교의 관광지를 순환하는 시티투어버스 운영자인 춘천시에서는 내년도 사업자 배정을 앞두고 있다. 여러 검토 끝에 마지막 사업자로 물망에 오른 A투어와 B투어를 놓고 최종 사업자를 선정하고자 한다. 춘천시는 사업자 선정기준으로 무엇보다도 서비스 질에 우선을 두고 있다. 춘천시가 고려하고 있는 서비스 질에 대한 주요 측정치로 관광지 도착 시간 및 여객 수송 시간의 분산값을 활용하려고 한다. 이는 배차 문제에 대한 예측차이를 최소화하여 가능한 합리적인 운영 체계를 유지하고자 하려는 목적 때문이다.

따라서 분산값이 적다는 것은 일관성 있는 운영과 높은 서비스 질을 제공한다는 것을 의미한다. 만약 서비스와 관련된 도착 및 수송 시간의 분산이 같다면 저비용을 제시하는 사업자를 선정한다. 이때 도착 및 수송 시간에 대한 두 모집단이 정규분포를 한다고 가정한다. A투어와 B투어는 각각 과거 운행 자료 25개, 16개를 제시하였고, 이를 토대로 하여 도착 및 수송 시간의 분산이 유의한 차이를 보이는지 알아보려고 한다. 유의수준은 $\alpha=0.10$로 설정한다.

표 11.7 A투어와 B투어 자료

A투어			B투어	
36.7	17.2	23.7	22.3	23.1
30.7	5.8	21.8	21.2	23.8
32.0	26.2	10.9	24.0	20.5
17.0	15.5	23.8	19.5	26.7
19.8	23.5	20.2	17.9	17.8
16.7	18.8	16.0	8.4	28.6
19.6	28.9	29.0	19.3	21.5
23.0	12.9		19.4	
20.7	22.2		21.1	

이 사례에 대한 가설은 다음과 같이 양측검정 가설로 설정할 수 있다.

$$H_0: \sigma_1^2 = \sigma_2^2$$

$$H_\alpha: \sigma_1^2 \neq \sigma_2^2$$

귀무가설이 기각되면 두 사업자 간에는 서비스 질이 같지 않을 것이고, 이어서 표본분산이 낮은 사업자를 선호하게 될 것이다.

[그림 11.6]은 분자 자유도가 24, 분모 자유도가 15가 되는 F분포의 그래프이다. 양측검정에서 두 임계값은 $F_{0.95}$, $F_{0.05}$로 제시되어 있다.

그림 11.6 사업자 선정 사례의 F분포($\alpha=0.10$)

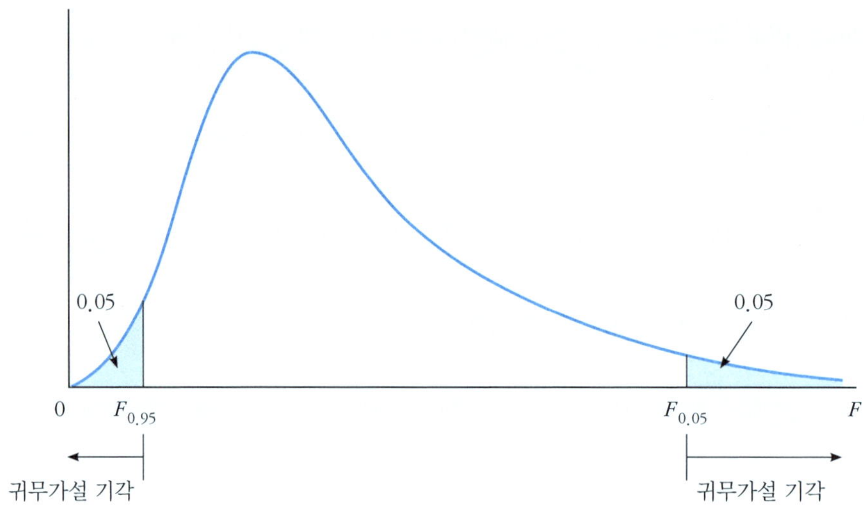

엑셀에서는 데이터 영역의 데이터 분석에서 통계데이터분석 대화상자를 활용한다. 통계데이터분석 대화상자의 여러 분석 도구 중에 F-검정: 분산에 대한 두 집단을 선택하여 구한다. 해결과정은 [엑셀활용 11]에 제시하였다.

엑셀 처리결과인 〈표 11.8〉에서 보듯이, 두 사업자의 표본에서 A투어의 표본분산은 $s_1^2=48$이며, B투어의 표본분산은 $s_2^2=20$이다. 이 사례에서 두 모집단이 정규분포를 한다고 하였으므로, 귀무가설 H_0을 검정하기 위해 우리는 F분포를 적용한다.

앞의 사례 자료를 통하여 검정통계량인 F값을 구하면 다음과 같다.

$$F = \frac{s_1^2}{s_2^2} = \frac{48}{20} = 2.40$$

이 경우, 엑셀에서는 왼쪽 임계값은 F.INV( ) 함수를, 그리고 오른쪽 임계값은 F.INV.RT( ) 함수를 이용하여 계산할 수 있다. 이 엑셀 함수를 통하여 계산하면 임계값은 각각 $F_{0.95}=0.47$, $F_{0.05}=2.29$가 된다.

〈표 11.8〉에서와 같이 검정통계량 $F=2.40$이므로 $F>F_{0.05}$이 되어 기각역에 해당된다. 유의수준 $\alpha=0.10$에서 귀무가설 H_0은 기각한다.

이 결과 두 사업자 간의 도착 및 수송시간의 분산은 차이가 있다고 판단한다. 나아가서 A투어보다 B투어의 분산이 더 낮은 것으로 판단하여 B투어를 사업자로 선정할 것을 권고하게 될 것이다.

p값에 의한 가설검정에서는 F값에 해당하는 관찰된 p값을 계산하여야 한다. 그러나 부표의 F분포표로는 p값을 구하는 것이 쉽지 않다. 그러나 엑셀에서는 F.DIST( ) 함수 또는 F.DIST.RT( ) 함수를 활용하여 쉽게 구할 수 있으며, 〈표 11.8〉에 그 결과를 제시하였다.

다만, 단측검정이 아닌 양측검정인 경우는 2배를 고려하여 제시하여야 한다. F.DIST.RT( ) 함수를 이용하여 구한 결과 p값은 0.082가 되어 유의수준 0.1보다 작다. 따라서 분산이 같을 것이라는 귀무가설은 기각하게 된다.

표 11.8 엑셀 처리 결과

	A투어	B투어
평균	20.50	20.24
분산	48.00	20.00
관측수	25	16
자유도	24	15
F값	2.400	
$P(F<=f)$ 단측검정	0.041	
기각치: 단측검정	2.288	

(2) 두 모분산에 대한 양측검정의 요약

① 가설의 설정

H_0: $\sigma_1^2 = \sigma_2^2$

H_a: $\sigma_1^2 \neq \sigma_2^2$

② 검정통계량

$$F = \frac{s_1^2}{s_2^2}$$

③ 기각규칙

검정통계량 사용: $F > F_{\alpha/2}$이면 귀무가설 H_0 기각

p값 사용: p값$<\alpha$이면 귀무가설 H_0 기각

$F_{\alpha/2}$는 분자의 자유도 n_1-1, 분모의 자유도 n_2-1인 F분포에서의 확률이다.

(3) 두 모분산에 대한 단측검정

① 가설의 설정

H_0: $\sigma_1^2 \leq \sigma_2^2$

H_a: $\sigma_1^2 > \sigma_2^2$

② 검정통계량

$$F = \frac{s_1^2}{s_2^2}$$

③ 기각규칙

검정통계량 사용: $F > F_\alpha$이면 귀무가설 H_0 기각

p값 사용: p값$<\alpha$이면 귀무가설 H_0 기각

$F_{\alpha/2}$는 분자의 자유도 n_1-1, 분모의 자유도 n_2-1인 F분포에서의 확률이다.

엑셀활용 11 엑셀을 활용한 기법 익히기

(1) 두 모집단 평균 차이에 대한 추정과 가설검정

1) 대표본이면서 모표준편차를 알고 있는 경우(예제 11-1)

두 도시 간의 평균 임금 차이에 대한 귀무가설 H_0: $\mu_1-\mu_2=0$과 대립가설 H_a: $\mu_1-\mu_2\neq0$을 검정하기 위한 단계는 다음과 같다.

가설검정을 위한 유의수준은 $\alpha=0.05$이고, 모집단 표준편차는 각각 0.4, 0.6으로 알려져 있다.

단계 1 A1:D3셀까지 주어진 자료를 입력한다. 평균, 모표준편차, 표본크기의 자료를 입력한다.

단계 2 E2, E3셀에 각 표본의 분산을 계산한다. 모표준편차를 제곱한 값이다.

E2: =C2^2

E3: =C3^2

단계 3 B6셀에 검정하고자 하는 귀무가설값을 입력한다.

단계 4 C6셀에 두 집단의 평균차이를 계산하여 입력한다.

C6: =B2-B3

단계 5 D6셀에 계산 공식을 이용하여 두 집단 평균 차이의 표준오차를 계산한다.

표준오차는 $\sqrt{\dfrac{\sigma_1^2}{n_1}+\dfrac{\sigma_2^2}{n_2}}$으로 계산한다.

D6: =SQRT((E2/D2)+(E3/D3))

단계 6 E6셀에 검정통계량값을 계산한다. 이 값은 귀무가설값과 두 표본평균 차이값을 뺀 값을 표준오차로 나누어 주면 된다.

E6: =($C$6-$B$6)/D6

단계 7 F6셀에 p값을 계산한다.

F6: =NORM.S.DIST(E6, TRUE)

단계 8 C8셀과 C9셀에 유의수준을 설정한다. 이 사례에서는 양측검정이므로 C8셀에는 0.05를 입력하고, C9셀에는 $\alpha/2$가 되도록 설정한다. C9셀의 유의수준 값을 p값과 비교하여 가설을 판정할 것이다.

단계 9 C10셀에는 B8셀의 유의수준에 해당하는 임계값을 계산한다.

C10: =NORM.S.INV(C9)

이 임계값은 검정통계량과 비교하여 가설을 검정할 것이다.

단계 10 가설검정을 위한 p값 판정방법을 설정한다.

G6: =IF(F6<C9, "기각", "채택")

계산 결과는 귀무가설을 기각하여 차이가 있음을 알 수 있다.

F6 | =NORM.S.DIST(E6,TRUE)

	A	B	C	D	E	F	G	H
1	시도	평균임금	모표준편차	표본크기	표본분산			
2	여수	8.95	0.4	200	0.16			
3	구미	9.1	0.6	175	0.36			
4							귀무가설	
5		귀무가설	표본평균차이	표준오차	z값	p값	기각여부	
6		0	-0.15	0.0535	-2.806	0.0025	기각	
7								
8		유의수준	0.05					
9		양측	0.03					
10		임계값	-1.96					
11								

2) 대표본이지만, 모표준편차를 모르는 경우

교육 기관(예제 11-2) 차이를 평가하기 위한 자료는 각각 30, 40의 표본을 조사하여 제시한 것이다. 이 경우는 모집단의 표준편차가 알려져 있지 않기 때문에 표본표준편차로 대체하여 계산한다. 평균 차이에 대한 검정은 두 가지의 방법이 있다. 하나는 엑셀 옵션에서 추가기능의 분석도구를 설치하여 처리하는 방법이고, 다른 하나는 직접 계산하는 방법이다.

추가기능을 통하여 분석도구를 추가하면, 메뉴의 데이터 영역에 데이터분석 기능이 추가된다. 데이터분석 기능을 이용하여 계산하는 절차는 다음과 같다. 이를 적용하기 위해서 먼저 표본자료의 평균과 표본분산을 계산하여야 한다.

단계 1 분석도구 기능을 추가한 후, 풀다운 메뉴의 데이터 영역을 선택한다.

단계 2 데이터 분석을 선택한다.

단계 3 데이터 분석 대화상자가 나타나면 z검정: 평균에 대한 두 집단을 선택한 다음 확인 클릭

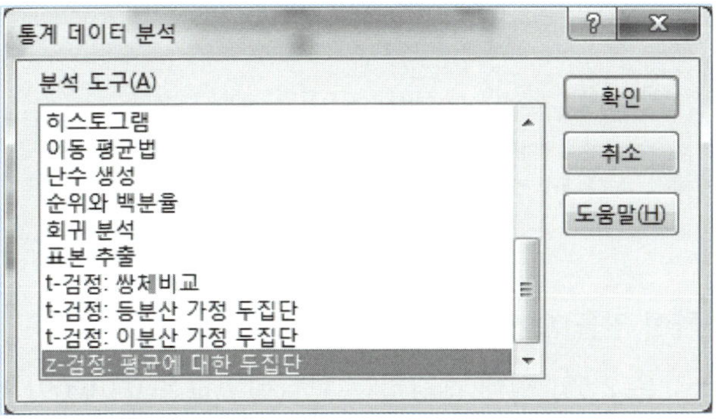

단계 4 z검정: 평균에 대한 두 집단 대화상자가 나타나면, 다음 과정을 거친다.

① 변수 1 입력 범위에 A1:A31을 입력한다.

② 변수 2 입력 범위에 B1:B41을 입력한다.

③ 가설 평균차에 0을 입력한다.

④ 변수 1의 분산 기지값, 변수 2의 분산 기지값에 각각 64.05, 100을 입력한다.

⑤ 이름표를 체크한다.

⑥ 유의수준에 0.05를 입력한다. 출력범위에 출력시작 셀인 F8을 입력한다.

⑦ 확인(OK)을 클릭하면 출력 결과를 얻게 된다.

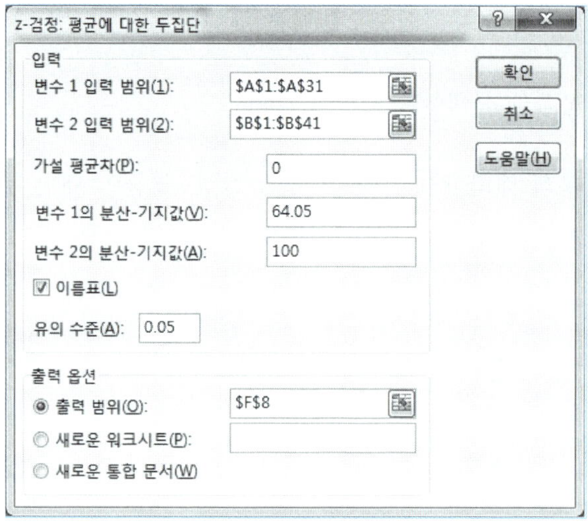

이 과정을 통하여 얻을 수 있는 결과는 다음과 같다.

검정통계량 z값은 2.55, 이에 해당하는 관찰된 p값은 0.0106이 된다. 양측검정에서의 z기각 임계값은 1.96이다. 검정통계량 z값이 임계값보다 크고, 관찰된 p값이 유의수준 0.05보다 작다. 따라서 평균 차이가 없을 것이라는 귀무가설을 기각하게 된다.

z-검정: 평균에 대한 두 집단

	A교육기관	B교육기관
평균	84.5	79
기지의 분산	64.05	100
관측수	30	40
가설 평균차	0	
z 통계량	2.55	
P(Z<=z) 단측 검정	0.0053	
z 기각치 단측 검정	1.64	
P(Z<=z) 양측 검정	0.0106	
z 기각치 양측 검정	1.96	

이제 직접 계산하는 방법을 살펴보도록 하자.

먼저 2, 3열에 차이 비교를 하고자 하는 두 교육 기관의 자료를 계산한다. 자료가 다른 워크시트(워크시트 이름: Data)에 있을 때, 자료를 불러와서 계산하는 경우를 살펴보기로 한다.

단계 1 B2셀, B3셀에 표본평균을 계산한다.

B2: =AVERAGE(Data!A2:C11)

B3: =AVERAGE(Data!E2:H11)

단계 2 C2셀, C3셀에 표본표준편차를 계산한다.

C2: =STDEV.S(Data!A2:C11)

C3: =STDEV.S(Data!E2:H11)

단계 3 D2셀, D3셀에는 표본크기를 입력하고, E2셀과 E3셀에 표본분산을 계산한다.

E2: =C2^2

E3: =C3^2

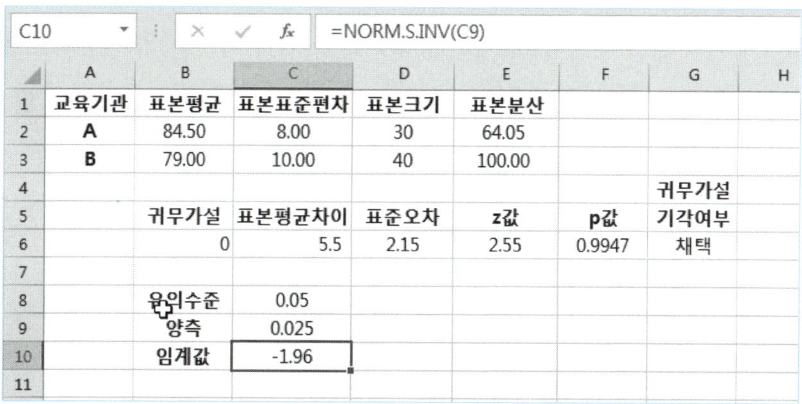

C10 =NORM.S.INV(C9)

	A	B	C	D	E	F	G	H
1	교육기관	표본평균	표본표준편차	표본크기	표본분산			
2	A	84.50	8.00	30	64.05			
3	B	79.00	10.00	40	100.00			
4							귀무가설	
5		귀무가설	표본평균차이	표준오차	z값	p값	기각여부	
6		0	5.5	2.15	2.55	0.9947	채택	
7								
8		유의수준	0.05					
9		양측	0.025					
10		임계값	-1.96					
11								

단계 4 평균차이 가설값과 실제차이값을 각각 B6셀, C6셀에 입력 계산한다.

B6셀에 평균차이 가설값으로 0을 입력

C6: =B2−B3

단계 5 D6셀에 두 집단의 표준오차를 계산한다.

D6: =SQRT((E2/D2)+(E3/D3))

단계 6 E6셀에 검정통계량 z값을 계산한다. 평균차이 가설값과 표본평균 차이값의 차이를 단계 5에서 구한 두 집단의 표준오차로 나누어 계산한다.

E6: =($C$6−$B$6)/D6

단계 7 F6셀에 E6셀의 검정통계량 z값에 해당하는 p값을 계산한다.

F6: =NORM.S.DIST(E6, TRUE)

C8, C9, C10셀에는 유의수준, 양측검정에서의 유의수준과 임계값을 계산한다. 임계값은 절댓값을 고려한다.

C9: =C8/2

C10: =NORM.S.INV(C9)

단계 8 G6셀에 판정 여부를 계산한다. 여기서는 p값과 양측 유의수준을 비교하여 판정하도록 하였다. 즉, 양측 유의수준보다 p값이 작으면 귀무가설을 기각하고, 그렇지 않으면 채택하도록 한다.

G6: =IF(F6<C9, "기각", "채택")

3) 소표본의 경우(예제 11-3)

건설업체 사례에서 공법 간의 차이를 평가하기 위한 자료는 각각 12, 12의 표본을 조사하여 제시한 것이다. 이 경우는 모집단의 표준편차가 알려져 있지 않고, 소표본이므로 z분포를 적용할 수 없고, 대신 t분포를 적용한다. 소표본의 평균 차이에 대한 검정 역시 두 가지의 방법이 있다. 하나는 데이터 영역의 데이터분석을 통하여 검정하는 방법이고, 다른 하나는 직접 계산하는 방법이다.

메뉴의 데이터영역에 있는 데이터분석으로 계산하는 절차는 다음과 같다.

단계 1 풀다운 메뉴에서 데이터 영역을 선택한다.

단계 2 데이터 영역에서 추가시킨 데이터 분석을 클릭한다.

단계 3 데이터 분석 대화상자가 나타나면 t검정: 등분산 가정 두 집단을 선택한 다음 확인(OK) 클릭

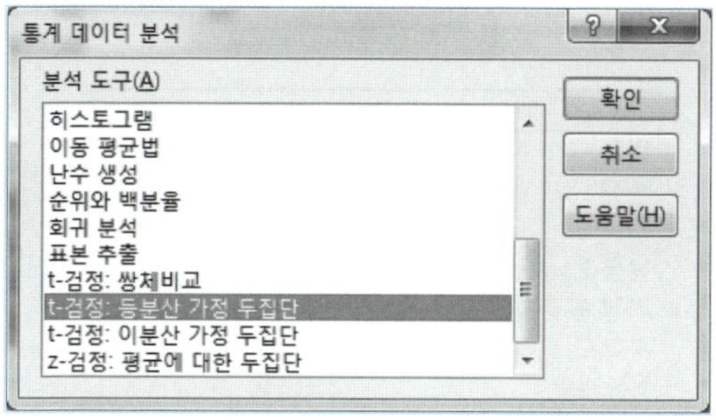

단계 4 t검정: 등분산 가정 두 집단 대화상자가 나타나면, 다음 과정을 거친다.

① 변수 1 입력 범위에 A1:A13을 입력한다.

② 변수 2 입력 범위에 B1:B13을 입력한다.

③ 가설 평균차에 0을 입력한다.

④ 이름표를 체크한다.

⑤ 유의수준에 0.05를 입력한다.

⑥ 출력범위에 출력시작 셀인 E1을 입력한다.

⑦ 확인을 클릭하면 출력 결과를 얻게 된다.

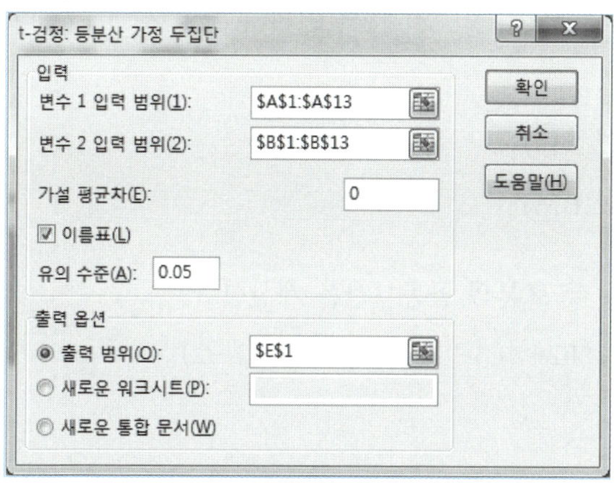

이 과정을 통하여 얻을 수 있는 결과는 다음과 같다.

검정통계량 t값은 2.1556, 단측검정에서의 t기각 임계값은 1.7171이며, 이에 해당하는 관찰된 p값은 0.0212로 제시되어, 평균 차이가 없을 것이라는 귀무가설을 기각하게 된다.(굵은 글씨는 저자가 표시)

t-검정: 등분산 가정 두 집단		
	현행공법	신규공법
평균	487.5	432
분산	3599.18	4355.59
관측수	12	12
공동(Pooled) 분산	3977.39	
가설 평균차	0	
자유도	22	
t 통계량	**2.1556**	
P(T<=t) 단측 검정	**0.0212**	
t 기각치 단측 검정	**1.7171**	
P(T<=t) 양측 검정	0.0423	
t 기각치 양측 검정	2.0739	

이제 직접 계산하는 방법을 살펴보도록 하자.

먼저 2, 3열에 차이 비교를 하고자 하는 두 시스템의 자료를 계산한다.

단계 1 D2셀, D3셀에 표본평균을 계산한다.

D2: =AVERAGE(A2:A13)

D3: =AVERAGE(B2:B13)

단계 2 E2셀, E3셀에는 표본크기 12를 입력하고, F2셀과 F3셀에 표본분산을 계산한다.

F2: =VAR.S(A2:A13)

F3: =VAR.S(B2:B13)

단계 3 G2셀에는 두 표본의 공동분산을 계산한다.

G2: =((E2−1)*F2+(E3−1)*F3)/(E2+E3−2)

E10 =T.INV.2T(E8,E2+E3-2)

	A	B	C	D	E	F	G	H	I
1	현행공법	신규공법	시스템	표본평균	표본크기	표본분산	공동분산		
2	450	414	현행	488	12	3599.18	3977.39		
3	420	333	신규	432	12	4355.59			
4	516	465							귀무가설
5	578	507		귀무가설	표본평균차이	표준오차	t값	p값	기각여부
6	558	300		0	56	25.75	2.16	0.0212	기각
7	540	453							
8	432	476		유의수준	0.1				
9	482	390		양측	0.05				
10	564	480		임계값	1.717				
11	435	468							
12	452	501							
13	425	398							
14	표준편차	표준편차							
15	59.99	66.00							
16									

단계 4 평균차이 가설값과 실제평균 차이값을 각각 D6셀, E6셀에 입력, 계산한다.

D6셀에는 가설값 0을 입력

E6: =D2−D3

단계 5 F6셀에 공동분산을 기초로 두 집단의 표준오차를 계산한다.

F6: =SQRT((G2/E2)+(G2/E3))

단계 6 G6셀에 검정통계량 t값을 계산한다. 평균차이 가설값과 표본평균 차이값의 차이를 단계 5에서 구한 두 집단의 표준오차로 나누어 계산한다.

G6: =(E6−D6)/F6

단계 7 H6셀에 G6셀의 검정통계량 t값에 해당하는 p값을 계산한다.

H6: =T.DIST.RT(G6, E2+E3−2)

E8, E9, E10셀에는 0.1, 0.05 유의수준과 임계값을 계산한다. 임계값은 절댓값을 고려한다.

E9: =E8/2

E10: =T.INV.2T(E8, E2+E3−2)

단계 8 I6셀에 판정 여부를 계산한다. 이 사례는 단측검정의 경우이므로 단측 경우의 p값, H6과 유의수준 0.05 E9를 비교하여 판정한다. 즉, 유의수준보다 p값이 작으면 귀무가설을 기각하고, 그렇지 않으면 채택하도록 한다.

I6: =IF(H6<E9, "기각", "채택")

4) 종속, 즉 대응표본의 경우(예제 11-4)

(주)넥센은 대응하는 표본의 평균 차이를 평가하기 위한 사례이다. 이 사례에서는 대응되는 6개의 표본을 조사하여 제시한 것이다. 이 경우는 표본크기에 관계없이 t분포를 적용한다.

대응표본의 평균 차이에 대한 검정 역시 두 가지의 방법이 있다. 하나는 데이터 영역의 데이터분석을 통하여 검정하는 방법이고, 다른 하나는 직접 계산하는 방법이다.

먼저 데이터 영역의 데이터분석을 통하여 계산하는 절차는 다음과 같다.

단계 1 풀다운 메뉴에서 데이터 영역을 선택한다.

단계 2 추가기능으로 도입된 데이터 분석을 선택한다.

단계 3 데이터 분석 대화상자가 나타나면 t검정: 쌍체비교를 선택한 다음 확인 클릭

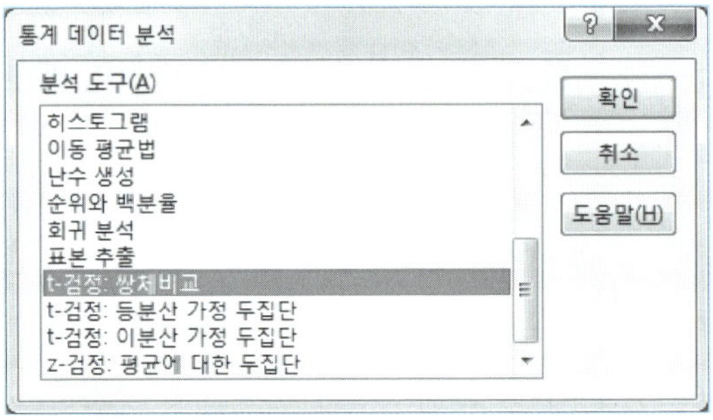

단계 4 t검정: 쌍체비교 대화상자가 나타나면, 다음 과정을 거친다.

① 변수 1 입력 범위에 A1:A7을 입력한다.

② 변수 2 입력 범위에 B1:B7을 입력한다.

③ 가설 평균차에 0을 입력한다.

④ 이름표를 체크한다.

⑤ 유의수준에 0.05를 입력한다.

⑥ 출력범위에 출력시작 셀인 D1을 입력한다.

⑦ 확인을 클릭하면 출력 결과를 얻게 된다.

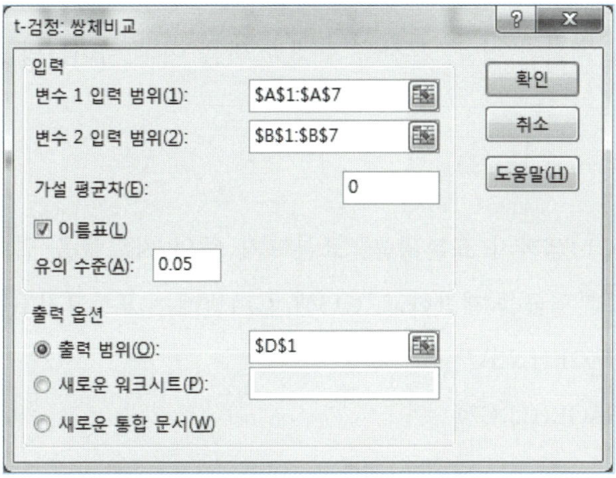

이 과정을 통하여 얻을 수 있는 결과는 다음과 같다.

검정통계량 t값은 5.1235, 단측검정에서의 t기각 임계값은 2.0150이며, 이에 해당하는 관찰된 p값은 0.0018로 제시되어, 평균 차이가 없을 것이라는 귀무가설을 기각한다.(굵은 선은 저자 표기)

t-검정: 쌍체 비교

	기존방법	혁신방법
평균	8.6	7.9
분산	0.43	0.21
관측수	6	6
피어슨 상관 계수	0.88	
가설 평균차	0	
자유도	5	
t 통계량	**5.1235**	
P(T<=t) 단측 검정	**0.0018**	
t 기각치 단측 검정	**2.0150**	
P(T<=t) 양측 검정	0.0037	
t 기각치 양측 검정	2.5706	

이제 직접 계산하는 방법을 살펴보도록 하자.

대응하는 표본의 쌍체비교 검정을 위해서 짝을 이룬 차이들의 표본평균과 분산, 표본표준편차를 먼저 계산한다. D2셀에서 F8셀까지 짝을 이룬 차이들의 평균과 분산을 계산하였다.

단계 1 F9셀에 계산된 평균, 분산을 토대로 짝을 이룬 차이들의 표본표준편차를 계산한다.

F9: =SQRT(F8/(C13−1))

단계 2 A12: C14셀까지 표본평균, 표본크기 등의 자료들을 입력한다. B13셀, B14셀에는 표본평균을 계산하고, C13셀, C14셀에는 표본크기 6을 입력한다.

B13: =AVERAGE(B2:B7)

B14: =AVERAGE(C2:C7)

단계 3 평균차이 가설값과 실제평균 차이값을 각각 D13셀, E13셀에 입력, 계산한다.

D13셀에는 가설값 0을 입력

E13: =B13−B14

E17 | =T.INV.2T(E15,C13-1)

	A	B	C	D	E	F	G	H	I
1	작업자	기존방법	혁신방법	d	(di-차이평균)	(di-차이평균)^2			
2	1	8.5	7.5	1.0	0.3	0.09			
3	2	7.5	7.3	0.2	-0.5	0.25			
4	3	9.5	8.6	0.9	0.2	0.04			
5	4	8.7	8	0.7	0.0	0.00			
6	5	8.5	8.1	0.4	-0.3	0.09			
7	6	8.9	7.9	1.0	0.3	0.09			
8			차이평균	0.7	차이분산	0.11			
9					차이표준편차	0.33			
10									
11									귀무가설
12	작업방법	표본평균	표본크기	귀무가설	표본평균차이	표준오차	t값	p값	기각여부
13	기존	8.6	6	0	0.70	0.14	5.12	0.0018	기각
14	혁신	7.9	6						
15				유의수준	0.1				
16				양측	0.05				
17				임계값	2.015				
18									

단계 4 F13셀에 짝을 이룬 차이들의 표본표준편차를 기초로 두 집단의 표준오차를 계산한다.

F13: =F9/SQRT(C13)

단계 5 G13셀에 검정통계량 t값을 계산한다. 평균차이 가설값과 표본평균 차이값의 차이를 단계 4에서 구한 두 집단의 표준오차로 나누어 계산한다.

G13: =(E13−D13)/F13

단계 6 H13셀에 G13셀의 검정통계량 t값에 해당하는 p값을 계산한다.

H13: =T.DIST.RT(G13, C13−1)

E15, E16, E17셀에는 유의수준, 양측검정에서의 유의수준과 임계값을 계산한다. 임계값은 절댓값을 고려한다.

E16: =E15/2

E17: =T.INV.2T(E15, C13−1)

단계 7 I13셀에 판정 여부를 계산한다. 이 사례는 단측검정의 경우이므로 p값 H13과 유의수준 0.1인 E15을 비교하여 판정한다.

H13: =T.DIST.RT(G13, C13−1)

유의수준보다 p값이 작으면 귀무가설을 기각하고, 그렇지 않으면 채택하도록 한다.

I13: =IF(H13<E16, “기각”, “채택”)

(2) 두 모비율 차이에 대한 추정과 가설검정(예제 11−5)

백화점의 DM 발송을 하는 두 발송업체의 반송비율 차이에 대한 귀무가설 H_0: $p_1-p_2=0$과 대립가설 H_a: $p_1-p_2\neq0$을 검정하기 위한 단계는 다음과 같다. 가설검정을 위한 유의수준은 $\alpha=0.10$이다.

단계 1 A1:C3셀까지 주어진 자료를 입력한다. 표본 구분, 표본크기, 재신고 건수의 자료를 입력한다.

단계 2 D2, D3셀에는 표본비율을 계산한다.

D2: =C2/B2

D3: =C3/B3

단계 3 E2셀에 공동표본비율을 계산한다.

E2: =((B2*D2)+(B3*D3))/(B2+B3)

E8 | =NORM.S.INV(D10)

	A	B	C	D	E	F	G	H
1	DM발송업체	표본크기	반송건수	표본비율	공동표본비율			
2	A	2500	365	0.15	0.11			
3	B	3200	265	0.08				
4							귀무가설	
5		귀무가설	추정분산	추정표준오차	z값	p값	기각여부	
6		0	0.00007	0.0084	7.55	0.0000	기각	p값
7					임계치		기각	검정통계량
8					1.645			
9		유의수준	0.10	0.90				
10		양측	0.05	0.95				
11								

단계 4 B6셀에 검정하고자 하는 귀무가설값을 입력한다.

단계 5 C6셀에 추정분산을 계산하여 입력한다.

C6: =E2*(1−E2)*(1/B2+1/B3)

단계 6 D6셀에 계산 공식을 이용하여 추정 표준오차를 계산한다.

D6: =SQRT(C6)

단계 7 E6셀에 검정통계량값을 계산한다. 이 값은 귀무가설값과 두 표본비율 차이를 뺀 값을 추정 표준오차로 나누어 주면 된다.

E6: =((D2−D3)−B6)/D6

단계 8 F6셀에 p값을 계산한다.

F6: =1−NORM.S.DIST(E6, TRUE)

단계 9 C9셀과 C10셀에 유의수준을 설정한다. 이 사례에서는 양측검정이므로 C9셀에는 0.10을 입력하고, C10셀에는 $\alpha/2$가 되도록 설정한다. C10셀의 유의수준 값을 p값과 비교하여 가설을 판정할 것이다.

단계 10 E8셀에는 D10셀의 유의수준에 해당하는 임계값을 계산한다.

E8: =NORM.S.INV(D10)

이 임계값은 검정통계량과 비교하여 가설을 검정할 것이다.

단계 11 G6셀에 가설검정을 위한 p값 판정방법을 설정한다. G7셀에는 가설검정을 위한 검정통계량 판정방법을 설정한다.

G6: =IF(F6<C9, "기각", "채택")

G7: =IF(E6>E8, "기각", "채택")

계산 결과는 귀무가설을 기각하여 차이가 있음을 알 수 있다.

(3) 두 모집단분산 차이에 대한 추정과 가설검정(예제 11-6)

춘천시의 고민을 해결하기 위한 분산 차이에 대한 귀무가설 H_0: $\sigma_1^2=\sigma_1^2$과 대립가설 H_a: $\sigma_1^2 \neq \sigma_1^2$을 검정하기 위한 단계는 다음과 같다.

가설검정을 위한 유의수준은 $\alpha=0.10$이고, 표본은 16개의 자료를 수집하여 검토한다.

분산 차이에 대한 검정 역시 두 가지의 방법이 있다. 하나는 데이터 영역의 데이터분석을 통하여 검정하는 방법이고, 다른 하나는 직접 계산하는 방법이다.

먼저 데이터 영역의 데이터분석을 통하여 계산하는 절차는 다음과 같다.

단계 1 풀다운 메뉴에서 데이터 영역을 선택한다.

단계 2 데이터 분석을 클릭한다.

단계 3 데이터 분석 대화상자가 나타나면 F검정-분산에 대한 두 집단을 선택한 다음 확인(OK) 클릭

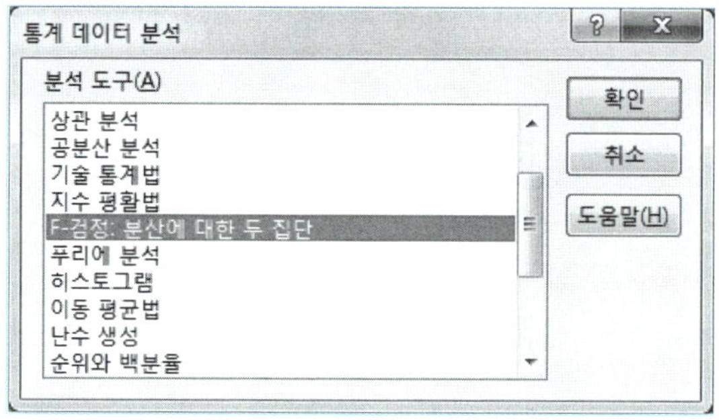

단계 4 F검정–분산에 대한 두 집단 대화상자가 나타나면, 다음 과정을 거친다.

① 변수 1 입력 범위에 A1:A26을 입력한다.

② 변수 2 입력 범위에 B1:B17을 입력한다.

③ 이름표를 체크한다.

④ 유의수준에 0.05를 입력한다.(엑셀에서는 단측검정의 유의수준을 이용한다.)

⑤ 출력범위에 출력시작 셀인 C1을 입력한다.

⑥ 확인(OK)을 클릭하면 출력 결과를 얻게 된다.

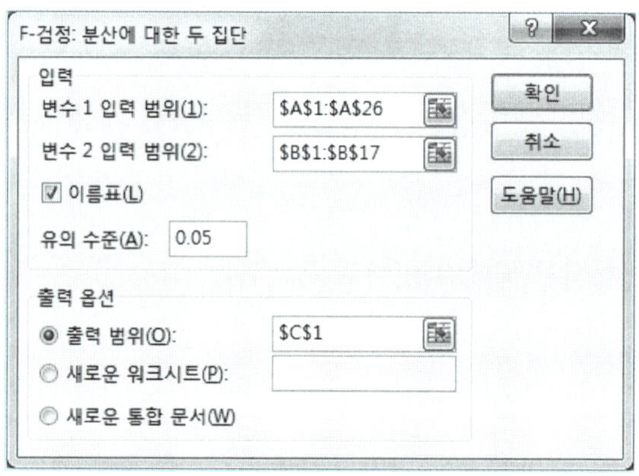

이 과정을 통하여 얻을 수 있는 결과는 다음과 같다.

검정통계량 F값은 2.40, F기각 임계값은 2.2878이며, 이에 해당하는 관찰된 p값은 0.0412로 나와 있지만 양측검정의 경우 2배 값을 고려하여 0.0824가 된다. 이 결과의 값을 가지고 분산이 같을 것이라는 귀무가설에 대한 검정을 할 수 있다. 즉, F기각 임계값인 2.288보다 검정통계량 F값인 2.40이 크기 때문에 귀무가설을 기각하며, 동시에 관찰된 p값 0.0824가 유의수준 0.1보다 작으므로 귀무가설을 기각하게 된다.

F-검정: 분산에 대한 두 집단		
	A투어	B투어
평균	21.3	20.9
분산	48.0	20.0
관측수	25	16
자유도	24	15
F 비	2.4000	
P(F<=f) 단측 검정	0.0412	
F 기각치: 단측 검정	2.2878	

이제 직접 계산하여 판정하는 절차를 알아보기로 하자.

단계 1 E4, E5셀에 표본크기를 입력한다.

단계 2 F4, F5셀에는 표본편차를 계산한다.

F4: =STDEV.S(A2:A26)

F5: =STDEV.S(B2:B17)

단계 3 G4, G5셀에 분산을 계산한다.

G4: =F4^2

G5: =F5^2

F8 =F.INV.RT(F7,E4-1,E5-1)

	A	B	C	D	E	F	G	H	I	J
1	A투어	B투어								
2	36.7	22.3								
3	30.7	21.2			표본크기	표준편차	분산	분산비	p값	
4	32.0	24.0		A투어	25	6.93	48.00	2.40	0.0412	
5	17.0	19.5		B투어	16	4.47	20.00			
6	19.8	17.9							귀무가설	
7	16.7	8.4			유의수준	0.05			판정	
8	19.6	19.3			임계치	2.29			기각	
9	23.0	19.4							기각	
10	20.7	21.1								
11	17.2	23.1								
12	5.8	23.8								

단계 4 H4셀에 분산비를 계산한다.

H4: =G4/G5

단계 6 I4셀에 분산비에 대한 검정통계량을 계산하여 입력한다.

I4: =F.DIST.RT(H4, E4−1, E5−1)

단계 7 F7, F8셀에는 양측검정을 위한 유의수준을 설정하고 임계값을 계산한다.

F8: =F.INV.RT(F7, E4−1, E5−1)

단계 8 I8셀에 가설검정을 위한 검정통계량 판정방법을 설정한다. I9셀에는 가설검정을 위한 p값 판정방법을 설정한다.

I8: =IF(H4>F8, "기각", "채택")

I9: =IF(I4<F7, "기각", "채택")

계산 결과는 귀무가설을 기각하는 것이다.

CHAPTER 11

연습문제

1 A, B 두 개의 협력사로부터 부품을 공급받는 성일전자는 두 협력사의 납품품질에 차이가 있는지를 알아보기 위해 각각 표본 10개씩을 추출하여 품질검사를 한 결과 각각 평균은 30, 35, 표준편차는 3, 5로 나타났다.

❶ 신뢰수준 90%로 두 협력사 A, B의 모평균의 차이를 추정하라.

❷ 두 협력사 A, B제품의 모평균 간에 차이가 있는지를 유의수준 5%에서 검정하라.

2 통계학 기말고사 결과 A반 40명 학생의 평균은 80, 표준편차 10점이었고, B반 35명의 평균은 78, 표준편차 7점이었다고 한다. 이 경우 A, B 두 반의 성적이 같다고 볼 수 있는지를 유의수준 5%에서 검정하라.

3 최근 환경 문제에 대해서 심각성을 느낀 A, B 두 정당은 환경규제강화와 관련된 정책에 대한 사전조사로 각 정당의 당원들을 임의로 선택하여 의견을 물었고, 결과는 다음과 같다.

	A정당	B정당
표본 수	1,000	800
찬성 수	200	168

B정당의 찬성비율이 A정당의 찬성비율보다 높다고 할 수 있는지 유의수준 0.01에서 가설검정하시오.

4 다음은 가설검정을 위한 귀무가설 및 대립가설이다.

$H_0: \mu_1 = \mu_2$

$H_a: \mu_1 \neq \mu_2$

두 집단의 표본 수, 평균, 표준편차는 각각 10, 23, 4, 그리고 8, 26, 5이다. 유의수준 0.05에서 두 모집단 평균 사이에 차이가 있는지 검정하시오.

5 다음은 지난 학기 통계학 기말고사 점수이다.

성별	점수								
남학생	77	80	79	76	85	66	98	69	72
여학생	67	81	78	90	80	81	76		

여성의 평균 점수가 남성의 평균 점수보다 높다고 할 수 있는지 유의수준 0.01에서 가설검정하시오.

6 회계사무소에 근무하는 직원 중 기혼자와 미혼자의 업무성과에 차이가 있는지를 알아보고자 한다. 이를 위해서 동일 경력자 중 기혼자와 미혼자 각각 10명씩을 추출하여 이들의 업무성과를 조사해 본 결과, 기혼자는 평균 12건, 표준편차 2.3, 미혼자는 평균 10건, 표준편차 1.5로 나타났다.

❶ 회계사무소에 근무하는 기혼자와 미혼자의 평균 업무성과에 대한 모평균의 차이를 신뢰수준 95%에서 추정하라.

❷ 위의 경우 기혼자와 미혼자의 평균 업무성과에 차이가 있다고 할 수 있는지를 유의수준 5%에서 검정하라.

7 최근, 건강에 대한 관심으로 발아현미에 대한 관심이 높아지고 있다. 일반미 대신 발아현미로 식사를 대신한 경우 혈압변화 정도를 측정해보기 위해 환자 10명을 대상으로 발아현미를 일정기간 섭취 후 혈압을 측정한 자료는 다음과 같다.

섭취 전	120	156	140	136	123	158	132	143	158	136
섭취 후	116	145	140	135	120	156	134	140	140	120

❶ 발아현미 섭취 전후의 표본평균과 표준편차를 구하라.

❷ 정규분포를 가정할 때, 발아현미 섭취 전후의 혈압에 차이가 있는지를 유의수준 5%에서 검정하라.

8 A, B 두 개의 생산라인에서 생산되는 제품강도에 차이가 있는가를 알아보기 위해 제품 10개를 각각 추출하여 다음 자료를 얻었다. B라인에서 생산된 제품강도가 더 크다고 할 수 있는지를 유의수준 5%에서 검정하라.

A라인	4	3	5	6	4	5	3	5	4	3
B라인	3	4	5	3	6	5	7	3	5	4

9 새로 개발된 충치예방 강화치약의 시판을 앞두고 A사는 효과를 입증하기 위해 기존 치약을 사용하는 100명과 새로 개발된 치약을 사용하는 120명을 무작위로 추출하여 충치수를 관찰한 결과 다음과 같은 자료를 얻었다.

	$\bar{X}$	s_1^2
기존치약(충치수)	2.5	0.3
새로운 치약(충치수)	2.3	0.7

❶ 기존치약과 새로 개발된 치약의 평균충치수의 차이에 대한 95% 신뢰구간을 구하라.

❷ 기존치약의 경우 새로 개발된 치약보다 평균충치수가 더 많은지를 유의수준 5%에서 검정하라.

10 A, B 2개의 생산라인에서 각각 100개씩 추출하여 불량개수를 조사한 결과 A라인에서는 3개, B라인에서는 2개의 불량이 발견되었다. A, B 두 생산라인의 불량률에 차이가 있는지를 유의수준 5%에서 검정하라.

11 A, B 두 제품의 생산시간에 대한 산포를 측정한 결과 1,000개의 제품 A 중에서 50개를 측정한 결과 생산시간의 분산이 13이고, 1,500개의 제품 B 중에서 30개를 측정한 결과 생산시간의 분산이 9로 나타났다. 유의수준 5%에서 제품 A의 생산시간 분산이 제품 B의 생산시간 분산보다 큰지를 검정하라.

12 한 제조업체에서는 작업자들에게 특정의 훈련교육을 실시한 후에 작업시간 단축 효과가 있었는지를 알아보고자 한다. 작업자 6명을 임의로 추출하여 조사한 결과는 다음과 같다고 할 때, 다음 물음에 답하라.

작업자	훈련 전	훈련 후
1	6.0	5.4
2	5.0	5.2
3	7.0	6.5
4	6.2	5.9
5	6.0	6.0
6	6.4	5.8

❶ 훈련교육을 실시한 후 작업시간 단축이 있었는지 유의수준 5%에서 검정하라.

❷ 관찰된 x값을 구하고 판정하라.

13 한 연구자는 국내 두 개의 통신사 A와 B의 이탈률을 비교조사하기로 하였다. 조사를 위해 A통신사 사용자 가운데 32명, B통신사 사용자 가운데 49명을 표본으로 선택하였다. A통신사의 평균 이탈률은 31.4%였고, 모집단의 표준편차는 5.1%였다. B통신사의 경우 평균 이탈률은 34.9%였고, 모집단의 표준편차는 6.7%였다. 이 두 통신사 간 고객 이탈률의 차이가 있는지 유의수준 0.01에서 검정하시오. 그리고 이때 p값(p-value)은 얼마인지 구하시오.

14 A 지역의 교통사고 수를 줄이기 위해 특별한 프로그램을 실시하였다. 다음은 A 지역의 네 개 구간에 대한 프로그램 실시 전후의 교통사고 건수 자료이다. 이 자료를 이용하여 교통사고 줄이기 특별 프로그램이 의미가 있었는지 유의수준 0.05에서 가설검정하시오.

	1구역	2구역	3구역	4구역
프로그램 실시 전	10	12	15	19
프로그램 실시 후	8	9	12	15

15 A 제약회사는 새로 개발된 진통제의 효능을 검증하기 위해 같은 기간 동안 두 집단을 대상으로 실험을 하였다. 첫 번째 집단은 기존의 자사 진통제를 사용하고 있던 사람들 중 200명을 선정한 표본 집단이며, 이들에게 새로운 진통제의 효과를 물었다. 이때 180명의 사용자가 기존 진통제보다 새로 개발된 진통제가 더 효과가 있었다고 하였다. 두 번째 집단은 역시 기존의 자사 진통제 사용자들 중 300명을 선정한 표본 집단이며, 이들에게는 새로운 진통제라고 이야기하면서 기존의 진통제를 제공하였다. 그랬더니 이들 중 261명이 더 효과가 좋았다고 대답하였다. 새로 개발된 진통제의 효능이 더 좋다고 할 수 있는지 유의수준 0.05에서 가설검정하시오.

16 A 대학에서는 학교 복지 정책에 대해서 많은 학생들의 의견을 들었는데, 98명의 남학생들 중 68명, 그리고 85명의 여학생들 중 45명이 학생들을 위한 제대로 된 복지정책을 수행하기 위해 여러 가지 개선이 필요하다고 이야기하였다. 개선 필요성을 이야기하는 남학생과 여학생의 비율이 같다고 할 수 있는지 유의수준 0.05에서 검정하시오.

17 A 언어학습 지원 기관에서는 그들이 개발한 콘텐츠의 청취율을 알아보기 위해 남학생 10명, 여학생 12명을 표본으로 선택하여 조사하였다. 남학생의 경우 콘텐츠의 하루 평균 청취시간이 35분, 표본의 표준편차가 10분이었으며, 여학생의 경우 하루 평균 청취시간은 35분, 그리고 표본의 표준편차는 12분이었다. 남학생과 여학생의 청취시간의 변동에 차이가 있다고 할 수 있는지 유의수준 0.10에서 가설검정하시오.

Chapter 12

분산분석

12.1 분산분석의 개념과 가정

우리는 제11장에서 두 모집단의 차이 분석에 대해서 살펴보았다. 그런데 현실에서는 세 개 이상 모집단의 평균을 동시에 비교할 때가 많다. 예를 들면 3가지 다른 세일즈 교육프로그램의 실시 후 판매원의 평균매출액에 차이가 있는가, 자동차 세 모델의 평균 연료소비량에 차이가 있는가, 경영학·통계학·컴퓨터를 전공한 취업자들의 초봉에 차이가 있는가 등이다. 이러한 경우에 z검정이나 t검정을 사용하여 모든 집단의 가능한 쌍(pair)에 대하여 검정할 수 있다. 그러나 옳은 귀무가설을 잘못하여 기각시킬 제 I 종 오류 α는 커지게 될 위험을 감수해야 한다.

세 집단의 평균이 동일한지를 검정한다고 하자. 이때 세 집단의 가능한 쌍을 찾아서 H_0: $\mu_1=\mu_2$, H_0: $\mu_1=\mu_3$, H_0: $\mu_2=\mu_3$ 등으로 검정을 독립적으로 할 수 있다. 만약 유의수준 $\alpha=0.05$라고 할 때 제 I 종 오류를 범하지 않을 확률은 $0.95\times0.95\times0.95=0.857$로 낮아진다. 즉 세 모집단 사이에 평균의 차이는 실제로 존재하지 않아도 이러한 차이를 발견할 제 I 종 오류의 위험은 0.05로부터 $1-0.857=0.143$으로 누적된다고 할 수 있다.

따라서 여러 모집단의 평균을 동시에 비교하면서 결합유의수준을 α로 유지하는 통계적 절차가 필요한데 이것이 바로 분산분석(Analysis of Variance; ANOVA)이다.

(1) 분산분석과 실험설계의 개념

분산분석에서는 집단 간의 차이가 있는지 밝히기 위해서 먼저 측정하고자 하는 종속변수 또는 반응변수를 미리 정한 다음, 하나 또는 둘 이상의 독립변수인 인자(factor)가 어떻게 반응변수에 영향을 미치는지를 분석하게 된다. 이때 독립변수인 인자에 대해서 연구자가 통제할 수 있는 경우의 자료와 그렇지 못한 경우의 자료가 있다. 연구자가 통제할 수 없는 경우의 자료는 관찰치로, 연구자가 통제할 수 있는 경우의 자료는 실험자료로 구별하게 된다.

예를 들면 주택규모가 주택가격에 미치는 영향을 연구할 때 주택규모라는 독립변수인 인자는 연구자가 통제할 수 없기 때문에 이때의 자료는 관찰치가 된다.

반면 비료의 종류가 수확량(종속변수)에 미치는 영향이라든가, 상표가 판매량에 미치는 영향을 조사할 때 비료 또는 상표의 종류라는 독립변수인 인자는 통제할 수 있기 때문에, 이 경우의 자료는 실험자료가 된다. 이러한 실험자료를 기반으로 하여 이루어지는 연구방법을 실험계획법 또는 실험연구법이라고 한다.

실험자료에서 독립변수인 인자의 수준(level)을 처리(treatment)로 정의한다. 즉 비료의 종류 a, b, c라든가 포장종류 Ⅰ, Ⅱ, 상표의 종류 a, b, 열처리방법 A, B, C, 원료의 납품업자 A, B 등의 인자수준은 처리가 된다.

그리고 처리를 둘 이상의 실험단위에 적용할 때 반복(replication)이라고 한다. 처리에 따라 표본을 여러 번 추출하는 것도 반복이라고 한다.

인자

실험의 결과인 종속변수에 미치는 영향을 파악하기 위한 독립변수를 말한다.

처리

실험에서 인자의 서로 다른 수준(level)을 말한다.

반응변수

실험의 결과인 종속변수로서 집단 간의 차이가 있는지 밝히기 위해 측정하고자 하는 변수이다.

일반적으로 n개의 모평균을 비교하는 분산분석에서의 가설은 다음과 같은 형태를 취한다.

$$H_0: \mu_1 = \mu_2 = \mu_3 = \cdots = \mu_k$$
H_a: 적어도 하나는 같지 않다.

여기서 k은 처리의 수가 되며, μ_j는 처리 j(j=1, 2, ⋯, k)를 적용했을 때 종속변수의 모평균을 나타낸다.

그리고 실험설계를 할 때 같은 조건에서 미리 예견할 수 있는 실험오차를 없애기 위하여 실험순서를 무작위로 결정하게 되는데 이것을 랜덤화라고 한다. 랜덤화를 통하여 표본은 각 모집단으로부터 독립적으로 추출되도록 설계한다. 그리고 처리 및 실험순서의 랜덤화로 실험 오차들 간의 독립성을 보장하고 통제불능 인자의 영향을 평균화시킨다.

이러한 과정들을 전제로 하여 분산분석은 한 독립변수인 인자(예컨대 상표)가 종속변수(예컨대 판매액)에 얼마나 유의한 영향을 미치는가를 결정하는 것이다.

(2) 분산분석의 가정

분산분석은 표본분산을 분석하여 모평균들의 동일성을 검정한다. 즉, 분산분석은 모분산의 차이를 분석하여 모평균 차이를 검정하기 때문에 검정통계량으로 F값(분산비)을 이용한다. 이를 위해 다음의 가정을 만족시켜야 한다.

① 각 모집단에 있어서, 종속변수는 정규분포를 따른다.
② 종속변수의 분산은 동일한 분산을 갖는다.
③ 각 표본의 관찰치는 각 모집단에서 무작위로 추출되며, 서로 독립이어야 한다.

이 가정에서 모집단의 분산이 같아야 하는 것은 분산을 통합하기 위함이다. 그러나 만일 각 모집단에서 추출하는 표본의 크기가 동일하면 F분포에 입각한 추론은 분산이 다르더라도 크게 영향을 받지 않는다. 따라서 가능하면 모든 집단의 표본크기가 동일할 필요가 있다.

표본의 각 관찰치가 독립성을 가지고 무작위로 추출되어야 함은 같은 표본 내의 다른 관찰치에, 또는 다른 표본의 관찰치에 영향을 끼쳐서는 안 되기 때문이다.

(3) 분산분석의 논리

분산분석의 논리는 아주 간단하다.

서로 다른 모집단에서 셋 이상의 표본들을 추출할 때 이들 표본들로 구성되는 전체 집단의 총변동은 각 모집단의 평균이 서로 다르기 때문에 발생할 수도 있고 또는 평균은 유사할지라도 각 개별관찰치의 무작위적인 오차 변동으로 발생할 수도 있다. 전자의 변동을 집단간 변동이라고 하고, 후자의 변동을 집단내 변동이라고 한다. 집단간 변동이 집단내 변동보다 현저히 크다면 모집단들의 평균이 서로 다르다고 추정할 수 있다.

[그림 12.1]에서 A, B, C 세 개 집단(독립변수인 인자)에 대한 분포의 예를 통해 살펴보기로 하자. 그림에서 이해할 수 있듯이 A와 B는 서로 겹쳐 있으며, A, B와 C는 분명하게 분리되어 있음을 알 수 있다. 이를 변동과 연계해서 설명하면 우선 A와 C의 분포에서 두 집단 간의 분산크기는 아주 크고, 집단내 분산은 집단간 분산에 비하여 아주 작기 때문에 집단의 분포가 확연하게 분리되어 있다. 따라서 A, C 두 집단의 차이를 쉽게 알 수 있다. 그러나 A, B의 경우는 집단간 분산이 집단내 분산에 비해 그리 크지 않기 때문에 겹쳐 있는 부분이 많다는 것을 알 수 있다. 이 경우 두 집단의 차이를 명확하게 설명하기가 쉽지 않게 된다.

표본특성치 중 표본평균의 산포를 나타내는 총제곱합(Sum of Squares Total; *SST*) 또는 총변동은 인자 수준(또는 처리)에 따른 제곱합과 수준내 오차에 의한 제곱합으로 구성된다. 여기서 인자 수준차이라는 뚜렷한 이유에 의한 변동을 집단간 변

그림 12.1 분산분석의 논리

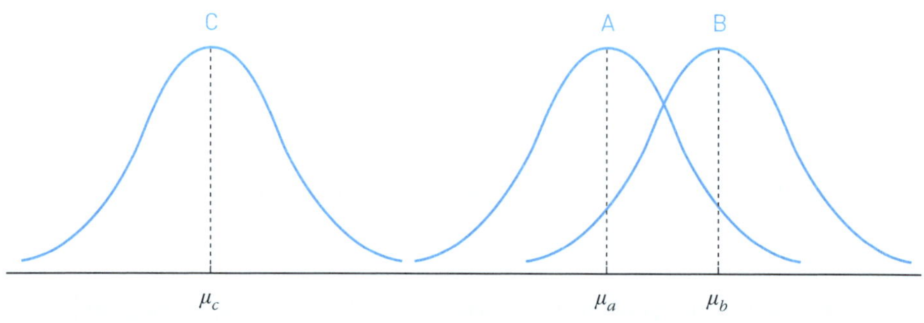

동(Sum of Squares Between groups; SSB), 같은 수준 내에서 표본추출 또는 실험을 되풀이함으로써 발생하는 원인이 규명되지 않은 변동, 즉 오차에 의한 변동을 집단내 변동(Sum of Squares Within groups; SSW)이라고 한다.

이를 식으로 나타내면 다음과 같다.

총변동	= 인자수준 간의 변화에 의한 변동	+	인자수준 내의 오차변동	
SST	=	SSB	+	SSW
	=	집단간 변동	+	집단내 변동

이와 같이 제곱합을 자유도로 나누면 평균제곱이 되는데 이는 분산과 같은 개념이다. 집단간 제곱합을 자유도 $k-1$로 나누면 집단간 평균제곱(Mean Square Between groups; MSB)이 되고, 집단내 제곱합을 자유도 $N-k$로 나누면 집단내 평균제곱(Mean Square Within groups; MSW)이 된다.

MSB, MSW

$$MSB = \frac{SSB}{k-1}, \quad MSW = \frac{SSW}{N-k}$$

단, N은 자료의 수이며, k는 인자수준 또는 처리의 수가 된다.

한편 검정통계량 F값은 다음과 같다.

검정통계량

$$F\text{값} = \frac{MSB}{MSW}$$

일반적으로 두 개의 변동을 비교하기 위해서는 각각의 변동을 자유도로 나누어 불편분산인 평균제곱을 구하고 분산비율에 의한 F검정을 실시한다. 유의수준 α로 k개의 인자 수준(또는 처리) 간에 통계적으로 유의한 차이가 있는가를 판단할 수 있다.

$H_0 : \mu_1 = \mu_2 = \mu_3 = \cdots = \mu_k$

H_a: 적어도 하나는 같지 않다.

만일 F값$= \dfrac{MSB}{MSW} > F_{k-1,\ N-k,\ \alpha}$이면 H_0을 기각

만일 집단 간의 불편분산인 평균제곱이 집단 내의 불편분산인 평균제곱에 비하여 현저하게 크다면 이는 인자 수준에 따라 평균의 차이가 있다는 것을 의미한다. 즉 인자 수준차이에 의한 변동이 오차에 의한 변동에 비하여 통계적으로 유의한 영향을 준다고 말할 수 있다.

만약 집단 간에 평균의 차이가 있다고 판단되면 사후검정을 계속해서 실시하게 된다. 즉, 집단들의 평균에 차이가 있다고 한다면 이제 사후검정으로써 다중비교검정(multiple comparison test)을 실시하게 된다. 쉽게 이해하기 위해서 두 집단씩 배치하여 t검정을 실시하게 된다. 이를 위한 기법들은 아주 많지만 엑셀로 처리하는 방법은 [엑셀활용 11]의 내용과 같이 처리하면 된다.

12.2 일원배치 분산분석

(1) 기본개념

어떤 특성치에 영향을 미치는 하나의 독립변수(인자)만을 실험대상으로 하는 계획을 일원배치 분산분석 또는 일원배치법이라고 한다.

일반적으로 어떤 결과에 영향을 미치는 인자는 2개 이상이며 특히 이들 인자 사이에 교호작용효과가 존재하고 이러한 효과를 무시할 수 없기 때문에 일원배치법은 단순한 실험에만 사용되는 단점이 있지만, 다음의 경우에 유용하게 사용될 수 있다.

- 여러 인자 중에서 특정 인자가 특성치에 미치는 영향을 실험하고자 할 때
- 인자의 조사가 어느 정도 진척되고 남은 중요한 인자의 영향을 조사하고자 할 때

이 때 실험의 순서는 완전히 무작위로 이루어져야 한다. 그래서 일원배치법을 완전무작위설계라고도 한다.

(2) 분산분석표와 가설검정

분산분석의 목적은 한 인자의 여러 수준에 대해서 모집단 평균들 사이에 존재하는 동일성 여부를 검정하는 것이다.

검정해야 할 귀무가설과 대립가설은 다음과 같다.

H_0: $\mu_1 = \mu_2 = \mu_3 = \cdots = \mu_k$ (혹은 H_0: $\alpha_1 = \alpha_2 = \alpha_3 = \cdots = \alpha_k = 0$)

H_a: 적어도 하나는 같지 않다.

일원배치의 분산분석표는 다음과 같다.

표 12.1 일원배치법의 분산분석표

변동원천	제곱합	자유도	평균제곱	F값
집단간	$SSB = \sum_{j=1}^{k} n_j(\bar{x}_{.j} - \bar{\bar{x}})^2$	$k-1$	$MSB = \frac{SSB}{k-1}$	$\frac{MSB}{MSW}$
집단내	$SSW = \sum_{j=1}^{k}\sum_{i=1}^{n_j}(x_{ij} - \bar{x}_{.j})^2$	$n-k$	$MSW = \frac{SSW}{n-k}$	
합계	$SST = \sum_{j=1}^{k}\sum_{i=1}^{n_j}(x_{ij} - \bar{\bar{x}})^2$	$n-1$		

(3) 일원배치법의 적용 사례

다음의 사례를 통하여 일원배치 분산분석의 계산 예를 살펴보기로 하자.

예제 12-1

양성평등 교육을 실시하고 있는 한 기업의 대표는 종업원들의 양성평등에 대한 의식에 대해서 알고 싶어 한다. 임의로 선정한 세 작업장에서 각각 무작위로 5명의 종업원을 선발하여 양성평등 의식 조사시험을 실시하였다. 세 개 작업장에서 근무하는 15명에 대한 종업원들의 양성평등 조사 결과는 다음의 〈표 12.2〉와 같았다. 이 기업의 대표는 유의수준 5%에서 작업장별로 양성평등 의식에 차이가 있는지를 알아보고자 한다.

표 12.2 세 작업장의 종업원 양성평등 의식 조사

관찰	작업장1	작업장2	작업장3
1	86	72	61
2	75	76	65
3	77	74	70
4	72	70	76
5	85	83	68
작업장 평균	79	75	68
작업장 분산	38.5	25.0	31.5

위의 사례에서 전체 평균은 (79+75+68)/3=74이다.

여기서 집단간 제곱합과 집단내 제곱합은 다음과 같이 계산한다.

집단간 제곱합 $SSB = 5\times(79-74)^2 + 5\times(75-74)^2 + 5\times(68-74)^2 = 310$

집단내 제곱합 $SSW = (5-1)\times 38.5 + (5-1)\times 25.0 + (5-1)\times 31.5 = 380$

SSB와 SSW에 각 자유도를 나누어 주면 우리가 구하고자 하는 집단간 및 집단내 평균제곱합을 다음과 같이 구할 수 있다.

집단간 평균제곱합 $MSB = 310/(3-1) = 155$

집단내 평균제곱합 $MSW = 380/(15-3) = 31.67$

① 가설의 설정

H_0: 세 작업장 종업원 간의 양성평등 의식에는 차이가 없다. ($\mu_1 = \mu_2 = \mu_3$)

H_a: 세 작업장 종업원 간의 양성평등 의식에 차이가 있다.

② 검정통계량

$$F = \frac{MSB}{MSW} = \frac{310/2}{380/12} = 4.89$$

③ 기각 규칙

검정통계량으로 판정: $F > F_\alpha$이면, 귀무가설 기각

관찰된 p값으로 판정: p값$<\alpha$이면, 귀무가설 기각

이 사례에서 $\alpha=0.05$이고, 자유도는 각각 2, 12이다. 검정통계량과 비교할 F분포의 임계값을 구한다.

임계값: $F_{0.05(2,\ 12)}=3.89$

판정: $F=4.89>3.89$이므로 귀무가설을 기각하고 각 작업장마다 종업원 양성평등 의식에 차이가 있다고 판정한다.

표 12.3 양성평등 의식 조사에 대한 분산분석표

변동원천	제곱합	자유도	평균제곱	F값
집단간	310	2	$\frac{310}{2}$	4.89
집단내	380	12	$\frac{380}{12}$	
합계	690	14		

p값으로 판정하기 위해 $F=4.89$에 해당하는 관찰된 p값을 구하면 p값은 0.0279이다. p값은 엑셀로 처리하여 구할 수 있다(〈표 12.4〉 참고). 이 값은 유의수준 0.05보다 작은 값이므로 귀무가설을 기각하고, 검정통계량으로 판정한 결과와 같다.

양성평등 의식 조사 사례에 대한 엑셀 처리 결과는 다음의 〈표 12.4〉와 같다.

표 12.4 양성평등 의식 조사 사례에 대한 엑셀 처리 결과

변동의 요인	제곱합	자유도	제곱평균	F값	p값	F기각치
처리	310	2	155	4.89	0.0279	3.89
잔차	380	12	31.67			
합계	690	14				

12.3 이원배치법 — 반복 없는 경우

(1) 기본개념

앞에서 종속변수에 영향을 미치는 독립변수인 인자를 하나만 고려하고 다른 인자나 조건은 일정하게 유지하면서 실험하는 일원배치법을 살펴보았다. 이러한 일원배치법은 특정한 경우에는 유용하지만 현실성이 결여된 이론적인 계획법일 뿐이다.

우리는 보다 현실적인 접근을 하기 위해 독립변수인 인자를 둘 이상 사용하는 경우를 살펴보기로 한다. 설명을 간편하게 하기 위해서 두 개의 독립변수를 고려하기로 하자. 독립변수인 인자가 둘인 경우를 이원배치 분산분석이라고 한다.

이원배치법에는 두 개 인자의 각 수준의 조합에서 반복이 없는 경우와 반복이 있는 경우로 나누어진다. 반복이 없는 실험계획법이란 각 인자의 수준에서 단 한 번의 실험을 실시하는 것을 의미한다. 반복이 없는 이원배치법은 집단내 변동을 보다 구체적으로 분석한 후 집단내 구성원을 구분된 블록으로 편성하고 서로 다른 독립변수인 인자로 취급하여 분석한다. 앞의 사례에서 양성평등 의식 조사 대상인 종업원들 간에 인지 능력에 차이가 있다는 것을 설정하여 각 종업원에 대한 조사를 각 다른 인자 수준에서 평가할 때 반복이 없는 이원배치법으로 분석하게 된다. 따라서 반복이 없는 이원배치법은 집단내 변동을 더 구체적으로 분해하여 집단내 블록간 제곱합과 오차에 의한 제곱합으로 분해하여 분석한다.

반복이 없는 이원배치법에서 제곱합의 분해

$$SST = SSTR + SSB + SSE$$

총제곱합 = 인자간 제곱합 + 블록간 제곱합 + 오차에 의한 제곱합

(2) 가설검정과 분산분석표의 작성

반복이 없는 이원배치법의 분산분석표를 작성하면 〈표 12.6〉과 같다. 인자 A_k에서의 모평균을 α_k 또는 $\mu(A_k)$, 인자 B_h에서의 모평균을 β_h 또는 $\mu(B_h)$라고 하면, 귀무가설과 대립가설은 다음과 같이 각각 두 개로 설정된다.

$$H_0: \alpha_1 = \alpha_2 = \cdots = \alpha_k = 0 (\text{혹은 } H_0: \mu(A_1) = \mu(A_2) = \cdots = \mu(A_k) = 0)$$
H_a: 적어도 하나는 같지 않다.

$$H_0: \beta_1 = \beta_2 = \cdots = \beta_h = 0 (\text{혹은 } H_0: \mu(B_1) = \mu(B_2) = \cdots = \mu(B_h) = 0)$$
H_a: 적어도 하나는 같지 않다.

여기서 만일 F값$= \dfrac{MSTR}{MSE} > F_{k-1,\ (k-1)(h-1),\ \alpha}$이면 처리와 관련된 첫 번째 귀무가설은 유의수준 α에서 기각된다. 그리고 F값$= \dfrac{MSB}{MSE} > F_{h-1,\ (k-1)(h-1),\ \alpha}$이면 블록과 관련된 두 번째 귀무가설은 유의수준 α에서 기각된다.

이원배치의 무작위 블록 설계에 있어서의 분산분석표는 다음의 〈표 12.6〉과 같다. (k=집단(열)수, h=블록(행)수, n=표본수)

표 12.6 반복이 없는 이원배치법에서의 분산분석표

변동원천	제곱합	자유도	평균제곱	F값
집단간	$SSTR = h\sum_{j=1}^{k}(\bar{x}_{.j} - \bar{\bar{x}})^2$	$k-1$	$MSTR = \dfrac{SSTR}{k-1}$	$F_g = \dfrac{MSTR}{MSE}$
블록간	$SSB = k\sum_{j=1}^{h}(\bar{x}_{i.} - \bar{\bar{x}})^2$	$h-1$	$MSB = \dfrac{SSB}{h-1}$	$F_b = \dfrac{MSB}{MSE}$
오차	$SSE = SST - SSTR - SSB$	$(k-1)(h-1)$	$MSE = \dfrac{SSE}{(k-1)(h-1)}$	
합계	SST	$n-1$		

(3) 이원배치-무작위 블록 설계 적용

이원배치 분산분석의 사례로 항공교통 관제사 업무를 살펴보기로 하자.

예제 12-2

항공교통 관제업무를 수행하고 있는 관제사들의 피로도와 스트레스를 측정하여 관제사들의 새로운 작업 배치를 고려하고 있다. 여러 개의 대안들을 검토한 연후에 세 개 안이 관제사들의 스트레스를 줄여줄 것으로 파악되었다. 단, 스트레스를 처리하는 관제사들의 능력에 차이가 있을 수 있다는 사실을 고려해야 한다. 세 개의 배치안과 관제사 개인별 능력 차이가 관제사들의 스트레스에 어떤 영향의 차이를 미치는가를 알아보기 위해, 먼저 각 배치안에 따른 관제사들의 스트레스를 측정해야 할 것이다. 세 개의 안에 대한 스트레스 측정 결과는 〈표 12.7〉에 제시되어 있다. 유의수준 5%에서 살펴보기로 하자.

앞에서 제시한 일원배치의 완전 무작위 설계에 따르면 각 작업 배치안에 관제사들을 무작위로 배치하여 측정하면 된다. 그러나 문제는 스트레스를 처리하는 관제사들의 능력에 차이가 있을 수 있다는 사실이다. 배치한 작업이 어떤 관제사는 스트레스가 매우 높게 받겠지만, 다른 관제사는 오히려 적절하거나 낮은 스트레스를 받을 수 있을 것이다.

따라서 우리는 관제사 집단 내의 변동을 개인별 능력 차이에 따른 변동과 오차에 의한 변동으로 다시 분해하여 분석하여야 할 것이다. 이렇게 개인별 능력 차이 효과를 파악하기 위해서 무작위 블록 설계법을 이용한다.

작업 배치를 위한 세 개의 안은 독립변수인 인자 수준, 즉 처리 수가 되고, 관제사 각각은 블록으로 설정할 수 있다. 이들에 대한 조사 결과표는 〈표 12.7〉과 같다.

표 12.7 항공교통관제사의 무작위블록배치

관제사	배치안1	배치안2	배치안3
1	15	15	18
2	14	14	14
3	10	11	15
4	13	12	17
5	16	13	16
6	13	13	13

무작위 블록 설계에서는 전체 제곱합은 다음과 같이 계산한다.

$$SST = SSTR + SSB + SSE$$

여기서 집단간 제곱합, 즉 처리간 제곱합과 블록간 제곱합, 오차 제곱합은 〈표 12.8〉을 참고하여 다음과 같이 계산한다.

전체 제곱합 $SST = (15-14)^2 + (15-14)^2 + (18-14)^2 + \cdots + (13-14)^2 + (13-14)^2 + (13-14)^2 = 70$

처리간 제곱합 $SSTR = 6 \times \{(13.5-14)^2 + (13-14)^2 + (15.5-14)^2\} = 21$

블록간 제곱합 $SSB = 3 \times \{(16-14)^2 + (14-14)^2 + (12-14)^2 + (14-14)^2 + (15-14)^2 + (13-14)^2\} = 30$

오차 제곱합은 $SSE = SST - SSTR - SSB = 70 - 21 - 30 = 19$가 된다. $SSTR$과 SSB, SSE에 각 자유도를 나누어 주면 우리가 구하고자 하는 평균제곱합을 구할 수 있다.

처리간 평균제곱 $MSTR = 21/2 = 10.5$

블록간 평균제곱 $MSB = 30/5 = 6$

오차 평균제곱 $MSE = 19/10 = 1.9$

표 12.8 분산분석을 위한 계산

	관제사	처리			블록합	블록평균
		배치안1	배치안2	배치안3		
블록	1	15	15	18	48	16
	2	14	14	14	42	14
	3	10	11	15	36	12
	4	13	12	17	42	14
	5	16	13	16	45	15
	6	13	13	13	39	13
처리합		81	78	93	전체합	전체평균
처리평균		13.5	13	15.5	252	14

① 가설의 설정

※ 처리에 대한 가설

H_0: 작업배치 간에 관제사들의 스트레스에는 차이가 없다. ($\mu_A = \mu_B = \mu_C$)

H_a: 작업배치 간에 관제사들의 스트레스에는 차이가 있다.

※ 블록에 대한 가설

H_0: 블록 간에 차이가 없다. ($\mu_1 = \mu_2 = \cdots = \mu_6$)

H_a: 블록 간에 차이가 있다.

② 검정통계량

$$F = \frac{MSTR}{MSE} = (21/2)/(19/10) = 5.53$$

$$F = \frac{MSB}{MSE} = (30/5)/(19/10) = 3.16$$

③ 기각 규칙

검정통계량으로 판정: $F > F_\alpha$이면, 귀무가설 기각

관찰된 p값으로 판정: p값$<\alpha$이면, 귀무가설 기각

표 12.9 항공교통관제사 사례에 대한 분산분석표

변동원천	제곱합	자유도	평균제곱	F값
집단간	21	2	21/2	5.53
블록간	30	5	30/5	3.16
오차	19	10	19/10	
합계	70	17		

이 사례에서 처리 영역은 $\alpha=0.05$, 자유도가 각각 2, 10인 F분포의 임계값은 4.10이다. 계산된 F값이 5.53이므로 다음과 같이 판정한다.

임계값: $F_{0.05(2,\ 10)}=4.10$

판정: $F=5.53>4.10$이므로 귀무가설을 기각하고 배치안에 따라 관제사의 스트레스에 차이가 있다고 판정한다.

한편 블록 영역은 $\alpha=0.05$, 자유도가 각각 5, 10인 F분포의 임계값은 3.33이다. 계산된 F값이 3.16이므로 다음과 같이 판정한다.

임계값: $F_{0.05(5,\ 10)}=3.33$

판정: $F=3.16<3.33$이므로 귀무가설을 기각하지 못하고 블록 간 차이는 있다고 말할 수 없다고 판정한다.

이제 p값으로 판정하는 경우를 살펴보기로 하자.

처리 영역의 경우는 〈표 12.10〉에서 요인 B(열)의 변동 요인으로 설정된 부분이다. 관찰된 p값을 구하면 p값은 0.0242이다. 5% 유의수준보다 작기 때문에 처리 영역에서의 귀무가설은 기각할 수 있게 된다.

그러나 요인 A(행)에 해당하는 블록 영역의 경우 관찰된 p값이 0.0574이므로 5% 유의수준보다 크다. 따라서 귀무가설은 기각할 수 없게 된다. 이 값은 엑셀로

표 12.10 항공교통관제사 사례의 분산분석표 엑셀 결과

변동의 요인	제곱합	자유도	제곱평균	F값	p값	F기각치
요인 A(행)	30	5	6	3.16	0.0574	3.33
요인 B(열)	21	2	10.5	5.53	0.0242	4.10
잔차	19	10	1.9			
합계	70	17				

처리하여 구할 수 있다(〈표 12.10〉 참고).

항공교통관제사에 대한 엑셀 처리 결과는 다음의 〈표 12.10〉과 같다.

12.4 반복이 있는 이원배치법 — 요인실험법

(1) 기본개념

일반적으로 우리는 두 개 이상의 독립변수인 인자가 종속변수에 미치는 효과를 동시에 알아보고자 하는 경우가 많다. 요인실험법(factorial design)은 두 개 이상의 독립변수들이 종속변수에 미치는 여러 가지 효과를 검토하기 위한 일반적 분산분석기법이다. 요인실험법에는 독립변수인 인자들의 모든 가능한 조합에 대해서 분석한다는 의미를 포함하고 있다. 예를 들어 판매촉진방법과 동시에 진열의 방법이 매출액에 영향을 미치는가, 사회계층과 더불어 성별이 상표충성도에 영향을 미치는가를 살펴보는 것 등이 여기에 해당된다. 이 때 두 요인의 상호 연관 작용이 동시에 종속변수에 영향을 미치는 것도 분석하게 된다.

2개 이상의 독립변수인 인자에 대해서도 분석이 이루어지지만, 이 책에서는 이원배치의 요인실험법에 대해서만 살펴보기로 한다.

반복수가 일정한 이원배치법의 실험에서는 두 인자 A와 B의 주효과 외에 인자의 조합 효과, 즉 교호작용효과(interaction effect)를 실험오차와 분리하여 각각 구할 수 있다. 이 외에 인자의 수준수가 적더라도 반복수를 적절히 조절함으로써 인자의 주 효과에 대한 검출력을 높일 수 있는 장점을 갖는다.

요인실험법에 제곱합의 분해

$$SST = SSB_A + SSB_B + SSB_{AB} + SSE$$

총제곱합=처리간 제곱합+블록간 제곱합+교호작용제곱합+오차에 의한 제곱합

(2) 가설검정과 분산분석표의 작성

반복이 있는 이원배치의 요인실험법의 분산분석표를 작성하면 〈표 12.12〉와 같다. (k=행의 수, h=열의 수, c=반복의 수)

표 12.12 요인계획법에서의 분산분석표

변동원천	제곱합	자유도	평균제곱	F값
인자 A(행)	$SSB_A = ch\sum_{i=1}^{k}(\bar{x}_{i\cdot\cdot} - \bar{\bar{x}})^2$	$k-1$	$MSA = \frac{SSB_A}{k-1}$	$F_A = \frac{MSA}{MSE}$
인자 B(열)	$SSB_B = ck\sum_{j=1}^{h}(\bar{x}_{\cdot j\cdot} - \bar{\bar{x}})^2$	$h-1$	$MSB = \frac{SSB_B}{h-1}$	$F_B = \frac{MSB}{MSE}$
교호작용	$SSB_{AB} = SST - SSB_A - SSB_B - SSE$	$(k-1)(h-1)$	$MSAB = \frac{SSB_{AB}}{(k-1)(h-1)}$	$F_{AB} = \frac{MSAB}{MSE}$
오차	$SSE = \sum_{i=1}^{k}\sum_{j=1}^{h}\sum_{r=1}^{c}(x_{ijk} - \bar{x}_{ij\cdot})^2$	$kh(c-1)$	$MSE = \frac{SSE}{kh(c-1)}$	
합계	$SST = \sum_{i=1}^{k}\sum_{j=1}^{h}\sum_{r=1}^{c}(x_{ijr} - \bar{\bar{x}})^2$	$n-1$		

(3) 분산분석표의 작성

반복 있는 이원배치법인 요인실험법에 있어서는 두 인자 A와 B 사이에 교호작용효과가 있는지를 검정하는 것이 목적이기 때문에 귀무가설과 대립가설은 다음과 같다.

H_0: $(\alpha\beta)_{ij}=0$ $i=1, 2, \cdots, l$ $j=1, 2, \cdots, m$

H_a: 적어도 하나의 $(\alpha\beta)_{ij}$는 0이 아니다.

유의수준이 α이고 자유도가 $[(k-1)(h-1),\ kh(c-1)]$인 F분포의 기각역은

$F > F_{(k-1)(h-1),\ kh(c-1),\ \alpha}$이다.

만일 $F > F_{(k-1)(h-1),\ kh(c-1),\ \alpha}$이면 귀무가설은 유의수준 α에서 기각되어 두 인자 A와 B 사이에는 교호작용효과가 존재한다는 통계적 결론을 내릴 수 있다.

한편 인자 A와 인자 B의 주효과가 있는지를 검정하기 위해서는 다음과 같이 가설을 설정한다.

H_0: $\alpha_j = 0$
H_a: 적어도 하나의 α_j는 0이 아니다.
H_0: $\beta_j = 0$
H_a: 적어도 하나의 β_j는 0이 아니다.

(4) 이원배치-요인설계법의 적용

한 어학원 교육 프로그램을 통하여 요인설계법을 알아보도록 하자.

예제 12-3

한 어학원에서 미국 경영대학원 진학 자격시험인 GMAT에 대한 기간별 맞춤 교육 프로그램을 개발하였다고 한다. 경상계열, 이공계열, 인문계열에서 선발한 학생을 대상으로 교육 프로그램에 참여하게 하고 시험을 치르게 하였다. 기간별 교육 프로그램은 회화, 독해, 문법의 서로 다른 맞춤 프로그램이라고 한다.

각 처리의 결합 항목에 두 명을 각각 배치하여 실시하였다. 성적 결과는 〈표 12.13〉과 같다. 유의수준 5%에서 주효과와 상호작용 효과를 검정하여 보자.

표 12.13 전공과 교육 프로그램에 따른 GMAT 성적

교육 \ 전공	경상	이공	인문
회화	500 580	540 460	480 400
독해	460 540	560 620	420 480
문법	560 600	600 580	480 410

표 12.14 전공과 교육 프로그램에 따른 GMAT 성적 평균 계산

교육 \ 전공		요인 B			평균
		경상	이공	인문	
요인 A	회화	500 580	540 460	480 400	$\bar{Y}_1=493.33$
		$\bar{Y}_{11}=540$	$\bar{Y}_{12}=500$	$\bar{Y}_{13}=440$	
	독해	460 540	560 620	420 480	$\bar{Y}_2=513.33$
		$\bar{Y}_{21}=500$	$\bar{Y}_{22}=590$	$\bar{Y}_{23}=450$	
	문법	560 600	600 580	480 410	$\bar{Y}_3=538.33$
		$\bar{Y}_{31}=580$	$\bar{Y}_{32}=590$	$\bar{Y}_{33}=445$	
평균		$\bar{Y}_{\cdot 1}=540$	$\bar{Y}_{\cdot 2}=560$	$\bar{Y}_{\cdot 3}=445$	$\bar{Y}=515$

분산분석을 행하기 위해 필요한 평균값을 계산한 것이 〈표 12.14〉이다. 먼저 분산분석표를 작성하기 위해 평균제곱을 계산하면 다음과 같다.

$$SST=(500-515)^2+(580-515)^2+\cdots+(480-515)^2+(410-515)^2$$
$$=82,450$$
$$SSB_A=(3\times 2)\times\{(493.33-515)^2+(513.33-515)^2+(538.33-515)^2\}$$
$$=6,100$$
$$SSB_B=(3\times 2)\times\{(540-515)^2+(560-515)^2+(445-515)^2\}=45,300$$
$$SSB_{AB}=(2)\times\{(540-493.33-540+515)^2+\cdots+(445-538.33-445+515)^2\}=11,200$$
$$SSE=SST-SSB_A-SSB_B-SSB_{AB}=82,450-6,100-45,300-11,200$$
$$=19,850$$

앞의 계산 결과를 이용하여 분산분석표를 작성하면 다음과 같다.

표 12.15 전공과 프로그램 사례에 대한 분산분석표

변동원천	제곱합	자유도	평균제곱	F값
인자 A	6,100	2	3,050	1.38
인자 B	45,300	2	22,650	10.27
교호작용	11,200	4	2,800	1.27
잔차	19,850	9	2,206	
합계	82,450	17		

위의 분산분석표에서 계산된 F값을 이용하여 그룹간 평균의 비교, 블록간 평균의 비교, 그리고 상호작용효과에 대한 가설을 검정할 수 있다.

1) 인자 A(행)간 평균차이에 대한 검정

① 가설의 설정

H_0: 교육 프로그램에 따라 차이가 없다.

H_a: 교육 프로그램에 따라 차이가 있다.

② 검정통계량

$F=1.38$(〈표 12.15〉 참조)

③ 임계값 및 기각영역

$\alpha=0.05$이고 자유도가 2, 9일 때 임계값: $F_{0.05(2,\ 9)}=4.26$

검정통계량 $F=1.38<4.26$

위의 분산분석표에서 계산된 F값이 1.38이므로 5%의 유의수준에서 귀무가설을 기각할 수 없다. 즉, 교육 프로그램에 따른 성적 차이가 있다고 할 수 없다.

관찰된 p값 역시 0.2994로 유의수준보다 훨씬 크기 때문에 귀무가설을 기각할 수 없다.

2) 인자 B(열)간 평균차이에 대한 검정

① 가설의 설정

H_0: 전공 영역에 따라 성적에 차이가 없다.

H_a: 전공 영역에 따라 성적에 차이가 있다.

② 검정통계량

$F=10.27$(〈표 12.15〉 참조)

③ 임계값 및 기각영역

$\alpha=0.05$이고 자유도가 2, 9일 때 임계값: $F_{0.05(2,\ 9)}=4.26$

검정통계량 $F=10.27>4.26$

위의 분산분석표에서 계산된 F값이 10.27이므로 5%의 유의수준에서 귀무가설을 기각하게 된다. 즉, 전공 영역에 따른 성적 차이가 있다고 말할 수 있다.

관찰된 p값 역시 0.0048로 유의수준보다 훨씬 작기 때문에 귀무가설을 기각하게 된다.

3) 교호작용효과에 대한 검정

① 가설의 설정

H_0: 교육 프로그램과 전공 영역 간에는 상호작용 효과가 없다.

H_a: 교육 프로그램과 전공 영역 간에는 상호작용 효과가 있다.

② 검정통계량

$F=1.27$(〈표 12.15〉 참조)

③ 임계값 및 기각영역

$\alpha=0.05$이고 자유도가 4, 9일 때 임계값: $F_{0.05(4,\ 9)}=3.63$

검정통계량 $F=1.27<3.63$

위의 분산분석표에서 계산된 F값이 1.27이므로 5%의 유의수준에서 귀무가설을 기각할 수 없다. 즉, 상호작용 효과가 없다고 판단하게 된다.

관찰된 p값 역시 0.3503으로 유의수준보다 훨씬 크기 때문에 귀무가설을 기각할 수 없다.

요인실험법에 의한 엑셀 결과는 〈표 12.15〉와 같다.

표 12.16 전공과 교육 프로그램 사례의 분산분석표 엑셀 결과

변동의 요인	제곱합	자유도	제곱평균	F값	p값	F기각치
인자 A(행)	6,100	2	3,050	1.38	0.2994	4.26
인자 B(열)	45,300	2	22,650	10.27	0.0048	4.26
교호작용	11,200	4	2,800	1.27	0.3503	3.63
잔차	19,850	9	2,205.56			
합계	82,450	17				

엑셀활용 12 엑셀을 이용한 분산분석 및 실험설계

1. 일원배치 분산분석(완전 무작위 설계): 예제 12-1

단계 1 풀다운메뉴에서 데이터 영역을 선택한다.

단계 2 데이터 분석을 클릭한다.

단계 3 통계데이터분석 대화상자가 나오면 분산분석: 일원배치법을 선택한 후 확인을 클릭한다.

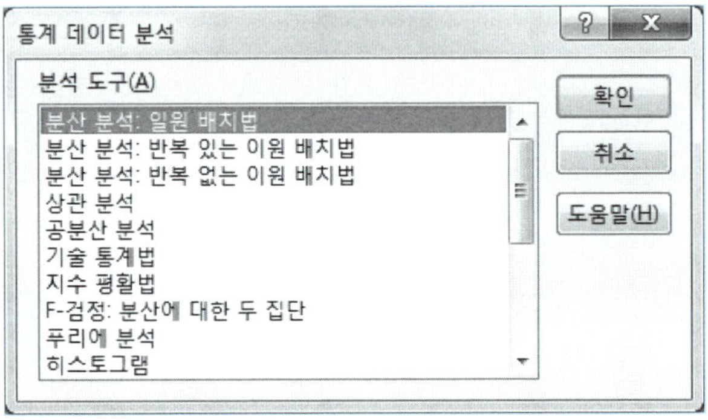

단계 4 분산분석: 일원배치법 대화상자가 나타나면:

입력범위 박스에 B1:D6을 지정한다.

데이터 방향에서 열을 선택한다.

첫째 행 이름표 사용을 선택한다.

기본 설정으로 주어지는 유의수준은 그대로 두고, 출력범위를 지정한다.

이상의 작업을 완료하여 확인을 클릭하면 결과를 얻을 수 있다.

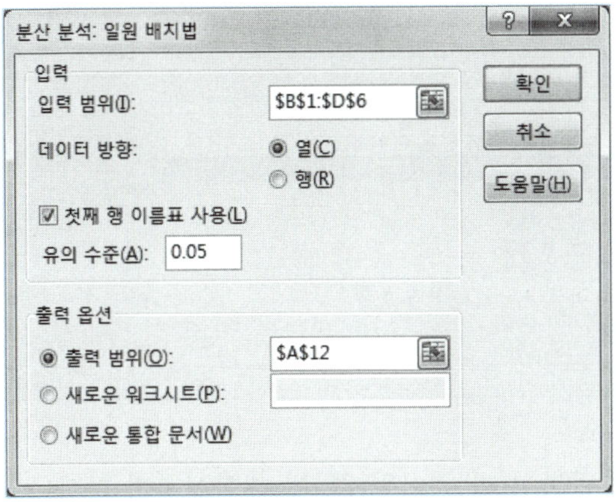

11							
12	분산 분석: 일원 배치법						
13							
14	요약표						
15	인자의 수준	관측수	합	평균	분산		
16	작업장1	5	395	79	38.5		
17	작업장2	5	375	75	25		
18	작업장3	5	340	68	31.5		
19							
20							
21	분산 분석						
22	변동의 요인	제곱합	자유도	제곱 평균	F 값	P-값	F 기각치
23	처리	310	2	155	4.894737	0.0279	3.885294
24	잔차	380	12	31.66667			
25							
26	계	690	14				
27							
28							

2. 이원배치-무작위 블록 설계: 예제 12-2

단계 1 풀다운메뉴에서 데이터 영역을 선택한다.

단계 2 데이터 분석을 클릭한다.

단계 3 통계데이터분석 대화상자가 나오면 분산분석: 반복이 없는 이원배치법을 선택한 후 확인을 클릭한다.

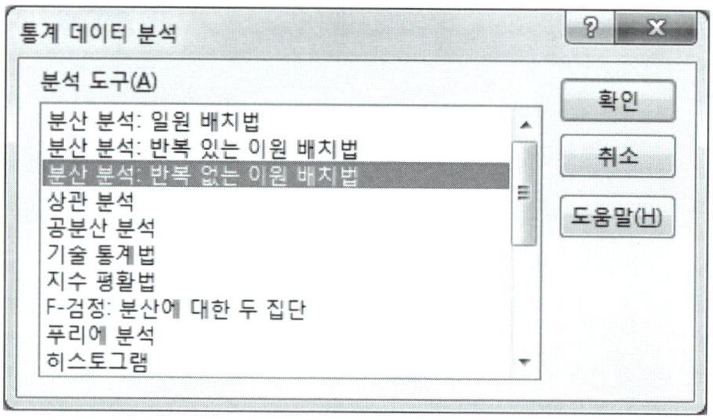

단계 4 분산분석: 반복이 없는 이원배치법 대화상자가 나타나면:

입력범위 박스에 A1:D7을 지정한다.

이름표를 선택한다.

기본 설정으로 주어지는 유의수준은 그대로 두고, 출력범위를 지정한다.

이상의 작업을 완료하여 확인을 클릭하면 결과를 얻을 수 있다.

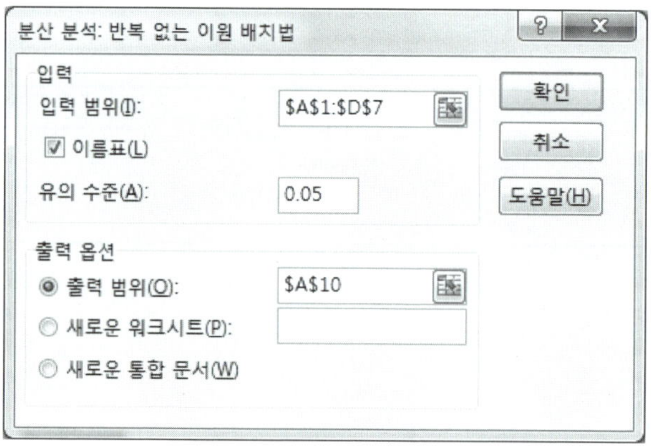

분산 분석: 반복 없는 이원 배치법

요약표	관측수	합	평균	분산
1	3	48	16	3
2	3	42	14	0
3	3	36	12	7
4	3	42	14	7
5	3	45	15	3
6	3	39	13	0
배치안1	6	81	13.5	4.3
배치안2	6	78	13	2
배치안3	6	93	15.5	3.5

분산 분석

변동의 요인	제곱합	자유도	제곱 평균	F 값	P-값	F 기각치
인자 A(행)	30	5	6	3.157895	0.057399	3.325835
인자 B(열)	21	2	10.5	5.526316	0.024181	4.102821
잔차	19	10	1.9			
계	70	17				

3. 이원배치-요인실험법: 예제 12-3

단계 1 풀다운메뉴에서 데이터 영역을 선택한다.

단계 2 데이터 분석을 클릭한다.

단계 3 통계데이터분석 대화상자가 나오면 분산분석: 반복 있는 이원배치법을 선택한 후 확인을 클릭한다.

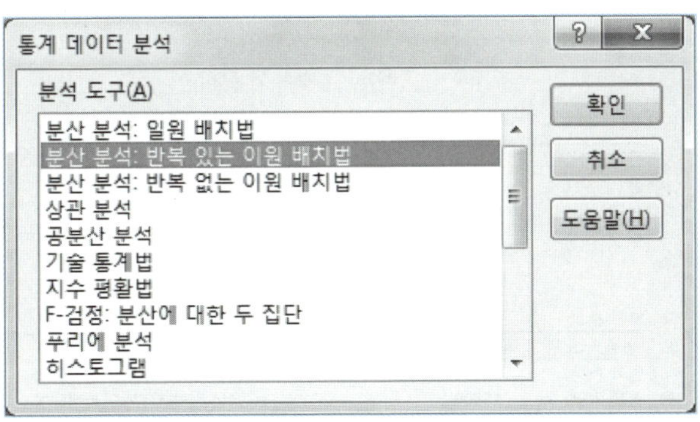

단계 4 분산분석: 반복 있는 이원배치법 대화상자가 나타나면:

입력범위 박스에 A1:D7을 지정한다.

표본당 행수에는 반복 수를 입력한다. 여기서는 2이다.

기본 설정으로 주어지는 유의수준은 그대로 두고, 출력범위를 지정한다.

이상의 작업을 완료하여 확인을 클릭하면 결과를 얻을 수 있다.

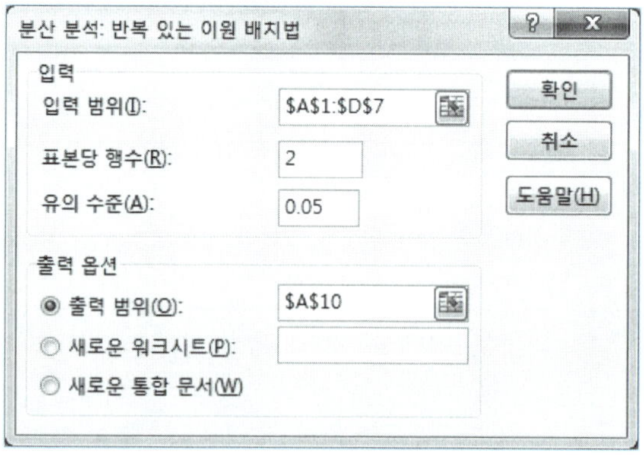

분산 분석: 반복 있는 이원 배치법						
요약표	경상	이공	인문	계		
회화						
관측수	2	2	2	6		
합	1080	1000	880	2960		
평균	540	500	440	493.3333		
분산	3200	3200	3200	3946.667		
독해						
관측수	2	2	2	6		
합	1000	1180	900	3080		
평균	500	590	450	513.3333		
분산	3200	1800	1800	5386.667		
문법						
관측수	2	2	2	6		
합	1160	1180	890	3230		
평균	580	590	445	538.3333		
분산	800	200	2450	5936.667		
계						
관측수	6	6	6			
합	3240	3360	2670			
평균	540	560	445			
분산	2720	3200	1510			
분산 분석						
변동의 요인	제곱합	자유도	제곱 평균	F 값	P-값	F 기각치
인자 A(행)	6100	2	3050	1.382872	0.299436	4.256495
인자 B(열)	45300	2	22650	10.26952	0.004757	4.256495
교호작용	11200	4	2800	1.269521	0.350328	3.633089
잔차	19850	9	2205.556			
계	82450	17				

CHAPTER 12

연습문제

1 일원배치 ANOVA와 이원배치 ANOVA의 차이점을 설명하라.

2 (주)삼성에서는 3개 협력업체의 제품 중에서 차이가 있는지를 분석하기 위해 3개사 제품을 각각 5개씩 추출하여 제품강도를 조사하였다. 다음 자료에서 3개 협력업체 제품품질에 차이가 있는지 엑셀을 이용하여 유의수준 0.05에서 가설검정하시오.

협력사 1	협력사 2	협력사 3
22.4	21.2	23.5
22.1	23.3	25.7
20.4	25.7	26.9
22.3	29.5	21.3
25.0	21.2	27.6

3 도시계획 위원회에서는 새로운 혁신도시 후보지 3곳을 평가하기 위해 총 5명의 평가자를 위촉하여 3개 후보지의 평가를 의뢰한 결과 다음과 같은 결과를 얻었다. 분산분석표를 작성하고 3개 후보지 평가점수에 차이가 있는지 엑셀을 이용하여 유의수준 0.05에서 가설검정하시오.

평가자 \ 후보지	후보지 A	후보지 B	후보지 C
평가자 1	89	90	89
평가자 2	80	95	87
평가자 3	94	87	91
평가자 4	90	75	89
평가자 5	78	87	80

4 A씨는 한 지역 금융센터를 운영하고 있다. 3명의 직원이 서비스하는 고객의 수로 측정되는 생산성을 비교하고 싶어서 임의로 선정된 나흘 동안 각 직원이 서비스하는 고객의 수를 다음과 같이 기록하였다. 서비스되는 평균 고객의 수에 차이가 있는지 엑셀을 이용하여 유의수준 0.05에서 가설검정하시오.

직원 1	직원 2	직원 3
55	66	47
54	76	51
59	67	46
56	71	48

5 다음은 5명의 버스 운전자가 운행하는 4가지 노선에 대한 평균 주행시간을 기록한 것이다. 4개 노선의 평균 주행시간에 차이가 있는지 그리고 5명의 운전자의 평균 주행시간에 차이가 있는지 엑셀을 이용하여 유의수준 0.01에서 가설검정하시오.

노선 / 운전자	A	B	C	D
1	18	17	21	22
2	16	23	23	22
3	21	21	26	22
4	23	22	29	25
5	25	24	28	28

6 다음은 5명의 버스 운전자가 운행하는 4가지 노선에 대해 운전자별로 각 노선마다 주행시간을 세 번 반복 측정한 자료이다. 엑셀을 이용하여 유의수준 0.05에서 분산분석을 실시하시오.

노선 / 운전자	A	B	C	D
1	18 15 21	14 17 20	20 21 22	19 22 25
2	19 15 14	20 24 25	24 23 22	24 22 20
3	19 21 23	23 21 19	25 29 24	23 23 20
4	24 20 25	20 24 22	30 28 29	26 25 24
5	27 25 23	24 24 24	28 28 28	28 30 26

7 갑, 을, 병 3사 제품에서 각각 20개씩 표본을 추출하여 제품강도에 대한 표본분산을 계산한 결과 다음과 같다. 모분산이 동일한지를 유의수준 5%에서 검정하라.

$S_1^2 = 12.5,\ S_2^2 = 8,\ S_3^2 = 15$

8 모 화장품 회사는 최근 개발한 신제품 화장품의 판매를 증대시키기 위해 가격 인하, 샘플 증정, 기념품 증정의 3가지 판매촉진 방법 중 하나를 선정하여 판매촉진을 실시하기로 하였다. 마케팅 부서에서는 어떤 방법이 가장 효과적인가를 알아보기 위해 시험 마케팅을 하여 다음과 같은 결과를 얻었다. 판매촉진 방법이 매출액의 차이를 가져오는지 엑셀을 활용하여 유의수준 5%에서 검정하라.

점포	판촉방법		
	가격인하	샘플증정	기념품증정
1	20	17	14
2	18	14	10
3	15	13	7
4	11	8	6
판촉 평균	16	13	9

9 상기 회사는 점포 유형에 따라 4개의 블록으로 구분하여 각 블록에 동일한 유형의 점포를 배정하여 조사하였다. 매출액이 판매촉진 방법뿐만 아니라 점포의 유형에 따라서도 차이를 가져오는지 엑셀을 활용하여 유의수준 5%에서 검정하라.

블록	판촉방법			평균
	가격인하	샘플증정	기념품증정	
백화점	20	17	14	17
할인점	18	14	10	14
전문점	15	13	7	11.67
재래시장	11	8	6	8
판촉 평균	16	13	9	12.67

10 낙하산의 강도는 합성 섬유사 인장강도와 관련이 크다. 합성 섬유사를 만드는 4개 업체의 제품 중에서 차이가 있는지를 분석하기 위해 각각 5개의 제품을 추출하여 제품강도를 조사하였다. 다음 자료에서 4개 업체의 제품품질에 차이가 있는지를 엑셀을 활용하여 유의수준 5%에서 검정하라.

공급사 1	공급사 2	공급사 3	공급사 4
18.5	26.3	20.6	25.4
24.0	25.3	25.2	19.9
17.2	24.0	20.8	22.6
19.9	21.2	24.7	17.5
18.0	24.5	22.9	20.4

11 전국 체인망을 갖추고 있는 외식업자는 4개 지역 체인점의 서비스를 평가하여 향후 경영에 참고하려고 한다. 이에 24명의 고객평가단을 모집하여 4명씩 1팀으로 각 체인점의 서비스를 평가하도록 하였다. 그 결과는 다음과 같이 나왔다. 점수는 0점에서 100점으로 평가항목을 제시하여 채점하도록 하였다. 다음 자료에서 4개 체인점의 서비스 평가에 차이가 있는지, 그리고 고객단의 의견에는 차이가 있는지를 엑셀을 활용하여 유의수준 5%에서 검정하라.

팀	체인점 1	체인점 2	체인점 3	체인점 4
1	70	61	82	74
2	77	75	88	76
3	76	67	90	80
4	80	63	96	76
5	84	66	92	84
6	78	68	98	86

12 다음은 어떤 분산분석 결과 중 p값을 제외한 나머지 값을 표로 정리한 것이다.

변동의 요인	제곱합	자유도	제곱평균	F값	F기각치
요인 A	232.5	3	(d)	(h)	(k)
요인 B	421	2	(e)	(i)	(l)
교호작용	(a)	(b)	(f)	(j)	(m)
잔차	334	(c)	(g)		
합계	3142.5	23			

❶ (a) ~ (m)을 채우시오.

❷ 유의수준 0.05에서 가설검정하시오.

Part 06

회귀분석

Chapter 13

단순선형회귀분석

대개의 의사결정은 둘 이상의 변수들 사이에 존재하는 관련성을 근거로 하여 이루어진다. 마케팅 담당자는 광고비와 매출액 사이에 존재하는 관련성을 고려하여 일정한 광고비 수준에 있어서의 매출액을 예측할 수 있을 것이다. 또한 한국전력공사에서는 지난 여름철의 기온에 따라 소비되었던 전력량을 토대로 내년도 예상 기온에 따른 전력량을 예측하고 이에 따른 전략 방안을 강구하려고 할 것이다.

이처럼 두 변수가 어떻게 연관되어 있는지를 밝혀주는 통계분석기법이 회귀분석 기법이다. 회귀분석에서는 예측할 변수를 종속변수라고 하고, 종속변수의 값을 예측하는 데 이용하는 변수로 종속변수에 영향을 미치는 변수를 독립변수 또는 영향변수라고 부른다. 회귀분석은 독립변수가 종속변수에 미치는 영향을 파악하기 위한 통계분석 방법으로, 사회과학뿐만 아니라 거의 모든 학문분야에서 광범위하게 활용되고 있다.

보다 구체적으로 정리하면, 회귀분석은 독립변수와 종속변수 간의 관계를 선형적 함수관계로 표현하여 독립변수가 종속변수에 미치는 영향의 정도를 분석하는 방법이다.

기본적인 회귀분석은 단순회귀분석(simple regression)으로서 하나의 독립변수로 하나의 종속변수를 예측하는 것이다. 반면 다중회귀분석(multiple regression)은 여러 개의 독립변수를 가지고 한 종속변수를 예측하는 것이다. 광고비라는 하나의 독립변수가 매출액에 미치는 영향을 알고자 하는 경우는 단순회귀분석이 사용되지만, 광고비와 가격이라는 두 개의 독립변수가 매출액에 미치는 영향을 알고자 하는 경우는 다중회귀분석이 사용된다.

수학적으로 표현하면 회귀분석은 독립변수와 종속변수 간의 관계를 선형적 함수관계로 표현한 후 그 절편과 기울기를 추정함으로써 독립변수가 종속변수에 미치는 영향력의 크기를 알아보고자 하는 통계분석 방법이다.

이 장에서, 우리는 하나의 독립변수와 하나의 종속변수를 포함하는 가장 단순한 회귀분석을 설명한다. 이 두 변수 간의 관계식은 선형의 직선식을 갖는 것으로 파악할 수 있다. 이러한 회귀분석을 단순선형회귀분석이라고 한다. 이 장에서는 단순선형회귀분석에 대해서 학습해 보고 독립변수가 2개 이상인 다중회귀분석은 다음 장에서 설명하도록 한다.

13.1 단순선형회귀모형

한 식품회사의 사례를 통하여 단순선형회귀모형에 대해서 살펴보도록 하자.

예제 13-1

(주)더존푸드는 전국에 10개의 음식점 브랜드를 운영하고 있다. 최고 경영자는 체인점별 회원수(x)와 체인점의 월 매출액(y)은 밀접한 관계가 있음을 잘 알고 있다. 그러나 더 구체적인 경영 전략을 수립하기 위해서 최고경영자는 회귀분석을 이용하여 체인점의 회원수와 월 매출액의 관계식을 개발하려고 한다. 현재 10개의 체인점을 대상으로 자료는 다음과 같다.

표 13.1 (주)더존푸드의 매출액 자료

음식점 브랜드	회원수(천 명)	월매출액(백만원)
1	7	71
2	11	118
3	13	101
4	13	131
5	17	130
6	21	150
7	25	170
8	25	182
9	27	162
10	31	215

종속변수인 매출액 y가 독립변수인 회원수 x와 어떻게 관련되어 있는지를 살펴보기 위해 회귀분석을 이용하여 관계식을 먼저 개발하여야 한다.

(1) 회귀모형과 회귀방정식

종속변수 y가 독립변수 x와 어떻게 연관되어 있는지를 설명하는 방정식과 오차항을 포함하여 회귀모형이라 부른다.

단순선형회귀모형

$$y=\beta_0+\beta_1 x+\varepsilon \tag{13.1}$$

단순선형회귀모형에서, y는 $x(\beta_0+\beta_1 x$ 부분)와 ε의 선형함수이다. β_0와 β_1은 모형의 모수이며, 오차항의 ε는 확률변수이다. 오차항은 x와 y 간의 선형 함수식으로 설명할 수 없는 y의 변동분을 말한다.

단순선형회귀모형과 ε에 대한 가정을 뒤에 설명하겠지만, 가정 중에 중요한 하나는 오차항의 기댓값이 0이라는 것이다. 이 가정을 달리 표현하면 y의 기댓값인 $E(y)$는 $\beta_0+\beta_1 x$와 같다는 것이다. 즉, y의 평균값은 x의 선형함수가 되는 것이다. 이 선형함수를 단순선형회귀방정식이라고 한다.

단순선형회귀방정식은 다음과 같이 표현된다.

$$E(y)=\beta_0+\beta_1 x \tag{13.2}$$

단순선형회귀방정식은 직선식으로 표현된다. 이 식에서 β_0는 회귀선의 y절편이고, β_1은 기울기, 그리고 $E(y)$는 주어진 x값에 대한 y의 기댓값이 된다. 단순선형회귀식의 가능한 관계는 [그림 13.1]과 같다.

그림 13.1 다양한 선형회귀방정식

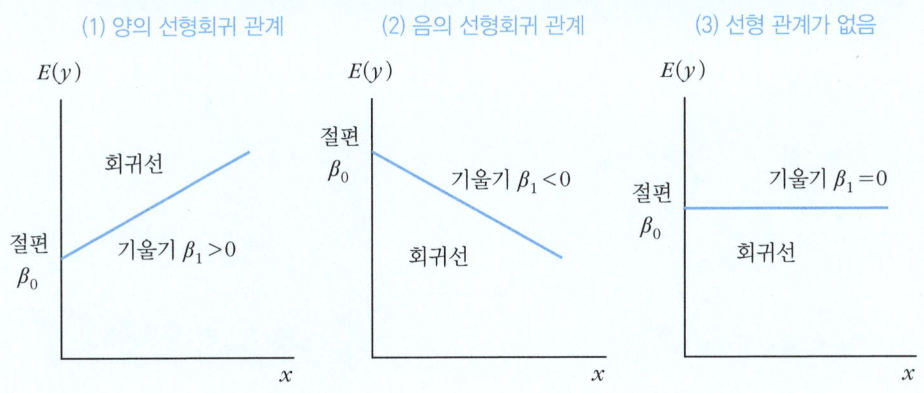

(2) 추정회귀방정식

모수인 β_0와 β_1의 값을 안다면 (13.2) 식을 이용하여 x값에 대한 y기댓값을 계산할 수 있다. 그러나 모수는 대개 알려져 있지 않기 때문에 표본자료를 이용하여 추정할 수밖에 없다. 모수인 β_0와 β_1의 추정치인 표본통계량 b_0와 b_1을 계산한다. 회귀방정식에서 β_0와 β_1을 표본통계량 b_0와 b_1값으로 대체하면 추정회귀방정식을 얻을 수 있다.

추정단순선형방정식은 다음의 수식과 같다. 추정단순선형방정식을 추정회귀선이라고 한다.

$$\hat{y} = b_0 + b_1 x \qquad (13.3)$$

그림 13.2 단순선형회귀방정식의 추정 과정

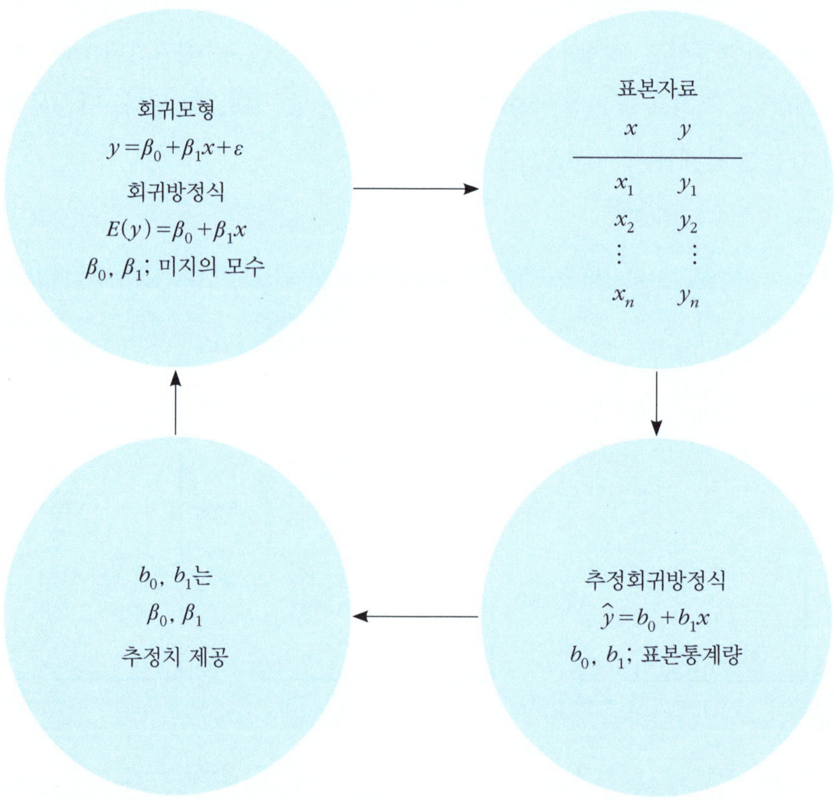

회귀식의 b_0는 y의 절편이고, b_1은 기울기, $\hat{y}$는 x에 대한 y의 추정치이다.

모수인 β_0와 β_1은 고정된 상수인 반면, 표본회귀식의 b_0, b_1은 표본자료로부터 계산된 것이므로 추출된 표본에 따라 값이 달라지는 확률변수라는 점을 명심하여야 한다.

추정회귀선의 b_0, b_1을 계산하기 위해 여러 방법들이 제시되고 있다. 그중에서 가장 많이 알려져 있는 방법이 최소제곱법이다. [그림 13.2]는 단순선형회귀방정식에 대한 모수를 추정하는 과정을 요약하였다.

13.2 최소제곱법

회귀분석을 통해 알고자 하는 것은 결국 선형회귀모형 $y=\beta_0+\beta_1x+\varepsilon$의 β_0와 β_1이다. 만일 모집단 전체의 자료를 가지고 있다면 β_0와 β_1을 구할 수 있다. 그러나 모집단 자료 수집이 현실적으로는 불가능하거나 어려울 경우는 표본자료를 이용해 β_0와 β_1을 추정하지 않으면 안 된다. 표본자료를 이용해 추정한 회귀식 (13.3)을 추정회귀식이라고 하였다.

추정회귀식에서 b_0, b_1는 모수인 β_0와 β_1의 추정치로서 추정회귀계수라고 한다. 여기서 b_0, b_1값을 구하게 되면, 독립변수 x값이 주어졌을 때 예측치 $\hat{y}$의 값을 계산할 수 있다. 그러나 모집단 회귀식과 마찬가지로 추정회귀식을 통한 예측치 $\hat{y}$값은 실제 매출액과 일치하지 않기 때문에 오차 e_i를 고려하여 다음과 같이 표시한다. 이것을 추정회귀모형이라고 한다.

$$y_i=b_0+b_1x+e_i \tag{13.3}$$

(13.4)식에서 e_i는 모집단 회귀모형의 오차 ε_i의 추정치로서, 잔차(residual)라고 한다. 추정회귀모형과 추정회귀식과의 차이는 잔차 e_i에 있다.

회귀분석에서의 일차적 문제는 표본의 자료에 가장 적합한 추정회귀선을 찾는 것이다. 표본자료에 가장 적합한 추정회귀선은 어떤 것일까? 그것은 실제 관찰치와 예측된 값의 차이, 즉 잔차 e_i의 전체 크기를 가장 작게 하는 회귀선이다.

잔차 e_i에 대해 좀 더 자세히 살펴보기로 하자. 잔차 e_i는 아래의 식처럼 실체 관찰치 y_i와 추정회귀선에 의한 예측치 $\hat{y}_i$의 차이를 말한다.

$$e_i = y_i - \hat{y}_i$$

따라서 잔차 e_i는 y_i가 추정회귀선 위쪽에 있을 때는 (+)값을 가지며 아래쪽에 있을 때는 (−)값을 가진다. 그렇다면 잔차의 전체 크기를 가장 작게 해 주는 회귀선은 어떻게 구할 수 있을까? 그것은 바로 잔차 제곱의 합을 가장 작게 하는 회귀선을 구하는 것이다. 즉 다음의 조건을 충족시키는 b_0, b_1값을 구할 때 잔차의 전체 크기를 최소화해주는 회귀선이 된다.

$$\min\sum e_i^2 = \min\sum(y_i - \hat{y}_i)^2$$

이 방법을 최소제곱법(least square method)이라고 한다. 표본의 자료에 가장 적합한 b_0, b_1값은 최소제곱법을 이용하여 구하는 것이 가장 바람직하다.

이제 최소제곱법을 이용하여 b_0와 b_1을 구하는 방법을 생각해보자.

$e_i = y_i - \hat{y}_i$이고, $\hat{y}_i = b_0 + b_1 x_i$이므로

$$\sum e_i^2 = \sum(y_i - b_0 - b_1 x_i)^2$$

위의 식에서 우리는 잔차제곱을 최소화하는 b_0, b_1을 구할 수 있다.

$$b_1 = \frac{\sum(x_i - \bar{x})(y_i - \bar{y})}{\sum(x_i - \bar{x})^2} \qquad (13.5)$$

$$b_0 = \bar{y} - b_1\bar{x} \qquad (13.6)$$

(13.5)와 (13.6) 식을 사용하여 계산된 b_0, b_1을 최소제곱 추정량이라고 한다. 이 최소제곱 추정량은 모수 β_0와 β_1에 대한 불편추정량도 된다.

위의 공식을 이용하여 (주)더존푸드의 추정회귀식을 구하여 보자. 먼저 〈표 13.1〉의 자료로부터 [그림 13.3]과 같은 산점도를 고려하여 작성한다.

이 산점도의 관찰치에 가장 적합한 회귀선을 구하여 보자. (주)더존푸드 파일의 회귀선 추정 워크시트를 참고하면 쉽게 이해할 수 있다.

그림 13.3 (주)더존푸드의 산점도

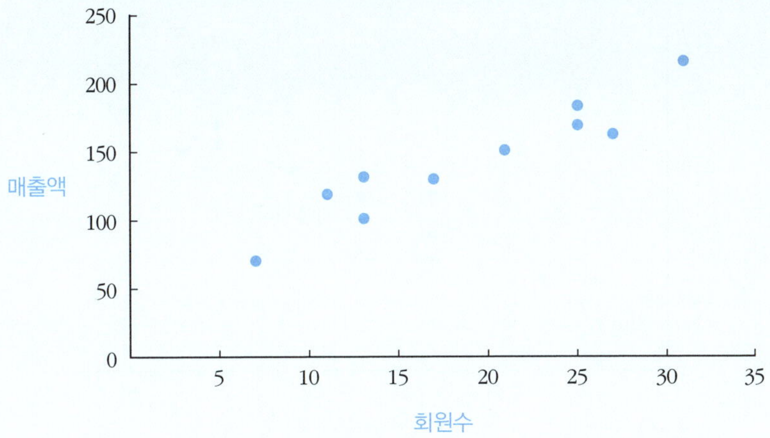

계산표를 이용하여 b_0, b_1을 구하면 다음과 같다.

$$b_1 = \frac{\sum(x_i - \bar{x})(y_i - \bar{y})}{\sum(x_i - \bar{x})^2} = \frac{2,840}{568} = 5$$

$$b_0 = \bar{y} - b_1\bar{x} = 143 - 5 \times 19 = 48$$

표 13.2 최소제곱법을 이용한 추정회귀계수 구하는 계산표

체인점	회원수 x_i	매출액 y_i	$(x_i-\bar{x})$	$(y_i-\bar{y})$	$(x_i-\bar{x})(y_i-\bar{y})$	$(x_i-\bar{x})^2$
1	7	71	−12	−72	864	144
2	11	118	−8	−25	200	64
3	13	101	−6	−42	252	36
4	13	131	−6	−12	72	36
5	17	130	−2	−13	26	4
6	21	150	2	7	14	4
7	25	170	6	27	162	36
8	25	182	6	39	234	36
9	27	162	8	19	152	64
10	31	215	12	72	864	144
합계	190	1,430			2,840	568
평균	19	143				
	↓ $\bar{x}$	↓ $\bar{y}$			↙ $\sum(x_i-\bar{x})(y_i-\bar{y})$	↓ $\sum(x_i-\bar{x})^2$

그림 13.4 (주)더존푸드의 추정회귀식

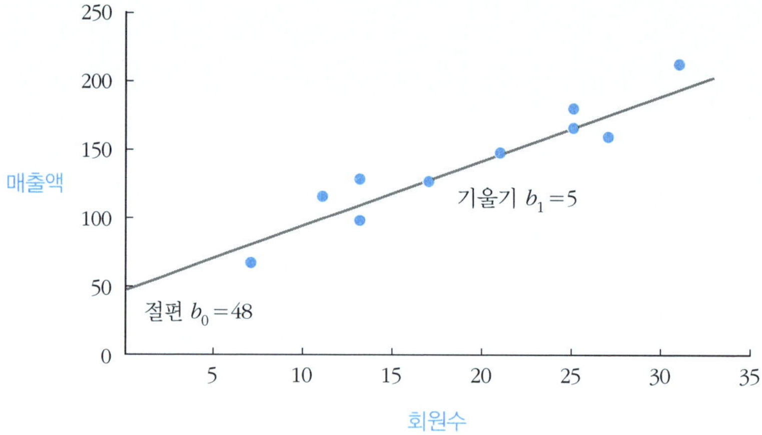

따라서 추정회귀식은 다음과 같으며, [그림 13.4]의 결과를 얻을 수 있다.

$$\hat{y} = 48 + 5x$$

13.3 모형의 적합도 — 결정계수

우리는 (주)더존푸드의 사례에서 회원수 x와 매출액 y 사이의 선형관계를 추정회귀방정식 $\hat{y} = 48 + 5x$으로 추정할 수 있었다.

그런데 이 추정회귀방정식이 과연 이 자료를 얼마나 잘 설명하고 있는가? 즉, 최소제곱법에 의해 계산하여 얻은 추정회귀방정식이 동일 식품의 자료에 아주 적합한 식인가에 대한 의문을 지니지 않을 수 없다.

회귀식의 적합도(goodness of fit)란 추정회귀식이 종속변수의 변화를 설명해 주는 정도를 말한다. 회귀식의 적합도가 높다는 것은 추정회귀식에 의한 종속변수의 예측치가 실제 관찰치에 가깝기 때문에 예측이 좀 더 정확하게 이루어지고 있다는 것을 의미한다.

여기에서 우리는 추정회귀방정식의 적합도를 제시해 주는 매우 중요한 결정계

그림 13.5 추정회귀식의 편차

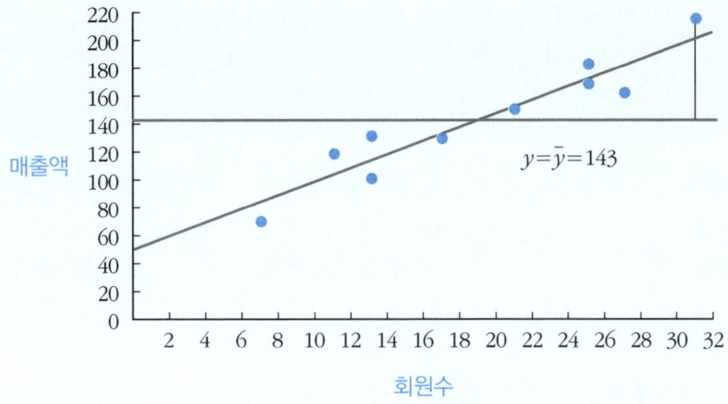

수(coefficient of determination)를 살펴보자.

대개 회귀선의 적합도는 두 변수간 상관의 정도와 관련이 있다. 따라서 회귀선의 적합도 측정에는 두 변수의 상관계수 r을 제곱한 결정계수 r^2을 사용한다는 것이 매우 의미 있음을 직관적으로 알 수 있을 것이다.

결정계수를 제대로 파악하기 위해서 먼저 편차(deviation)의 분해와 제곱합(sum of squares)에 대해 알아야 한다.

[그림 13.5]에서 보는 바와 같이 독립변수에 관한 자료가 없을 때 어떤 점포의 매출액 y_i는 표본평균 $\bar{Y}$로 추정하는 것이 최선이다. 그 이유는 평균이 대표가 되기 때문이다. 그러나 만일 독립변수에 관한 자료를 추가로 수집하여 추정회귀선을 구했다고 하자. 이 추정회귀선으로 y_i를 추정하게 되면, 표본평균 $\bar{Y}$에서 회귀선까지의 거리만큼 설명력이 더 높아진다.

[그림 13.5]에서 종속변수의 실제 관찰치를 y_i라 하고, 이들의 평균을 $\bar{y}$, 표본회귀식에 의한 예측치를 $\hat{y}_i$라고 할 때, 종속변수의 실제 관찰치와 평균의 차이, 즉 $y_i-\bar{y}$를 총편차라고 한다. 이 총편차는 관찰치와 예측치의 차이 $y_i-\hat{y}_i$와 예측치와 평균의 차이 $\hat{y}_i-\bar{y}$의 합으로 구성되어 있다.

여기에서 $\hat{y}_i-\bar{y}$는 평균을 가지고 예측을 하는 것보다 회귀선에 의해 예측함으로써 설명력이 증가된 부분이므로 이것을 회귀선에 의해 설명된 편차(explained deviation)라고 한다. 반면 잔차 e_i에 해당되는 $y_i - \hat{y}_i$는 회귀선에 의해서도 여전히 설명이 되지 않은 부분이므로 이것을 설명되지 않은 편차(unexplained deviation)라고 한다. 그러므로 총편차는 다음과 같이 분해하여 나타낼 수 있다.

총편차의 구성

총편차	=	설명된 편차	+	설명되지 않은 편차
$y_i - \bar{y}$	=	$(\hat{y}_i - \bar{y})$	+	$(y_i - \hat{y}_i)$
(총편차)^2	=	(설명된 편차)^2	+	(설명되지 않은 편차)^2
$\sum(y_i - \bar{y})^2$	=	$\sum(\hat{y}_i - \bar{y})^2$	+	$\sum(y_i - \hat{y}_i)^2$
SST	=	SSR	+	SSE

SST=총제곱합, SSR=회귀제곱합, SSE=오차제곱합

한편 관찰치들의 편차를 제곱하여 더한 것을 제곱합 또는 변동(variation)이라고 하는데, 이것은 추정회귀선을 중심으로 종속변수가 흩어져 있는 정도를 나타낸다. 제곱합은 다음과 같은 관계가 성립한다.

위의 식에서 $\sum(y_i - \bar{y}_i)^2$을 총제곱합(sum of squares total)이라고 하며, SST로 표시한다. 총제곱합은 독립변수를 고려하지 않았을 때 종속변수가 흩어져 있는 정도를 나타낸다. 한편은 $\sum(\hat{y}_i - \bar{y}_i)^2$항은 회귀식에 의해 설명된 제곱합으로 이것을 회귀제곱합(sum of squares regression)이라고 하고 SSR로 표시한다. 마지막 항인 $\sum(y_i - \hat{y}_i)^2$는 회귀식에 의해 설명되지 않은 제곱합으로 이를 잔차제곱합(sum of squares error)이라고 하며 SSE로 표시한다. 그러므로 총제곱합은 결국 설명된 제곱합과 설명되지 않은 제곱합으로 분해된다는 것을 알 수 있다.

$\frac{SSR}{SST}$ 비율은 0과 1 사이의 값을 취하게 되는데, 추정회귀방정식 적합도의 측정치가 된다. 이 비율이 결정계수(coefficient of determination)이며 r^2으로 표시한다.

결정계수

회귀식의 설명을 나타내는 비율로 설명력이 높을수록 우수한 회귀모형이라 할 수 있다.

$$r^2 = \frac{SSR}{SST}$$

우리가 백분율로 결정계수를 나타낼 때, r^2은 총제곱합에 대해 추정회귀방정식으로 설명할 수 있는 제곱합의 백분율로 이해할 수 있다.

엑셀을 이용한 (주)더존푸드 추정회귀방정식의 결정계수 계산 과정은 다음과 같다. 제공되는 (주)더존푸드 파일을 참고하기 바란다.

계산 과정에 따라서 $SST=15,730$, $SSE=1,530$이므로 $SSR=SST-SSE=15,730-1,530=14,200$이 된다. 결정계수는 다음과 같이 계산하여 0.9027이 된다.

$$r^2=\frac{SSR}{SST}=\frac{14,200}{15,730}=0.9027$$

이는 매출액 90.27%의 변동은 회원수와의 선형관계로 설명할 수 있다는 것이다.

표 13.3 (주)더존푸드 추정 회귀방정식의 결정계수 계산

체인점	회원수 x_i	매출액 y_i	$\hat{y}_i$	$y_i-\hat{y}_i$	$(y_i-\hat{y}_i)^2$	$y_i-\bar{y}$	$(y_i-\bar{y})^2$
1	7	71	83	−12	144	−72	5,184
2	11	118	103	15	225	−25	625
3	13	101	113	−12	144	−42	1,764
4	13	131	113	18	324	−12	144
5	17	130	133	−3	9	−13	169
6	21	150	153	−3	9	7	49
7	25	170	173	−3	9	27	729
8	25	182	173	9	81	39	1,521
9	27	162	183	−21	441	19	361
10	31	215	203	12	144	72	5,184
합계	190	1,430			1,530		15,730
평균	19	143					

오차제곱합$(SSE)=\sum(y_i-\hat{y}_i)^2$　　총제곱합$(SST)=\sum(y_i-\bar{y})^2$

회귀식에 의해 설명된 제곱의 합이 크면 클수록 결정계수 r^2의 값은 커지며, 설명된 제곱의 합이 작을수록 r^2의 값은 작아지게 된다. 따라서 r^2의 값이 클수록 추정회귀식으로 종속변수의 실제 관찰치 y_i값을 예측하는 데 있어 정확성이 더 높아진다고 할 수 있다.

예를 들어 표본회귀식으로 관찰치를 정확히 예측할 수 있다면 $SSE=0$이 되어 $r^2=1$이 된다. 반면에 표본회귀선으로 관찰치를 전혀 예측할 수 없다면 $SST=SSE$가 되어 $r^2=0$이 된다. 이때 종속변수의 평균 $\bar{y}$로 예측하는 것과 동일한 결과가 된다.

결정계수 r^2는 앞서 3장에서 언급한 독립변수와 종속변수 간의 표본상관계수 r을 제곱한 것이므로 두 변수 간의 상관계수가 크면 결정계수 r^2도 커지게 된다. 그러므로 표본상관계수 r을 알게 되면 결정계수 r^2도 쉽게 구할 수 있다.

13.4 회귀모형의 가정과 통계적 유의성 검정

회귀분석의 목적은 표본의 자료에 가장 적합한 추정회귀식을 구하는 것이다. 또한 최소제곱법에 의해 계산된 추정회귀식 $\hat{y}=b_0+b_1x$에서 b_0, b_1은 우리가 알고자 하는 모집단 회귀식의 계수 β_0와 β_1에 대한 불편추정량이라고 하였다.

그러나 추정회귀식을 구했다고 하여 이것을 바로 예측에 활용할 수 있는 것은 아니다. 왜냐하면 b_0, b_1은 표본자료를 사용해서 구한 것이므로 추출된 표본에 따라 그 값도 달라지기 때문이다. 따라서 추정회귀식에 대한 통계적 유의성 검정을 추가적으로 필요하게 된다.

첫째는 회귀계수 β_0, β_1에 대한 유의성 검정과 신뢰구간추정이고, 둘째는 회귀모형 전체의 통계적 유의성을 검정하는 것이다. 이 책에서는 신뢰구간추정은 제외하고, 회귀계수 유의성 검정과 회귀모형 유의성 검정을 살펴보도록 한다.

회귀식에 대한 통계적 유의성 검정에 앞서 먼저 회귀모형의 가정을 살펴보기로 하자.

(1) 회귀모형의 가정

회귀분석을 수행하는 데 있어서, 우리는 종속변수와 독립변수의 관계 모형에 관한 적절한 가정을 하게 된다. 우리가 단순선형회귀 사례에서 가정한 회귀모형은 다음과 같다.

$$y = \beta_0 + \beta_1 x + \varepsilon$$

우리는 회귀모형의 모수인 β_0와 β_1의 추정치로써 b_0와 b_1의 값을 찾기 위해 최소제곱법을 활용하였다. 그 결과로 얻은 추정회귀방정식은 다음과 같았다.

$$\hat{y} = b_0 + b_1 x$$

또한 이 추정회귀방정식의 적합도를 결정계수로 측정할 수 있음을 살펴보았다. 그럼에도 불구하고 이 추정회귀방정식을 그대로 쓸 수 없음을 이미 언급하였다.

그래서 가장 먼저 관련성, 즉 회귀모형에 대한 통계적 유의성 검정을 실시하여야 한다고 제시하였다. 이 통계적 유의성 검정은 다음의 오차항 가정에 근거를 두고 있으므로 회귀모형의 가정을 면밀히 살펴보아야 한다.

회귀모형 $y = \beta_0 + \beta_1 x + \varepsilon$의 오차항에 대한 가정

1. 오차항 ε는 기댓값이 0, 즉 $E(\varepsilon) = 0$인 확률변수이다.
   모형에서 β_0와 β_1은 상수이므로, $E(\beta_0) = \beta_0$ 그리고 $E(\beta_1) = \beta_1$이다.
   x값이 주어질 때 y의 기댓값은 $E(y) = \beta_0 + \beta_1 x$이 된다.
2. 오차항 ε의 분산인 σ^2는 x의 모든 값에서 동일하다.
   이는 y의 분산이 σ^2와 같으며, 모든 x의 값에서 동일하다.
3. 오차항 ε의 값은 독립적이다.
4. 오차항 ε는 정규확률변수이다.
   y는 오차항 ε의 선형함수이기 때문에, y는 또한 정규확률변수이다.

회귀모형에 대한 가정들은 기본적으로 회귀선에 의해 설명되지 않은 오차항 ε_i에 관한 것이다. 이 오차항은 x값에 대해 상호 독립적이다. 또한 오차들은 각 x값에 관계없이 분산이 동일한 정규분포를 이루고 있다.

회귀분석의 경우 오차항에 대한 가정들이 제대로 지켜지고 있는지를 검토하여야 한다. 오차항 가정들이 지켜지지 않으면 회귀모형도 의미가 없기 때문이다.

본 교재에서는 오차항의 가정이 잘 지켜지고 있다는 전제하에서 x값이 주어졌을 때 y의 기댓값인 $E(y) = \beta_0 + \beta_1 x$은 모집단 회귀선 위를 지나게 된다. 이러한 가정을 염두에 두면서 회귀분석에서의 추정회귀계수 b_1의 분포와 가설검정에 대해 통계적 유의성을 검토하여야 한다.

(2) 회귀계수에 대한 유의성 검정

단순선형회귀방정식에서, y의 기댓값은 x의 선형함수, $E(y)=\beta_0+\beta_1 x$이 된다. 이 때 β_1이 0이면, $E(y)=\beta_0+(0)x=\beta_0$가 되어, y는 x와 선형적으로 관계없는 결과가 초래된다. 그러나 β_1이 0이 아니라면, 두 변수는 관련을 갖게 있다고 결론을 내리게 된다.

회귀선의 기울기, 즉 회귀계수 β_1은 독립변수의 값이 1단위 증가함에 따라 변화하는 종속변수의 변동비율이다. 그런데 만일 모집단 회귀계수 β_1이 0이라면 독립변수가 아무리 증가하더라도 값에는 전혀 변화가 없으므로 회귀관계가 성립하지 않는다.

회귀모형의 유의성을 검정하기 위해 반드시 회귀계수 β_1이 0이 아니라는 것을 검정해야 할 필요가 있다. 이를 위해 회귀모형의 오차항 ε의 분산인 σ^2의 추정치가 필요하다.

1) σ^2의 추정치 – 평균제곱오차

오차항 ε의 분산인 σ^2는 회귀선 주변에 산재한 y의 분산을 나타내 준다. 우리는 추정회귀선과 실제 관찰된 y값의 편차를 잔차라고 한다. 앞에서 우리는 잔차 제곱합(sum of squares error)인 SSE는 추정회귀선에 대한 실제 관찰치의 변동을 측정해 준다. 이 SSE를 자유도로 나누어준 평균제곱오차(Mean Square Error: MSE)가 바로 σ^2의 추정치이다.

SSE를 계산하기 위해서 모수인 두 값 β_0와 β_1을 추정하여야 하므로, SSE의 자유도는 이미 알려져 있는 두 모수의 값을 뺀 $n-2$가 된다.

따라서 σ^2의 추정치, MSE는 다음과 같이 계산한다.

$$SSE=\sum(y_i-\hat{y}_i)^2$$

$$s^2=MSE=SSE/(n-2)$$

그리고 σ를 계산하기 위해서 s^2의 제곱근을 구하게 되는데, 그 때 s^2의 제곱근인 s를 추정치의 표준오차라고 한다. 이 추정치의 표준오차로 회귀모형의 통계적 유의성을 검정하게 된다.

2) t검정

단순선형회귀모형인 $y=\beta_0+\beta_1 x+\varepsilon$에서 x와 y가 선형적인 관계를 가지고 있다면 $\beta_1 \neq 0$이어야 한다. t검정의 목적은 $\beta_1 \neq 0$임을 확인하는 것이다. 이것을 회귀계수 β_1에 대한 유의성 검정이라고 한다. 회귀계수 β_1에 대한 유의성 검정에서 귀무가설은 다음과 같이 설정된다.

$$H_0 : \beta_1 = 0$$
$$H_a : \beta_1 \neq 0$$

이 가설을 검정하기 위해서는 추정회귀계수 b_1의 분포에 대해 알고 있어야 한다. 앞서 살펴본 회귀분석의 가정이 모두 성립한다면, 모집단으로부터 크기가 n인 가능한 표본을 모두 뽑아 계산된 추정회귀계수 b_1의 분포는 정규분포를 이루게 된다.

여기에서 b_1의 표본분포의 평균과 분산에 대해 살펴보자. 회귀분석의 가정이 성립된다면, 추정회귀계수 b_1은 β_1의 불편추정량이므로 추정회귀계수 b_1의 평균은 모집단회귀계수의 β_1와 같다. 즉,

$$E(b_1)=\beta_1$$

그러나 추정회귀계수 b_1의 모집단 표준오차를 알지 못하므로 이에 대한 불편추정량인 표본의 표준오차를 이용하여 b_1을 표준화하면 $n-2$인 t분포를 이룬다. 그러므로 귀무가설 $\beta_1=0$을 검정하기 위한 검정통계량은 다음과 같다.

$$t=\frac{b_1}{s_{b_1}}$$

검정통계량 t를 전제로 한 기각규칙은 다음과 같다.

> 검정통계량 사용: 만일 $t<-t_{\alpha/2}$이거나 $t>t_{\alpha/2}$이면, H_0 기각
> p값 사용: 만일 $p<\alpha$이면, H_0 기각
> $t_{\alpha/2}$는 $n-2$의 자유도를 가진 t분포의 값

한편 β_1의 신뢰구간은 $b_1 \pm t_{\alpha/2} s_{b_1}$으로 구하게 되지만, 엑셀로 처리하기로 하고 자세한 설명은 생략한다.

3) 회귀모형의 전체 유의성 검정 – F검정

회귀모형의 유의성 검정은 회귀모형의 타당성 여부를 검정하는 것으로 다음 장에서 설명하는 다중회귀분석에서 의미가 있다. 만일 회귀모형에 사용된 독립변수들이 종속변수에 영향을 미치지 않는다면, 즉 모든 독립변수들의 회귀계수가 0이라면, 회귀모형 자체가 아무런 의미가 없다.

그러므로 독립변수가 여러 개일 경우 0이 아닌 회귀계수가 최소한 하나 이상은 있어야 하는데 이를 검정하는 것이 회귀모형의 전체 유의성 검정이다. 예를 들어 독립변수가 3개일 경우 회귀모형의 유의성 검정을 위한 귀무가설은 모든 독립변수의 β값이 0이라는 것이다.

$$H_0 : \beta_1 = \beta_2 = \beta_3 = 0$$

독립변수가 하나인 단순회귀분석에서는 회귀모형의 유의성 검정에 필요한 귀무가설이 $\beta_1 = 0$이 되므로 앞에서 살펴본 회귀계수 β_1의 유의성 검정과 동일한 결과를 얻게 된다. 따라서 단순회귀분석에서는 회귀모형의 유의성 검정이 큰 의미가 없다. 그러나 다음 장에서 설명하게 될 다중회귀분석에서 회귀모형의 유의성 검정이 필요하므로 이 장에서 그 기본적인 개념을 미리 살펴보기로 한다.

회귀모형의 전체 유의성 검정을 위해서는 분산분석(analysis of variance)을 사용한다. 분산분석은 회귀모형에 의해 설명되는 분산(SSR)과 설명되지 않은 분산(SSE)의 비율을 이용하여 가설검정을 하는데 이 때 두 분산의 비율이 이루는 분포는 F분포이다. 따라서 분산분석을 이해하기 위해서는 11장 4절에서 설명하였던 F분포를 잘 알고 있어야 한다.

SSR과 SSE를 각각의 해당되는 자유도로 나눈 것을 평균제곱(mean square)이라고 한다. 회귀 평균제곱은 MSR(Mean Square Regression), 오차 평균제곱은 MSE(Mean Square Error)로 정리한다. 회귀 평균제곱인 MSR은 회귀모형에 의해 설명되는 부분의 분산이다. 한편 오차 평균제곱인 MSE는 회귀모형에 의해 설명되지 않는 오차의 분산이다.

단순회귀분석에서 회귀 평균제곱

$$MSR = \frac{SSR}{SSR\text{의 자유도}} = \frac{SSR}{1} = \sum(\hat{y}_i - \bar{y})^2/1$$

단순회귀분석에서 오차 평균제곱

$$MSE = \frac{SSE}{SSE\text{의 자유도}} = \frac{SSE}{n-2} = \sum(y_i - \hat{y}_i)^2/(n-2)$$

단순회귀분석에서는 독립변수가 1개이므로 회귀모형의 유의성 검정을 위해 설정되는 귀무가설은 다음과 같다.

$$H_0 : \beta_1 = 0$$

이 귀무가설의 검정통계량 F값은 다음과 같이 계산한다. 이 때 F값은 분자의 자유도가 1, 분모의 자유도가 $n-2$인 F분포를 이룬다.

단순회귀모형의 유의성 검정을 위한 검정통계량

$$F = \frac{MSR}{MSE}$$

앞에서 설명한 바와 같이 MSR은 독립변수에 의해 설명된 부분의 분산이고, MSE는 오차의 분산이다.

만약 MSR이 MSE에 비해 상대적으로 매우 크다면 독립변수에 의해 설명된 변동이 그만큼 크다는 것을 의미하므로 이때는 회귀모형이 유의하지 않다는 귀무가설이 기각될 가능성이 크다. 반면 MSR이 MSE에 비해 상대적으로 매우 작다면 독립변수에 의해 설명된 변동이 크지 않다는 것을 의미하므로 이때는 회귀모형이 유의하지 않다는 귀무가설이 채택될 가능성이 커진다.

회귀모형의 유의성 검정인 F검정의 결과는 다음의 〈표 13.4〉 분산분석표로 요약된다.

표 13.4 단순회귀분석의 경우 분산분석표

변동원천	제곱합	자유도	평균제곱	F값
회귀	SSR	1	$MSR=\dfrac{SSR}{1}$	$F=\dfrac{MSR}{MSE}$
잔차	SSE	$n-2$	$MSE=\dfrac{SSE}{n-2}$	
합계	SST	$n-1$		

회귀모형에 대한 유의성 검정은 F값에 의해서 판단하게 된다. 분산분석표의 F값이 F의 임계값보다 크면 귀무가설은 기각되고 회귀모형은 통계적으로 유의한 선형모형이 된다. 그리고 엑셀에서 F값에 대한 p값을 동시에 제시해 준다. 이 p값이 유의수준보다 작으면 귀무가설은 기각되고 회귀모형은 통계적으로 유의한 선형 모형이 되는 것이다.

회귀모형에 대한 유의성 검정을 요약하면 다음과 같다.

단순회귀모형의 유의성 검정

$H_0: \beta_1=0$
$H_a: \beta_1 \neq 0$

검정통계량

$$F=\frac{MSR}{MSE}$$

기각규칙

검정통계량 사용: $F>F_\alpha$이면, H_0 기각
p값 사용: p값$<\alpha$이면, H_0 기각

이때 F_α는 1, $n-2$의 자유도인 F값

(주)더존푸드 사례에 대한 엑셀 처리 결과에서 분산분석표에 해당하는 부분만을 제시하면 다음과 같다.

표 13.5 (주)더존푸드의 엑셀 처리 결과

회귀분석 통계량					
다중상관계수	0.9501				
결정계수	0.9027				
조정된 결정계수	0.8906				
표준오차	13.829				
관측수	10				
분산분석					
	자유도	제곱합	제곱평균	F값	F기각치
회귀	1	14200	14200	74.2484	2.55E−05
잔차	8	1530	191.25		
합계	9	15730			
	계수	표준오차	t통계량	p값	
Y 절편	48	11.8607	4.0470	0.0037	
회원수	5	0.5803	8.6167	2.55E−05	

p값을 활용하여 회귀모형의 통계적 유의성을 검정하자.

처리된 분산분석표를 보면 유의한 F값이 0.0000255로 유의수준 0.05보다 현저히 작다. 따라서 기각 규칙에 따라 귀무가설을 기각하여 종속변수인 매출액과 독립변수인 학생 수는 유의한 선형 관계를 가지고 있음을 판단할 수 있다.

엑셀로 처리한 결과를 통하여 우리는 잔차에 대한 개략적인 분석을 행할 수 있다. 잔차에 대한 분석은 회귀모형의 보다 구체적인 분석을 위하여 매우 필요한 분석이지만, 본 교재에서는 생략하도록 한다. 다만 엑셀로 처리한 결과를 통하여 잔차와 표준잔차의 값을 얻을 수 있으며, 잔차도, 선적합도 및 정규확률도의 그래프를 얻을 수 있다.

엑셀활용 13 엑셀을 활용한 회귀분석

(1) 회귀분석을 위한 통계 데이터 분석 활용

예제 13-1의 (주)더존푸드에 대한 자료를 모두 입력한 후 회귀분석 결과를 얻기 위한 방법을 다음과 같다.

단계 1 데이터 영역을 선택한다.

단계 2 데이터 분석을 선택하여 클릭한다.

단계 3 통계 데이터 분석 대화상자가 나오면 분석 도구 목록에서 회귀분석을 선택하여 확인을 클릭한다.

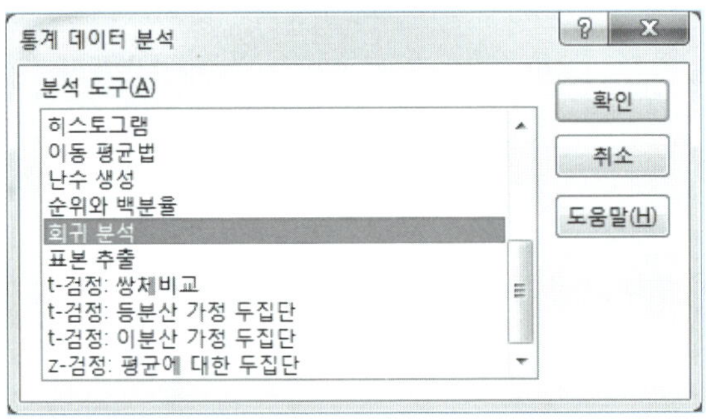

단계 4 회귀분석 대화상자가 나타나면 다음과 같이 입력한다.

① Y축 입력범위 박스에 C1:C11을 입력한다.

② X축 입력범위 박스에 B1:B11을 입력한다.

③ 이름표를 선택한다.

④ 신뢰수준을 선택하고 신뢰수준 박스에 99를 입력한다. 엑셀에서는 95% 신뢰구간 지정과는 상관없이 기본값을 제시해 준다.

⑤ 출력범위를 선택하고, 출력범위 박스에 A13을 입력한다.

입력이 다 끝나면 확인을 클릭한다. 나아가서 잔차에 대한 간단한 분석과 그래프, 정규확률도로 정규분포 여부도 판단할 수 있다.

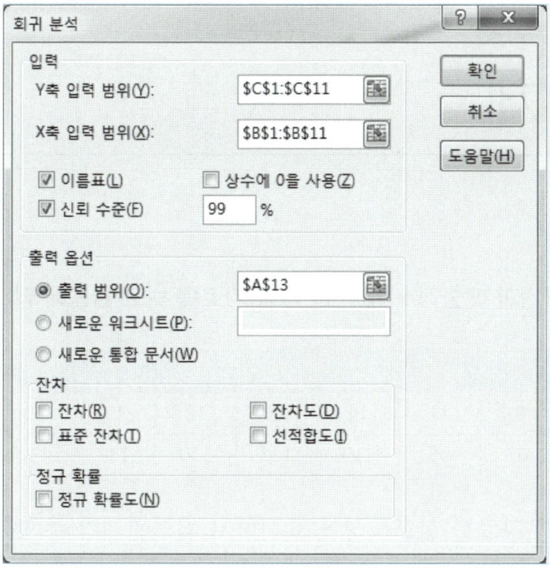

요약 출력

회귀분석 통계량	
다중 상관계수	0.9501
결정계수	0.9027
조정된 결정계수	0.8906
표준 오차	13.829
관측수	10

분산 분석

	자유도	제곱합	제곱 평균	F 값	F 기각치
회귀	1	14200	14200	74.24837	2.55E-05
잔차	8	1530	191.25		
계	9	15730			

	계수	표준 오차	t 통계량	P-값	하위 95%	상위 95%	하위 99.0%	상위 99.0%
Y 절편	48	11.86071	4.046974	0.0037	20.64915	75.350852	8.2027162	87.797284
회원수	5	0.580265	8.616749	2.55E-05	3.661906	6.338094	3.0529854	6.9470146

CHAPTER 13

연습문제

1 성일전자의 광고비지출(X)과 매출액(Y)에 관한 다음 자료를 보고 물음에 답하라.

i	1	2	3	4	5	6	7	8	9	10
X	12	8	11	14	13	12	15	12	16	14
Y	100	90	95	110	120	140	120	130	150	120

❶ 광고비지출과 매출액 자료를 산포도상에 표시하고 직선관계가 존재하는지 분석하라.

❷ 최소제곱법을 이용하여 회귀선을 구하라.

❸ 광고비지출이 18일 때 매출액을 예측해보라.

❹ 추정회귀식의 타당성을 분석하라.

2 모 대학 신입생들의 입학시험 성적과 입학 후의 학점 간의 관계를 파악하기 위해 학생 10명을 조사하였다. 물음에 답하라.

성적 \ 순번	1	2	3	4	5	6	7	8	9	10
입시성적	450	550	500	460	480	510	520	540	500	490
입학후학점	89	90	96	80	76	87	90	93	95	85

❶ 추정회귀식을 구하라.

❷ 이 대학 신입생들의 경우 평균학점의 변동 중 몇 %를 입학시험 성적이 설명하고 있는가?

❸ 회귀모형의 유의성을 유의수준 5%에서 검정하라.

3 y의 총변동 $SST=150$이고, 잔차제곱합 SSE는 27이다. 이때 y값의 변동 중 얼마가 회귀식으로 설명 가능한가?

4 종속변수는 매출액, 그리고 독립변수는 연구개발비이다. 두 변수 사이의 상관계수가 0.9라고 할 때, 이 두 변수 간 가능한 관계를 설명하시오.

5 다음은 10개의 점포에 대해 광고횟수와 방문자에 대한 수치 자료를 이용하여 유의수준 0.05에서 단순선형회귀분석을 실행한 엑셀 결과값이다. 아래 질문에 답하시오.

회귀분석 통계량

다중상관계수	0.7590
결정계수	(a)
조정된 결정계수	0.5231
표준오차	(b)
관측수	10

분산분석

	자유도	제곱합	제곱평균	F값	F기각치
회귀	1	1065.7895	1065.7895	(e)	0.0109
잔차	8	(c)	(d)		
합계	9	1850.0000			

	계수	표준오차	t통계량	p값
Y절편	18.9474	8.4988	2.2294	0.0563
광고횟수	1.1842	0.3591	3.2973	0.0109

❶ (a) ~ (e)까지 빈 곳을 채우시오.

❷ 결정계수의 값을 이용하여 의미를 설명하시오.

❸ 회귀모형의 유의성을 유의수준 5%에서 검정하시오.

❹ 추정회귀식을 구하시오.

❺ 광고횟수와 방문객의 수 사이에는 어떤 관계가 있다고 볼 수 있는가?

❻ 만약, 광고횟수가 60번이라면 점포 방문객의 수는 어떻게 되는가?

6 미국의 한 대학교에서는 과거 GMAT 시험 성적과 MBA 과정 동안 이수하였던 학업 성적 간에 관계를 파악하고자 MBA 수료자 20명을 대상으로 조사하였다. 그 결과가 다음과 같다. 각 물음에 답하라.

학생	GMAT 성적	MBA 성적	학생	GMAT 성적	MBA 성적
1	688	3.72	11	567	3.07
2	647	3.44	12	542	2.86
3	652	3.21	13	551	2.91

4	608	3.29	14	573	2.79
5	680	3.91	15	536	3.00
6	617	3.28	16	639	3.55
7	557	3.02	17	619	3.47
8	599	3.13	18	694	3.60
9	616	3.45	19	718	3.88
10	594	3.33	20	759	3.76

❶ 산점도를 그려라.

❷ 최소제곱법으로 회귀계수 b_0, b_1을 계산하고, 그 의미를 설명하라.

❸ 결정계수를 계산하고, 그 의미를 설명하라.

❹ 회귀모형의 유의성을 유의수준 5%에서 검정하라.

7 두 지역 간의 월별 항공탑승객 수와 도착지 특정 호텔의 월 평균이용률 자료이다. 다음 물음에 답하라.

탑승객 수(천 명)	특정 호텔 이용률(%)
65	40
71	41
53	48
70	49
74	73
85	74
84	68
58	51
72	63
87	75
85	70
50	38

❶ 산점도를 그려라.

❷ 최소제곱법으로 회귀계수 b_0, b_1을 추정하고, 그 의미를 설명하라.

❸ 추정치의 표준오차를 구하라.

❹ 결정계수를 계산하고, 그 의미를 설명하라.

❺ 회귀모형의 유의성을 유의수준 5%에서 검정하라.

Chapter 14

다중회귀모형

앞에서 우리는 단순선형회귀모형의 주요 내용을 간략하게 살펴보았다. 현실의 세계에서는 일반적으로 이 회귀모형에 2개 이상의 독립변수를 포함시켜 종속변수에 미치는 영향을 살펴보게 된다. 이렇게 2개 이상의 독립변수를 회귀모형에 포함시켜 분석하는 것이 다중회귀분석(multiple regression analysis)이다. 따라서 다중회귀분석의 기본개념은 독립변수의 수가 2개 이상이라는 점을 제외하고는 단순회귀분석과 동일하다.

14.1 다중회귀모형

먼저 다중회귀모형과 다중회귀식에 대해 살펴보자.

종속변수 y가 독립변수 x_1, x_2, $\cdots$, x_p와의 오차항과 연계되어 있는 관계를 기술한 방정식을 다중회귀모형이라고 하며, 다중회귀모형은 다음과 같은 형태로 가정한다.

다중회귀모형

$$y=\beta_0+\beta_1x_1+\beta_2x_2+\cdots+\beta_px_p+\varepsilon$$

위의 다중회귀모형에서 β_0, β_1, β_2, $\cdots$, β_p는 모수이며, ε는 확률변수이다. 좀 더 구체적으로 모형을 설명하면 y는 x_1, x_2, $\cdots$, x_p의 선형 함수이며, 오차항 ε이 부가되어 있다. 이 오차항은 p개 독립변수의 선형 관계로 설명할 수 없는 변동분을 말한다.

단순회귀모형에서와 마찬가지로 다중회귀모형의 중요한 가정 중의 하나가 ε의 기댓값은 0이라는 것이다.

다중회귀방정식에서 모수 β_0, β_1, β_2, ⋯, β_p의 값을 알고 있으면, 독립변수 x_1, x_2, ⋯, x_p의 값에 따라 y의 기댓값을 계산할 수 있을 것이다. 그러나 모수들의 값은 알려져 있지 않으며 표본자료로부터 추정하여야 한다. 그래서 우리는 모수 β_0, β_1, β_2, ⋯, β_p의 점추정량으로 우리는 표본통계량 b_0, b_1, b_2, ⋯, b_p를 활용하게 된다. 모수 대신 모수의 점추정량으로 대체한 방정식을 추정 다중회귀방정식이라고 한다.

추정 다중회귀방정식

$$\hat{y}=b_0+b_1x_1+b_2x_2+\cdots+b_px_p$$

여기서, b_0, b_1, b_2, ⋯, b_p는 β_0, β_1, β_2, ⋯, β_p의 추정치이며,
$\hat{y}$은 종속변수의 추정값

단순회귀모형에서 종속변수와 독립변수간 최우량의 선형식을 추출하기 위해 최소제곱법을 이용하였듯이 다중회귀분석에서도 최소제곱법을 이용한다.

이때의 최소제곱 기준은 다음과 같다.

$$\min\sum(y_i-\hat{y}_i)^2$$

y_i는 i번째 종속변수의 관찰치, $\hat{y}_i$는 i번째 종속변수의 추정치이다

다중회귀방정식은 독립변수가 2개 이상이 되어 매우 복잡한 계산과정을 거치게 된다. 따라서 이 책에서는 현대특송의 사례와 엑셀 처리 결과를 토대로 주요 핵심사항을 쉽게 이해할 수 있도록 하였다.

그림 14.1 다중회귀분석에서의 추정 과정

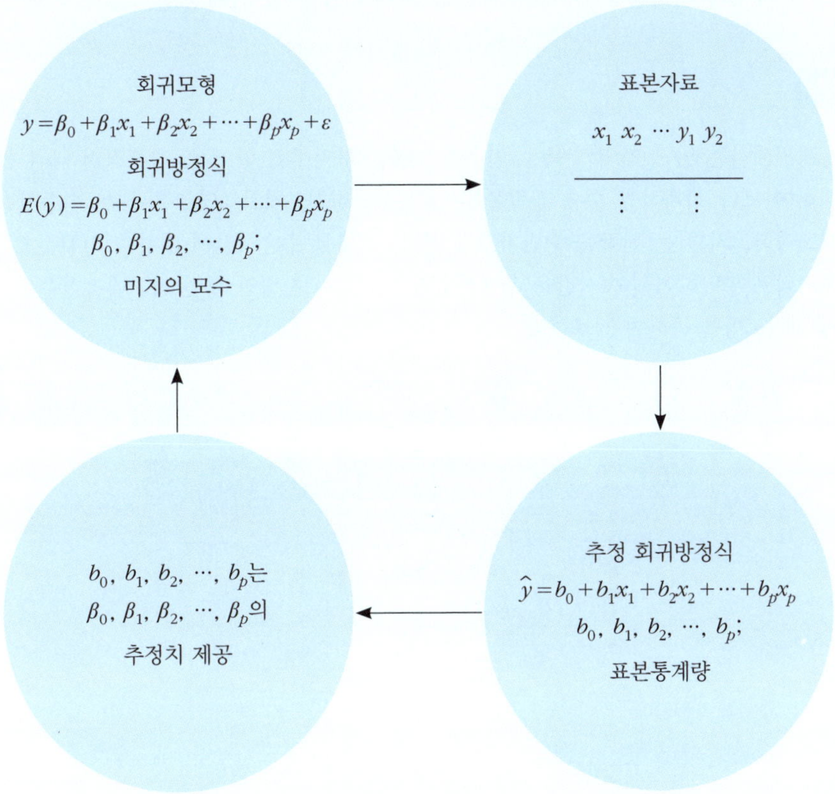

14.2 다중회귀 사례 분석

다음의 현대특송 경기지사 사례를 통하여 다중회귀모형의 분석 과정을 살펴보도록 하자.

먼저 10개의 표본을 임의로 추출하여 수송시간을 조사하였다. 최고경영층은 먼저 수송시간(y)과 수송거리(x_1) 간의 관계를 $y=\beta_0+\beta_1x_1+\varepsilon$의 단순선형회귀모형으로 가정하였다. 이 모형에 대해 최소제곱법으로 모수 β_0, β_1을 추정하여 다음의 추정 회귀방정식을 설정할 수 있다.

$$\hat{y}=b_0+b_1x_1$$

이제 현대특송의 사례를 엑셀로 처리하여 추정 회귀방정식을 살펴보도록 하자.

예제 14-1

현대특송 경기지사는 인근 지역의 특송 업무가 80%를 차지하고 있어서, 경쟁적인 다른 물류 수송업체에 비하여 보다 체계적인 수송 전략을 수립하고자 한다. 최고경영층은 우선 수송시간을 효과적으로 재조정하고자 하는 전략을 수립하고자 한다. 그래서 수송시간에 영향을 미치는 1차적인 요인을 수송거리로 파악하여 수송시간을 추정하였다. 그리고 2차적인 요인으로 배달건수를 고려하고 있다. 다중회귀모형을 통하여 검토하라.

표 14.1 현대특송의 예비 조사 자료

수송시간(Y)	수송거리(x_1)	배달건수(x_2)
7.8	73	5
3.3	23	4
7.4	73	5
5.0	73	3
2.7	23	3
4.7	53	3
5.9	48	4
4.5	38	5
6.1	63	4
4.6	63	3

먼저 10개의 표본을 임의로 추출하여 수송시간과 수송거리 간의 관계를 [그림 14.2]의 산점도를 제시하였다.

수송거리만을 고려하여 엑셀로 처리한 현대특송의 단순선형회귀분석 결과는 다음의 〈표 14.2〉와 같으며, 추정 회귀방정식은 다음과 같다.

$$\hat{y}=1.6052+0.0678x$$

유의수준 $\alpha=0.05$에서, F값이 15.8146이며 해당 p값이 0.0041이 되어 선형회귀

그림 14.2 수송거리와 수송시간의 산점도

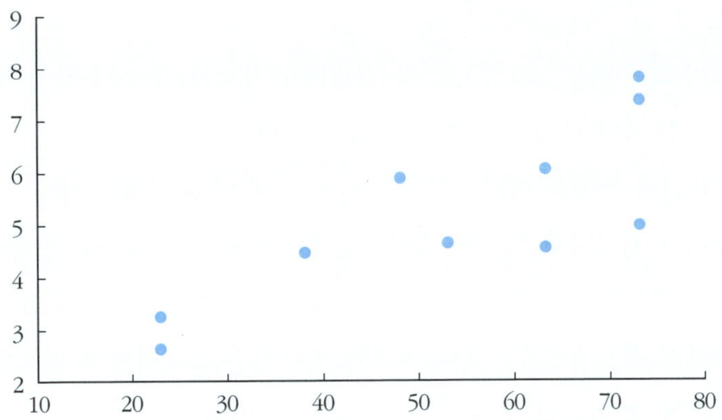

표 14.2 현대특송의 단순선형회귀분석을 이용한 수송시간 분석결과

회귀분석 통계량					
다중상관계수	0.8149				
결정계수	0.6641				
조정된 결정계수	0.6221				
표준오차	1.0018				
관측수	10				
분산분석					
	자유도	제곱합	제곱평균	F값	F기각치
회귀	1	15.8713	15.8713	15.8146	0.0041
잔차	8	8.0287	1.0036		
합계	9	23.9000			
	계수	표준오차	t통계량	p값	
Y 절편	1.6052	0.9579	1.6758	0.1323	
수송거리	0.0678	0.0171	3.9768	0.0041	

모형은 통계적으로 유의하다고 판정할 수 있다.

그리고 $H_0: \beta_1 = 0$이라는 귀무가설은 수송거리의 t통계량 3.9768과 이에 해당하는 p값이 0.0041로 유의수준 0.05보다 작기 때문에 기각하게 된다. 이를 통해 우리는 수송시간과 수송거리 간의 관계는 통계적으로 유의한 관계가 있음을 결론짓게 된다.

그리고 우리는 〈표 14.2〉의 결정계수 0.6641을 이용하여 수송시간 변동분의 66.41%를 수송거리의 선형 관계로 설명할 수 있음을 알 수 있다. 이 결정계수로 수송시간에 영향을 미치는 수송거리에 대해 많은 이해를 하게 되었다.

그러나 최고경영층은 이 정도로는 부족하다고 판단하고 종속변수인 수송시간의 나머지 변동분을 설명해 줄 2차적인 요인으로 배달건수를 고려하였다.

따라서 최고경영층은 수송거리와 배달건수를 고려한 회귀모형을 고려하여 분석하였으며, 회귀분석 결과를 〈표 14.3〉에 제시하였다.

엑셀 결과인 〈표 14.3〉을 통하여 구한 추정 회귀방정식은 다음과 같았다.

$$\hat{y}_i = -1.6415 + 0.0611x_1 + 0.9234x_2$$

표 14.3 현대특송의 다중회귀분석을 이용한 수송시간 분석결과

회귀분석 통계량					
다중상관계수	0.9507				
결정계수	0.9038				
조정된 결정계수	0.8763				
표준오차	0.5731				
관측수	10				
분산분석					
	자유도	제곱합	제곱 평균	F값	F기각치
회귀	2	21.6006	10.8003	32.8784	0.0003
잔차	7	2.2994	0.3285		
합계	9	23.9000			
	계수	표준 오차	t통계량	p값	
Y 절편	−1.6415	0.9512	−1.7258	0.1280	
수송거리	0.0611	0.0099	6.1824	0.0005	
배달건수	0.9234	0.2211	4.1763	0.0042	

2차 변수인 배달건수를 고려한 추정 회귀모형의 결과에서, 결정계수는 0.9038이 되어 두 변수에 의한 선형관계로 종속변수인 수송시간의 변동분을 90% 이상 설명할 수 있게 되었다. 그리고 두 변수를 고려한 가운데 수송거리뿐만 아니라, 배달건수도 수송시간에 유의한 영향을 미치는 것으로 나타났다.

다중회귀모형의 전체 유의성 검정에서 F값이 32.8784이며, 이에 상응하는 p값이 0.0003으로 매우 유의한 결과를 보이고 있다.

그리고 수송거리, 배달건수의 추정 회귀계수 역시 t통계량이 6.1824, 4.1763이며, 이에 상응하는 p값이 0.0005, 0.0042로 유의수준 0.05보다 아주 작기 때문에 귀무가설을 기각할 수 있다. 따라서 수송거리와 배달건수의 독립변수 계수는 통계적으로 유의한 회귀계수임을 알 수 있다. 해당 독립변수의 회귀계수는 다른 독립변수가 일정하다고 할 때 종속변수 기대 증가 추정치가 되는 것이다.

예제 14-1 현대특송의 다중회귀분석 엑셀 결과인 〈표 14.3〉에서 결정계수가 0.9038이다. 이는 수송거리와 배달건수 두 변수에 의한 선형관계에 의해 종속변수인 수송시간의 변동분을 90.38% 설명할 수 있음을 의미한다. 배달건수라는 제2차 요인을 부가함으로써 회귀모형에 의한 설명 변동분의 비율이 66.41%에서 90.38%로 증가하였다. 그러나, 일반적으로 모형에 독립변수가 추가되면 결정계수 R^2은 항상 증가하는 경향이 있다. 따라서 독립변수의 수를 고려하여 조정된 결정계수를 많이 활용하기도 한다. 〈표 14.3〉 엑셀 처리 결과에서 조정된 결정계수는 0.8763임을 알 수 있다.

14.3 다중회귀모형의 가정과 유의성 검정

(1) 다중회귀모형의 가정

단순선형회귀모형에서 우리는 이미 다음과 같은 다중회귀모형을 제시하였다.

$$y=\beta_0+\beta_1x_1+\beta_2x_2+\cdots+\beta_px_p+\varepsilon$$

다중회귀모형에서의 오차항에 대한 가정은 단순선형회귀모형에서의 가정과 같다.

① 오차항의 ε는 기댓값이 0, 즉 $E(\varepsilon)=0$인 확률변수이다. 이에 따라 x_1, x_2, $\cdots$, x_p의 값에 대한 y의 기댓값 $E(y)$은 다음과 같다.

$$E(y)=\beta_0+\beta_1x_1+\beta_2x_2+\cdots+\beta_px_p$$

위의 식은 앞에서 소개한 다중회귀방정식이다.

② 오차항 ε의 분산은 σ^2이고, 독립변수 x_1, x_2, $\cdots$, x_p의 모든 값에 대해 동일하다. 이에 따라 y의 분산은 σ^2과 같고 x_1, x_2, $\cdots$, x_p의 모든 값에 대해 동일하다.

③ 오차항 ε값들은 상호독립이다.

④ 오차항 ε는 y값과 y의 기댓값 편차를 반영하는 정규 확률변수이다. 이에 따라 종속변수 y 역시 정규 확률변수이다.

단순회귀모형에서와 언급한 바와 같이 오차항 가정에 대해서 아주 엄밀하게 검토하여야 한다. 그러나 이 책의 범위를 넘어서는 것으로 배제하였다.

(2) 모형의 유의성 검정

단순회귀분석에서 살펴본 바와 같이 회귀모형의 유의성 검정은 회귀모형 내의 모든 독립변수들이 종속변수와 선형관계가 없다는 것을 검정하는 것이다. 만일 회귀모형 내의 모든 독립변수들이 종속변수에 영향을 미치지 않는다면 회귀모형은 성립될 수 없으므로, 회귀모형이 성립될 수 있는 최소의 요건을 갖추고 있는지를 검정할 필요가 있다.

이를 위해 단순선형회귀모형에서 t검정과 F검정을 실시하였다. 단순선형회귀분석에서는 두 검정 모두 동일한 결과를 제시하였다.

그러나 다중회귀분석에서는 t검정과 F검정에 차이가 있다.

다중회귀분석에서의 F검정은 종속변수와 모든 독립변수 간에 있어서 통계적으로 유의한 관계를 검정하는 것으로 전체 모형의 유의성 검정을 하게 된다. 반면 t

검정은 개별 독립변수의 유의성을 검정하여 준다. 즉, 개별 유의성 검정을 하게 해 준다.

F검정은 전체 유의성 검정, t검정은 개별 유의성 검정을 위해 이용한다.

① F검정: 전체 유의성 검정

단순회귀분석에서는 독립변수가 하나이므로 유의성 검정은 H_0: $\beta=0$을 검정하는 것이었다. 반면 다중회귀분석에서는 독립변수가 2개 이상이므로 이들 독립변수들이 모두 종속변수에 대해 설명력이 전혀 없다면 모든 β값이 0이 되어야 한다. 따라서 다중회귀모형의 유의성 검정을 위한 귀무가설과 대립가설은 다음과 같이 설정된다.

H_0: $\beta_1=\beta_2=\cdots=\beta_p=0$
H_a: p개의 β 중 적어도 하나는 0이 아니다.

만일 위의 두 가설 중 귀무가설이 채택된다면 모든 회귀계수가 0이 되어 종속변수를 설명하는 독립변수가 없다는 것을 의미하게 되므로 다중회귀모형은 성립되지 않는다. 반면 귀무가설이 기각되고 대립가설이 채택된다면 적어도 하나 이상의 독립변수는 종속변수에 대해 설명력이 있다는 것을 의미하므로 회귀모형은 타당성을 갖게 된다.

다중회귀모형의 전체 유의성 검정에는 단순회귀분석과 마찬가지로 분산분석이 이용된다. 독립변수들이 종속변수에 대해 설명력을 가지고 있다면 독립변수들에 의해 설명된 분산은 설명되지 않은 분산에 비해 상대적으로 클 것이다. 반면 독립변수들이 종속변수에 대해 설명력을 가지고 있지 않으면 독립변수들에 의해 설명된 분산은 0에 가까울 것이다.

분산분석에서는 먼저 독립변수들에 의해 설명된 제곱의 합인 SSR과, 독립변수에 의해 설명되지 않은 제곱의 합인 SSE를 각각의 자유도로 나누어 평균 제곱을 구한다. 이때 이들 분산의 비율이 F값이다. 이 F값이 귀무가설의 기각 여부를 결정하게 된다.

다중회귀분석에서 SSR과 SSE의 자유도는 각각 p와 $n-p-1$이다. 여기에서 p는 독립변수의 수를 나타낸다. 따라서 SSR과 SSE를 각각의 자유도로 나누어 회귀식에 의해 설명된 평균제곱 *MSR*과 오차에 의한 평균제곱 *MSE*를 구한 다음 이들의 비율을 계산하면 *F*값을 구할 수 있다.

다중회귀모형의 전체 유의성 검정을 위한 검정통계량 *F*값은 다음과 같이 계산한다.

전체 유의성 검정을 위한 검정통계량

$$F=\frac{\frac{SSR}{p}}{\frac{SSE}{n-p-1}}=\frac{MSR}{MSE}$$

전체 유의성을 검정하는 *F*검정은 다음의 과정을 통하여 가설을 검정한다.

모형 전체 유의성에 대한 *F*검정 요약

가설 설정

H_0: $\beta_1=\beta_2=\cdots=\beta_p=0$

H_α: 하나 이상의 모수는 0이 아니다.

검정통계량

$$F==\frac{MSR}{MSE}$$

기각규칙

검정통계량 이용: 만일 $F>F_\alpha$이면, H_0 기각

p값 이용: 만일 $p<\alpha$이면, H_0 기각

단, F_α는 자유도 p, $n-p-1$인 *F*값

예제 14−1의 현대특송 사례에 적용하여 전체 유의성 검정을 하여 보자.

현대특송의 가설은 다음과 같이 설정된다.

H_0: $\beta_1=\beta_2=0$

H_α: 적어도 하나는 0이 아니다.

엑셀 결과로 앞에서 제시한 〈표 14.3〉에서 중간 부분의 분산분석 결과만 정리한 다음의 〈표 14.4〉를 보고 판단하여 보자.

표 14.4 현대특송의 분산분석표

	자유도	제곱합	제곱평균	F값	F기각치
회귀	2	21.6006	10.8003	32.8784	0.0003
잔차	7	2.2994	0.3285		
합계	9	23.9000			

MSR이 10.8003, MSE는 0.3285이고, F값은 32.8784이며 이에 상응하는 p값이 0.0003이다. 유의수준 0.05에서 자유도가 2, 7인 F분포의 임계값은 9.55가 된다.

따라서 기각규칙에 따라 귀무가설은 기각된다. 그러므로 적어도 하나의 회귀계수는 0이 아님을 판단하게 된다. 이상에서 설명한 내용을 토대로 다중회귀분석에서의 분산분석표를 작성하면 〈표 14.5〉와 같다.

표 14.5 다중회귀분석의 분산분석표

변동원천	제곱합	자유도	평균제곱	F값
회귀	SSR	p	$MSR=\frac{SSR}{p}$	$F=\frac{MSR}{MSE}$
잔차	SSE	$n-p-1$	$MSE=\frac{SSE}{n-p-1}$	
합계	SST	$n-1$		

② t검정: 개별 유의성 검정

앞에서 언급하였듯이 F검정이 회귀모형 전체에 대한 유의성 검정이라면 t검정은 각 개별 모수에 대한 유의성을 검정하는 것이다. 즉, 모형에 포함된 독립변수들 중 최소한 하나 이상의 독립변수가 종속변수에 대해 설명력을 갖고 있다는 것을 검정하는 것이다.

회귀모형의 유의성 검정에서의 귀무가설은 k개의 β가 모두 0이라는 것이고 대립가설은 p개의 β 중 적어도 하나는 0이 아니라는 것이므로, 검정 결과 p개의 β 중 하나만 0이 아니면 의미 있는 결과가 나온다. 따라서 회귀모형의 전체 유의성 검정으로는 어떤 독립변수가 종속변수에 대해 설명력을 가지고 있는가에 대해서는 알 수가 없다.

어떤 독립변수가 종속변수에 영향을 미치고 있는지를 알아볼 필요가 있는데, 이것이 회귀계수 β_i에 대한 개별 유의성 검정이다. 이 검정에서 특정 독립변수 x_i의 회귀계수 β_i가 0이 아니면 해당 독립변수와 종속변수 사이에는 유의적인 선형관계가 있다고 할 수 있다. 그러므로 회귀계수의 유의성 검정에 필요한 귀무가설과 대립가설은 다음과 같이 설정된다.

$$H_0 : \beta_1 = 0$$

$$H_a : \beta_1 \neq 0$$

회귀계수의 유의성 검정은 자유도 $n-p-1$의 t분포를 이용한다. 이때의 검정통계량 t값은 다음과 같이 계산된다.

회귀계수 β_i의 검정통계량

$$t = \frac{b_i}{S_{bi}}$$

위의 식에서 b_i는 추정회귀식에 포함된 독립변수 x_i의 회귀계수이며, S_{bi}는 추정회귀계수 b_i에 대한 추정의 표준오차이다.

현대특송 사례에 대한 결과는 〈표 14.6〉에 제시하였다. 이 표에서 보다시피 $b_i = 0.0611$, $S_{b1} = 0.0099$이고, $b_2 = 0.9234$, $S_{b2} = 0.2211$이다.

모수 β_1, β_2에 대한 가설을 검정하기 위한 검정통계량은 각각 6.1824, 4.1763이며 상응하는 p값은 0.0005, 0.0042이다. 유의수준 0.05에서 자유도 7의 t값은 2.365이므로 귀무가설은 기각된다. 따라서 두 회귀계수는 모두 통계적으로 유의하다는 판단을 내리게 된다.

표 14.6 현대특송의 회귀계수 유의성 검정

	계수	표준오차	t통계량	p값
Y 절편	−1.6415	0.9512	−1.7258	0.1280
수송거리	0.0611	0.0099	6.1824	0.0005
배달건수	0.9234	0.2211	4.1763	0.0042

(3) 다중공선성

우리는 회귀모형에서 종속변수의 값을 예측하거나 설명하는 데 이용되는 변수를 독립변수라고 하였다. 그러나 독립변수 이름에 있는 독립은 통계적 의미에서의 독립과는 거리가 있다.

현실에서 보면 다중회귀모형에서의 독립변수들은 상호간에 관련성을 맺고 있는 경우가 있을 수 있다. 독립변수들 간에 존재하는 선형의 관련성, 즉 상관 정도를 다중공선성(multicollinearity)이라고 한다. 만약에 이 다중공선성이 심각하다면 다중회귀모형에서의 결론은 왜곡된 결론일 수밖에 없다. 이처럼 다중회귀모형을 개발할 때에는 독립변수들 간의 높은 상관관계 때문에 발생하는 다중공선성 문제를 해결하기 위해서는 여러 가지 고급통계기법을 동원하기도 한다.

14.4 정성적 독립변수의 처리

우리는 이제까지 양적인 독립변수만을 고려하였지만, 현실적으로 성별(남, 여)이나 지급 방법 등의 질적인 독립변수도 처리해야 할 경우가 많다. 이러한 정성적 독립변수는 회귀모형에서 어떻게 처리하여야 하는지 살펴보도록 하자.

정성적 독립변수의 처리 과정은 중소도시 임대료에 영향을 미치는 요인들을 파악하고자 하는 한 공인중개사 사례로 살펴본다.

예제 14-2

공인중개사 이씨는 다년간 경험을 토대로 임대료에 영향을 미치는 요인을 시내까지 가는 데 소요되는 시간, 단독주택이나 아파트의 거주 형태 그리고 실거주 넓이 세 가지 요인으로 파악하고 자료를 조사하였다. 자료는 〈표 14.7〉과 같다고 한다. 다중회귀분석을 체계적으로 실시하여 보자.

표 14.7 임대료 관련 조사 자료

월임대료	시내소요시간	거주 형태	실거주 넓이
212	30	단독주택	1200
244	25	단독주택	1500
176	15	아파트	600
179	5	아파트	600
176	15	아파트	600
231	35	단독주택	1400
192	30	단독주택	1000
186	15	아파트	700
193	30	단독주택	1000
212	30	단독주택	1200
165	10	아파트	500
234	25	단독주택	1400
176	15	아파트	600
172	15	아파트	550
183	10	아파트	650
187	30	단독주택	950

예제 14-2에서 종속변수 y는 월임대료, 독립변수로 x_1은 시내까지 소요되는 시간, x_2는 거주형태, x_3은 실거주 넓이로 두면 회귀모형은 다음과 같다. 특히 x_2의 경우 단독주택과 아파트라는 질적 변수를 회귀모형에 통합해 넣기 위해서 다음과 같이 정의한다.

거주형태가 단독주택이라면, $x_2=0$, 아파트이면 $x_2=1$

이 때 x_2를 더미(dummy)변수라고 한다. 더미변수 x_2를 포함한 다중회귀모형은 다음과 같다.

$$y = \beta_0 + \beta_1 x_1 + \beta_2 x_2 + \cdots + \beta_p x_p + \varepsilon$$

표 14.8 더미변수를 포함한 다중회귀분석 결과

회귀분석 통계량					
다중상관계수	0.9996				
결정계수	0.9991				
조정된 결정계수	0.9989				
표준오차	0.7953				
관측수	16				
분산분석					
	자유도	제곱합	제곱평균	F값	F기각치
회귀	3	8858.16	2952.7194	4667.29	1.16E−18
잔차	12	7.5917	0.6326		
합계	15	8865.75			
	계수	표준오차	t통계량	p값	
Y 절편	98.4433	2.6661	36.9238	9.99E−14	
시내소요시간	−0.2531	0.0615	−4.1173	0.0014	
거주 형태	20.6037	1.4903	13.8251	9.84E−09	
실거주 넓이	0.1012	0.0014	72.9544	2.93E−17	

더미변수값으로 변환 수정한 자료는 엑셀 자료에 제시하였다.

엑셀로 분석한 결과, 추정다중회귀방정식은 다음과 같다.

$$\hat{y} = 98.4433 - 0.2531x_1 + 20.6037x_2 + 0.1012x_3$$

이 추정회귀관계는 F검정(=4667.291)에서 나타나 있듯이 p값이 0.000이 되어 5% 유의수준에서 매우 유의한 관계를 보여주고 있다. 개별 변수에 대한 검정인 t 검정에서 세 변수 모두 t통계량과 관련한 p값이 5% 유의수준보다 훨씬 작은 값이 되어 통계적으로 매우 유의한 결과를 보이고 있다. 또한 결정계수는 99.91%, 조정된 결정계수는 99.89%로 임대료를 설명하는 매우 뛰어난 모형임을 보여주고 있다.

그런데 추정회귀방정식은 더미변수의 값에 따라 다르게 정리된다.

즉, 임대료인 종속변수 y의 추정회귀모형은

단독주택 $x_2=0$일 때,

$$\hat{y}=98.4433-0.2531x_1+0.1012x_3$$

아파트인 $x_2=1$ 일 때,

$$\hat{y}=(98.4433-20.6037)-0.2531x_1+0.1012x_3$$

으로 추정하게 된다.

만약 질적인 자료인 더미변수에서 고려해야 할 수준이 k수준이라면, 더미변수의 수는 $k-1$이 된다. 즉 앞의 거주 형태에서 빌라 형태가 추가되었다면, 3−1이 되어 2개의 더미변수가 추정회귀방정식에 포함되어야 한다.

거주 형태	x_1	x_2
단독주택	0	0
빌라	1	0
아파트	0	1

엑셀활용 14 다중회귀분석

예제 14-1의 현대특송에 대한 자료를 모두 입력한 후 회귀분석 결과를 얻기 위한 방법은 다음과 같다.

단계 1 데이터 영역을 선택한다.

단계 2 데이터 분석을 선택하여 클릭한다.

단계 3 통계 데이터 분석 대화상자가 나오면 분석 도구 목록에서 회귀분석을 선택하여 확인을 클릭한다.

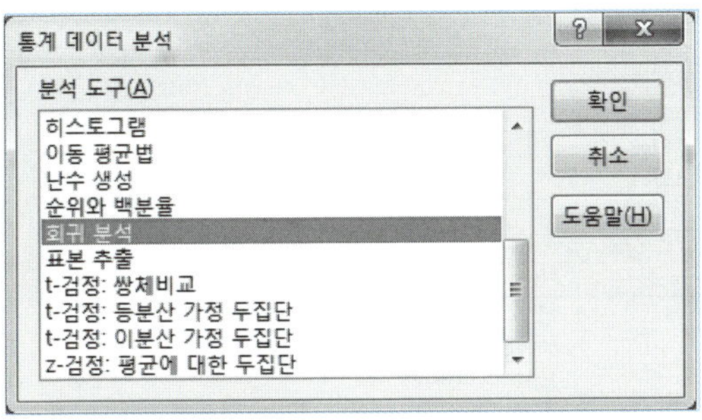

단계 4 회귀분석 대화상자가 나타나면 다음과 같이 입력한다.

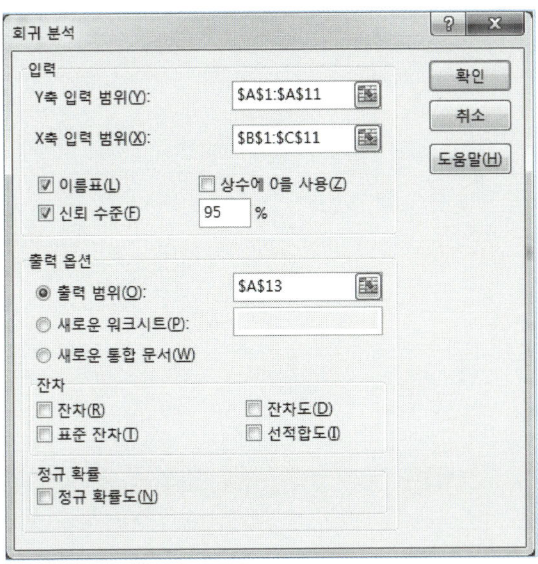

① Y축 입력범위 박스에 A1:A11을 입력한다.

② X축 입력범위 박스에 B1:C11을 입력한다.

③ 이름표를 선택한다.

④ 신뢰수준을 선택하고 신뢰수준 박스에 95를 입력한다. 엑셀의 경우 95% 신뢰구간 지정과는 상관없이 기본값으로 제시해 준다.

⑤ 출력범위를 선택하고, 출력범위 박스에 A13을 입력한다.

입력이 다 끝나면 확인을 클릭한다. 나아가서 잔차에 대한 간단한 분석과 그래프, 정규 확률도로 정규분포 여부도 판단할 수 있다.

요약 출력

회귀분석 통계량	
다중 상관계수	0.9507
결정계수	0.9038
조정된 결정계수	0.8763
표준 오차	0.5731
관측수	10

분산 분석

	자유도	제곱합	제곱 평균	F 값	F 기각치
회귀	2	21.6006	10.8003	32.8784	0.0003
잔차	7	2.2994	0.3285		
계	9	23.9			

	계수	표준 오차	t 통계량	P-값	하위 95%	상위 95%	하위 95.0%	상위 95.0%
Y 절편	-1.6415	0.9512	-1.7258	0.1280	-3.8906	0.6076	-3.8906	0.6076
수송거리(x1)	0.0611	0.0099	6.1824	0.0005	0.0378	0.0845	0.0378	0.0845
배달건수(x2)	0.9234	0.2211	4.1763	0.0042	0.4006	1.4463	0.4006	1.4463

CHAPTER 14

연습문제

1 대구시에 거주하는 10가구를 임의 추출하여 연간 의복비(Y), 가족수(X_1), 연소득(X_2)을 조사하였다. 물음에 답하되, 엑셀을 활용하여 분석하라.

가족수	연소득(만원)	연간의복비
1	2,500	60
2	4,000	100
3	2,300	60
2	2,000	40
3	4,300	120
4	4,600	120
2	3,800	100
2	4,000	60
3	3,600	40
4	4,800	50

❶ 추정회귀식을 구하라.

❷ 연소득이 증가함에 따라 연간의복비가 증가된다고 할 수 있는지를 유의수준 5%에서 검정하라.

❸ 결정계수는?

2 다음은 퇴직자의 근무연수, 나이, 교육수준, 전직회사수, 봉급에 대한 조사 자료이다. 퇴직자의 근무연수에 영향을 미치는 다중회귀분석을 하고자 한다. 엑셀로 처리한 후 그 결과를 해석하라.

근무연수	나이	교육수준	전직회사수	봉급
12	43	석사	3	54956
9	51	학사	4	49688
23	60	학사	1	63743
15	56	학사	2	59872

7	41	석사	3	57339
18	52	학사	2	53744
9	38	석사	2	48637
16	44	석사	3	53655
10	53	석사	4	61589
21	62	학사	2	59436
7	43	석사	3	52783
14	55	학사	2	56972
8	43	석사	4	53782
15	58	학사	2	58905
25	66	학사	1	69500
5	35	석사	3	52766
17	54	학사	2	57845
16	52	학사	1	55735
9	43	학사	3	53955
14	49	석사	2	54855
7	43	석사	3	53849
17	56	학사	1	55762
18	59	학사	2	57348
23	64	학사	2	64375
10	40	석사	4	51600
12	54	석사	3	55863
19	65	학사	1	63950
21	62	학사	2	66475
7	44	석사	3	51438
9	41	석사	3	52600
18	54	학사	2	57945

❶ 추정회귀식을 구하라.

❷ 근무연수에 유효한 영향을 미치는 변수는 무엇인가?

❸ 결정계수는?

3 다음은 월 임대료에 영향을 미치는 변수들의 일부에 대한 조사 자료이다. 이 월 임대료에 영향을 미치는 변수들에 대한 다중회귀분석을 하고자 한다. 엑셀로 처리한 후 그 결과를 해석하라.

월임대료	시내소요시간	거주 형태	실거주 넓이
212	30	단독주택	1,200
135	20	빌라	700
244	25	단독주택	1,500
176	15	아파트	600
145	20	빌라	800
179	5	아파트	600
176	15	아파트	600
154	25	빌라	900
150	20	빌라	850
231	35	단독주택	1,400
192	30	단독주택	1,000
186	15	아파트	700
154	25	빌라	900
147	20	빌라	800
193	30	단독주택	1,000
212	30	단독주택	1,200
165	10	아파트	500
137	30	빌라	750
234	25	단독주택	1,400
176	15	아파트	600
145	20	빌라	800
172	15	아파트	550
139	25	빌라	750
183	10	아파트	650
187	30	단독주택	950

4 A 기업은 소매업자들에게 조립가구 원자재 및 부속품들을 판매한다. 현재 A 기업의 사장은 시장상황을 검토중이며 판매 제품의 매출액과 관련하여 어떤 변수들이 영향을 미치는지 검토중이다. 마케팅 직원은 광고비를 더 지출하는 것이 유리하다고 주장하고, 시장조사를 마친 직원은 제품에 대한 브랜드 인지도를 높이고 제품 품질을 높이는 것이 더 유리하다고 건의하였다. A 기업은 전국의 26개 판매구역에서 매출액, 광고비, 거래처 수, 경쟁자 수, 그리고 시장잠재력 등급에 대한 자료를 모아 분석하였다. 아래는 유의수준 0.05에서 다중회귀분석을 실시한 결과이다. 질문에 답하시오.

회귀분석 통계량

다중 상관계수	0.9946
결정계수	0.9893
조정된 결정계수	0.9871
표준 오차	9.6044
관측수	26

분산분석

	자유도	제곱합	제곱평균	F값	F기각치
회귀	(a)	(c)	(d)	(f)	0.0000
잔차	(b)	1937.1370	(e)		
합계	25	178714.1985			

	계수	표준오차	t통계량	p값
Y절편	178.3203	12.9603	13.7589	0.0000
광고비	1.8071	1.0810	1.6716	0.1094
거래처수	3.3178	0.1629	20.3683	0.0000
경쟁자수	−21.1850	0.7879	−26.8866	0.0000
시장잠재력	0.3245	0.4678	0.6938	0.4954

❶ (a)~(f)까지 빈 곳을 채우시오.

❷ 회귀식을 구하시오.

❸ 결정계수값을 확인하고 의미를 설명하시오.

❹ 회귀모형에 대한 검정을 실시하시오.

❺ 각각의 독립변수를 검정하시오.

❻ 만약 변수가 모두 유의하도록 회귀식을 개선한다면 어떤 방법을 사용할 수 있는가? 고려사항이 되는 변수를 중심으로 설명하시오.

범주 자료의 검정

Chapter 15 χ^2 검정

Chapter 15

χ^2 검정

15.1 χ^2 검정의 개념과 목적

통계자료를 조사하여 분석한 후, 그 결과를 특정한 속성 또는 범주에 따라서 표의 형태로 만들어 정리하면 이해하기도 쉽고, 결과를 한눈에 알아볼 수도 있게 된다. 이렇게 형성된 자료를 범주형 자료라고 하며, 표의 형태로 정리된 범주형 자료를 분석할 경우에 매우 유용한 분석도구가 χ^2 검정이다.

대개의 경우, 통계 조사 결과를 표로 만들어 정리하는 것이 일반화되어 있으며, χ^2 검정은 계산하기도 쉬워 널리 이용되고 있다.

χ^2 검정의 목적은 크게 세 가지로 나눌 수 있다.

첫째, 적합성 검정으로 조사에서 얻은 분포가 어떤 특정한 분포에서 얻은 것인가를 알고자 할 때,

둘째, 독립성 검정으로 자료를 두 개의 속성 또는 변수에 따라 분류하여 표로 만들었을 때 두 변수 간에 어떤 관계가 있는지를 알고자 할 때,

셋째, 동일성 검정으로 두 개 이상의 다항분포가 동일한 것이지 알고 싶을 때에도 χ^2 검정을 통하여 원하는 결과를 얻을 수 있다.

사회과학에 관련된 많은 실험들은 베르누이 시행의 일반적인 형태인 경우가 많다. 그리고 대개의 경우 시행 결과가 여러 개의 범주를 갖는 다항 실험의 결과로 얻어지는 범주자료들이다. 이러한 범주 자료를 분석하여 대상 모집단에 대한 추론

을 하는 통계 기법이 χ^2검정이다.

이 책에서는 적합도 검정과 독립성 검정에 대해서만 살펴본다.

15.2 χ^2검정의 두 가지 검정

χ^2검정은 명목자료로 만들어진 도수분포표나 분할표의 도수를 이용하여 모집단의 분포를 추론하는 데 이용되는 검정이다. 대표적인 것으로는 적합도 검정과 독립성 검정이 있다.

적합도(goodness of fit) 검정은 모집단의 분포가 기대하고 있는 분포와 일치하는가를 검정하는 방법인 반면, 독립성(independence) 검정은 두 변수가 상호 독립적인가를 검정하는 방법이다.

이 두 가지 검정에서는 모두 귀무가설에서 기대하고 있는 기대도수와 실제 표본에서 얻어진 관찰도수를 비교하여 적합도나 독립성 여부를 결정한다. 이때 귀무가설의 기각 여부를 결정짓는 판단 근거로서 χ^2분포가 사용된다.

χ^2검정을 살펴보기 전에 먼저 기대도수에 대해 살펴보자.

χ^2검정은 표본의 관찰도수와 모집단의 기대도수의 차이를 이용해, 표본에서 얻은 관찰도수가 기대도수와 일치하는지 여부를 알아보는 데 사용된다. χ^2검정에 필요한 χ^2값은 관찰도수와 기대도수의 차이의 제곱을 기대도수로 나눈 수치들의 합으로 다음과 같이 표시된다. 이를 피어슨 통계량이라고 한다.

χ^2값의 계산

$$\chi^2 = \frac{\sum (f_i - e_i)^2}{e_i}$$

f_i: 관찰도수, e_i: 기대도수

15.3 적합도 검정

(1) 다항 모집단 검정

적합도 검정은 변수가 하나인 경우 표본에서 얻은 관찰도수와 이론적 모형에 근거한 기대도수를 비교하여 모집단 분포에 대해 추론을 하는 χ^2검정이다. 이 때 자유도는 변수의 범주 수에서 하나를 뺀 것이 된다.

$$\text{적합도 검정시 } \chi^2 \text{의 자유도} = \text{범주의 수} - 1$$

적합도 검정을 하기 위해서는 χ^2분포표에서 자유도와 유의수준을 고려하여 임계값을 구한다. 그리고 귀무가설이 옳다는 가정하에서 χ^2값을 계산한 후 이 χ^2값과 임계값을 비교하여 귀무가설의 기각 여부를 결정하게 된다.

적합도 검정에서 귀무가설의 기각 여부는 관찰도수와 기대도수의 차이에 의해 결정된다. 즉 관찰도수와 기대도수가 비슷하여 χ^2값이 0에 가까우면 귀무가설이 기각될 가능성은 낮아지는 반면, 관찰도수와 기대도수의 차이가 크면 χ^2값이 커지고 귀무가설이 기각될 가능성은 높아진다고 할 수 있다.

우리는 10장에서 카이제곱분포가 모분산의 추정과 가설검정에 어떻게 이용되는지를 이미 보았다. 이를 토대로 다항 모집단에 대한 적합도 검정과 정규확률분포에 대한 적합도 검정을 차례로 알아보도록 하자.

다수 범주 중의 하나에 모집단의 각 구성원이 할당되어질 때, 그 때의 모집단을 다항 모집단이라고 한다. 다항 모집단과 관련된 다항 확률분포는 결과가 3개 이상의 범주로 이루어진 이항분포의 확대판이라고 생각하면 이해하기 쉬울 것이다. 우리가 만나는 경영의 현실은 대개 이러한 다항 모집단과 연관되어 있다고 판단하여도 좋다. 사례를 통하여 살펴보자.

예제 15-1

삼성경제연구소에서는 스마트폰에 대한 국내 시장점유율을 연구하고 있다. 올해 초까지 A사가 30%, B사가 50%, C사가 20%의 점유율로 안정되어 있었다. 최근 C사가 완전 새롭게 혁신시킨 제품을 개발하여 시장에 진출하였다. 그래서 삼성경제연구소에서는 C사를 예의주시하며 시장점유율 변화를 살펴보기 위해 200명의 고객을 대상으로 선호도 조사를 하였다. 200명의 고객에 대해서 A사 제품, B사 제품, C사의 신제품 구입 선호도 조사 결과는 다음과 같았으며, 5% 유의수준에서 시장점유율 변화 여부를 판단하고자 한다.

스마트폰 선호도			합계(명)
A사 제품	B사 제품	C사 신제품	
48	98	54	200

이 사례는 바로 다항 모집단의 사례이다. 각 고객들은 A사, B사, C사의 제품을 선택하여 구입하게 될 것이므로, 세 범주를 갖는 다항 모집단이 된다.

A, B, C사의 시장 점유율을 각각 p_A, p_B, p_C라고 하자. C사의 신제품이 시장점유율을 바꿀 것인지를 알아보기 위해 가설을 설정한다. 이때의 귀무가설과 대립가설을 다음과 같이 설정할 수 있다.

H_0: $p_A=0.3$, $p_B=0.5$, $p_C=0.2$

H_a: 모집단의 비율은 $p_A=0.3$, $p_B=0.5$, $p_C=0.2$가 아니다.

만약 귀무가설을 기각하게 되면 삼성경제연구소에서는 신제품이 시장 점유율을 변화시켰다고 판단하게 될 것이다.

적합도 검정은 관찰도수를 기대도수와 비교함으로써 판정하게 된다.

기대도수		
A사 제품	B사 제품	C사 신제품
$200\times(.30)=60$	$200\times(.50)=100$	$200\times(.20)=40$

적합도 검정은 관찰도수와 기대도수 간의 차이에 초점을 맞춘다. 그 차이가 클수록 설정한 가설 비율에 강력한 의문을 가지게 된다. 적합도 검정을 위한 검정통계량은 바로 이러한 차이의 대소를 바로 알 수 있게 해준다.

적합도 검정을 위한 검정통계량

$$\chi^2 = \sum_{i=1}^{k} \frac{(f_i - e_i)^2}{e_i}$$

f_i: 범주 i의 관찰도수 , e_i: 범주 i의 기대도수, k: 범주의 수

검정통계량 χ^2은 $k-1$의 자유도인 χ^2분포이며 각 범주 내에는 최소한 기대도수가 5 이상은 되어야 한다.

적합도 검정을 위한 χ^2값 계산 과정은 다음의 〈표 15.1〉과 같다.

표 15.1 시장 점유율 분석

범주	가설 비율	관찰도수 (f_i)	기대도수 (e_i)	차이 (f_i-e_i)	차이제곱 $(f_i-e_i)^2$	차이제곱/기대도수 $(f_i-e_i)^2/e_i$
회사 A	0.30	48	60	−12	144	2.40
회사 B	0.50	98	100	−2	4	0.04
회사 C	0.20	54	40	14	196	4.90
		200			검정통계량	7.34

3개 범주이므로 자유도는 2가 된다. 유의수준 0.05에서 자유도가 2인 $\chi^2_{0.05}=$ 5.99이다. 계산된 최종의 χ^2값이 7.34이므로 $\chi^2 > \chi^2_{0.05}$가 되어 귀무가설을 기각한다. 따라서 C사의 신제품 시장 도입은 현재의 시장 점유율을 변화시키고 있다는 판정을 내리게 된다.

사례에서 살펴본 바와 같이 적합도 검정 과정을 요약하면 다음과 같다.

다항분포에 대한 적합도 검정 요약

1. 귀무가설과 대립가설을 정한다.
   H_0: 모집단은 k범주의 각각을 위해 명시된 확률로 다항확률분포를 따른다.
   H_a: 모집단은 k범주의 각각을 위해 명시된 확률로 다항확률분포를 따르지 않는다.
2. 확률표본을 선택하고 각 범주의 관찰도수를 기재한다.
3. 귀무가설이 참이라는 전제하에, 각 범주의 기대도수 e_i를 계산한다.
4. 검정통계량의 값을 계산한다.

$$\chi^2 = \sum_{i=1}^{k} \frac{(f_i - e_i)^2}{e_i}$$

5. 기각 규칙

검정통계량의 사용: 만약 $\chi^2 > \chi_\alpha^2$, H_0 기각(χ^2분포의 자유도는 $k-1$)

p값 사용: 만약 p값$<\alpha$, H_0 기각(α: 유의 수준)

(2) 모집단 분포에 대한 적합도 검정

모집단 분포에 대해 설정한 가정이 적합한 것인지에 대해서도 χ^2검정을 통하여 살펴볼 수 있다. 우리는 흔히 합당한 근거도 없이 모집단이 특정 분포를 따른다고 가정하고 통계분석을 행하게 된다. 그러나 보다 의미 있는 통계분석을 위해서는 과연 모집단 분포의 가정이 적합한지에 대한 검정이 선행되어야 한다.

모집단 분포에 대한 적합성 검정은 앞의 다항 모집단 검정에서 했던 바와 같이 동일한 검정통계량으로 동일한 방법으로 진행하게 된다.

다음의 사례를 통하여 정규분포 가정에 대한 검정 절차를 알아보자. 모집단 분포에 대한 적합성 검정 과정은 엑셀을 통하여 설명하도록 한다.

예제 15-2

우리나라 중학생의 IQ가 정규분포를 따르는지를 알아보고자 한다. 45명의 표본을 무작위로 추출하여 허리를 잰 결과는 〈표 15.2〉로 정리하였다. 〈표 15.2〉의 자료는 별도로 제공되는 엑셀 파일에 제시되어 있다.

표 15.2 중학생의 IQ

132	129	130	138	129
129	133	134	139	124
125	130	131	135	137
137	129	128	129	132
128	131	129	130	131
133	132	130	132	131
131	132	133	130	134
124	126	138	127	133
122	131	129	128	130

모집단 분포의 적합성 검정에 대한 가설은 다음과 같이 설정한다.

H_0: 정규분포를 따른다.

H_a: 정규분포를 따르지 않는다.

귀무가설 내용에 따라 정규분포 검정을 위한 평균과 표준오차값을 계산한다.

$$\text{평균: } \bar{X} = \frac{\sum x_i}{n} = \text{AVERAGE(A1: E9)} = 130.78$$

$$\text{표준오차: } s = \sqrt{\frac{\sum (x_i - \bar{X})^2}{n-1}} = \text{STDEV.S(A1: E9)} = 3.70$$

표본의 크기가 45이므로 간편하게 계산할 수 있도록, 계급의 수는 5 정도로 정한다. 계급의 수에 따라 각 계급의 확률은 [그림 15.1]에서와 같이 똑같이 배분되도록 한다. 여기서는 각 영역의 확률은 20%가 되도록 설정한다.

범주로 묶을 때 기대도수가 대부분 5보다 커야 한다는 가정이 지켜지도록 설정한다. 각 계급의 확률이 20%가 되도록 한다는 것은 20, 40, 60, 80백분위수가 되는 것이다. 각 백분위수에 맞는 계급의 경계를 계산하면 다음과 같다.

NORM.INV(백분위 확률, 평균, 표준편차)함수를 이용하여 각 백분위수에 해당하는 경계를 구할 수 있다. '중학생 IQ' 파일을 참고하여 다음과 같이 구한다.

그림 15.1 백분위수의 계급 경계값

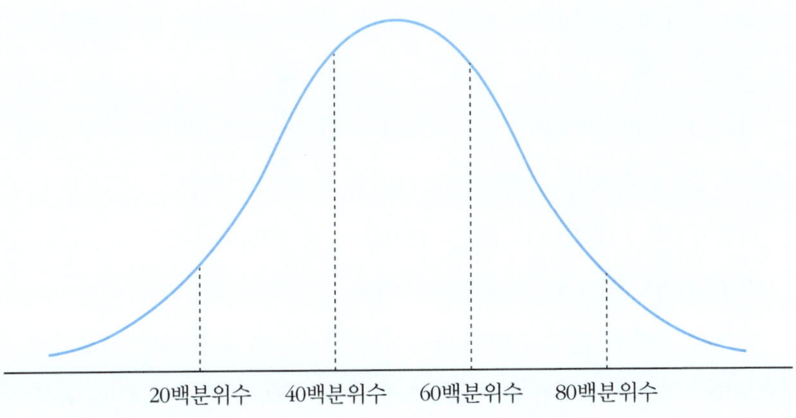

제20백분위수$=\bar{X}+z(0.20)s=$NORM.INV(C13, \$B\$13, \$B\$14)$=127.66$

제40백분위수$=\bar{X}+z(0.40)s=$NORM.INV(C14, \$B\$13, \$B\$14)$=129.84$

제60백분위수$=\bar{X}+z(0.60)s=$NORM.INV(C15, \$B\$13, \$B\$14)$=131.72$

제80백분위수$=\bar{X}+z(0.80)s=$NORM.INV(C16, \$B\$13, \$B\$14)$=133.90$

제100백분위수$\cong\bar{X}+z(0.99)s=$NORM.INV(C17, \$B\$13, \$B\$14)$=139.40$

특히 100 백분위수의 경우, 1.00 대신 0.99값을 엑셀에서 활용한다. 그리하여 경계를 구하면 위의 자료에서 관찰도수를 계산한다. 2장의 도수분포표 작성하는 방법을 그대로 활용하여 계산한다.

표 15.3 검정통계량 계산 과정표

IQ	관찰도수 (f_i)	확률	기대도수 (e_i)	차이 (f_i-e_i)	차이제곱 $(f_i-e_i)^2$	카이제곱값 $(f_i-e_i)^2/e_i$
127.66	6	0.2	9	−3	9	1.00
129.84	10	0.2	9	1	1	0.11
131.72	12	0.2	9	3	9	1.00
133.90	9	0.2	9	0	0	0.00
139.40	8	0.2	9	−1	1	0.11
합계	45				검정통계량	2.22

〈표 15.3〉의 계산과정은 앞에서 제시한 계산과정과 동일하다(계산과정에 대한 내용은 [엑셀활용 15]에서 설명한다). 그리고 이 적합성 검정에서는 χ^2분포의 자유도는 2(=5−2−1)이다. 범주의 수가 5이며, 평균, 표준편차 두 모수를 추정하였기에 2를 뺀다.

이 계산과정을 통하여 검정통계량 χ^2값은 2.22가 된다. 이때 유의수준 5%에서 자유도 2인 χ^2분포의 임계값은 $\chi^2(0.95,\ 2)=5.9915$이다.

엑셀에서는 CHISQ.INV.RT( ) 함수를 사용하여 오른쪽의 임계값을 구할 수 있다. CHISQ.INV.RT(0.05, 2)=5.9915이다.

앞에서 요약한 기각규칙에 따라서 만약 $\chi^2>5.9915$이면 귀무가설 H_0을 기각하게 된다. 그러나 검정통계량이 2.22로 임계값보다 작기 때문에 귀무가설을 기각할 수 없다. 따라서 우리나라 중학생 IQ는 정규분포를 따른다고 말할 수 있을 것이다.

15.4 독립성 검정

χ^2분포의 또 다른 적용은 표본자료를 이용하여 두 변수의 독립성을 검정하는 것이다. 독립성 검정은 두 변수가 상호독립이라는 전제하에서의 기대도수와 표본에서 얻은 관찰도수의 일치 여부에 따라 두 변수 간의 상호독립성을 검정하는 방법이다.

독립성 검정은 분할표(contingency table)를 이용하여 두 명목변수 간의 관계를 파악하는 데 사용하기 때문에 분할표 검정이라고도 한다. 여기에서 분할표의 관찰도수가 상호독립일 때의 기대도수와 일치하면 두 변수는 상호독립이라고 판단하게 된다.

커피 프랜차이즈 사례를 통하여 독립성 검정 과정을 살펴보기로 하자.

예제 15-3

커피 프랜차이즈를 창업하려는 A회사는 남·여 대학생을 대상으로 커피 선호도를 조사하였다. 150명의 대학생을 무작위로 선정하여 커피에 대한 선호도를 조사하였다. 조사 결과는 〈표 15.4〉와 같다고 한다. A회사의 최고경영층은 유의수준 5%에서 커피 선호도가 성별과는 관계없는 것인지 알고 싶어 한다.

표 15.4 커피 선호도에 따른 분할표

성별	커피 선호도			합계(명)
	아메리카노	카페라떼	카페모카	
남	20	40	20	80
여	30	30	10	70
합계	50	70	30	150

우리는 커피 선호도와 성별의 가능한 모든 상황을 분할표로 나타낼 수 있다. 독립성 검정은 커피 선호도가 커피를 마시는 사람(남성, 여성)의 성별에 독립적인지에 대한 A회사 최고경영층의 의문에 훌륭한 해답을 준다.

독립성 검정에 대한 가설은 다음과 같이 설정할 수 있다.

H_0: 커피 선호도는 성별에 독립적이다.

H_a: 커피 선호도는 성별에 독립적이지 않다.

변수가 두 개인 분할표에서 χ^2분포의 자유도는 분할표의 행의 수(r)와 열의 수(c)에 의해 결정되며, 이때의 자유도는 $(r-1)(c-1)$이다.

$$\text{커피점 사례의 } \chi^2 \text{자유도} = (r-1)(c-1) = (2-1)(3-1) = 1 \times 2 = 2$$

한편 상호독립을 전제로 한 기대도수 계산 방법은 다음과 같다.

상호독립일 때의 기대도수

$$\text{기대도수} = \frac{\text{해당행의 합계} \times \text{해당열의 합계}}{\text{총 합계}}$$

남자로써 아메리카노를 선호하는 기대도수 = (80) × (50)/150 = 26.67

위의 식에 따라 기대도수를 계산하여 분할표에 정리하면 다음과 같다.

표 15.5 분할표에서의 기대도수

성별	커피 선호도			합계(명)
	아메리카노	카페라떼	카페모카	
남	26.67	37.33	16.00	80
여	23.33	32.67	14.00	70
합계	50	70	30	150

〈표 15.4〉의 관찰도수와 〈표 15.5〉의 기대도수를 비교하는 검정 절차는 적합도 검정에서 행하였던 절차와 같다.

관찰도수와 기대도수를 근거로 한 χ^2값 계산은 다음과 같이 행한다.

독립성에 대한 검정통계량

$$\chi^2=\sum_i\sum_j\frac{(f_{ij}-e_{ij})^2}{e_{ij}}$$

f_{ij}=행 i와 열 j의 분할표 각 칸의 관측도수

e_{ij}=독립성 가정을 전제로 한 행 i와 j열 의 분할표 각 칸의 기대도수

검정통계량 χ^2의 자유도는 $(n-1)(m-1)$

χ^2값을 계산하기 위해서 적합도 검정에서와 같이 다음의 〈표 15.6〉을 활용한다. 〈표 15.6〉에서의 계산에서 보다시피 검정통계량 $\chi^2=6.122$이다. 유의수준 5%에서 자유도 2인 임계값은 5.991이다.

검정통계량 값인 6.122가 임계값 5.991보다 크기 때문에 독립이라는 귀무가설을 기각하고 커피 선호도는 성별에 독립적이지 않다는 판단을 내리게 된다.

엑셀에서는 관찰된 p값을 제공하게 된다. 처리 과정은 이 장의 [엑셀활용 15]에

표 15.6 χ^2값 계산표

성별	선호커피	관찰도수 (f_i)	기대도수 (e_i)	차이 (f_i-e_i)	차이제곱 $(f_i-e_i)^2$	차이제곱/기대도수 $(f_i-e_i)^2/e_i$
남	아메리카노	20	26.67	−6.67	44.44	1.667
남	카페라떼	40	37.33	2.67	7.11	0.190
남	카페모카	20	16.00	4.00	16	1.000
여	아메리카노	30	23.33	6.67	44.44	1.905
여	카페라떼	30	32.67	−2.67	7.11	0.218
여	카페모카	10	14.00	−4.00	16	1.143
	합계	150			검정통계량	6.122

서 제시하였다. 이때의 관찰된 p값은 0.0468이므로 5% 유의수준에서 귀무가설을 기각하게 된다. 그래서 커피 선호도는 성별에 독립적이지 않다는 판단을 내리게 된다.

독립성 검정을 요약하면 다음과 같다.

독립성 검정: 요약

1. 귀무가설과 대립가설을 정한다.

   H_0: 열 변수는 행 변수에 독립이다.

   H_α: 열 변수는 행 변수에 독립이지 않다.

2. 확률표본을 선택하고 분할표의 각 셀에 대해 관찰도수를 계산한다.
3. 각 셀에 대한 기대도수를 계산한다.
4. 검정통계량의 값을 계산한다(〈표 15.4〉 참조).
5. 기각 규칙

   검정통계량의 사용: 만약 $\chi^2 > \chi_\alpha^2$이면, H_0 기각

   p값 사용: 만약 p값$<\alpha$이면, H_0 기각

   α는 유의수준, 자유도는 $(n-1)(m-1)$

엑셀활용 15 적합도 및 독립성 검정

엑셀을 활용하여 적합도 검정과 독립성 검정을 행한다.

(1) 적합도 검정 – 삼성경제연구소 사례(예제 15 – 1)

이 엑셀의 절차는 다항분포에 대한 적합도 검정을 위해 이용될 수 있고, 정규분포에 대한 적합도 검정을 위해 이용할 수 있다.

먼저 우리는 관찰도수를 얻은 후, 기대도수를 계산한다.

단계 1 B2:B4 셀에는 시장점유율을 입력하고, C2:C4 셀에는 관찰도수 48, 98, 그리고 54를 입력한다. 그리고 시장점유율을 이용하여 D2:D4 셀에 기대도수를 계산한다.

D2: =B2*$C$5

채우기 핸들로 D4까지 복사한다.

다음은 χ^2검정통계량과 p값은 다음과 같이 계산한다.

단계 2 E2 셀에 다음의 공식을 입력한다.

E2: =(C2−D2)^2/D2

단계 3 E2 셀을 E2:E4 셀에 채우기 핸들로 복사한다.

단계 4 E5 셀에 χ^2값을 계산한다.

E5: =SUM(E2:E4)

단계 5 E6 셀에 임계값, E7셀에 p값을 계산한다.

E6: =CHISQ.INV.RT(0.05, 2)

E7: =CHISQ.DIST.RT(E5, 2) 이 때, 2는 자유도를 의미한다.

삼성경제연구소 사례에서, 범주(k) 수가 3이므로 자유도가 $k-1=2$이다.

이 절차는 정규분포에 대한 적합도 검정에도 광범위하게 활용할 수 있다.

E7 =CHISQ.DIST.RT(E5,2)

	A	B	C	D	E	F
1	범주	시장점유율	관찰도수	기대도수	카이제곱값	
2	A사	0.3	48	60	2.40	
3	B사	0.5	98	100	0.04	
4	C사	0.2	54	40	4.90	
5			200	검정통계량	7.34	
6				임계값	5.99	
7				p값	0.025	
8						
9						

판정: 임계값보다 검정통계량이 크기 때문에 귀무가설을 기각한다. 그리고 p값으로 판정하면 p값이 유의수준 0.05보다 작기 때문에 역시 귀무가설을 기각한다. 따라서 시장점유율에 변화가 생겼다고 말할 수 있다.

(2) 적합성 검정 – 중학생 IQ 사례(예제 15 – 2)

중학생 IQ 사례에서 검정통계량 구하는 과정을 설명하도록 한다.

단계 1 45개의 자료를 A1:E9 셀에 입력한다.

단계 2 45개 자료에서 최솟값, 최댓값을 찾아서 입력한다.

최솟값(B11): =MIN(A1:E9)

최댓값(B12): =MAX(A1:E9)

이것은 관찰도수를 구할 때 자료 누수가 있는지 확인하기 위해서이다.

단계 3 평균과 표준편차를 B13, B14 셀에 계산한다.

B13: =AVERAGE(A1:E9)

B14: =STDEV.S(A1:E9)

단계 4 B15:B18 셀에 범주 수, 확률, 유의수준, 자유도를 입력한다.

단계 5 C13:C17까지 누적 확률 0.2, 0.4, 0.6, 0.8, 0.99(1.00 대신 입력)을 입력하여 관찰도수를 파악할 준비를 한다.

단계 6 D13:D17까지 누적확률에 대한 경계를 계산한다.

D13: =NORM.INV(C13, $B$13, $B$14)

D13를 채우기 핸들로 D17까지 복사한다.

단계 7 관찰도수를 구하는 과정은 도수분포표 작성하는 과정과 같이한다. E13:E17을 지정한 후, FREQUENCY( ) 함수를 이용한다.

J19 =CHISQ.INV.RT(0.05,2)

	A	B	C	D	E	F	G	H	I	J	K
10											
11	최소값	122									
12	최대값	139		IQ	관찰도수	정규확률	기대도수	차이	차이제곱	카이제곱값	
13	평균	130.78	0.2	127.66	6	0.2	9	-3	9	1	
14	표준편차	3.70	0.4	129.84	10	0.2	9	1	1	0.11	
15	범주	5	0.6	131.72	12	0.2	9	3	9	1	
16	확률	0.2	0.8	133.90	9	0.2	9	0	0	0	
17	유의수준	0.05	0.99	139.40	8	0.2	9	-1	1	0.11	
18	자유도	2		합계	45				검정통계량	2.22	
19									임계치	5.9915	
20											
21											

FREQUENCY( ) 함수의 인수는 자료행렬과 범주화행렬이므로 다음과 같이 지정한다. 이 경우는 여러 개의 셀을 지정하여 처리하는 내용이므로 단순하게 확인을 클릭해서는 안 된다. 반드시 Ctrl 키와 Shift 키를 동시에 누르고 Enter 키를 클릭하여야 한다. 그러면 E13:E17까지 관찰도수가 계산된다.

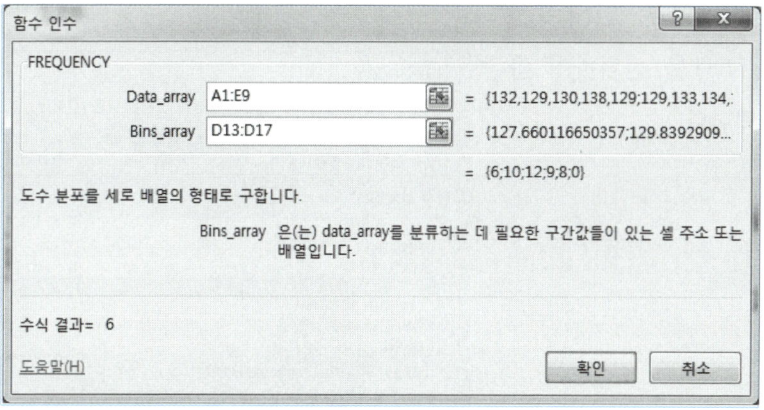

이후는 본문의 내용과 같이 진행하면 된다.

(3) 독립성 검정(예제 15－3)

독립성 검정 엑셀 절차는 CHISQ.TEST( ) 함수를 이용하여 검정하는 방법과 자료를 직접 처리하여 검정하는 방법이 있다. 먼저 CHISQ.TEST( ) 함수를 이용하여 검정하는 방법부터 먼저 보도록 하자.

단계 1 관찰도수를 B4:D5에 입력한다.

단계 2 기대도수를 B11:D12에 계산한다. B11셀에 다음의 수식을 입력한다. 이를 채우기 핸들로 D12까지 복사한다.

B11＝($E11*B$13)/$E$13

단계 3 독립 검정 결과를 구하는 CHISQ.TEST( ) 함수를 이용하여 p값을 계산한다.

CHISQ.TEST( ) 함수의 인수를 직접 입력하여 처리하는 방법과 함수 마법사를 이용하는 방법이 있다.

직접 입력하는 방법은 E15셀에 CHISQ.TEST( ) 함수를 입력하고, 해당 인수, 즉 B4:D5, B11:D12를 직접 입력하여 구한다.

E15: ＝CHISQ.TEST(B4:D5, B11:D12)

함수마법사를 이용할 때에는 함수마법사를 클릭하여 범주 선택에서 통계를 지정한 후 함수 선택에서 CHISQ.TEST를 선택하여 확인을 클릭한다.

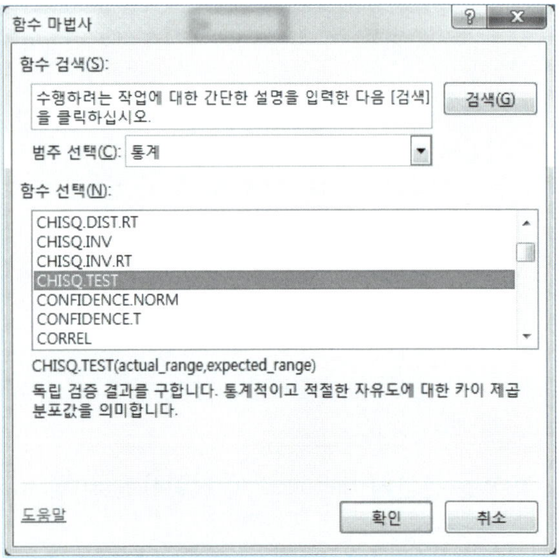

다음 과정에서는 함수 인수 대화상자가 나온다. Actual_range에는 관찰도수 셀을 지정하고, Expected_range에는 기대도수 셀을 지정한 후 확인을 클릭한다.

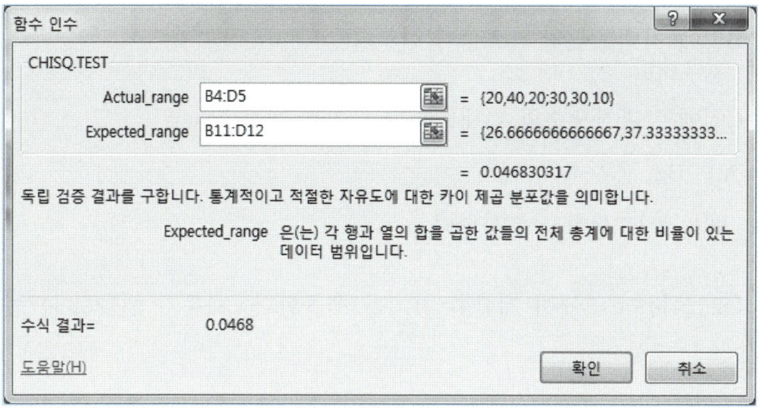

그 결과는 다음과 같다. p값이 0.0468이므로 5% 유의수준에서 귀무가설을 기각하게 된다.

단계 4 E17셀에는 다음의 식을 계산하여 가설을 판정한다.

E17: =IF(E15<E16, "기각", "채택")

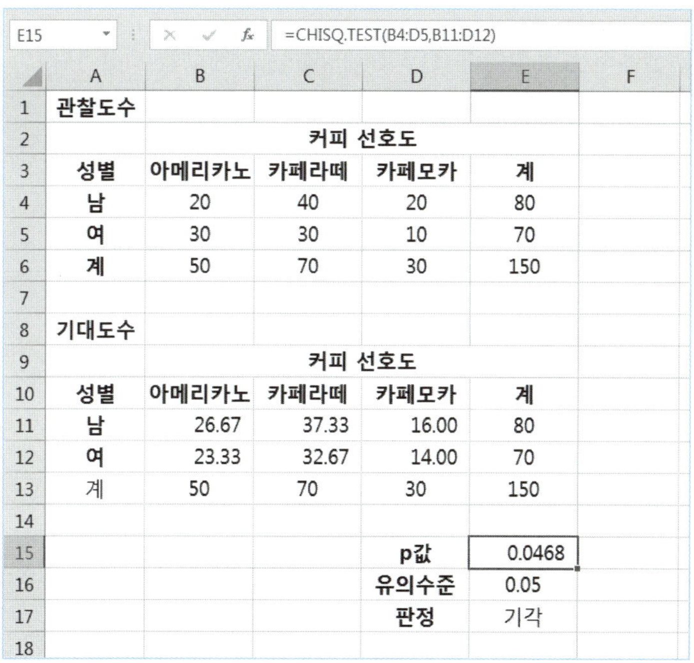

E15 =CHISQ.TEST(B4:D5,B11:D12)

	A	B	C	D	E	F
1	관찰도수					
2			커피 선호도			
3	성별	아메리카노	카페라떼	카페모카	계	
4	남	20	40	20	80	
5	여	30	30	10	70	
6	계	50	70	30	150	
7						
8	기대도수					
9			커피 선호도			
10	성별	아메리카노	카페라떼	카페모카	계	
11	남	26.67	37.33	16.00	80	
12	여	23.33	32.67	14.00	70	
13	계	50	70	30	150	
14						
15				p값	0.0468	
16				유의수준	0.05	
17				판정	기각	
18						

이제 직접 입력하여 검정하는 절차를 알아보도록 하자.

단계 1 A열에 관찰도수를 입력한다.

단계 2 B열에 기대도수의 자료를 입력한다.

단계 3 C열에는 관찰도수와 기대도수의 차이를 계산한다.

C2: =A2−B2

채우기 핸들로 C7셀까지 복사한다.

단계 4 D2셀에는 C열에서 계산한 차이를 제곱한다. 채우기 핸들로 D7셀까지 복사한다.

D2: =C2^2

단계 5 E2셀에는 D열의 값을 기대도수로 나누어 카이제곱값을 계산한다. 채우기 핸들로 E7셀까지 복사한다. E2에서 E7셀까지의 카이제곱값들을 합하면 우리가 구하고자 하는 검정통계량이 된다.

E2: =D2/B2

E8: =SUM(E2:E7)

단계 6 E9셀에서는 유의수준 0.05에 해당하는 임계값을 계산한다.

E10셀에는 검정통계량에 해당하는 p값을 계산한다.

E9: =CHISQ.INV.RT(E11, 2)

E10: =CHISQ.DIST.RT(E8, 2)

단계 7 E12셀에는 다음의 식을 계산하여 가설을 판정한다.

E12: =IF(E8>E9, "기각", "채택")

E10 =CHISQ.DIST.RT(E8,2)

	A	B	C	D	E	F
1	**관찰**	**기대**	**차이**	**차이제곱**	**카이제곱**	
2	20	26.67	-6.67	44.44	1.667	
3	40	37.33	2.67	7.11	0.190	
4	20	16.00	4.00	16.00	1.000	
5	30	23.33	6.67	44.44	1.905	
6	30	32.67	-2.67	7.11	0.218	
7	10	14.00	-4.00	16.00	1.143	
8				**검정통계량**	6.122	
9				**임계치**	5.991	
10				**p값**	0.0468	
11				**유의수준**	0.05	
12				**판정**	기각	
13						

CHAPTER 15

연습문제

1 국내 시판중인 스마트폰 선호도를 조사하기 위하여 고객 100명을 무작위 추출하여 5개 브랜드의 스마트폰에 대한 선호도를 조사한 결과이다. 5개의 스마트폰 브랜드 간에 차이가 있는지를 유의수준 5%에서 검정하라.

스마트폰 브랜드	A	B	C	D	E	합계
빈도	23	16	18	24	19	100

2 다음은 자유학기제에 대한 찬반의견을 연령별로 총 300명을 대상으로 조사한 결과이다. 표의 자료를 이용하여 연령별로 자유학기제에 대한 찬반의견이 동일한지를 유의수준 5%에서 검정하라.

연령 \ 찬반	찬성	반대	합계
20대	120	120	240
30대	80	50	130
40대	60	70	130
합계	260	240	500

3 대졸자의 경우 남성과 여성 간의 직무유형에 차이가 있는지를 알아보기 위해 대기업에 종사하는 대졸자 100명을 임의로 추출하여 조사한 결과 다음과 같다. 다음 표를 보고 물음에 답하라.

성별 \ 직무유형	사무직	기능직	합계
남성	38	22	60
여성	32	8	40
합계	70	30	100

❶ 성별과 직무유형이 상호 독립일 때 기대도수를 구하라.

❷ 성별과 직무유형간 관계가 있는가를 유의수준 5%에서 검정하라.

4 A 지역신문의 광고 담당자는 독자들의 거주지역과 가장 먼저 보게 되는 신문 섹션과의 관련성에 대해 알아보고 있다. 광고 담당자는 다음과 같은 자료를 수집하였다.

섹션 / 거주지역	국내뉴스	스포츠	만화
도시	170	124	90
근교	120	112	100
시골	130	90	88

독자의 거주 지역과 첫 번째로 읽는 신문 섹션 사이에 관련성이 있는지 유의수준 0.05에서 검정하시오.

5 전문가들은 자동차 운전 중 휴대폰 사용이 증가되면서 교통사고의 주요한 원인이 되고 있다고 지적하였다. 다음 자료를 근거로 이 주장이 타당성이 있는지 유의수준 0.05에서 검정하시오.

사고경험유무 / 핸드폰사용유무	사고경험 있음	사고경험 없음
핸드폰 사용	25	300
핸드폰 미사용	50	400

6 어떤 지역에는 4개의 LED 전구 생산회사가 있다. 4개의 회사로부터 100개씩 구매하여 품질을 평가하였는데 결과는 다음과 같다. 회사 간 품질편차가 있다고 할 수 있는지 유의수준 0.05에서 검정하시오.

제조사 / 합격유무	A	B	C	D
합격	12	8	5	11
불합격	88	92	95	89

7 가구의 연소득과 자녀수와의 관계를 분석하기 위해 국내거주 총 1,000 가구를 대상으로 조사한 결과 다음 표와 같다. 가구당 자녀수와 가구의 연소득이 독립적인지를 유의수준 5%에서 검정하라.

연소득 \ 자녀수	1	2	3	4 이상	합계
1,500만원 미만	76	45	123	6	250
1,500~3,500만원	90	250	86	34	460
3,000~5,000만원	114	125	41	10	290
합계	280	420	250	50	1,000

8 복권 구매와 소득수준과의 관련성을 알아보기 위해 140명의 사람들에 대한 소득을 조사하고 최근 복권 구매 내역을 조사하였다. 복권 구매가 소득수준과 관련이 있는지 유의수준 0.05에서 검정하시오.

구매유무 \ 소득수준	상	중	하	총합
구매	21	28	46	95
구매 안함	19	12	14	45
총합	40	40	60	140

현대경영통계
부록

[부표 1] 이항분포표

$$P(X \le k) = \sum_{x=0}^{k} {}_nC_x p^x (1-p)^{n-x}$$

n	k	.01	.05	.10	.20	.30	.40	.50	.60	.70	.80	.90	.95	.99
5	0	.951	.774	.590	.328	.168	.078	.031	.010	.002	.000	.000	.000	.000
	1	.999	.977	.919	.737	.528	.337	.188	.087	.031	.007	.000	.000	.000
	2	1.000	.999	.991	.942	.837	.683	.500	.317	.163	.058	.009	.001	.000
	3	1.000	1.000	1.000	.993	.969	.913	.812	.663	.472	.263	.081	.023	.001
	4	1.000	1.000	1.000	1.000	.998	.990	.969	.922	.832	.672	.410	.226	.049
6	0	.941	.735	.531	.262	.118	.047	.016	.004	.001	.000	.000	.000	.000
	1	.999	.967	.886	.655	.420	.233	.109	.041	.011	.002	.000	.000	.000
	2	1.000	.998	.984	.901	.744	.544	.344	.179	.070	.017	.001	.000	.000
	3	1.000	1.000	.999	.983	.930	.821	.656	.456	.256	.099	.016	.002	.000
	4	1.000	1.000	1.000	.998	.989	.959	.891	.767	.580	.345	.114	.033	.001
	5	1.000	1.000	1.000	1.000	.999	.996	.984	.953	.882	.738	.469	.265	.059
7	0	.932	.698	.478	.210	.082	.028	.008	.002	.000	.000	.000	.000	.000
	1	.998	.956	.850	.577	.329	.159	.063	.019	.004	.000	.000	.000	.000
	2	1.000	.996	.974	.852	.647	.420	.227	.096	.029	.005	.000	.000	.000
	3	1.000	1.000	.997	.967	.874	.710	.500	.290	.126	.033	.003	.000	.000
	4	1.000	1.000	1.000	.995	.971	.904	.773	.580	.353	.148	.026	.004	.000
	5	1.000	1.000	1.000	1.000	.996	.981	.937	.841	.671	.423	.150	.044	.002
	6	1.000	1.000	1.000	1.000	1.000	.998	.992	.972	.918	.790	.522	.302	.068
8	0	.923	.663	.430	.168	.058	.017	.004	.001	.000	.000	.000	.000	.000
	1	.997	.943	.813	.503	.255	.106	.035	.009	.001	.000	.000	.000	.000
	2	1.000	.994	.962	.797	.552	.315	.145	.050	.011	.001	.000	.000	.000
	3	1.000	1.000	.995	.944	.806	.594	.363	.174	.058	.010	.000	.000	.000
	4	1.000	1.000	1.000	.990	.942	.826	.637	.406	.194	.056	.005	.000	.000
	5	1.000	1.000	1.000	.999	.989	.950	.855	.685	.448	.203	.038	.006	.000
	6	1.000	1.000	1.000	1.000	.999	.991	.965	.894	.745	.497	.187	.057	.003
	7	1.000	1.000	1.000	1.000	1.000	.999	.996	.983	.942	.832	.570	.337	.077
9	0	.914	.630	.387	.134	.040	.010	.002	.000	.000	.000	.000	.000	.000
	1	.997	.929	.775	.436	.196	.071	.020	.004	.000	.000	.000	.000	.000
	2	1.000	.992	.947	.738	.463	.232	.090	.025	.004	.000	.000	.000	.000
	3	1.000	.999	.992	.914	.730	.483	.254	.099	.025	.003	.000	.000	.000
	4	1.000	1.000	.999	.980	.901	.733	.500	.267	.099	.020	.001	.000	.000
	5	1.000	1.000	1.000	.997	.975	.901	.746	.517	.270	.086	.008	.001	.000
	6	1.000	1.000	1.000	1.000	.996	.975	.910	.768	.537	.262	.053	.008	.000
	7	1.000	1.000	1.000	1.000	1.000	.996	.980	.929	.804	.564	.225	.071	.003
	8	1.000	1.000	1.000	1.000	1.000	1.000	.998	.990	.960	.866	.613	.370	.086

n	k	.01	.05	.10	.20	.30	.40	.50	.60	.70	.80	.90	.95	.99
10	0	.904	.599	.349	.107	.028	.006	.001	.000	.000	.000	.000	.000	.000
	1	.996	.914	.736	.376	.149	.046	.011	.002	.000	.000	.000	.000	.000
	2	1.000	.988	.930	.678	.383	.167	.055	.012	.002	.000	.000	.000	.000
	3	1.000	.999	.987	.879	.650	.382	.172	.055	.011	.001	.000	.000	.000
	4	1.000	1.000	.998	.967	.850	.633	.377	.166	.047	.006	.000	.000	.000
	5	1.000	1.000	1.000	.994	.953	.834	.623	.367	.150	.033	.002	.000	.000
	6	1.000	1.000	1.000	.999	.959	.945	.828	.618	.350	.121	.013	.001	.000
	7	1.000	1.000	1.000	1.000	.998	.988	.945	.833	.617	.322	.070	.012	.000
	8	1.000	1.000	1.000	1.000	1.000	.998	.989	.954	.851	.624	.264	.086	.004
	9	1.000	1.000	1.000	1.000	1.000	1.000	.999	.994	.972	.893	.651	.401	.096
15	0	.860	.463	.206	.035	.005	.000	.000	.000	.000	.000	.000	.000	.000
	1	.990	.829	.549	.167	.035	.005	.000	.000	.000	.000	.000	.000	.000
	2	1.000	.964	.816	.098	.127	.027	.004	.000	.000	.000	.000	.000	.000
	3	1.000	.995	.944	.648	.297	.091	.018	.002	.000	.000	.000	.000	.000
	4	1.000	.999	.987	.836	.515	.217	.059	.009	.001	.000	.000	.000	.000
	5	1.000	1.000	.998	.939	.722	.403	.151	.034	.004	.000	.000	.000	.000
	6	1.000	1.000	1.000	.982	.869	.610	.304	.095	.015	.001	.000	.000	.000
	7	1.000	1.000	1.000	.996	.950	.787	.500	.213	.050	.004	.000	.000	.000
	8	1.000	1.000	1.000	.999	.985	.905	.696	.390	.131	.018	.000	.000	.000
	9	1.000	1.000	1.000	1.000	.996	.966	.849	.597	.278	.061	.002	.000	.000
	10	1.000	1.000	1.000	1.000	.999	.991	.941	.783	.485	.164	.013	.001	.000
	11	1.000	1.000	1.000	1.000	1.000	.998	.982	.909	.703	.352	.056	.005	.000
	12	1.000	1.000	1.000	1.000	1.000	1.000	.996	.973	.873	.602	.184	.036	.000
	13	1.000	1.000	1.000	1.000	1.000	1.000	1.000	.995	.965	.833	.451	.171	.010
	14	1.000	1.000	1.000	1.000	1.000	1.000	1.000	1.000	.995	.965	.794	.537	.140
20	0	.818	.358	.122	.012	.001	.000	.000	.000	.000	.000	.000	.000	.000
	1	.983	.736	.932	.069	.008	.001	.000	.000	.000	.000	.000	.000	.000
	2	.999	.925	.677	.206	.035	.004	.000	.000	.000	.000	.000	.000	.000
	3	1.000	.984	.867	.411	.107	.016	.001	.000	.000	.000	.000	.000	.000
	4	1.000	.997	.957	.630	.238	.051	.006	.000	.000	.000	.000	.000	.000
	5	1.000	1.000	.959	.804	.416	.126	.021	.002	.000	.000	.000	.000	.000
	6	1.000	1.000	.998	.913	.608	.250	.058	.006	.000	.000	.000	.000	.000
	7	1.000	1.000	1.000	.968	.772	.416	.132	.021	.001	.000	.000	.000	.000
	8	1.000	1.000	1.000	.990	.887	.596	.252	.057	.005	.000	.000	.000	.000
	9	1.000	1.000	1.000	.997	.952	.755	.412	.128	.017	.001	.000	.000	.000
	10	1.000	1.000	1.000	.999	.983	.872	.588	.245	.048	.003	.000	.000	.000
	11	1.000	1.000	1.000	1.000	.995	.943	.748	.404	.113	.010	.000	.000	.000
	12	1.000	1.000	1.000	1.000	.999	.979	.868	.584	.228	.032	.000	.000	.000
	13	1.000	1.000	1.000	1.000	1.000	.994	.942	.750	.392	.087	.002	.000	.000
	14	1.000	1.000	1.000	1.000	1.000	.998	.979	.874	.584	.196	.011	.000	.000
	15	1.000	1.000	1.000	1.000	1.000	1.000	.994	.949	.762	.370	.043	.003	.000
	16	1.000	1.000	1.000	1.000	1.000	1.000	.999	.984	.893	.589	.133	.016	.000
	17	1.000	1.000	1.000	1.000	1.000	1.000	1.000	.996	.965	.794	.323	.075	.001
	18	1.000	1.000	1.000	1.000	1.000	1.000	1.000	.999	.992	.931	.608	.264	.017
	19	1.000	1.000	1.000	1.000	1.000	1.000	1.000	1.000	.999	.988	.878	.642	.182

[부표 2] 표준정규분포표

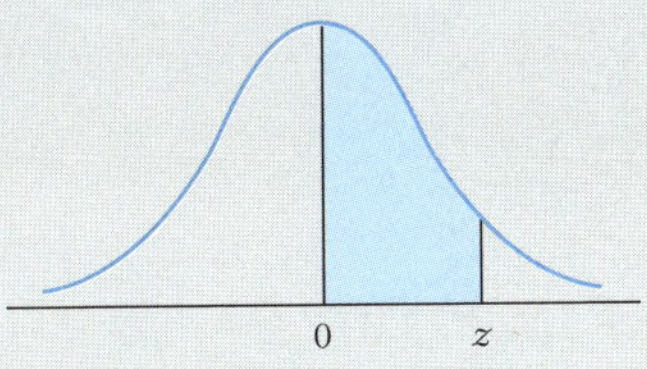

$$P(X \leq z) = \int_0^z \frac{1}{\sqrt{2\pi}} e^{-\frac{1}{2}z^2}$$

z	.00	.01	.02	.03	.04	.05	.06	.07	.08	.09
0.0	.0000	.0040	.0080	.0120	.0160	.0199	.0239	.0279	.0319	.0359
0.1	.0398	.0438	.0478	.0517	.0557	.0596	.0636	.0675	.0714	.0753
0.2	.0793	.0832	.0871	.0910	.0948	.0987	.1026	.1064	.1103	.1141
0.3	.1179	.1217	.1255	.1293	.1331	.1368	.1406	.1443	.1480	.1517
0.4	.1554	.1591	.1628	.1664	.1700	.1736	.1772	.1808	.1844	.1879
0.5	.1915	.1950	.1985	.2019	.2054	.2088	.2123	.2157	.2190	.2224
0.6	.2257	.2291	.2324	.2357	.2389	.2422	.2454	.2486	.2517	.2549
0.7	.2580	.2611	.2642	.2673	.2703	.2734	.2764	.2794	.2823	.2852
0.8	.2881	.2910	.2939	.2967	.2995	.3023	.3051	.3078	.3106	.3133
0.9	.3159	.3186	.3212	.3238	.3264	.3289	.3315	.3340	.3365	.3389
1.0	.3413	.3438	.3461	.3485	.3508	.3531	.3554	.3577	.3599	.3621
1.1	.3643	.3665	.3686	.3708	.3729	.3749	.3770	.3790	.3810	.3830
1.2	.3849	.3869	.3888	.3907	.3925	.3944	.3962	.3980	.3997	.4015
1.3	.4032	.4049	.4066	.4082	.4099	.4115	.4131	.4147	.4162	.4177
1.4	.4192	.4207	.4207	.4236	.4251	.4265	.4279	.4292	.4306	.4319
1.5	.4332	.4345	.4357	.4370	.4382	.4394	.4406	.4418	.4429	.4441
1.6	.4452	.4463	.4474	.4484	.4495	.4505	.4515	.4525	.4535	.4545
1.7	.4554	.4564	.4573	.4582	.4591	.4599	.4608	.4616	.4625	.4633
1.8	.4641	.4649	.4656	.4664	.4671	.4678	.4686	.4693	.4699	.4706
1.9	.4713	.4719	.4726	.4732	.4738	.4744	.4750	.4756	.4761	.4767
2.0	.4772	.4778	.4783	.4788	.4793	.4798	.4803	.4808	.4812	.4817
2.1	.4821	.4826	.4830	.4834	.4838	.4842	.4846	.4850	.4854	.4857
2.2	.4861	.4864	.4868	.4871	.4875	.4878	.4881	.4884	.4887	.4890
2.3	.4893	.4896	.4898	.4901	.4904	.4906	.4909	.4911	.4913	.4916
2.4	.4918	.4920	.4922	.4925	.4927	.4929	.4931	.4932	.4934	.4936
2.5	.4938	.4940	.4941	.4943	.4945	.4946	.4948	.4949	.4951	.4952
2.6	.4953	.4955	.4956	.4957	.4959	.4960	.4961	.4962	.4963	4964
2.7	.4965	.4966	.4967	.4968	.4969	.4970	.4971	.4972	.4973	.4974
2.8	.4974	.4975	.4976	.4977	.4977	.4978	.4979	.4979	.4980	.4981
2.9	.4981	.4982	.4982	.4983	.4984	.4984	.4985	.4985	.4986	.4986
3.0	.4987	.4987	.4987	.4988	.4988	.4989	.4989	.4989	.4990	.4990

[부표 3] t-분포표

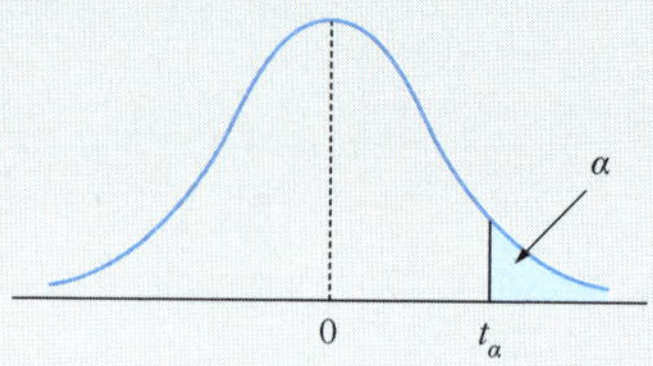

자유도 \ α	.4	.25	.1	.05	.025	.01	.005	.0025	.001	.0005
1	.325	1.000	3.078	6.314	12.706	31.821	63.657	127.32	318.31	636.62
2	.289	.816	1.886	2.920	4.303	6.965	9.925	14.089	22.327	31.598
3	.277	.765	1.638	2.353	3.182	4.341	5.841	7.453	10.214	12.924
4	.271	.741	1.533	2.132	2.776	3.747	4.604	5.598	7.173	8.610
5	.267	.727	1.476	2.015	2.571	3.365	4.032	4.773	5.893	6.869
6	.265	.718	1.440	1.943	2.447	3.143	3.707	4.317	5.208	5.959
7	.263	.711	1.415	1.895	2.365	2.998	3.499	4.029	4.785	5.408
8	.262	.706	1.397	1.860	2.306	2.896	3.355	3.833	4.501	5.041
9	.261	.703	1.383	1.833	2.262	2.821	3.250	3.690	4.297	4.781
10	.260	.700	1.372	1.812	2.228	2.764	3.169	3.581	4.144	4.587
11	.260	.697	1.363	1.796	2.201	2.718	3.106	3.497	4.025	4.437
12	.259	.695	1.356	1.782	2.179	2.681	3.055	3.428	3.930	4.318
13	.259	.694	1.350	1.771	2.160	2.650	3.012	3.372	3.852	4.221
14	.258	.692	1.345	1.761	2.145	2.624	2.977	3.326	3.787	4.140
15	.258	.691	1.341	1.753	2.131	2.602	2.947	3.286	3.733	4.073
16	.258	.690	1.337	1.746	2.120	2.583	2.921	3.252	3.686	4.015
17	.257	.689	1.333	1.740	2.110	2.567	2.898	3.222	3.646	3.965
18	.257	.688	1.330	1.734	2.101	2.552	2.878	3.197	3.610	3.922
19	.257	.688	1.328	1.729	2.093	2.539	2.861	3.174	3.579	3.883
20	.257	.687	1.325	1.725	2.086	2.528	2.845	3.153	3.552	3.850
21	.257	.686	1.323	1.721	2.080	2.518	2.831	3.135	3.527	3.819
22	.256	.686	1.321	1.717	2.074	2.508	2.819	3.119	3.505	5.792
23	.256	.685	1.319	1.714	2.069	2.500	2.807	3.104	3.485	3.767
24	.256	.685	1.318	1.711	2.064	2.492	2.797	3.091	3.467	3.745
25	.256	.684	1.316	1.708	2.060	2.485	2.787	3.078	3.450	3.725
26	.256	.684	1.315	1.706	2.056	2.479	2.779	3.067	3.435	3.707
27	.256	.684	1.314	1.703	2.052	2.473	2.771	3.057	3.421	3.690
28	.256	.683	1.313	1.701	2.048	2.467	2.763	3.047	3.408	3.674
29	.256	.683	1.311	1.699	2.045	2.462	2.756	3.038	3.396	3.659
30	.256	.683	1.310	1.697	2.042	2.457	2.750	3.030	3.385	3.646
40	.255	.681	1.303	1.684	2.021	2.423	2.704	2.971	3.307	3.551
60	.254	.679	1.296	1.671	2.000	2.390	2.660	2.915	3.232	3.460
120	.254	.677	1.289	1.658	1.980	2.398	2.617	2.860	3.160	3.373
∞	.253	.674	1.282	1.645	1.960	2.326	2.576	2.807	3.090	3.291

[부표 4] χ^2-분포표

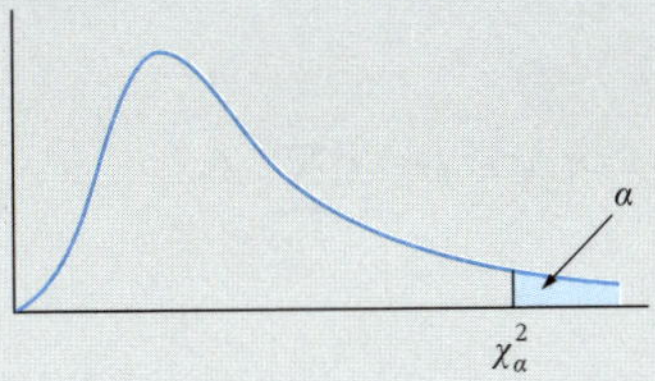

자유도 \ α	.995	.990	.975	.950	.900	.750	.500	.250	.100	.050	.025	.010	.005
1	$1.0^4 39$	$.0^3 15$	$.0^3 98$	$.0^2 39$	.0158	.102	.455	1.32	2.71	3.84	5.02	6.63	7.88
2	.0100	.0201	.0506	.0103	.211	.575	1.39	2.77	4.61	5.99	7.38	9.21	10.6
3	.0717	.115	.216	.352	.584	1.21	2.37	4.11	6.25	7.81	9.35	11.3	12.8
4	.207	.297	.484	.711	1.06	1.92	3.36	5.39	7.78	9.49	11.1	13.3	14.9
5	.412	.554	.813	1.15	1.61	2.67	4.35	6.63	9.24	11.1	12.8	15.1	16.7
6	.676	.872	1.24	1.64	2.20	3.45	5.35	7.84	10.6	12.6	14.6	16.8	18.5
7	.989	1.24	1.69	2.17	2.83	4.25	6.35	9.04	12.0	14.1	16.0	18.5	20.3
8	1.34	1.65	2.18	2.73	2.49	5.07	7.34	10.2	13.4	15.5	17.5	20.1	22.0
9	1.73	2.09	2.70	3.33	4.17	5.90	8.34	11.4	14.7	16.9	19.0	21.7	23.6
10	2.16	2.56	3.25	3.94	4.87	6.74	9.34	12.5	16.0	18.3	20.5	23.2	25.2
11	2.60	3.05	3.82	4.57	5.58	7.58	10.3	13.7	17.3	19.7	21.9	24.7	26.8
12	3.07	3.57	4.40	5.23	6.30	8.44	11.3	14.8	18.5	21.0	23.3	26.2	28.3
13	3.57	4.11	5.01	5.89	7.04	9.30	12.3	16.0	19.8	22.4	24.7	27.7	29.8
14	4.07	4.66	5.63	6.57	7.79	10.2	13.3	17.1	21.1	23.7	26.1	29.1	31.3
15	4.60	5.23	6.26	7.26	8.55	11.0	14.3	18.2	22.3	25.0	27.5	30.6	32.8
16	5.14	5.81	6.91	7.96	9.31	11.9	15.3	19.4	23.5	26.3	28.8	32.0	34.3
17	5.70	6.41	7.56	8.67	10.1	12.8	16.3	20.5	24.8	27.6	30.2	33.4	35.7
18	6.26	7.01	8.23	9.39	10.3	13.7	17.3	21.6	26.0	28.9	31.5	34.8	37.2
19	6.84	7.63	8.91	10.1	11.7	14.6	18.3	22.7	27.2	30.1	32.9	36.2	38.6
20	7.43	8.26	9.59	10.9	12.4	15.5	19.3	23.8	28.4	31.4	34.2	37.6	40.0
21	8.03	8.90	10.3	11.6	13.2	16.3	20.3	24.9	29.6	32.7	35.5	38.9	41.4
22	8.64	9.54	11.0	12.3	14.0	17.2	21.3	26.0	30.8	33.9	36.8	40.3	42.8
23	9.26	10.2	11.7	13.1	14.8	18.1	22.3	27.1	32.0	35.2	38.1	41.6	44.2
24	9.89	10.9	12.4	13.8	15.7	19.0	23.3	28.2	33.2	36.4	39.4	43.0	45.6
25	10.5	11.5	13.1	14.6	16.5	19.9	24.3	29.3	34.4	37.7	40.6	44.3	46.9
26	11.2	12.2	13.8	15.4	17.3	20.8	25.3	30.4	35.6	38.9	41.9	45.6	48.3
27	11.8	12.9	14.6	16.2	18.1	21.7	26.3	31.5	36.7	40.1	43.2	47.0	49.6
28	125	13.6	153	169	183	22.7	273	32.6	373	413	44.5	48.3	51.0
29	13.1	14.3	16.0	17.7	19.8	23.6	28.3	33.7	39.1	42.6	45.7	49.6	52.3
30	13.8	15.0	16.8	18.5	20.6	24.5	29.3	34.8	40.3	43.8	47.0	50.9	53.7

[부표 5] 누적포아송분포표

$$P(X \le k) = \sum_{x=1}^{k} \frac{\lambda^x e^{-\lambda}}{x!}$$

λ

x	0.01	0.01	0.02	0.03	0.04	0.05	0.06	0.07	0.08	0.09
0	0.9950	0.9900	0.9802	0.9704	0.9608	0.9512	0.9418	0.9324	0.9231	0.9139
1	1.0000	1.0000	0.9998	0.9996	0.9992	0.9988	0.9983	0.9977	0.9970	0.9962
2	1.0000	1.0000	1.0000	1.0000	1.0000	1.0000	1.0000	0.9999	0.9999	0.9999
3	1.0000	1.0000	1.0000	1.0000	1.0000	1.0000	1.0000	1.0000	1.0000	1.0000

λ

x	0.10	0.20	0.30	0.40	0.50	0.60	0.70	0.80	0.90	1.00
0	0.9048	0.8187	0.7408	0.6703	0.6065	0.5488	0.4966	0.4493	0.4066	0.3679
1	0.9953	0.9825	0.9631	0.9384	0.9098	0.8781	0.8442	0.8088	0.7725	0.7358
2	0.9998	0.9989	0.9964	0.9921	0.9856	0.9769	0.9659	0.9526	0.9371	0.9197
3	1.0000	0.9999	0.9997	0.9992	0.9982	0.9966	0.9942	0.9909	0.9865	0.9810
4	1.0000	1.0000	1.0000	0.9999	0.9998	0.9996	0.9992	0.9986	0.9977	0.9963
5	1.0000	1.0000	1.0000	1.0000	1.0000	1.0000	0.9999	0.9998	0.9997	0.9994
6	1.0000	1.0000	1.0000	1.0000	1.0000	1.0000	1.0000	1.0000	1.0000	0.9999
7	1.0000	1.0000	1.0000	1.0000	1.0000	1.0000	1.0000	1.0000	1.0000	1.0000

λ

x	1.10	1.20	1.30	1.40	1.50	1.60	1.70	1.80	1.90	2.00
0	0.3329	0.3012	0.2725	0.2466	0.2231	0.2019	0.1827	0.1653	0.1496	0.1353
1	0.6990	0.6626	0.6268	0.5918	0.5578	0.5249	0.4932	0.4628	0.4337	0.4060
2	0.9004	0.8795	0.8571	0.8335	0.8088	0.7834	0.7572	0.7306	0.7037	0.6767
3	0.9743	0.9662	0.9569	0.9463	0.9344	0.9212	0.9068	0.8913	0.8747	0.8571
4	0.9946	0.9923	0.9893	0.9857	0.9814	0.9763	0.9704	0.9636	0.9559	0.9473
5	0.9990	0.9985	0.9978	0.9968	0.9955	0.9940	0.9920	0.9896	0.9868	0.9834
6	0.9999	0.9997	0.9996	0.9994	0.9991	0.9987	0.9981	0.9974	0.9966	0.9955
7	1.0000	1.0000	0.9999	0.9999	0.9998	0.9997	0.9996	0.9994	0.9992	0.9989
8	1.0000	1.0000	1.0000	1.0000	1.0000	1.0000	0.9999	0.9999	0.9998	0.9998
9	1.0000	1.0000	1.0000	1.0000	1.0000	1.0000	1.0000	1.0000	1.0000	1.0000

λ

x	2.10	2.20	2.30	2.40	2.50	2.60	2.70	2.80	2.90	3.00
0	0.1225	0.1108	0.1003	0.0907	0.0821	0.0743	0.0672	0.0608	0.0550	0.0498
1	0.3796	0.3546	0.3309	0.3084	0.2873	0.2674	0.2487	0.2311	0.2146	0.1991
2	0.6496	0.6227	0.5960	0.5697	0.5438	0.5184	0.4936	0.4695	0.4460	0.4232

3	0.8386	0.8194	0.7993	0.7787	0.7576	0.7360	0.7141	0.6919	0.6696	0.6472
4	0.9379	0.9275	0.9162	0.9041	0.8912	0.8774	0.8629	0.8477	0.8318	0.8153
5	0.9796	0.9751	0.9700	0.9643	0.9580	0.9510	0.9433	0.9349	0.9258	0.9161
6	0.9941	0.9925	0.9906	0.9884	0.9858	0.9828	0.9794	0.9756	0.9713	0.9665
7	0.9985	0.9980	0.9974	0.9967	0.9958	0.9947	0.9934	0.9919	0.9901	0.9881
8	0.9997	0.9995	0.9994	0.9991	0.9989	0.9985	0.9981	0.9976	0.9969	0.9962
9	0.9999	0.9999	0.9999	0.9998	0.9997	0.9996	0.9995	0.9993	0.9991	0.9989
10	1.0000	1.0000	1.0000	1.0000	0.9999	0.9999	0.9999	0.9998	0.9998	0.9997
11	1.0000	1.0000	1.0000	1.0000	1.0000	1.0000	1.0000	1.0000	0.9999	0.9999
12	1.0000	1.0000	1.0000	1.0000	1.0000	1.0000	1.0000	1.0000	1.0000	1.0000

	λ									
x	3.10	3.20	3.30	3.40	3.50	3.60	3.70	3.80	3.90	4.00
0	0.0450	0.0408	0.0369	0.0334	0.0302	0.0273	0.0247	0.0224	0.0202	0.0183
1	0.1847	0.1712	0.1586	0.1468	0.1359	0.1257	0.1162	0.1074	0.0992	0.0916
2	0.4012	0.3799	0.3594	0.3397	0.3208	0.3027	0.2854	0.2689	0.2531	0.2381
3	0.6248	0.6025	0.5803	0.5584	0.5366	0.5152	0.4942	0.4735	0.4532	0.4335
4	0.7982	0.7806	0.7626	0.7442	0.7254	0.7064	0.6872	0.6678	0.6484	0.6288
5	0.9057	0.8946	0.8829	0.8705	0.8576	0.8441	0.8301	0.8156	0.8006	0.7851
6	0.9612	0.9554	0.9490	0.9421	0.9347	0.9267	0.9182	0.9091	0.8995	0.8893
7	0.9858	0.9832	0.9802	0.9769	0.9733	0.9692	0.9648	0.9599	0.9546	0.9489
8	0.9953	0.9943	0.9931	0.9917	0.9901	0.9883	0.9863	0.9840	0.9815	0.9786
9	0.9986	0.9982	0.9978	0.9973	0.9967	0.9960	0.9952	0.9942	0.9931	0.9919
10	0.9996	0.9995	0.9994	0.9992	0.9990	0.9987	0.9984	0.9981	0.9977	0.9972
11	0.9999	0.9999	0.9998	0.9998	0.9997	0.9996	0.9995	0.9994	0.9993	0.9991
12	1.0000	1.0000	1.0000	0.9999	0.9999	0.9999	0.9999	0.9998	0.9998	0.9997
13	1.0000	1.0000	1.0000	1.0000	1.0000	1.0000	1.0000	1.0000	0.9999	0.9999
14	1.0000	1.0000	1.0000	1.0000	1.0000	1.0000	1.0000	1.0000	1.0000	1.0000

	λ									
x	4.10	4.20	4.30	4.40	4.50	4.60	4.70	4.80	4.90	5.00
0	0.0166	0.0150	0.0136	0.0123	0.0111	0.0101	0.0091	0.0082	0.0074	0.0067
1	0.0845	0.0780	0.0719	0.0663	0.0611	0.0563	0.0518	0.0477	0.0439	0.0404
2	0.2238	0.2102	0.1974	0.1851	0.1736	0.1626	0.1523	0.1425	0.1333	0.1247
3	0.4142	0.3954	0.3772	0.3594	0.3423	0.3257	0.3097	0.2942	0.2793	0.2650
4	0.6093	0.5898	0.5704	0.5512	0.5321	0.5132	0.4946	0.4763	0.4582	0.4405
5	0.7693	0.7531	0.7367	0.7199	0.7029	0.6858	0.6684	0.6510	0.6335	0.6160
6	0.8786	0.8675	0.8558	0.8436	0.8311	0.8180	0.8046	0.7908	0.7767	0.7622
7	0.9427	0.9361	0.9290	0.9214	0.9134	0.9049	0.8960	0.8867	0.8769	0.8666
8	0.9755	0.9721	0.9683	0.9642	0.9597	0.9549	0.9497	0.9442	0.9382	0.9319
9	0.9905	0.9889	0.9871	0.9851	0.9829	0.9805	0.9778	0.9749	0.9717	0.9682
10	0.9966	0.9959	0.9952	0.9943	0.9933	0.9922	0.9910	0.9896	0.9880	0.9863
11	0.9989	0.9986	0.9983	0.9980	0.9976	0.9971	0.9966	0.9960	0.9953	0.9945
12	0.9997	0.9996	0.9995	0.9993	0.9992	0.9990	0.9988	0.9986	0.9983	0.9980

13	0.9999	0.9999	0.9998	0.9998	0.9997	0.9997	0.9996	0.9995	0.9994	0.9993
14	1.0000	1.0000	1.0000	0.9999	0.9999	0.9999	0.9999	0.9999	0.9998	0.9998
15	1.0000	1.0000	1.0000	1.0000	1.0000	1.0000	1.0000	1.0000	0.9999	0.9999
16	1.0000	1.0000	1.0000	1.0000	1.0000	1.0000	1.0000	1.0000	1.0000	1.0000

λ

x	5.10	5.20	5.30	5.40	5.50	5.60	5.70	5.80	5.90	6.00
0	0.0061	0.0055	0.0050	0.0045	0.0041	0.0037	0.0033	0.0030	0.0027	0.0025
1	0.0372	0.0342	0.0314	0.0289	0.0266	0.0244	0.0224	0.0206	0.0189	0.0174
2	0.1165	0.1088	0.1016	0.0948	0.0884	0.0824	0.0768	0.0715	0.0666	0.0620
3	0.2513	0.2381	0.2254	0.2133	0.2017	0.1906	0.1800	0.1700	0.1604	0.1512
4	0.4231	0.4061	0.3895	0.3733	0.3575	0.3422	0.3272	0.3127	0.2987	0.2851
5	0.5984	0.5809	0.5635	0.5461	0.5289	0.5119	0.4950	0.4783	0.4619	0.4457
6	0.7474	0.7324	0.7171	0.7017	0.6860	0.6703	0.6544	0.6384	0.6224	0.6063
7	0.8560	0.8449	0.8335	0.8217	0.8095	0.7970	0.7841	0.7710	0.7576	0.7440
8	0.9252	0.9181	0.9106	0.9027	0.8944	0.8857	0.8766	0.8672	0.8574	0.8472
9	0.9644	0.9603	0.9559	0.9512	0.9462	0.9409	0.9352	0.9292	0.9228	0.9161
10	0.9844	0.9823	0.9800	0.9775	0.9747	0.9718	0.9686	0.9651	0.9614	0.9574
11	0.9937	0.9927	0.9916	0.9904	0.9890	0.9875	0.9859	0.9841	0.9821	0.9799
12	0.9976	0.9972	0.9967	0.9962	0.9955	0.9949	0.9941	0.9932	0.9922	0.9912
13	0.9992	0.9990	0.9988	0.9986	0.9983	0.9980	0.9977	0.9973	0.9969	0.9964
14	0.9997	0.9997	0.9996	0.9995	0.9994	0.9993	0.9991	0.9990	0.9988	0.9986
15	0.9999	0.9999	0.9999	0.9998	0.9998	0.9998	0.9997	0.9996	0.9996	0.9995
16	1.0000	1.0000	1.0000	0.9999	0.9999	0.9999	0.9999	0.9999	0.9999	0.9998
17	1.0000	1.0000	1.0000	1.0000	1.0000	1.0000	1.0000	1.0000	1.0000	0.9999
18	1.0000	1.0000	1.0000	1.0000	1.0000	1.0000	1.0000	1.0000	1.0000	1.0000

λ

x	6.10	6.20	6.30	6.40	6.50	6.60	6.70	6.80	6.90	7.00
0	0.0022	0.0020	0.0018	0.0017	0.0015	0.0014	0.0012	0.0011	0.0010	0.0009
1	0.0159	0.0146	0.0134	0.0123	0.0113	0.0103	0.0095	0.0087	0.0080	0.0073
2	0.0577	0.0536	0.0498	0.0463	0.0430	0.0400	0.0371	0.0344	0.0320	0.0296
3	0.1425	0.1342	0.1264	0.1189	0.1118	0.1052	0.0988	0.0928	0.0871	0.0818
4	0.2719	0.2592	0.2469	0.2351	0.2237	0.2127	0.2022	0.1920	0.1823	0.1730
5	0.4298	0.4141	0.3988	0.3837	0.3690	0.3547	0.3406	0.3270	0.3137	0.3007
6	0.5902	0.5742	0.5582	0.5423	0.5265	0.5108	0.4953	0.4799	0.4647	0.4497
7	0.7301	0.7160	0.7017	0.6873	0.6728	0.6581	0.6433	0.6285	0.6136	0.5987
8	0.8367	0.8259	0.8148	0.8033	0.7916	0.7796	0.7673	0.7548	0.7420	0.7291
9	0.9090	0.9016	0.8939	0.8858	0.8774	0.8686	0.8596	0.8502	0.8405	0.8305
10	0.9531	0.9486	0.9437	0.9386	0.9332	0.9274	0.9214	0.9151	0.9084	0.9015
11	0.9776	0.9750	0.9723	0.9693	0.9661	0.9627	0.9591	0.9552	0.9510	0.9467
12	0.9900	0.9887	0.9873	0.9857	0.9840	0.9821	0.9801	0.9779	0.9755	0.9730
13	0.9958	0.9952	0.9945	0.9937	0.9929	0.9920	0.9909	0.9898	0.9885	0.9872
14	0.9984	0.9981	0.9978	0.9974	0.9970	0.9966	0.9961	0.9956	0.9950	0.9943

15	0.9994	0.9993	0.9992	0.9990	0.9988	0.9986	0.9984	0.9982	0.9979	0.9976
16	0.9998	0.9997	0.9997	0.9996	0.9996	0.9995	0.9994	0.9993	0.9992	0.9990
17	0.9999	0.9999	0.9999	0.9999	0.9998	0.9998	0.9998	0.9997	0.9997	0.9996
18	1.0000	1.0000	1.0000	1.0000	0.9999	0.9999	0.9999	0.9999	0.9999	0.9999
19	1.0000	1.0000	1.0000	1.0000	1.0000	1.0000	1.0000	1.0000	1.0000	1.0000
20	1.0000	1.0000	1.0000	1.0000	1.0000	1.0000	1.0000	1.0000	1.0000	1.0000

λ

x	7.10	7.20	7.30	7.40	7.50	7.60	7.70	7.80	7.90	8.00
0	0.0008	0.0007	0.0007	0.0006	0.0006	0.0005	0.0005	0.0004	0.0004	0.0003
1	0.0067	0.0061	0.0056	0.0051	0.0047	0.0043	0.0039	0.0036	0.0033	0.0030
2	0.0275	0.0255	0.0236	0.0219	0.0203	0.0188	0.0174	0.0161	0.0149	0.0138
3	0.0767	0.0719	0.0674	0.0632	0.0591	0.0554	0.0518	0.0485	0.0453	0.0424
4	0.1641	0.1555	0.1473	0.1395	0.1321	0.1249	0.1181	0.1117	0.1055	0.0996
5	0.2881	0.2759	0.2640	0.2526	0.2414	0.2307	0.2203	0.2103	0.2006	0.1912
6	0.4349	0.4204	0.4060	0.3920	0.3782	0.3646	0.3514	0.3384	0.3257	0.3134
7	0.5838	0.5689	0.5541	0.5393	0.5246	0.5100	0.4956	0.4812	0.4670	0.4530
8	0.7160	0.7027	0.6892	0.6757	0.6620	0.6482	0.6343	0.6204	0.6065	0.5925
9	0.8202	0.8096	0.7988	0.7877	0.7764	0.7649	0.7531	0.7411	0.7290	0.7166
10	0.8942	0.8867	0.8788	0.8707	0.8622	0.8535	0.8445	0.8352	0.8257	0.8159
11	0.9420	0.9371	0.9319	0.9265	0.9208	0.9148	0.9085	0.9020	0.8952	0.8881
12	0.9703	0.9673	0.9642	0.9609	0.9573	0.9536	0.9496	0.9454	0.9409	0.9362
13	0.9857	0.9841	0.9824	0.9805	0.9784	0.9762	0.9739	0.9714	0.9687	0.9658
14	0.9935	0.9927	0.9918	0.9908	0.9897	0.9886	0.9873	0.9859	0.9844	0.9827
15	0.9972	0.9969	0.9964	0.9959	0.9954	0.9948	0.9941	0.9934	0.9926	0.9918
16	0.9989	0.9987	0.9985	0.9983	0.9980	0.9978	0.9974	0.9971	0.9967	0.9963
17	0.9996	0.9995	0.9994	0.9993	0.9992	0.9991	0.9989	0.9988	0.9986	0.9984
18	0.9998	0.9998	0.9998	0.9997	0.9997	0.9996	0.9996	0.9995	0.9994	0.9993
19	0.9999	0.9999	0.9999	0.9999	0.9999	0.9999	0.9998	0.9998	0.9998	0.9997
20	1.0000	1.0000	1.0000	1.0000	1.0000	1.0000	0.9999	0.9999	0.9999	0.9999
21	1.0000	1.0000	1.0000	1.0000	1.0000	1.0000	1.0000	1.0000	1.0000	1.0000

λ

x	8.10	8.20	8.30	8.40	8.50	8.60	8.70	8.80	8.90	9.00
0	0.0003	0.0003	0.0002	0.0002	0.0002	0.0002	0.0002	0.0002	0.0001	0.0001
1	0.0028	0.0025	0.0023	0.0021	0.0019	0.0018	0.0016	0.0015	0.0014	0.0012
2	0.0127	0.0118	0.0109	0.0100	0.0093	0.0086	0.0079	0.0073	0.0068	0.0062
3	0.0396	0.0370	0.0346	0.0323	0.0301	0.0281	0.0262	0.0244	0.0228	0.0212
4	0.0940	0.0887	0.0837	0.0789	0.0744	0.0701	0.0660	0.0621	0.0584	0.0550
5	0.1822	0.1736	0.1653	0.1573	0.1496	0.1422	0.1352	0.1284	0.1219	0.1157
6	0.3013	0.2896	0.2781	0.2670	0.2562	0.2457	0.2355	0.2256	0.2160	0.2068
7	0.4391	0.4254	0.4119	0.3987	0.3856	0.3728	0.3602	0.3478	0.3357	0.3239
8	0.5786	0.5647	0.5507	0.5369	0.5231	0.5094	0.4958	0.4823	0.4689	0.4557
9	0.7041	0.6915	0.6788	0.6659	0.6530	0.6400	0.6269	0.6137	0.6006	0.5874

10	0.8058	0.7955	0.7850	0.7743	0.7634	0.7522	0.7409	0.7294	0.7178	0.7060
11	0.8807	0.8731	0.8652	0.8571	0.8487	0.8400	0.8311	0.8220	0.8126	0.8030
12	0.9313	0.9261	0.9207	0.9150	0.9091	0.9029	0.8965	0.8898	0.8829	0.8758
13	0.9628	0.9595	0.9561	0.9524	0.9486	0.9445	0.9403	0.9358	0.9311	0.9261
14	0.9810	0.9791	0.9771	0.9749	0.9726	0.9701	0.9675	0.9647	0.9617	0.9585
15	0.9908	0.9898	0.9887	0.9875	0.9862	0.9848	0.9832	0.9816	0.9798	0.9780
16	0.9958	0.9953	0.9947	0.9941	0.9934	0.9926	0.9918	0.9909	0.9899	0.9889
17	0.9982	0.9979	0.9977	0.9973	0.9970	0.9966	0.9962	0.9957	0.9952	0.9947
18	0.9992	0.9991	0.9990	0.9989	0.9987	0.9985	0.9983	0.9981	0.9978	0.9976
19	0.9997	0.9997	0.9996	0.9995	0.9995	0.9994	0.9993	0.9992	0.9991	0.9989
20	0.9999	0.9999	0.9998	0.9998	0.9998	0.9998	0.9997	0.9997	0.9996	0.9996
21	1.0000	1.0000	0.9999	0.9999	0.9999	0.9999	0.9999	0.9999	0.9998	0.9998
22	1.0000	1.0000	1.0000	1.0000	1.0000	1.0000	1.0000	1.0000	0.9999	0.9999
23	1.0000	1.0000	1.0000	1.0000	1.0000	1.0000	1.0000	1.0000	1.0000	1.0000

λ

x	9.10	9.20	9.30	9.40	9.50	9.60	9.70	9.80	9.90	10.00
0	0.0001	0.0001	0.0001	0.0001	0.0001	0.0001	0.0001	0.0001	0.0001	0.0000
1	0.0011	0.0010	0.0009	0.0009	0.0008	0.0007	0.0007	0.0006	0.0005	0.0005
2	0.0058	0.0053	0.0049	0.0045	0.0042	0.0038	0.0035	0.0033	0.0030	0.0028
3	0.0198	0.0184	0.0172	0.0160	0.0149	0.0138	0.0129	0.0120	0.0111	0.0103
4	0.0517	0.0486	0.0456	0.0429	0.0403	0.0378	0.0355	0.0333	0.0312	0.0293
5	0.1098	0.1041	0.0986	0.0935	0.0885	0.0838	0.0793	0.0750	0.0710	0.0671
6	0.1978	0.1892	0.1808	0.1727	0.1649	0.1574	0.1502	0.1433	0.1366	0.1301
7	0.3123	0.3010	0.2900	0.2792	0.2687	0.2584	0.2485	0.2388	0.2294	0.2202
8	0.4426	0.4296	0.4168	0.4042	0.3918	0.3796	0.3676	0.3558	0.3442	0.3328
9	0.5742	0.5611	0.5479	0.5349	0.5218	0.5089	0.4960	0.4832	0.4705	0.4579
10	0.6941	0.6820	0.6699	0.6576	0.6453	0.6329	0.6205	0.6080	0.5955	0.5830
11	0.7932	0.7832	0.7730	0.7626	0.7520	0.7412	0.7303	0.7193	0.7081	0.6968
12	0.8684	0.8607	0.8529	0.8448	0.8364	0.8279	0.8191	0.8101	0.8009	0.7916
13	0.9210	0.9156	0.9100	0.9042	0.8981	0.8919	0.8853	0.8786	0.8716	0.8645
14	0.9552	0.9517	0.9480	0.9441	0.9400	0.9357	0.9312	0.9265	0.9216	0.9165
15	0.9760	0.9738	0.9715	0.9691	0.9665	0.9638	0.9609	0.9579	0.9546	0.9513
16	0.9878	0.9865	0.9852	0.9838	0.9823	0.9806	0.9789	0.9770	0.9751	0.9730
17	0.9941	0.9934	0.9927	0.9919	0.9911	0.9902	0.9892	0.9881	0.9870	0.9857
18	0.9973	0.9969	0.9966	0.9962	0.9957	0.9952	0.9947	0.9941	0.9935	0.9928
19	0.9988	0.9986	0.9985	0.9983	0.9980	0.9978	0.9975	0.9972	0.9969	0.9965
20	0.9995	0.9994	0.9993	0.9992	0.9991	0.9990	0.9989	0.9987	0.9986	0.9984
21	0.9998	0.9998	0.9997	0.9997	0.9996	0.9996	0.9995	0.9995	0.9994	0.9993
22	0.9999	0.9999	0.9999	0.9999	0.9999	0.9998	0.9998	0.9998	0.9997	0.9997
23	1.0000	1.0000	1.0000	1.0000	0.9999	0.9999	0.9999	0.9999	0.9999	0.9999
24	1.0000	1.0000	1.0000	1.0000	1.0000	1.0000	1.0000	1.0000	1.0000	1.0000

[부표 6] F-분포표

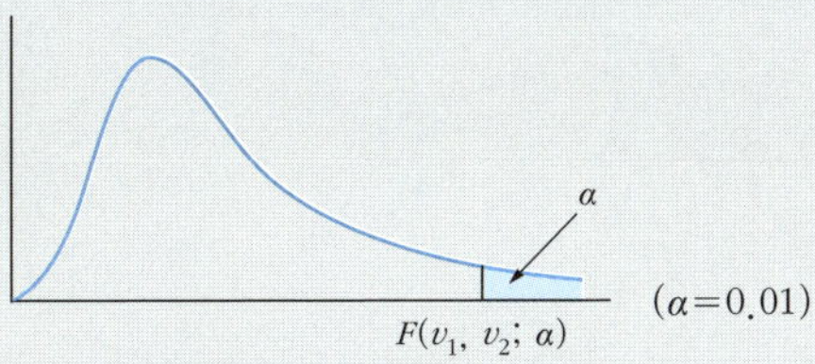

v_2 \ v_1	1	2	3	4	5	6	7	8	9
1	4052.	4999.	5403.	5625.	5764.	5859.	5928.	5982.	6022.
2	98.50	99.00	99.17	99.25	99.30	99.33	99.36	99.37	99.39
3	34.12	30.82	29.46	28.71	28.24	27.91	27.67	27.49	27.34
4	21.20	18.00	16.69	1598	15.52	15.21	14.98	14.80	14.66
5	16.26	13.27	12.06	1139	10.97	10.67	10.46	10.29	10.16
6	13.74	10.92	9.78	9.15	8.75	8.47	8.26	8.10	7.98
7	12.25	9.55	8.45	7.85	7.46	7.19	6.99	6.84	6.72
8	11.26	8.65	7.59	7.01	6.63	6.37	6.18	6.03	5.91
9	10.36	8.02	6.99	6.42	6.06	5.80	5.61	5.47	5.35
10	10.04	7.56	6.55	5.99	5.64	5.39	5.20	5.06	4.94
11	9.65	7.21	6.22	5.67	5.32	5.07	4.89	4.74	4.63
12	9.33	6.93	5.95	5.41	5.06	4.82	4.64	4.50	4.39
13	9.07	6.70	5.74	5.21	4.86	4.62	4.44	4.30	4.19
14	8.86	6.51	5.56	5.04	4.69	4.46	4.28	4.14	4.03
15	8.68	6.36	5.42	4.89	4.56	4.32	4.14	4.00	3.89
16	8.53	6.23	5.29	4.77	4.44	4.20	4.03	3.89	3.78
17	8.40	6.11	5.18	4.67	4.34	4.10	3.93	3.79	3.68
18	8.29	6.01	5.09	4.58	4.25	4.01	3.84	3.71	3.60
19	8.18	5.93	5.01	4.50	4.17	3.94	3.77	3.63	3.52
20	8.10	5.85	4.94	4.43	4.10	3.87	3.70	3.56	3.46
21	8.02	5.78	4.87	4.37	4.04	3.81	3.64	3.51	3.40
22	7.95	5.72	4.82	4.31	3.99	3.76	3.59	3.45	3.35
23	7.88	5.66	4.76	4.26	3.94	3.71	3.54	3.41	3.30
24	7.82	5.61	4.72	4.22	3.90	3.67	3.50	3.36	3.26
25	7.77	5.57	4.68	4.18	3.85	3.63	3.46	3.32	3.22
26	7.72	5.53	4.64	4.14	3.82	3.59	3.42	3.29	3.18
27	7.68	5.49	4.60	4.11	3.78	3.56	3.39	3.26	3.15
28	7.64	5.45	4.57	4.07	3.75	3.53	3.36	3.23	3.12
29	7.60	5.42	4.54	4.04	3.73	3.50	3.33	3.20	3.09
30	7.56	5.39	4.51	4.02	3.70	3.47	3.30	3.17	3.07
40	7.31	5.18	4.31	3.83	3.51	3.29	3.12	2.99	2.89
60	7.08	4.98	4.13	3.65	3.34	3.12	2.95	2.82	2.72
120	6.85	4.79	3.95	3.48	3.17	2.96	2.79	2.66	2.56
∞	6.63	4.61	3.78	3.32	3.02	2.80	2.64	2.51	2.41

v_2 \ v_1	10	15	20	24	30	40	60	120	∞
1	6056.	6157.	6209.	6235.	6261.	6287.	6313.	6339.	6366.
2	99.40	99.43	99.45	99.46	99.47	99.47	99.48	99.49	9930
3	27.23	26.87	26.69	26.60	26.50	26.41	26.32	26.22	26.12
4	14.55	14.20	14.02	13.93	13.84	13.74	13.65	13.56	13.46
5	10.05	9.72	9.55	9.47	9.38	9.29	9.20	9.11	9.02
6	7.87	7.56	7.40	7.31	7.23	7.14	7.06	6.97	6.88
7	6.62	6.31	6.16	6.07	5.99	5.91	5.82	5.74	5.65
8	5.81	5.52	5.36	5.28	5.20	5.12	5.03	4.95	4.86
9	5.26	4.96	4.81	4.73	4.65	4.57	4.48	4.40	4.31
10	4.85	4.56	4.41	4.33	4.25	4.17	4.08	4.00	3.91
11	4.54	4.25	4.10	4.02	3.94	3.86	3.78	3.69	3.60
12	4.30	4.01	3.86	3.78	3.70	3.62	3.54	3.45	3.36
13	4.10	3.82	3.66	3.59	3.51	3.43	3.34	3.25	3.17
14	3.94	3.66	3.51	3.43	3.35	3.27	3.18	3.09	3.00
15	3.80	3.52	3.37	3.29	3.21	3.13	3.05	2.96	2.87
16	3.69	3.41	3.26	3.18	3.10	3.02	2.93	2.84	2.75
17	3.59	3.31	3.16	3.08	3.00	2.92	2.83	2.75	2.65
18	3.51	3.23	3.08	3.00	2.92	2.84	2.75	2.66	2.37
19	3.43	3.15	3.00	2.92	2.84	2.76	2.67	2.58	2.49
20	3.37	3.09	2.94	2.86	2.78	2.69	2.61	2.52	2.42
21	3.31	3.03	2.88	2.80	2.72	2.64	2.55	2.46	2.36
22	3.26	2.98	2.83	2.75	2.67	2.58	2.50	2.40	2.31
23	3.21	2.93	2.78	2.70	2.62	2.54	2.45	2.35	2.26
24	3.17	2.89	2.74	2.66	2.58	2.49	2.40	2.31	2.21
25	3.13	2.85	2.70	2.62	2.54	2.45	2.36	2.27	2.17
26	3.09	2.81	2.66	2.58	2.50	2.42	2.33	2.23	2.13
27	3.06	2.78	2.63	2.55	2.47	2.38	2.29	2.20	2.10
28	3.03	2.75	2.60	2.52	2.44	2.35	2.26	2.17	2.06
29	3.00	2.73	2.57	2.49	2.41	2.33	2.23	2.14	2.03
30	2.98	2.70	2.55	2.47	2.39	2.30	2.21	2.11	2.01
40	2.80	2.52	2.37	2.29	2.20	2.11	2.02	1.92	1.80
60	2.63	2.35	2.20	2.12	2.03	1.94	1.84	1.73	1.60
120	2.47	2.19	2.03	1.95	1.86	1.76	1.66	1.53	1.38
∞	2.32	2.04	1.88	1.79	1.70	1.59	1.47	1.32	1.00

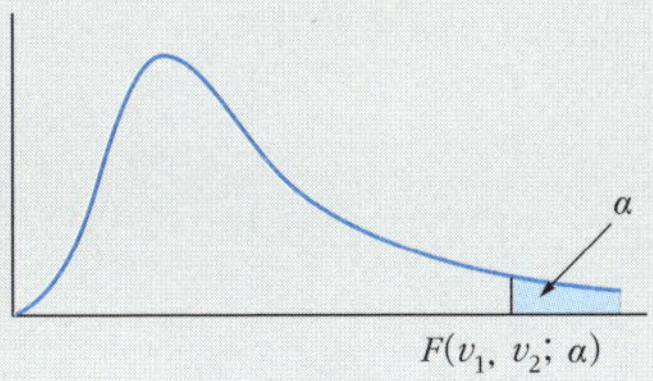

$(\alpha=0.025)$

v_2 \ v_1	1	2	3	4	5	6	7	8	9
1	647.8	799.5	864.2	899.6	921.8	937.1	948.2	956.7	693.3
2	38.51	39.00	39.17	39.25	39.30	39.33	39.36	39.37	39.39
3	17.44	16.04	15.44	15.10	14.88	14.73	14.62	14.54	14.47
4	12.22	10.65	9.98	9.60	9.36	9.20	9.07	8.98	8.90
5	10.01	8.43	7.76	7.39	7.15	6.98	6.85	6.76	6.68
6	8.81	7.26	6.60	6.23	5.99	5.82	5.70	5.60	5.52
7	8.07	6.54	5.89	5.52	5.29	5.12	4.99	4.90	4.82
8	7.57	6.06	5.42	5.05	4.82	4.65	4.53	4.43	4.36
9	7.21	5.71	5.08	4.72	4.48	4.32	4.20	4.10	4.03
10	6.94	5.46	4.83	4.47	4.24	4.07	3.95	3.85	3.78
11	6.72	5.26	4.63	4.28	4.04	3.88	3.76	3.66	3.59
12	6.55	5.10	4.47	4.12	3.89	3.73	3.61	3.51	3.44
13	6.41	4.97	4.35	4.00	3.77	3.60	3.48	3.39	3.31
14	6.30	4.86	4.24	3.89	3.66	3.50	3.38	3.29	3.21
15	6.20	4.77	4.15	3.80	3.58	3.41	3.29	3.20	3.12
16	6.12	4.69	4.08	3.73	3.50	3.34	3.22	3.12	3.05
17	6.04	4.62	4.01	3.66	3.44	3.28	3.16	3.06	2.98
18	5.98	4.56	3.95	3.61	3.38	3.22	3.10	3.01	2.93
19	5.92	4.51	3.90	3.56	3.33	3.17	3.05	2.96	2.88
20	5.87	4.46	3.86	3.51	3.29	3.13	3.01	2.91	2.84
21	5.83	4.42	3.82	3.48	3.25	3.09	2.97	2.87	2.80
22	5.79	4.38	3.78	3.44	3.22	3.05	2.93	2.84	2.76
23	5.75	4.35	3.75	3.41	3.18	3.02	2.90	2.81	2.73
24	5.72	4.32	3.72	3.38	3.15	2.99	2.87	2.78	2.70
25	5.69	4.29	3.69	3.35	3.13	2.97	2.85	2.75	2.68
26	5.66	4.27	3.67	3.33	3.10	2.94	2.82	2.73	2.65
27	5.63	4.24	3.65	3.31	3.08	2.92	2.80	2.71	2.63
28	5.61	4.22	3.63	3.29	3.06	2.90	2.78	2.69	2.61
29	5.59	4.20	3.61	3.27	3.04	2.88	2.76	2.67	2.59
30	5.57	4.18	3.59	3.25	3.03	2.87	2.75	2.65	2.57
40	5.42	4.05	3.46	3.13	2.90	2.74	2.62	2.53	2.45
60	5.29	3.93	3.34	3.01	2.79	2.63	2.51	2.41	2.33
120	5.15	3.80	3.23	2.89	2.67	2.52	2.39	2.30	2.22
∞	5.02	3.69	3.12	2.79	2.57	2.41	2.29	2.19	2.11

v_2 \ v_1	10	15	20	24	30	40	60	120	∞
1	968.6	984.9	993.1	997.2	1001	1006	1010	1014	1018
2	39.40	39.43	39.45	39.46	39.46	39.47	39.48	39.49	39.50
3	14.42	14.25	14.17	14.12	14.08	14.04	13.99	13.95	13.90
4	8.84	8.66	8.56	8.51	8.46	8.41	8.36	8.31	8.26
5	6.62	6.43	6.33	6.28	6.23	6.18	6.12	6.07	6.02
6	5.46	5.27	5.17	5.12	5.07	5.01	4.96	4.90	4.85
7	4.76	4.57	4.47	4.42	4.36	4.31	4.25	4.20	4.14
8	4.30	4.10	4.00	3.95	3.89	3.84	3.78	3.73	3.67
9	3.96	3.77	3.67	3.61	3.56	3.51	3.45	3.39	3.33
10	3.72	3.52	3.42	3.37	3.31	3.26	3.20	3.14	3.08
11	3.53	3.33	3.23	3.17	3.12	3.06	3.00	2.94	2.88
12	3.37	3.18	3.07	3.02	2.96	2.91	2.85	2.79	2.72
13	3.25	3.05	2.95	2.89	2.84	2.78	2.72	2.66	2.60
14	3.15	2.95	2.84	2.79	2.73	2.67	2.61	2.55	2.49
15	3.06	2.86	2.76	2.70	2.64	2.59	2.52	2.46	2.40
16	2.99	2.79	2.68	2.63	2.57	2.51	2.45	2.38	2.32
17	2.92	2.72	2.62	2.56	2.50	2.44	2.38	2.32	2.25
18	2.87	2.67	2.56	2.50	2.44	2.38	2.32	2.26	2.19
19	2.82	2.62	2.51	2.45	2.39	2.33	2.27	2.20	2.13
20	2.77	2.57	2.46	2.41	2.35	2.29	2.22	2.16	2.09
21	2.73	2.53	2.42	2.37	2.31	2.25	2.18	2.11	2.04
22	2.70	2.50	2.39	2.33	2.27	2.21	2.14	2.08	2.00
23	2.67	2.47	2.36	2.30	2.24	2.18	2.11	2.04	1.97
24	2.64	2.44	2.33	2.27	2.21	2.15	2.08	2.01	1.94
25	2.61	2.41	2.30	2.24	2.18	2.12	2.05	1.98	1.91
26	2.59	2.39	2.28	2.22	2.16	2.09	2.03	1.95	1.88
27	2.57	2.36	2.25	2.19	2.13	2.07	2.00	1.93	1.85
28	2.55	2.34	2.23	2.17	2.11	2.05	1.98	1.91	1.83
29	2.53	2.32	2.21	2.15	2.09	2.03	1.96	1.89	1.81
30	2.51	2.31	2.20	2.14	2.07	2.01	1.94	1.87	1.79
40	2.39	2.18	2.07	2.01	1.94	1.88	1.80	1.72	1.64
60	2.27	2.06	1.94	1.88	1.82	1.74	1.67	1.58	1.48
120	2.16	1.94	1.82	1.76	1.69	7.61	1.53	1.43	1.31
∞	2.05	1.83	1.71	1.64	1.57	1.48	1.39	1.27	1.00

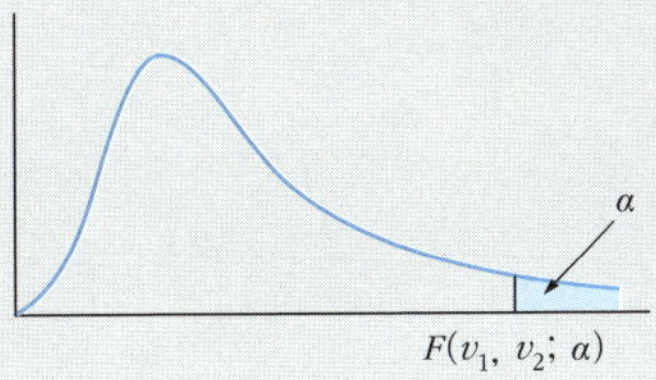

(α=0.05)

v_2 \ v_1	1	2	3	4	5	6	7	8	9
1	161.45	199.50	215.71	224.58	230.16	23399	236.77	238.88	240.54
2	18.51	19.00	19.16	1925	19.30	19.33	19.35	19.37	19.38
3	10.13	9.55	9.28	9.12	9.01	8.94	8.89	8.85	8.81
4	7.71	6.94	6.59	6.39	6.26	6.16	6.09	6.04	6.00
5	6.61	5.79	5.41	5.19	5.05	4.95	4.88	4.82	4.77
6	5.99	5.14	4.76	4.53	4.39	4.28	4.21	4.15	4.10
7	5.59	4.74	4.35	4.12	3.97	3.87	3.79	3.73	3.68
8	5.32	4.46	4.07	3.84	3.69	3.58	3.50	3.44	3.59
9	5.12	4.26	3.86	3.63	3.48	3.37	3.29	3.23	3.18
10	4.96	4.10	3.71	3.48	3.33	3.22	3.14	3.07	3.02
11	4.84	3.98	3.59	3.36	3.20	3.09	3.01	2.95	2.90
12	4.75	3.89	3.49	3.26	3.11	3.00	2.91	2.85	2.80
13	4.67	3.81	3.41	3.18	3.03	2.92	2.83	2.77	2.71
14	4.60	3.74	3.34	3.11	2.96	2.85	2.76	2.70	2.65
15	4.54	3.68	3.29	3.06	2.90	2.79	2.71	2.64	2.39
16	4.49	3.63	3.24	3.01	2.85	2.74	2.66	2.59	2.54
17	4.45	3.59	3.20	2.96	2.81	2.70	2.61	2.55	2.49
18	4.41	3.55	3.16	2.93	2.77	2.66	2.58	2.51	2.46
19	4.38	3.52	3.13	2.90	2.74	2.63	2.54	2.48	2.42
20	4.35	3.49	3.10	2.87	2.71	2.60	2.51	2.45	2.39
21	4.32	3.47	3.07	2.84	2.68	2.57	2.49	2.42	2.37
22	4.30	3.44	3.05	2.82	2.66	2.55	2.46	2.40	2.34
23	4.28	3.42	3.03	2.80	2.64	2.53	2.44	2.37	2.32
24	4.26	3.40	3.01	2.78	2.62	2.51	2.42	2.36	2.30
25	4.24	3.39	2.99	2.76	2.60	2.49	2.40	2.34	2.28
26	4.23	3.37	2.98	2.74	2.59	2.47	2.39	2.32	2.27
27	4.21	3.35	2.96	2.73	2.57	2.46	2.37	2.31	2.25
28	4.20	3.34	2.95	2.71	2.56	2.45	2.36	2.29	2.24
29	4.18	3.33	2.93	2.70	2.55	2.43	2.35	2.28	2.22
30	4.17	3.32	2.92	2.69	2.53	2.42	2.33	2.27	2.21
40	4.08	3.23	2.84	2.61	2.45	2.34	2.25	2.18	2.12
60	4.00	3.15	2.76	2.53	2.37	2.25	2.17	2.10	2.04
120	3.92	3.07	2.68	2.45	2.29	2.17	2.09	2.02	1.96
∞	3.84	3.00	2.60	2.37	2.21	2.10	2.01	1.94	1.88

v_2 \ v_1	10	15	20	24	30	40	60	120	∞
1	241.88	24595	248.01	249.05	250.09	251.14	252.20	25.32	254.32
2	19.40	19.43	1945	19.45	19.46	19.47	19.48	19.49	19.50
3	8.76	8.70	8.66	8.64	8.62	8.59	8.57	8.55	8.53
4	5.96	5.86	5.80	5.77	5.75	5.72	5.69	5.66	5.63
5	4.74	4.62	4.56	4.53	4.50	4.46	4.43	4.40	4.36
6	4.06	3.94	3.87	3.84	3.81	3.77	3.74	3.70	3.67
7	3.64	3.51	3.44	3.41	3.38	3.34	3.30	3.27	3.23
8	3.35	3.22	3.15	3.12	3.08	3.04	3.01	2.97	2.93
9	3.14	3.01	2.94	2.90	2.86	2.83	2.79	2.75	2.71
10	2.98	2.84	2.77	2.74	2.70	2.66	2.62	2.58	2.54
11	2.85	2.72	2.65	2.61	2.57	2.53	2.49	2.45	2.40
12	2.75	2.62	2.54	2.51	2.47	2.43	2.38	2.34	2.30
13	2.67	2.53	2.46	2.42	2.38	2.34	2.30	2.25	2.21
14	2.60	2.46	2.39	2.35	2.31	2.27	2.22	2.18	2.13
15	2.54	2.40	2.33	2.29	2.25	2.20	2.16	2.11	2.07
16	2.49	2.35	2.28	2.24	2.19	2.15	2.11	2.06	2.01
17	2.45	2.31	2.23	2.19	2.15	2.10	2.06	2.01	1.96
18	2.41	2.27	2.19	2.15	2.11	2.06	2.02	1.97	1.92
19	2.38	2.23	2.16	2.11	2.07	2.03	1.98	1.93	1.88
20	2.35	2.20	2.12	2.08	2.04	1.99	1.95	1.90	1.84
21	2.32	2.18	2.10	2.05	2.01	1.96	1.92	1.87	1.81
22	2.30	2.15	2.07	2.03	1.98	1.94	1.89	1.84	1.78
23	2.27	2.13	2.05	2.00	1.96	1.91	1.86	1.81	1.76
24	2.25	2.11	2.03	1.98	1.94	1.89	1.84	1.79	1.73
25	2.24	2.09	2.01	1.96	1.92	1.87	1.82	1.77	1.71
26	2.22	2.07	1.99	1.95	1.90	1.85	1.80	1.75	1.69
27	2.20	2.06	1.97	1.93	1.88	1.84	1.79	1.73	1.67
28	2.19	2.04	1.96	1.91	1.87	1.82	1.77	1.71	1.65
29	2.18	2.03	1.94	1.90	1.85	1.81	1.75	1.70	1.64
30	2.16	2.01	1.93	1.89	1.84	1.79	1.74	1.68	1.62
40	2.08	1.92	1.84	1.79	1.74	1.69	1.64	1.58	1.51
60	1.99	1.84	1.75	1.70	1.65	1.59	1.53	1.47	1.39
120	1.91	1.75	1.66	1.61	1.55	1.50	1.43	1.35	1.25
∞	1.83	1.67	1.57	1.52	1.46	1.39	1.31	1.22	1.00

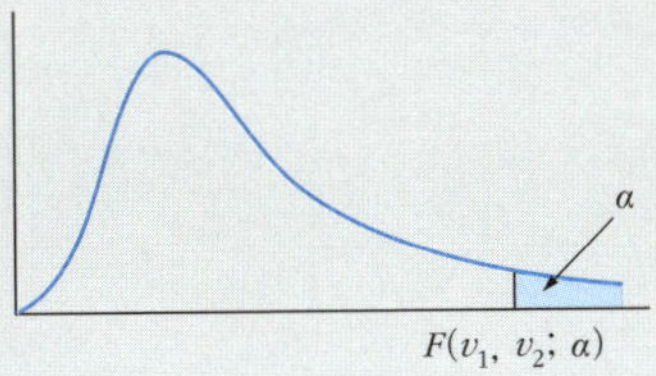

$(\alpha=0.10)$

v_2 \ v_1	1	2	3	4	5	6	7	8	9
1	39.86	49.50	53.59	55.83	57.24	58.20	58.91	59.44	59.86
2	8.33	9.00	9.10	9.24	9.29	9.33	9.35	9.37	9.38
3	5.54	5.46	5.39	5.34	5.31	5.28	5.27	5.25	5.24
4	4.54	4.32	4.19	4.11	4.05	4.01	3.98	3.95	3.94
5	4.06	3.78	3.62	3.52	3.45	3.40	3.37	3.34	3.32
6	3.78	3.46	3.29	3.18	3.11	3.05	3.01	2.98	2.96
7	3.59	3.26	3.07	2.96	2.88	2.83	2.78	2.75	2.72
8	3.46	3.11	2.92	2.81	2.73	2.67	2.62	2.59	2.56
9	3.36	3.01	2.81	2.69	2.61	2.55	2.51	2.47	2.44
10	3.28	2.92	2.73	2.61	2.52	2.46	2.41	2.38	2.35
11	3.23	2.86	2.66	2.54	2.45	2.39	2.34	2.30	2.27
12	3.13	2.81	2.61	2.48	2.39	2.33	2.28	2.24	2.21
13	3.14	2.76	2.56	2.43	2.35	2.28	2.23	2.20	2.16
14	3.10	2.73	2.52	2.39	2.31	2.24	2.19	2.15	2.12
15	3.07	2.70	2.49	2.36	2.27	2.21	2.16	2.12	2.09
16	3.05	2.67	2.46	2.33	2.24	2.18	2.13	2.09	2.06
17	3.03	2.64	2.44	2.31	2.22	2.15	2.10	2.06	2.03
18	3.01	2.62	2.42	2.29	2.20	2.13	2.08	2.04	2.00
19	2.99	2.61	2.40	2.27	2.18	2.11	2.06	2.02	1.98
20	2.97	2.59	2.38	2.25	2.16	2.09	2.04	2.00	1.96
21	2.96	2.37	2.36	2.23	2.14	2.08	2.02	1.98	1.95
22	2.95	2.56	2.35	2.22	2.13	2.06	2.01	1.97	1.93
23	2.94	2.55	2.34	2.21	2.11	2.05	1.99	1.95	1.92
24	2.93	2.34	2.33	2.19	2.10	2.04	1.98	1.94	1.91
25	2.92	2.33	2.32	2.18	2.09	2.02	1.97	1.93	1.89
26	2.91	2.52	2.31	2.17	2.08	2.01	1.96	1.92	1.88
27	2.90	2.51	2.30	2.17	2.07	2.00	1.95	1.91	1.87
28	2.89	2.50	2.29	2.16	2.06	2.00	1.94	1.90	1.87
29	2.89	2.50	2.28	2.15	2.06	1.99	1.93	1.89	1.86
30	2.88	2.49	2.28	2.14	2.05	1.98	1.93	1.88	1.85
40	2.84	2.44	2.23	2.09	2.00	1.93	1.87	1.83	1.79
60	2.79	2.39	2.18	2.04	1.95	1.87	1.82	1.77	1.74
120	2.75	2.35	2.13	1.99	1.90	1.82	1.77	1.72	1.68
∞	2.71	2.30	2.08	1.94	1.85	1.77	1.72	1.67	1.63

v_2 \ v_1	10	12	15	20	24	30	40	60	120	∞
1	60.20	60.71	61.22	61.74	62.00	62.26	62.53	62.79	63.06	63.83
2	9.39	9.41	9.42	9.44	9.45	9.46	9.47	9.47	9.48	9.49
3	5.23	5.22	5.20	5.18	5.18	5.17	5.16	5.15	5.14	5.13
4	3.92	3.90	3.87	3.84	3.83	3.82	3.80	3.79	3.78	3.76
5	3.30	3.27	3.24	3.24	3.19	3.17	3.16	3.14	3.12	3.10
6	2.94	2.90	2.87	2.84	2.82	2.80	2.78	2.76	2.74	2.72
7	2.70	2.67	2.63	2.59	2.58	2.56	2.54	2.51	2.49	2.47
8	2.54	2.50	2.46	2.42	2.40	2.38	2.36	2.34	2.32	2.29
9	2.42	2.38	2.34	2.30	2.28	2.25	2.23	2.21	2.18	2.16
10	2.32	2.28	2.24	2.20	2.18	2.16	2.13	2.11	2.08	2.06
11	2.25	2.21	2.17	2.12	2.10	2.08	2.05	2.03	2.00	1.97
12	2.19	2.15	2.10	2.06	2.04	2.01	1.99	1.96	1.93	1.90
13	2.14	2.10	2.05	2.01	1.98	1.96	1.93	1.90	1.88	1.85
14	2.10	2.05	2.01	1.96	1.94	1.91	1.89	1.86	1.83	1.80
15	2.06	2.02	1.97	1.92	1.90	1.87	1.85	1.82	1.79	1.76
16	2.03	1.99	1.94	1.89	1.87	1.84	1.81	1.78	1.75	1.72
17	2.00	1.96	1.91	1.86	1.84	1.81	1.78	1.75	1.72	1.69
18	1.98	1.93	1.89	1.84	1.81	1.78	1.75	1.72	1.69	1.66
19	1.96	1.91	1.86	1.81	1.79	1.76	1.73	1.70	1.67	1.63
20	1.94	1.89	1.84	1.79	1.77	1.74	1.71	1.68	1.64	1.61
21	1.92	1.88	1.83	1.78	1.75	1.72	1.69	1.66	1.62	1.59
22	1.90	1.86	1.81	1.76	1.73	1.70	1.67	1.64	1.60	1.57
23	1.89	1.84	1.80	1.74	1.72	1.69	1.66	1.62	1.59	1.55
24	1.88	1.83	1.78	1.73	1.70	1.67	1.64	1.61	1.57	1.53
25	1.87	1.82	1.77	1.72	1.69	1.66	1.63	1.59	1.56	1.52
26	1.86	1.81	1.76	1.71	1.68	1.65	1.61	1.58	1.54	1.50
27	1.85	1.80	1.75	1.70	1.67	1.64	1.60	1.57	1.53	1.49
28	1.84	1.79	1.74	1.69	1.66	1.63	1.59	1.56	1.52	1.48
29	1.83	1.78	1.73	1.68	1.65	1.62	1.58	1.55	1.51	1.47
30	1.82	1.77	1.72	1.67	1.64	1.61	1.57	1.54	1.50	1.46
40	1.76	1.71	1.66	1.61	1.57	1.54	1.51	1.47	1.42	1.38
60	1.71	1.66	1.60	1.54	1.51	1.48	1.44	1.40	1.35	1.29
120	1.65	1.60	1.54	1.48	1.45	1.41	1.37	1.32	1.26	1.19
∞	1.60	1.55	1.49	1.42	1.33	1.34	1.30	1.24	1.17	1.00

해답

Chapter 01

1. ❶ 명목척도 ❷ 비율척도 ❸ 명목척도 ❹ 비율척도
   ❺ 비율척도 ❻ 비율척도 ❼ 서열(순위)척도 ❽ 비율척도
   ❾ 서열(순위)척도 ❿ 구간(등간)척도

2. ❶ 시민권을 가지고 있는 65,000명의 시민
   ❷ 생략

3. ❶ 이번 학기 수강생 50명
   ❷ 중간고사 점수
   ❸ 이번 학기 수강생들의 중간고사 점수의 평균

4. ❶ 표본 ❷ 모집단 ❸ 모집단 ❹ 표본

5. ❶ 표본: 그 강의를 들은 모든 졸업생들을 추적하여 연락을 취하기가 힘들다.
   ❷ 모집단: 오픈된 정보를 쉽게 찾을 수 있다.
   ❸ 모집단: 조사해야 할 데이터가 적고, 정보를 쉽게 구할 수 있다.

6. ❶ 명목척도, 서열척도, 비율척도
   ❷ 만족도에 대한 응답 간격이 동일하도록 예를 들면, 1점부터 5점까지 점수를 부여한다.

7. ❶ 서열척도: 순위가 있음
   ❷ 비율척도: 절대적 측정값이 있음

8. 표본조사에서 80%에 해당되는 고객들이 조건 없는 반품 정책에 만족하는 것을 확인하였으므로, 결과적으로 유사 비율로 A 마트의 고객들이 해당 정책에 만족한다고 판단할 수 있다.

Chapter 02

1. 1천만원은 8억원에 비해 매우 작다. 그러므로 (8억/10) = 8천만(원)을 계급의 폭으로 하고 0에서부터 시작한다.

2. 7

3. 8, 60

4. 생략

5. 생략

6. 생략

7. 생략

8. 생략

9. 생략

10. 생략

11. 생략

12. 생략

13. ❶ 생략 ❷ 30% ❸ 50%

14. 생략

Chapter 03

1. ❶ 증가 ❷ 불변 ❸ 불변
   ❹ 증가 ❺ 증가

2. ❶ 5.75 ❷ 7 ❸ 8.25

3. ❶ 13 ❷ 22 ❸ 29.5

4. ❶ 중앙값 7, 최빈값 7, 평균 7 ❷ 최솟값 3, 최댓값 10, 범위 7
   ❸ 제1사분위수 5.75 ❹ 분산 4, 표준편차 2
   ❺ 생략

5. 2번째 데이터와 3번째 데이터 사이에서 2번째 데이터로부터 70%만큼 3번째 데이터 쪽으로 이동하여 값을 찾는다.

6. 38번째 데이터와 39번째 데이터 사이에서 38번째 데이터로부터 25%만큼 39번째 데이터쪽으로 이동하여 값을 찾는다.

7. 토익성적이 더 우수
   Z전공 $=(90-87)/10=0.3$, Z토익 $=(800-700)/20=5$

8. ❶ 11 ❷ 0.90

9. ❶ 중앙값 67, 최빈값 67, 평균 67.70 ❷ 최솟값 27, 최댓값 110, 범위 83
❸ 제1사분위수 59 ❹ 분산 182.49, 표준편차 13.51
❺ 생략

10. ❶ 중앙값 3.12, 최빈값 2.82, 평균 3.04 ❷ 제1사분위수 2.85
❸ 분산 0.10, 표준편차 0.31

11. ❶ 중앙값 1.52, 최빈값 1.53, 평균 1.50 ❷ 최솟값 1.25 최댓값 1.77 범위 0.52
❸ 제1사분위수 1.44 ❹ 분산 0.01, 표준편차 0.11
❺ 생략

12. ❶ A팀 중앙값 8.52, 평균 9.38
B팀 중앙값 11.96, 평균 11.35
❷ A팀 최솟값 4.42, 최댓값 21.62, 범위 17.20
B팀 최솟값 2.33, 최댓값 25.75, 범위 23.42
❸ A팀 제1사분위수 7.34
B팀 제1사분위수 6.98
❹ A팀 분산 15.98, 표준편차 4.00
B팀 분산 26.28, 표준편차 5.13
❺ 생략

13. 평균, 평균, 중앙값, 최빈값

14. 용돈의 크기를 보면 고등학생이 더 많아 보이지만, 표준화값을 보면 상대적으로 중학생의 용돈이 더 큰 금액이다.

15. 84%, 88.89%, 93.75%

16. ❶ 480만원과 520만원 사이
❷ 460만원과 540만원 사이
❸ 440만원과 560만원 사이

17. A은행

18. 21.75, 15.65

19. 생략

20. 생략

Chapter 04

1. 2/3, 1/3

2. ❶ 환경 이슈에 대한 40명의 설문조사
   ❷ 30명 이상이 예라고 응답
   ❸ 0.25
   ❹ 경험적
   ❺ 사건들은 동일한 확률을 가짐. 상호배반적

3. ❶ P(1등상) = 10/200 = 0.05
   ❷ P(2등상) = 20/200 = 0.10
   ❸ P(상) = 0.05 + 0.10 = 0.15
   ❹ P(상타지 못함) = 1 − 0.15 = 0.85

4. 남성: M 여성: F
   ❶ MMM, MMF, MFM, FMM, FFM, FMF, MFF, FFF
   ❷ 0.94 ❸ 0.65 ❹ 0.65 ❺ 0.94

5. 0.93

6. 0.7

7. 0.7

8. 0.7

9. 0.5, 0.5

10. ❶ 0.2 ❷ 0.3
    ❸ 아니오. 둘 다 가지고 있는 상가일 수도 있으므로
    ❹ 결합확률 ❺ 0.9

11. ❶ 0.002 ❷ 0.14
    ❸ 아니오.왜냐하면 3명의 여자와 1명의 남자와 같은 다른 가능성이 있기 때문

12. 0.125

13. ❶ 0.57 ❷ 0.53

14. ❶ 0.12 ❷ 0.40

15. ❶ 0.72 ❷ 독립 아님

16. ❶ 0.64 ❷ 0.71 ❸ 독립 아님

17. 0.7

18. 거의 100%

19. 상호배반사건, A와 B가 동시에 발생될 수 없으며 이는 발생될 수 있는 전체 사건 중 일부이다.

20. 0

21. 0.8

22. 0.455

23. 0.55

24. 0.625

25. ❶ 0.08 ❷ 독립이 아니다.
❸ 모든 발생가능성이 결합확률로 표현되므로 합은 1이다.

26. 0.38

27. 0.81

28. ❶ 0.63 ❷ 0.08

29. ❶ 생략 ❷ 0.390, 0.19 ❸ 생략

30. ❶ 0.05175 ❷ 0.1159

Chapter 05

1. ❶ 이산 ❷ 이산 ❸ 이산 ❹ 연속
❺ 이산 ❻ 연속

2. $P(X=x)=P(x)=x/10\ (x=1,2,3,4)$

3. ❶ 0.125 ❷ 0.575 ❸ 2.68, 1.37

4. $f(x)=\binom{3}{x}0.5^x(1-0.5)^{(3-x)}\ (x=0,1,2,3)$

5. ❶ 0.3 ❷ 생략 ❸ 0.72, 0.02

6. ❶ 0.2668 ❷ 0.1715 ❸ 0.0404

7. 0.7149

8. 2,200만원, 1,560,000만원

9. ❶ 0.9831 ❷ 0.9401 ❸ 0.7359

10. ❶ 0.2668 ❷ 0.1715 ❸ 0.0404

11. ❶ 0.000395 ❷ 0.000003 ❸ 0.03, 0.1729

12. 0.2668

13. ❶ 생략 ❷ 0.0922 ❸ 0.00008 ❹ 0.1, 0.098

14. ❶ HHH, HHT, HTH, THH, HTT, THT, TTH, TTT
❷ 생략 ❸ 1.5, 0.75 ❹ 생략

15. ❶ 0.7351 ❷ 0.2321 ❸ 5.7, 0.285

16. ❶ 0.2479 ❷ 0.7521 ❸ 0.0038

17. ❶ 0.387 ❷ 0.001 ❸ 0.992 ❹ 0.947

18. ❶ 0.358 ❷ 0.642 ❸ 0.076

19. ❶ 0.7408 ❷ 0.2222

20. ❶ 생략(16가지 경우) ❷ 1.2, 0.84

21. ❶ 0.0065 ❷ 0.0072

22. 30,000, 420,000

23. ❶ 0.0907 ❷ 0.6916

24. 0.0127

25. 0.7149

26. 0.168031

27. ❶ 0.2707 ❷ 0.0526 ❸ 0.1353

Chapter 06

1. ❶ 생략 ❷ 17.5, 18.75 ❸ 0.333

2. 1/2, 1/5

3. $f(x)=1/284\ (141 \le x \le 425)$, $f(x)=0$ (이외의 구간)
   $E(x)=283$, $Var(x)=6721.3$

4. ❶ 생략 ❷ $(1/30)\times 30=1$ ❸ 15분, 8.66분
   ❹ 0.1667 ❺ 0.3333

5. ❶ 생략 ❷ $(1/6)\times 6=1$ ❸ 11,
   ❹ 0.667 ❺ 0.167

6. ❶ 0.2486 ❷ 0.4525 ❸ 0.0475

7. ❶ 0.7745 ❷ 0.00003 ❸ 0

8. ❶ 0.0013 ❷ 0.4772

9. 0.8904

10. ❶ 12.85 ❷ 7.15 ❸ 6.61

11. ❶ 17.8시간과 20.2시간
    ❷ 16.6시간과 21.4시간
    ❸ 15.4시간과 22.6시간

12. 1,571

13. ❶ 215 ❷ 270

14. 214

15. ❶ 628 ❷ 335.5

16. ❶ 0.1587 ❷ 0.3413 ❸ 0.0401

17. ❶ 0.0808 ❷ 3677.5

18. ❶ 402.75, 114.18 ❷ 0.1841 ❸ 509.57 (약 591주)

19. ❶ 각각 독립인 n번의 시행(500명의 회원이 대상)이다. 결과는 두 가지 가능한 결과로 구분된다. 각 시행의 성공확률(심한 과체중일 확률)은 30%이고, 시행에 관계없이 일정하며, 실패 확률(심한 과체중이 아닐 확률)은 70%이다. 그리고 각 시행은 독립이다.
❷ 0.0084 ❸ 0.8461

20. ❶ 0.5, 10 ❷ 5.25, 2.74 ❸ 0.5263 ❹ 2.875, 7.625

21. ❶ 0.341332 ❷ 0.774529 ❸ 0.0495 ❹ 35.3

22. ❶ 0.0047 ❷ 0.1241 ❸ 0.8413
❹ 없다: Z값이 5(경험률 참고)

23. 462,718, 29,126

24. ❶ 22일 ❷ 0.1492 ❸ 44,340원

Chapter 07

1. 생략

2. 생략

3. 생략

4. ❶ 표본평균의 표준편차는 작아진다.
❷ 중심극한정리에 의해 정규분포가 된다.
❸ 평균을 중심으로 분포모양이 더욱 좁아진다. 즉, 분산이 작아지므로 평균 추정치가 더욱 정확해진다.

5. $np \geq 5$, $n(1-p) \geq 5$이면 정규분포를 이용하여 이항분포를 근사계산할 수 있다.

6. ❶ 3, 0.67 ❷ 생략 ❸ 생략

7. 20, 0.3

8. 5, 0.32

9. ❶ 0.6826 ❷ 0.9544

10. ❶ 0.6826 ❷ 0.9544

11. ❶ 0.8413
❷ 평균 163, σ가 1.342인 정규분포를 따른다
❸ 0.4319

12. ❶ 정규분포 ❷ 0.9708 ❸ 0.1379

13. 두 번째 조사기관이다. 이유는 표본의 수가 많을수록 모평균을 더욱 좁은 범위에서 추정할 수 있기 때문이다. 또한 스마트폰 사용자를 대상으로 한 조사라는 점, 그리고 출시 예정 제품을 시범적으로 써보고 난 후의 의견들은 마케팅 전략에 제대로 활용될 수 있다.

14. 2.3717kg

15. 0.9966

16. ❶ 정규분포 ❷ 1.1 ❸ 0.1814
❹ 0.6736 ❺ 0.4922

Chapter 08

1. ❶ (0.94, 2.10) ❷ (1.04, 2.00) ❸ 생략

2. (24.28, 27.72), 신뢰구간 안에 포함되지 않으므로 적절하지 않다.

3. 생략

4. (29.02, 30.98)

5. (1.51, 3.49)

6. (11.02, 15.98)

7. (0.71, 1.47)

8. (0.08, 0.22)

9. (0.04, 0.09)

10. 16.38 (17 이상)

11. ❶ 20(천원), 모평균에 대한 최적의 점추정치이다.
❷ (18.6, 21.40), 같은 방법으로 100개의 신뢰구간을 구하면 그중 95개는 모평균을 포함한다고 볼 수 있다.
❸ (18.775, 21.225), 샘플 사이즈가 커지면 표준오차가 작아지고 신뢰구간의 폭도 좁아진다.

12. ❶ (0.13, 0.22) ❷ 156.27 (157 이상)

13. 62개

14. ❶ 0.80 ❷ (0.782, 0.818)
❸ 정관조건인 0.75가 신뢰구간에 포함되므로 조건이 충족되어 해당 안건이 통과될 것으로 보인다.

15. ❶ (0.021, 0.107)
❷ 0.1이 해당 신뢰구간 안에 있으므로 해당 결론이 합당하다 할 수 있다.
❸ (0.011, 0.059), 0.05가 해당 신뢰구간 안에 있으므로 해당 결론이 합당하다 할 수 있다.

16. ❶ 0.3 ❷ (0.276, 0.324)

17. (0.648, 0.752), 신뢰하한이 0.5보다 크므로 재선이 가능할 것으로 보인다.

18. 865

19. ❶ (0.489, 0.551) ❷ 0.102 ❸ (0.502, 0.538), 0.0143

Chapter 09

1. ❶ z통계량 ❷ z통계량 ❸ t통계량

2. ❶ H_a, $\mu<30$, -1.645
❷ H_a, $\mu>20$, 1.28

3. 신제품의 평균수명이 50,000시간이라고 할 수 없다.

4. ❶ H_0: $p\leq 0.5$, H_a: $p>0.5$
❷ 지역민들의 절반 이상은 강한 반대의견을 갖고 있다고 할 수 있다.

5. 홍삼제품의 함량이 규격에 합당하다고 할 수 없다(홍삼제품의 함량이 100mg 이상이라고 할 수 없다).

6. 자사제품의 규격에 적합하다고 할 수 없다(자사제품의 규격이 100kg이 아니다).

7. 평균 생산량이 200이 아니라고 할 수 없다.

8. 대학생 주 평균 커피소비량이 6.8잔보다 적다고 결론 내릴 수 있다.

9. 33

10. 품질관리가 제대로 이루어지고 있다고 볼 수 없다(불량률이 3% 미만이라고 할 수 없다).

11. 기숙사 증축이 합당하다고 할 수 없다(전체학생의 40% 이상이 기숙사 입사를 희망한다고 볼 수 없다).

12. ❶ 1.645 ❷ 생략 ❸ 0.0853
❹ 귀무가설을 기각할 수 없다.(모평균은 15 이하라고 할 수 없다)

13. 제품의 평균수명이 향상되었다고 볼 수 없다.

14. 16개 이상

15. 회사의 주장을 받아들일 수 없다(보증기간에 고장나는 배터리의 비율이 1% 미만이라고 할 수 없다).

16. 주당 평균 전화 횟수가 40회 이상이라고 결론 내릴 수 있다.

17. 재신임 가능성이 없다고 볼 수 있다.

18. 90% 미만의 주문이 10분 이내에 배달이 완료된다고 할 수 있다.

19. ❶ 8.726, 9.274 ❷ 0.8508 ❸ 0.4404

Chapter 10

1. 모분산이 6보다 크다고 할 수 없다.

2. ❶ (15.86, 45.31)
❷ 모분산이 10점보다 작다고 할 수 없다.

3. 무게의 분산이 1mg을 초과하지 않는다고 할 수 있다.

4. ❶ 모표준편차가 2.5암페어 시간을 넘지 않는다고 볼 수 있다.
❷ 생략

5. 설탕포의 무게 표준편차가 0.5kg을 넘지 않는다고 할 수 없다.

6. 조립가구의 두께 분산이 2.25mm를 넘지 않는다고 할 수 없다.

7. 표준편차가 3억원을 넘지 않는다고 볼 수 있다.

8. (15.0674, 69.8508)

9. 납품된 용수철이 아동완구 생산업체의 요구수준을 충족시키지 못한다.

10. (15.096, 43.011)

Chapter 11

1. ❶ A, B제품의 모평균에 차이가 있다고 할 수 있다.
❷ A, B제품의 모평균에 차이가 있다고 할 수 있다.

2. A, B 두 반의 성적이 같다고 볼 수 있다.

3. B정당의 찬성비율이 A정당의 찬성비율보다 높다고 할 수 없다.

4. 귀무가설을 기각할 수 없다. 즉, 두 모집단 평균이 다르다고 할 수 없다.

5. 여학생의 평균 점수가 남학생의 평균점수보다 높다고 할 수 없다.

6. ❶ (0.18, 3.82)
❷ 기혼자와 미혼자의 평균업무성과에 차이가 있다고 할 수 있다.

7. ❶ 섭취 전 표본평균 140.20, 표준편차 13.80
섭취 후 표본평균 134.73, 표준편차 12.59
❷ 발아현미 섭취 전후의 혈압에 차이가 있다고 할 수 있다.

8. B라인의 제품강도가 더 크다고 볼 수 없다.

9. ❶ (0.02, 0.38)
❷ 기존치약이 새로 개발된 치약보다 평균충치수가 더 많다고 할 수 있다.

10. 두 생산라인의 불량률에 차이가 없다고 할 수 있다.

11. 제품A의 생산시간 분산이 제품B의 생산시간 분산보다 크다고 할 수 없다.

12. 훈련교육을 실시한 후 작업시간 단축되었다고 할 수 있다.

13. 이탈률에 차이가 없다.

14. 특별 프로그램은 교통사고 수를 줄이는 데 역할을 하였다.

15. 기존 진통제와 신약의 효과는 차이가 없다.

16. 비율이 같다고 할 수 없다.

17. 남학생 여학생 집단의 청취시간 변동의 차이가 없다.

Chapter 12

1. 어떤 특성치에 영향을 미치는 하나의 인자만을 실험대상으로 하는 실험계획법이 일원배치 ANOVA 이며, 종속변수에 영향을 미치는 독립변수인 인자가 두 개인 경우를 이원배치 ANOVA라 한다.

2. 협력업체 간 제품품질에 차이가 있다고 볼 수 없다.

3. 후보지 간 평가점수에 차이가 있다고 볼 수 없다.

4. 세 명의 직원에 대한 평균 서비스 고객 수가 같다고 말할 수 없다.

5. 노선의 평균 주행시간에 차이가 있다. 운전자별 평균 주행시간에 차이가 있다.

6. 노선의 평균 주행시간에 차이가 있다. 운전자별 평균 주행시간에 차이가 있다. 노선과 운전자 간 상호작용 효과가 있다.

7. 3사 제품의 모분산이 동일하다고 볼 수 있다.

8. 매출액은 판매촉진방법뿐 아니라 점포유형에 따라서도 차이를 보인다고 할 수 있다.

9. 서비스 점수는 체인점에 따라서뿐만 아니라 평가단에 따라서도 차이를 보인다.

10. 업체의 제품품질 간 차이가 있다고 볼 수 있다.

11. 체인점의 서비스 평가에 차이가 있으며, 고객단의 의견 간에도 차이가 있다고 볼 수 있다.

12. ❶ 2155, 6, 12, 77.5, 210.5, 359.1667, 27.8333, 2.7844, 7.5629, 12.9042, 3.49, 3.89, 3.00
❷ 인자 A의 평균은 모두 같다고 할 수 있다./ 인자 B의 평균은 모두 같다고 말할 수 없다./ 인자 A와 B의 교호작용이 있다.

Chapter 13

1. ❶ 생략
❷ $Y=45.1844+5.6941X$
❸ 147.6782
❹ 회귀식이 통계적으로 의미가 있다(유의수준 5%에서 가설검정).

2. ❶ $Y=40.8174+0.0946X$
❷ 약 23%
❸ 회귀식이 통계적으로 유의하지 않다.

3. 0.82, 82%

4. 상관계수가 +1에 가까우므로 두 변수는 강한 양의 상관을 가진다. 즉, 연구개발비가 증가할수록 매출액도 상승한다. 또한 결정계수는 0.81, 즉 80%이므로 매출액 변동의 약 80%가 연구개발비의 변동으로 설명된다.

5. ❶ 0.5761, 9.9008, 784.2105, 98.0263, 10.8725
❷ 종속변수의 변동이 독립변수의 변동에 의해 설명될 수 있는 비율이 약 57.6%이다.

③ 회귀식이 통계적으로 유의하다.

④ 방문자수 = 18.9474 + 1.1842 × (광고횟수)

⑤ 광고횟수가 증가할수록 방문자의 수도 증가한다.

⑥ 71.052

6. ① 생략

② $b_0 = 0.3033$, $b_1 = 0.0049$. 회귀계수 b_0, b_1은 회귀식의 y절편 β_0와 기울기 β_1의 불편추정량이다.

③ 0.7978, 79.8%. MBA 성적의 변동이 GMAT 성적의 변동에 의해 설명될 수 있는 비율이 약 80%이다.

④ 회귀식은 통계적으로 유의하다.

7. ① 생략

② $b_0 = -7.9396$, $b_1 = 14.8381$. 회귀계수 b_0, b_1은 회귀식의 y절편 β_0와 기울기 β_1의 불편추정량이다.

③ b_0의 표준오차: 14.8382, b_1의 표준오차: 0.2055

④ 0.6669. 특정 호텔 이용률의 변동이 탑승객 수의 변동에 의해 설명될 수 있는 비율이 약 66.7%이다.

⑤ 회귀식은 통계적으로 유의하다.

Chapter 14

1. ① $Y = 17.8738 - 6.0166X_1 + 0.0203X_2$

② 유의수준 5%에서 회귀모형이 통계적으로 유의하지 않음을 검정할 수 있다. 또한 회귀계수에 대한 개별 유의성 검정 결과를 보면, 연소득에 대한 회귀계수는 통계적으로 유의하지 않으므로 연소득이 연간의복비에 영향을 준다고 할 수 없다.

③ 결정계수는 0.2971, 29.7%

2. ① 근무연수 = −8.2899 + 0.3245 × 나이 − 0.6425 × 교육수준 − 1.7841 × 전직회사수 + 0.0002 × 봉급

그러나, 교육수준을 더미변수로 처리하였으므로, 추정회귀방정식은 교육수준(더미변수)의 값에 따라 다음과 같이 달라진다.

교육수준이 학사($X_2 = 0$)일 때,
근무연수 = −8.2899 + 0.3245 × 나이 − 1.7841 × 전직회사수 + 0.0002 × 봉급

교육수준이 석사($X_2 = 1$)일 때,
근무연수 = −(8.2899 + 0.6425) + 0.3245 × 나이 − 1.7841 × 전직회사수 + 0.0002 × 봉급

② 나이, 전직회사수

③ 0.8323, 83.23%

3. ① 회귀모형의 유의성 검정: 분산분석표를 보면, 회귀모형이 통계적으로 의미 있음을 알 수 있다. 또

한, 결정계수가 99.95%로 종속변수인 월임대료에 대한 변동의 대부분이 독립변수들의 변동으로 설명된다.

❷ 회귀계수의 유의성 검정: 각각의 독립변수 모두가 통계적으로 유의하며, 이는 각 독립변수의 회귀계수가 0이 아니며 모든 독립변수가 종속변수에 대한 설명력을 가지고 있음을 알 수 있다.

❸ 추정 회귀방정식:

월임대료 = 99.3067 − 0.2797 × 시내소요시간 − 29.3215 × 빌라 + 20.1135 × 아파트 + 0.1012 × 실거주넓이

즉, 단독주택에 비해 빌라의 임대료는 29.3215만큼 적고, 아파트의 임대료는 20.1135만큼 더 높다고 볼 수 있다. 그러나 추정회귀방정식은 거주형태(더미변수)에 따라 다음과 같이 달라진다.

거주형태가 단독주택($X_1=0$, $X_2=0$)일 때,
월임대료 = 99.3067 − 0.2797 × 시내소요시간 + 0.1012 × 실거주넓이

거주형태가 빌라($X_1=1$, $X_2=0$)일 때,
월임대료 = (99.3067 − 29.3215) − 0.2797 × 시내소요시간 + 0.1012 × 실거주넓이

거주형태가 아파트($X_1=0$, $X_2=1$)일 때,
월임대료 = (99.3067 + 20.1135) − 0.2797 × 시내소요시간 + 0.1012 × 실거주넓이

4. ❶ 4, 21, 176777.1, 44194.27, 92.24462, 479.0986

❷ 매출액 = 178.3203 + 1.8071 × (광고비) + 3.3178 × (거래처수) − 21.1850 × (경쟁자수) + 0.3245 × (시장잠재력)

❸ 종속변수의 변동이 독립변수의 변동에 의해 설명될 수 있는 비율이 약 99%이다.

❸ 회귀식이 통계적으로 유의하다.

❹ 광고비와 시장잠재력을 제외하고는 유의수준 0.05에서 통계적으로 유의하다.

❺ 광고비와 시장잠재력에 대해 고민해 보아야 한다. 유의수준을 조절하거나, 만약 변수를 제외시켜야 한다면, 통계적으로 유의하지 않더라도 연구변수에 대한 중요성을 충분히 고려하여 결정해야 한다.

Chapter 15

1. 맥주 브랜드 간에 차이가 없다고 할 수 있다.

2. 연령별로 사학법 개정에 대한 찬반의견이 동일하지 않다고 할 수 있다.

3. ❶ 남성 사무직 42, 기능직 18
여성 사무직 28, 기능직 12

❷ 성별과 직무유형간 관계는 독립이라고 할 수 있다.

4. 거주지역과 신문섹션과는 관련성이 없다.

5. 핸드폰 사용과 자동차 사고는 관련성이 없다.

6. 제조사와 전구의 품질과는 관련성이 없다.

7. 가구당 자녀수와 가구의 연소득은 독립이라고 할 수 없다.

8. 소득수준과 복권구매와는 관련성이 있다.

【저자소개】

이 홍 배

부산대학교 상과대학 회계학과
부산대학교 대학원(경영학 석사)
부산대학교 대학원(경영학 박사)
한국경영학회, 한국인터넷전자상거래학회, 한국산업경영학회 회원
대한경영학회 상임이사 역임
한국인터넷전자상거래학회 상임이사 역임
현, 경일대학교 테크노경영학과 교수
경일대학교 평생교육원장
경일대학교 평생교육체제사업단 단장

김 현 우

한국과학기술원 산업경영학과
한국과학기술원 산업공학과(공학 석사)
한국과학기술원 산업공학과(공학 박사)
현, 경일대학교 철도학과 교수
경일대학교 LINC+ 사업단 단장, 국책사업단 단장
한국의사결정학회 편집위원장
한국경영교육학회 이사

정 석 봉

한국과학기술원 산업경영학과
한국과학기술원 산업공학과(공학 석사)
한국과학기술원 산업공학과(공학 박사)
현, 경일대학교 철도학과 교수

최 종 열

부산대학교 상과대학 경영학과
부산대학교 대학원(경영학 석사)
경북대학교 대학원(경영학 박사)
UCLA 경영대학원 객원교수
한국경영학회, 한국경영과학회, 한국생산관리학회 회원
한국 SCM학회 이사 역임
한국경영교육학회 부회장 역임
현, 부산대학교 경영대학 교수
부산대학교 경영대학장

홍 태 호

한국과학기술원 산업공학과(학사)
한국과학기술원 경영정보시스템학과(석사)
한국과학기술원 경영공학(박사)
현, 부산대학교 경영학과 교수
한국경영학회 부회장
정보시스템연구 편집위원장

제3판
현대경영통계

초 판 발 행 2012년 2월 23일
제2판 발행 2014년 2월 28일
제3판 발행 2017년 7월 20일
제3판 2쇄 발행 2020년 2월 10일

지은이 이홍배 · 김현우 · 정석봉 · 최종열 · 홍태호
펴낸이 박노일

총괄기획 김중용 · 최준규
편 집 심성보

펴낸곳 pnc publishing and culture 피앤씨미디어
경기도 고양시 일산동구 강송로 153 310-1501
등록 제396-2012-000203호
전 화 070)7550-3758 팩 스 02)718-8554
홈페이지 www.pncmedia.co.kr 이메일 pnc@pncmedia.co.kr
ISBN 979-11-5730-422-6 93310

정 가 28,000원